INTELIGENCIAS MÚLTIPLES

PAIDÓS TRANSICIONES

HOWARD GARDNER

INTELIGENCIAS MÚLTIPLES

La teoría en la práctica

PAIDÓS
Buenos Aires
Barcelona
México

Título original: *Multiple inteligences. The theory in practice*
Publicado en inglés por Basic Books, a division of Harper Collins Publishers,
Nueva York

Traducción de M.ª Teresa Melero Nogués

370 158   Gardner, Howard
GAR   Inteligencias múltiples : la teoría en la práctica – 1ª
         ed. – Buenos Aires : Paidós, 2003.
         320 p. ; 23x15 cm. - (Transiciones)

         Traducción de: María Teresa Melero Nogués

         ISBN 950-12-5012-1

         I. Título – 1. Educación-Adaptación Psicológica

1ª edición en Argentina, 2003

© 1993 by Howard Gardner
© 1995 de todas las ediciones en castellano,
    Editorial Paidós SAICF
    Defensa 599, Buenos Aires
    e-mail: literaria@editorialpaidos.com.ar
    Ediciones Paidós Ibérica SA
    Mariano Cubí 92, Barcelona
    Editorial Paidós Mexicana SA
    Rubén Darío 118, México D.F.

Queda hecho el depósito que previene la Ley 11.723
Impreso en Argentina – Printed in Argentina

Impreso en Gráfica MPS
Santiago del Estero 338, Lanús, Buenos Aires, en mayo de 2003

Tirada: 1250 ejemplares

ISBN 950-12-5012-1

A mis colegas del Proyecto Zero en Harvard
que han ampliado la teoría de las inteligencias múltiples
de forma importante.

A los que la ponen en práctica
por haber demostrado la utilidad de la teoría
en diversos ámbitos.

A los patrocinadores que, con su generosidad,
han hecho posible nuestra obra.

Sumario

Primera parte

LA TEORÍA DE LAS INTELIGENCIAS MÚLTIPLES

Segunda parte

EDUCAR LAS INTELIGENCIAS

Tercera parte

MÁS ALLÁ DE LA EVALUACIÓN:
LOS COMPONENTES DE UNA EDUCACIÓN
DE LAS INTELIGENCIAS MÚLTIPLES

Cuarta parte

EL FUTURO DEL TRABAJO ACERCA
DE LAS INTELIGENCIAS MÚLTIPLES

APÉNDICES

Introducción

En 1979 la Fundación Bernard Van Leer de La Haya encargó a un pequeño equipo de investigadores de la Escuela Superior de Educación de Harvard la realización de un estudio sobre un tema de gran trascendencia: la naturaleza del potencial humano y su realización. Yo mismo, como joven miembro de este grupo de investigación, formado básicamente en psicología evolutiva, emprendí una labor ardua pero muy atractiva: una recopilación monográfica de lo que las ciencias humanas habían establecido acerca de la naturaleza de la condición humana.

Cuando comencé el estudio, que culminó en 1983, con la publicación de *Frames of Mind*, yo percibía la empresa como una oportunidad para sintetizar mis propios esfuerzos investigadores con niños y con adultos cuyo cerebro había resultado dañado, además de otras interesantes líneas de investigación que también tenía en cuenta. Me proponía llegar a un enfoque del pensamiento humano que fuera más amplio y más completo que el que se derivaba de los estudios cognitivos. En mi punto de mira particular estaban influyentes teorías de Jean Piaget, que consideraba que el pensamiento humano intentaba alcanzar el ideal del pensamiento científico; y la concepción predominante de inteligencia, que la ligaba a la habilidad para proporcionar respuestas sucintas de forma veloz a problemas que implicaban habilidades lingüísticas y lógicas.

Si yo simplemente hubiera puesto de manifiesto que el ser humano posee diferentes talentos, semejante afirmación hubiera sido incontrovertible, y mi libro hubiera pasado desapercibido. Pero yo tomé deliberadamente la decisión de escribir acerca de las «inteligencias múltiples»: «múltiples» para resaltar el número desconocido de capacidades humanas, desde la inteligencia musical hasta la inteligencia implicada en el conocimiento de uno mismo; e «inteligencias» para subrayar que estas capacidades son tan fundamentales como las que tradicionalmente detecta el test de CI. Concluía el libro con algunas páginas que discutían las posibles implicaciones educativas de la teoría, principalmente debido al interés manifestado por nuestros patrocinadores.

Las teorías no siempre delatan sus orígenes, ni tampoco presagian su destino. Como psicólogo evolutivo con diversas obras publicadas en este campo, yo creía que mi trabajo interesaría principalmente a los estudiosos de esta disciplina, y, particularmente, a los que estudiaban la inteligencia desde una perspectiva piagetiana, o desde la perspectiva del diseño y evaluación de los tests. Me equivocaba. *Frames...* no despertó un gran interés dentro de mi disciplina; como escribió un crítico que, por otro lado, no me era desfavorable: «Intentar cambiar la definición que la psicología tiene de la inteligencia es como intentar mover lápidas en un cementerio». Mi teoría gustó a unos cuantos psicólogos, desagradó a unos pocos más y la mayoría la ignoró.

Sin embargo, *Frames...* consiguió un eco considerable. El artista Andy Warhol comentó una vez que, en el futuro, todo el mundo sería famoso durante cinco minutos. Supongo que yo tuve mi correspondiente salto a la fama durante el año siguiente a la publicación de *Frames...* Por primera y única vez en mi vida, recibí de la prensa y demás medios de comunicación una gran cantidad de solicitudes para discutir la naturaleza de mis afirmaciones. Algunos programas de televisión crearon fragmentos de vídeo especiales para ilustrar las diferentes inteligencias; muchos periodistas aportaron procedimientos manejables para que los lectores pudieran poner a prueba sus inteligencias o las de sus hijos; participé en «debates» sobre la teoría —pronto conocida por sus siglas: «teoría de las IM»— con colegas míos, en la tribuna y en la televisión. La portada roja, blanca, naranja y negra del libro, con su único ojo impasible, apareció en muchos escaparates de librerías, y yo firmé muchos ejemplares del libro. Se publicó una edición en rústica dieciocho meses después, aparecieron ediciones en distintos idiomas y el libro se ha seguido vendiendo aquí y en el extranjero durante la década posterior.

Algunos meses después de la publicación de *Frames...* fui invitado a dar una conferencia en la reunión anual de la National Association of Independent Schools, organización que agrupa a las escuelas privadas o «independientes» de Estados Unidos. Yo esperaba la típica audiencia de entre cincuenta y setenta y cinco personas, la charla acostumbrada de unos cincuenta minutos, seguida de unas pocas preguntas fácilmente previsibles. Sin embargo, al llegar al auditorio con algunos minutos de anticipación, me encontré con una nueva experiencia: una sala mucho mayor, abarrotada de gente y rebosante de murmullos de excitación e interés. Parecía como si hubiera entrado equivocadamente en la conferencia de alguna personalidad muy conocida. Pero, de hecho, el público había venido a oírme a mí: escuchaba atentamente y fue aumentando de número, hasta que rebosó por los pasillos a ambos lados de la sala. La charla fue muy bien recibida, surgieron preguntas interesantes y, después de la sesión, recibí muchas llamadas de directores, maestros, encargados y periodistas que querían saber más y que no estaban dispuestos a dejarme volver tranquilamente al anonimato. De nuevo, esto constituía una experiencia sin precedentes para mí, pero —contra el principio de

Andy Warhol—, en los años posteriores, iba a convertirse en algo cada vez más habitual.

Hasta ese momento, yo había llegado a la conclusión de que mi libro no había interesado a mis colegas psicólogos, aunque sí a esa comunidad amorfa conocida como «el gran público». La charla dirigida al público de la NAIS fue el preludio de algo que, hasta ese momento, yo no había previsto.

Existía otro público con un auténtico interés por mis ideas: el público de los profesionales de la educación. Este público está formado por maestros y profesores, administradores de escuelas, inspectores, miembros del consejo escolar, legisladores y periodistas especializados en educación. Pero no se limita únicamente a éstos, sino que también comprende a los profesores universitarios, a los padres con hijos en edad escolar y, en general, a personas cultas, aunque legas en estos temas. Puesto que la preocupación por la calidad de la enseñanza ha crecido, tanto en los Estados Unidos como en el extranjero, este público ha aumentado significativamente, y todo apunta a que, en los años venideros, este proceso continuará.

Supongo que yo podía haber cerrado este capítulo de mi vida regresando a mi laboratorio de investigación y prosiguiendo mis estudios experimentales con niños y con pacientes con lesiones cerebrales. En el otro extremo, podía haber tomado un enfoque más emprendedor, y podía haberme dedicado a preparar tests para medir las múltiples inteligencias, a poner en marcha una organización para promoverlas, o podía haberme incorporado al circuito de conferenciantes poblado de educadores que presentan su mercancía a un público ávido de panaceas. Podía haberme dedicado a las preocupaciones específicas de algunos de los grupos particularmente interesados por la teoría de las IM: profesores de niños superdotados, gente dedicada a la educación especial, o interesada por cuestiones multiculturales o multilingües. Efectivamente, existen en la actualidad numerosos educadores en el país que realizan, de forma periódica, seminarios sobre la «teoría de las IM», así como una serie de organizaciones que destacan una «perspectiva de IM».

Existen docenas de interpretaciones gráficas del vector de las IM, docenas de artículos de divulgación sobre esta teoría, un número creciente de libros e, incluso, una revista periódica, *Provoking Thouhgts*, dedicada a resolver problemas de las IM. He reunido una lista de esos esfuerzos en un conjunto de apéndices de este volumen. Al tiempo que mantengo relaciones cordiales con estos autores, organizaciones y publicaciones, en ningún aspecto respaldo, aunque tampoco me disocio de sus esfuerzos.

Sin embargo, el destino quiso que mi vida después de *Frames...* tomara un giro distinto. Trabajando con un gran número de colegas del Proyecto Zero de Harvard, grupo de investigadores en el que he pasado los últimos veinticinco años, y junto a muchos colegas asociados a otras organizaciones de investigación y desarrollo, he dedicado el grueso de mis energías desde 1983 a la exploración de las implicaciones educativas de la teoría de las múltiples inteligencias. Dicha exploración ha adoptado numerosas formas, desde la consideración de cómo sacar mayor partido de las inteligencias, hasta el intento de diseñar nuevos tipos de instrumentos de evaluación, pasando por la colaboración con escuelas, sistemas escolares e instituciones culturales que han decidido adoptar una perspectiva de «IM». Más informalmente, he mantenido correspondencia con más de mil particulares, de Estados Unidos y del extranjero, respondiendo a cuestiones concretas acerca de la teoría, absorbiendo experiencias y anécdotas proporcionadas por estos corresponsales, y participando en una especie de red invisible de particulares, que, en general, no se conocían entre sí, pero a los que unía un interés común por la interacción entre las diferentes facultades cognitivas del ser humano y por su potenciación.

A medida que he llevado a cabo proyectos formales de investigación y desarrollo en las escuelas, y he mantenido relaciones con numerosos ciudadanos interesados por la teoría de las IM, ha ido surgiendo un número cada vez mayor de preguntas acerca de las implicaciones educativas de esta teoría. A menudo, yo mismo respondo a estas preguntas; a veces las paso a mis colegas; en ocasiones recomiendo escritos míos o de otros autores inmersos en la teoría; en más de una ocasión, no estoy muy seguro de qué es lo que debo hacer. Pero hay una cosa que me ha ido quedando clara con los años: sería conveniente disponer, en un volumen, de una síntesis del trabajo sobre la educación de las estructuras de la mente que fuera «de buena tinta». Este «manual de IM», junto con una edición conmemorando el décimo aniversario de *Frames of Mind*, representa esta síntesis reclamada por todos aquellos interesados en «educar las estructuras de la mente».

En la medida de lo posible, intento presentar en estas páginas un relato único, coherente y autocontenido. Tanto si uno ha leído *Frames of Mind* como si no, puede leer el presente volumen, desde el principio hasta el final. Sin embargo, para los que tengan un interés específico en uno u otro aspecto de la teoría de las IM, también es posible usar este libro como una fuente de referencias y leer las secciones o capítulos individuales prácticamente en cualquier orden.

Cada una de estas partes tiene su propia introducción y además, de forma análoga a mi deseo de presentar un relato coherente, he añadido material explicativo y relacionador allí donde me ha parecido adecuado.

En la primera parte, presento una versión resumida de la teoría original, junto con las respuestas a las preguntas que han surgido con más frecuencia. Proporciono los antecedentes de la teoría, defino el concepto de «inteligencia», describo mis métodos de investigación y presento, consecutivamente, cada una de las siete inteligencias. Esta parte introductoria concluye con una revisión del panorama cognitivo, en la cual relaciono inteligencia con creatividad, genialidad, habilidad y otras hazañas mentales.

La consideración detenida de un amplio rango de inteligencias humanas conduce a una nueva visión de la educación que denomino «educación centrada en el individuo». En la segunda parte trazo, en primer lugar, la configuración general de un sistema educativo basado en la perspectiva de las inteligencias múltiples; esta perspectiva se inspira tanto en los aprendizajes tradicionales y en los museos infantiles contemporáneos, como en la escolarización tal y como se entiende corrientemente en el siglo xx. A continuación reviso una serie de proyectos en marcha, basados en el «pensamiento de IM», que recorren todos los niveles de la enseñanza, desde preescolar hasta los estudios superiores. Entre estos proyectos se hallan el Proyecto Spectrum, la Key School en Indianápolis y el Arts PROPEL.

Aunque nuestro trabajo educativo ha cubierto múltiples aspectos, desde la elaboración de currículos hasta la educación de profesores, donde nuestra influencia ha sido mayor es en la creación de nuevas formas de evaluación. Este trabajo acerca de la evaluación constituye la tercera parte. Estas formas de evaluación, radicalmente distintas de los exámenes estandarizados de papel y lápiz, permite a los individuos demostrar sus capacidades y su entendimiento en formas que les son cómodas, y que, sin embargo, pueden someterse a la consideración pública. Estas evaluaciones son «imparciales» respecto a la inteligencia: permiten mirar directamente el funcionamiento de las inteligencias, en lugar de obligar al individuo a revelar sus inteligencias a través del habitual prisma de un instrumento lógico-lingüístico. Las evaluaciones también promueven la autoevaluación, un paso esencial para cuando el individuo continúa aprendiendo aun después de abandonar el contexto escolar formal.

En la sección final del libro, así como en el epílogo, doy un repaso a las nuevas direcciones que es previsible que tome la comunidad IM. Una parte de estas nuevas direcciones son de tipo conceptual. Como ejemplo, introduzco las nociones de «contextualización de las inteligencias» y de «inteligencias distribuidas»; ambas son esfuerzos en la línea de ampliar la inteligencia más allá de la piel del individuo, y para mostrar los modos en que nuestras capacidades intelectuales están inextricablemente ligadas a las circunstancias en las que vivimos y a los recursos humanos y materiales de que disponemos. Otra parte de estas direcciones se refiere a nuevos tipos de instalaciones, como museos y talleres, y a objetivos pedagógicos más estimulantes, tales como la intensificación de un entendimiento profundo dentro y entre las disciplinas. Concluyo este manual con una ojeada a un posible «mundo de IM» en un futuro a veinte años vista.

La mayoría de los capítulos y secciones de este libro han sido publicados previamente bajo diversas formas. En el apéndice A, se presenta información acerca de la publicación original, así como reconocimientos y referencias. He intentado respetar el espíritu de estas formulaciones originales y los foros en los que fueron presentadas. También he permitido una cierta repetición en la presentación de materiales similares, en los casos en que éstos parecían consolidar puntos introducidos previamente o permitir que algunas secciones fueran autónomas. Al mismo tiempo, no he dudado en eliminar secciones redundantes o erróneas; y, en cambio, he añadido secciones allí donde parecía oportuno. Este libro constituye un documento que refleja el estado de la cuestión en 1993, no un registro histórico, ligeramente disfrazado, de la década precedente.

Por su ayuda a la hora de convertir esta colección de escritos en una publicación, me gustaría dar las gracias a Karen Donner, Phoebe Hoss, Martin Kessler,

Emma Laskin, Jo Ann Miller, Akiko Takano, Gwynne Wiatrowski y Michael Wilde.

Aunque es comprensible y adecuado que este ensayo introductorio esté en primera persona, prácticamente todo mi trabajo desde la publicación de *Frames...* ha sido en colaboración. Efectivamente, casi la mitad de los ensayos de este libro han sido realizados en régimen de coautoría y, en la mitad de los casos, he sido autor secundario. Tengo una gran deuda con todos aquellos que han trabajado conmigo, tanto en Cambridge como en otros lugares, en la exploración y expansión del concepto de las inteligencias múltiples. Mi gratitud alcanza a decenas de colaboradores maravillosos en el Proyecto Zero de Harvard. Por supuesto, doy las gracias a mis coautores, que no sólo me han permitido reproducir sus palabras, sino también revisarlas siempre que ha sido necesario. Es conveniente pues, que este libro esté dedicado a ellos, a sus compañeros, a menudo anónimos, con quien comparten el interés por la educación de las inteligencias múltiples, y a los patrocinadores que han hecho posibles nuestras colaboraciones.

Primera parte

LA TEORÍA DE LAS INTELIGENCIAS MÚLTIPLES

Nota introductoria

Tras la publicación de *Frames of Mind*, a menudo se me requería que resumiera los principales puntos de la teoría. De las variadas versiones que confeccioné, una breve charla informal que di en 1986, con ocasión del 350 aniversario de la fundación de la Universidad de Harvard, ha demostrado ser la más popular; aparece aquí como el capítulo 1. Hacia la misma época, mi colega Joseph Walters y yo mismo, preparamos también una serie de resúmenes más formales de la teoría; he trabajado sobre uno de aquellos artículos para dar forma al capítulo 2. Estos ensayos, los dos juntos, constituyen una cómoda introducción a las principales afirmaciones y argumentaciones que conforman la teoría de las inteligencias múltiples.

Una vez que se dio a conocer la teoría, recibimos muchas preguntas procedentes de lectores reflexivos acerca de sus postulados básicos, así como de sus implicaciones educativas. Walters y yo respondimos juntos a algunas de las cuestiones más frecuentes, y, en otras ocasiones, yo respondí a preguntas que Helen Weinreich-Haste y otros interlocutores me plantearon (véase el apéndice C). En el capítulo 3, presento una colección de estas «cuestiones y respuestas» recurrentes, clasificadas según los siguientes temas: terminología; el *status* teórico que ocupa la teoría de las IM; la estructura en detalle de cada inteligencia; las relaciones entre las diversas inteligencias; la relación entre inteligencia y pensamiento crítico; la relación entre inteligencia y habilidad artística; la posibilidad de inteligencias adicionales; la posible existencia de diferentes perfiles intelectuales en diferentes grupos; y diversas consideraciones educativas.

Aunque es posible construir una teoría cognitiva basada en el concepto de inteligencia —y hay quien me ha acusado justamente de hacer esto—, este concepto se percibe mejor como uno más dentro de un grupo de conceptos relacionados referentes a la mente humana. En el capítulo 4, se discuten las relaciones que surgen del concepto de inteligencia, tal y como lo he redefinido, y de otros lugares comunes del reino intelectual, tales como la aptitud, el talento, la creatividad, la habilidad y la genialidad.

1   En pocas palabras

Permítanme que les haga viajar hasta el París de 1900 —*La Belle Époque*—, cuando los prohombres de la ciudad se dirigieron a un psicólogo llamado Alfred Binet con una petición inusual: ¿podría diseñar algún tipo de medida que predijera qué alumnos de las escuelas primarias de París tendrían éxito en sus estudios y cuáles fracasarían? Como todo el mundo sabe, Binet lo consiguió. En poco tiempo, su descubrimiento fue conocido como *test de inteligencia* y su medida como el Coeficiente Intelectual (CI). Como otras modas parisinas, el CI pronto llegó a los Estados Unidos, donde conoció un éxito modesto hasta la primera guerra mundial. Entonces fue utilizado para examinar a más de un millón de reclutas americanos y se extendió de forma efectiva. Desde entonces, el test de CI ha aparecido como el éxito más grande de los psicólogos: una útil herramienta genuinamente científica.

¿Qué visión es la que condujo a este éxito del CI? Por lo menos en Occidente, la gente siempre había confiado en juicios intuitivos acerca del grado de inteligencia de los demás. Ahora la inteligencia parecía ser cuantificable. Podía medirse la altura real o potencial de una persona, y a partir de ese momento, por lo visto, también podía medirse su inteligencia real o potencial. Disponíamos de una dimensión de capacidad mental que nos permitía clasificar a todo el mundo.

La búsqueda de la medida perfecta de la inteligencia ha progresado rápidamente. Como ejemplo, véase la siguiente cita extraída del anuncio de un test muy utilizado:

> ¿Necesita un test individual que proporcione rápidamente una estimación de la inteligencia, estable y fidedigna, en cuatro o cinco minutos por formulario? ¿Consta de tres formularios? ¿No depende de producciones verbales o puntuaciones subjetivas? ¿Puede utilizarse con personas con graves disminuciones físicas (incluso paralíticos) si son capaces de señalar sí o no? ¿Sirve para niños de dos años y para adultos con estudios superiores con la misma breve serie de secciones y el mismo formato? Sólo por 16 dólares, completo.

Desde luego, las pretensiones no son pocas. El psicólogo americano Arthur Jensen sugiere que podríamos fijarnos en el tiempo de reacción para evaluar la inteligencia: un conjunto de luces se encienden, ¿a qué velocidad puede reaccionar el sujeto? El psicólogo británico Hans Eysenck propone que los investigadores de la inteligencia miren directamente las ondas cerebrales.

Por supuesto, también existen versiones más sofisticadas del test de CI. Una de ellas, se conoce como el Schoolastic Aptitude Test (SAT) (Test de aptitud académica). Pretende ser un tipo similar de medida, y si se le añade la puntuación verbal y matemática de una persona, se puede clasificar a esta persona a lo largo de una escala intelectual. Los programas para superdotados, por ejemplo, utilizan a menudo este tipo de medida; si el CI supera los 130, se les admite en el programa.

Quiero indicar que a esta visión unidimensional de cómo hay que evaluar las mentes de las personas, se corresponde una determinada visión de escuela, a la que llamaré «visión uniforme». En la escuela uniforme, existe un currículum básico, un conjunto de hechos que todos deberían conocer, y muy pocas cosas electivas. Se permite que los mejores estudiantes, quizá aquellos con un CI más alto, sigan cursos que requieren lectura crítica, cálculo y capacidades mentales. En la «escuela uniforme», existen evaluaciones periódicas, de papel y lápiz, del tipo CI o SAT. Proporcionan clasificaciones fiables de la gente; los mejores y más brillantes van a las mejores universidades, y quizá —pero sólo quizá— también obtendrán una situación mejor en la vida. No hay duda de que este método funciona bien para algunas personas, y escuelas como Harvard son un testimonio elocuente de ello. Puesto que este sistema de medida y selección es claramente meritocrático, desde ciertos puntos de vista, tiene argumentos para ser recomendable.

Pero existe una visión alternativa que me gustaría presentar, una visión que se basa en un enfoque de la mente radicalmente distinto y que conduce a una visión muy diferente de la escuela. Se trata de una visión pluralista de la mente, que reconoce muchas facetas distintas de la cognición, que tiene en cuenta que las personas tienen diferentes potenciales cognitivos y que contrasta diversos estilos cognitivos. También me gustaría presentar el concepto de escuela centrada en el individuo, que se toma en serio esta visión polifacética de la inteligencia. Este modelo de escuela se basa en parte en hallazgos de ciencias que ni siquiera existían en la época de Binet: la ciencia cognitiva (el estudio de la mente) y la neurociencia (el estudio del cerebro). Lo que he dado en llamar la «teoría de las inteligencias múltiples» constituye un enfoque de este tipo. Déjenme explicarles algo acerca de sus orígenes, sus propuestas y sus implicaciones educativas para una posible escuela del futuro.

Existe un cierto descontento general con el concepto de CI y con las visiones unitarias de la inteligencia: pensemos, por ejemplo, en el trabajo de L. L. Thurstone, J. P. Guilford y de otros críticos. Desde mi punto de vista, sin embargo, estas críticas no bastan. El concepto de su globalidad debe ponerse en duda; de hecho, debe sustituirse.

Creo que deberíamos abandonar tanto los tests como las correlaciones entre los tests, y, en lugar de eso, deberíamos observar fuentes de información más naturales, acerca de cómo la gente en todo el mundo desarrolla capacidades que son importantes para su modo de vida. Piénsese, por ejemplo, en los marinos de los Mares del Sur, que encuentran su camino a través de cientos, o incluso miles de islas, mirando las constelaciones de estrellas en el cielo, sintiendo el modo en que un barco se desliza por el agua y captando unas pocas marcas dispersas. Una palabra para definir la inteligencia en un grupo de estos marinos, probablemente se referiría a este tipo de habilidad en la navegación. Piénsese en los cirujanos y en los ingenieros, en los cazadores y los pescadores, los bailarines y los coreógrafos, los atletas y los entrenadores, los jefes de tribu y los hechiceros. Todos estos roles distintos deben tomarse en consideración si aceptamos la manera en la que defino la inteligencia, es decir, la capacidad para resolver problemas, o para elaborar productos que son de gran valor para un determinado contexto comunitario o cultural. Por el momento, no digo nada acerca de si existe una dimensión, o más, de la inteligencia; nada acerca de si es congénita o adquirida. En cambio, subrayo la importancia de la capacidad para resolver problemas y para elaborar productos. En mi trabajo, persigo las piezas básicas que constituyen las inteligencias empleadas por los marinos mencionados anteriormente, por los cirujanos y por los hechiceros.

La metodología a seguir en esta empresa implica intentar descubrir la descripción *correcta* de las inteligencias. ¿Qué es una inteligencia? Para intentar responder a esta cuestión he examinado, junto a mis colegas, una amplia serie de fuentes que, por lo que sé, nunca se habían considerado de forma conjunta. Una de esas fuentes es lo que ya conocemos acerca del desarrollo de diferentes tipos de capacidades en los niños normales. Otra fuente, muy importante, es la información acerca de cómo esas capacidades se abren paso bajo condiciones de lesiones cerebrales. Después de una apoplejía u otro tipo de daño cerebral, diversas capacidades pueden resultar destruidas o preservarse, de forma aislada. La investigación sobre estos pacientes con lesiones cerebrales proporciona un tipo de evidencia muy potente, porque aparentemente refleja la manera en que el sistema nervioso ha evolucionado a lo largo de milenios hasta llegar a ciertas clases discretas de inteligencia.

Mi equipo de trabajo observa también otras poblaciones especiales: niños prodigio, sabios idiotas, niños autistas, niños con problemas de aprendizaje, todos los cuales presentan perfiles cognitivos muy irregulares, perfiles que son extremadamente difíciles de explicar en términos de una visión unitaria de la inteligencia. Nosotros examinamos la cognición en diversas especies animales y en culturas radicalmente diferentes. Finalmente, consideramos dos tipos de evidencia psicológica: las correlaciones entre los tests psicológicos de este tipo, obtenidas a partir de un cuidadoso análisis estadístico de una batería de tests, y los resultados de los esfuerzos conducentes a la adquisición de una capacidad. Cuando alguien se entrena en la capacidad A, por ejemplo, ¿se transfiere este entrenamiento a la capacidad B? Así, por ejemplo, el entrenamiento en matemáticas, ¿aumenta la capacidad musical, o viceversa?

Obviamente, al examinar todas estas fuentes —información sobre el desarrollo cognitivo, sobre fracasos escolares, sobre poblaciones especiales y similares— acabamos obteniendo una gran cantidad de información. En el supuesto óptimo, realizaríamos un análisis estadístico factorial, introduciendo todos los datos en el ordenador y tomando nota de las clases de factores o inteligencias que podrían extraerse. Desgraciadamente, el tipo de material con el que estaba trabajando no existía en una forma susceptible de ser computada y, por consiguiente, tuvimos que efectuar un análisis factorial más subjetivo. A decir verdad, simplemente estudiamos los resultados lo mejor que pudimos, e intentamos organizarlos de manera que tuvieran sentido para nosotros, y confiábamos que para lectores críticos también. Mi lista resultante de siete inteligencias es un intento preliminar de organizar esta masa de información.

Quiero mencionar ahora, brevemente, las siete inteligencias que hemos localizado, así como citar uno o dos ejemplos de cada una de ellas. La inteligencia lingüística es el tipo de capacidad exhibida en su forma más completa, tal vez, por los poetas. La inteligencia lógico-matemática, como su nombre indica, es la capacidad lógica y matemática, así como la capacidad científica. Jean Piaget, el gran psicólogo evolutivo, pensaba que estaba estudiando *toda* la inteligencia, pero yo creo que lo que él estudiaba era el desarrollo de la inteligencia lógico-matemática. Pese a nombrar en primer lugar las inteligencias lingüística y lógico-matemática, no lo hago porque piense que son las más importantes: de hecho, estoy convencido de que las siete inteligencias tienen el mismo grado de importancia. En nuestra sociedad, sin embargo, hemos puesto las inteligencias lingüística y lógico-matemática, en sentido figurado, en un pedestal. Gran parte de nuestro sistema de evaluación se basa en esta preponderancia de las capacidades verbales y matemáticas. Si alguien va bien en lenguaje o en lógica, puede resolver bien los tests de CI y SAT, y puede llegar a entrar en alguna universidad de prestigio, pero el que le vaya a ir bien una vez haya acabado, probablemente dependerá mucho de la medida en que disponga de las otras inteligencias, y a ellas voy a prestar la misma atención.

La inteligencia espacial es la capacidad para formarse un modelo mental de un mundo espacial y para maniobrar y operar usando este modelo. Los marinos, ingenieros, cirujanos, escultores y pintores, para nombrar unos cuantos ejemplos, tienen todos ellos una inteligencia espacial altamente desarrollada. La inteligencia musical es la cuarta categoría de capacidad que hemos identificado: Leonard Bernstein la tenía en gran proporción; Mozart, presumiblemente, aún tenía más. La inteligencia corporal y cinética es la capacidad para resolver problemas o para elaborar productos empleando el cuerpo, o partes del mismo. Bailarines, atletas, cirujanos y artesanos muestran, todos ellos, una inteligencia corporal y cinética altamente desarrollada.

Finalmente, propongo dos formas de inteligencia personal, no muy comprendidas, esquivas a la hora de ser estudiadas, pero inmensamente importantes. La inteligencia interpersonal es la capacidad para entender a las otras personas: lo que les motiva, cómo trabajan, cómo trabajar con ellos de forma cooperativa. Los buenos vendedores, los políticos, los profesores y maestros, los médicos de cabecera y los líderes religiosos son gente que suele tener altas dosis de inteligencia interpersonal. La inteligencia intrapersonal, el séptimo tipo de inteligencia, es una capacidad correlativa, pero orientada hacia dentro. Es la capacidad de formarse un modelo ajustado, verídico, de uno mismo y de ser capaz de usar este modelo para desenvolverse eficazmente en la vida.

Éstas son, pues, las siete inteligencias que hemos puesto al descubierto y que hemos descrito en nuestra investigación. Se trata, como he dicho, de una lista preliminar; obviamente, cada inteligencia puede subdividirse, o puede reajustarse la lista. El aspecto importante, aquí, es insistir en la pluralidad del intelecto. Además, creemos que los individuos pueden diferir en los perfiles particulares de inteligencia con los que nacen, y, sobre todo, que difieren en los perfiles que acaban mostrando. Pienso en las inteligencias como potenciales biológicos en bruto, que únicamente pueden observarse en forma pura en individuos que son, en un sentido técnico, monstruos. En prácticamente todos los demás, las inteligencias trabajan juntas para resolver problemas, y para alcanzar diversos fines culturales: vocaciones, aficiones y similares.

Ésta es mi teoría de las inteligencias múltiples en forma capsular. Desde mi punto de vista, el objetivo de la escuela debería ser el de desarrollar las inteligencias y ayudar a la gente a alcanzar los fines vocacionales y aficiones que se adecuen a su particular espectro de inteligencias. La gente que recibe apoyo en este sentido se siente, según mi opinión, más implicada y competente, y, por ende, más proclive a servir a la sociedad de forma constructiva.

Estas opiniones y la crítica de una visión universalista de la mente de la que partía, me llevaron a la noción de una escuela centrada en el individuo, comprometida con el entendimiento óptimo y el desarrollo del perfil cognitivo de cada estudiante. Esta visión se opone directamente a la escuela uniforme descrita previamente.

El diseño de mi escuela ideal del futuro se basa en dos hipótesis. La primera es que no todo el mundo tiene los mismos intereses y capacidades; no todos aprendemos de la misma manera. (Y ahora tenemos las herramientas para empezar a abordar estas diferencias individuales en la escuela.) La segunda hipótesis puede doler: es la de que en nuestros días nadie puede llegar a aprender todo lo que hay para aprender. Todos querríamos, como los hombres y mujeres del Renacimiento, conocerlo todo, o, por lo menos, crecer en la posibilidad de llegar a conocerlo todo; sin embargo, este ideal ya no es posible. Por lo tanto, la elección se hace inevitable, y una de las cosas que quiero argumentar es que las elecciones que hacemos para nosotros mismos, y para la gente que está a nuestro cargo, pueden ser elecciones informadas. Una escuela centrada en el individuo tendría que ser rica en la evaluación de las capacidades y de las tendencias individuales. Intentaría asociar individuos, no sólo con áreas curriculares, sino también con formas particulares de impartir esas materias. Y después de los primeros cursos, la escuela intentaría también emparejar individuos con los diversos modelos de vida y opciones de trabajo que están disponibles en su medio cultural.

Quiero proponer un nuevo conjunto de funciones para los educadores que permitiera convertir esta visión en una realidad. En primer lugar, podemos tener lo que llamaré «especialistas evaluadores». La misión de estas personas sería intentar comprender, con tanta sensibilidad como fuera posible, las habilidades y los intereses de los estudiantes en una escuela. Sería muy importante, en cualquier caso, que los especialistas evaluadores utilizaran instrumentos «imparciales o neutros respecto a la inteligencia». Queremos ser capaces de observar las habilidades espaciales, las habilidades personales, etcétera, específica y directamente, y no a través del prisma habitual de las inteligencias lingüística y lógico-matemática. Hasta el momento, prácticamente toda evaluación ha dependido indirectamente de la medición de estas habilidades; si los estudiantes no son buenos en esas dos áreas, sus habilidades en otras áreas pueden quedar ocultas. Una vez que empecemos a intentar evaluar directamente otros tipos de inteligencia, estoy seguro de que determinados estudiantes revelarán capacidades en áreas completamente distintas, y la noción de inteligencia general desaparecerá o se atenuará en gran medida.

Conjuntamente con los especialistas evaluadores, la escuela del futuro deberá contar con el «gestor (*broker*) estudiante-currículum». Su trabajo consistiría en ayudar a emparejar los perfiles de los estudiantes, sus objetivos e intereses, con contenidos curriculares concretos y determinados estilos de aprendizaje. A propósito, creo que las nuevas tecnologías interactivas pueden ser de gran importancia en este ámbito: probablemente será mucho más fácil para estos «gestores» emparejar estudiantes concretos con modos de aprendizaje que se adapten a ellos.

También debería haber, creo yo, un «gestor escuela-comunidad», que emparejaría a los estudiantes con las oportunidades de aprendizaje existentes en toda la comunidad. La misión de esta persona sería encontrar situaciones en la comunidad, en especial opciones no disponibles en la escuela, para niños que muestren perfiles cognitivos inusuales. Pienso, por ejemplo, en aprendizajes, tutorías, internados en organizaciones, «hermanos mayores», «hermanas mayores», individuos y organizaciones con los que estos estudiantes podrían trabajar para mantener, en la sociedad, la afición por los distintos oficios y vocaciones. No me preocupan esos escasos jóvenes que sirven para todo. A ellos les irá bien. Me preocupo por los que no brillan en los tests estandarizados, y que, por lo tanto, se pasan por alto, considerados como carentes de todo talento. Me parece que el gestor escuela-comunidad podría fijarse en estos jóvenes y encontrar ocupaciones en la comunidad que les permitieran brillar.

Existe mucho espacio para los maestros y profesores en esta visión, y también para los coordinadores. Desde mi punto de vista, los maestros quedarían liberados para hacer lo que se supone que deben hacer, que es enseñar su materia, siguiendo el estilo docente que prefieran. El trabajo del coordinador sería de mucha responsabilidad. Implicaría, en primer lugar, supervisar a los maestros nuevos y orientarlos; pero además intentaría asegurar que la difícil ecuación estudiante-evaluación-currículum-comunidad quede equilibrada de forma adecuada. Si la ecuación se desequilibra excesivamente, los coordinadores intervendrán y propondrán soluciones.

Está claro que lo que aquí se describe supone una labor ingente; también podría considerarse como utópico. Y existe un riesgo grave en este programa, del cual soy plenamente consciente. Es el riesgo del etiquetamiento prematuro, de decir «Bueno, nuestro hijo tiene cuatro años, parece ser bastante bueno cantando, así que vamos a mandarlo a una escuela de música y nos olvidaremos de todo lo demás». Sin embargo, no hay nada inherente al enfoque que he descrito que implique esta temprana predeterminación, todo lo contrario. Me parece que la identificación precoz de las capacidades puede ser de mucha ayuda a la hora de descubrir de qué tipo de experiencias los niños pueden beneficiarse; pero además, la identificación temprana de los puntos débiles puede ser muy importante. Si un punto débil se identifica pronto, existe la oportunidad de atenderlo antes de que sea demasiado tarde, y de descubrir modos alternativos de cubrir el área correspondiente a alguna capacidad importante.

Actualmente disponemos de los recursos técnicos y humanos necesarios para llevar a cabo una escuela centrada en el individuo que reúna estas características. Conseguirlo es una cuestión de voluntad, incluyendo la voluntad de resistirse ante la corriente de enormes presiones hacia la uniformidad y las evaluaciones unidimensionales. Existen enormes presiones actualmente, y esto puede comprobarse leyendo la prensa diaria, que tienden a comparar estudiantes, a comparar profesores, estados, e incluso países enteros, utilizando una única dimensión o criterio, una especie de criptoevaluación de CI. Claramente, todo lo que he descrito hoy se coloca en oposición directa a esta particular visión del mundo. De hecho, mi intento no es otro que el de promover una enérgica acusación contra este pensamiento de dirección única.

Pienso que en nuestra sociedad sufrimos tres prejuicios, a los que denomino «occidentalismo», «testismo» y «mejorismo». El «occidentalismo» implica colocar ciertos valores culturales occidentales, que se remontan a Sócrates, en un pedestal. El pensamiento lógico, por ejemplo, es importante; la racionalidad es importante; pero no son las únicas virtudes. El «testismo» sugiere una propensión a fijarse en las habilidades humanas o los métodos que pueden evaluarse inmediatamente. En ocasiones, parece que si algo no puede evaluarse, no merece la pena que se le preste atención. Mi impresión es que la evaluación puede ser mucho más amplia, mucho más humana de lo que lo es ahora, y que los psicólogos deberían emplear menos tiempo puntuando a la gente y más tiempo intentando ayudarla.

El «mejorismo» es una referencia no muy sutil a un libro de David Halberstam titulado *The best and the brightest*. Halberstam se refería irónicamente a personajes como los miembros de la facultad de Harvard que fueron llamados a Washington para ayudar al presidente John F. Kennedy y que, en el ejercicio de esta ayuda, desencadenaron la guerra de Vietnam. Pienso que la creencia de que todas las respuestas a un problema dado residen en un determinado enfoque, como el pensamiento lógico-matemático, puede llegar a ser muy peligrosa. Las perspectivas actuales acerca del intelecto han de estimularse con otros puntos de vista más globalizadores.

Es de la máxima importancia que reconozcamos y alimentemos toda la variedad de inteligencias humanas y todas las combinaciones de inteligencias. Somos tan diferentes entre nosotros, en gran parte, porque todos tenemos diferentes combinaciones de inteligencias. Si llegamos a reconocer esto, pienso que, como mínimo, tendremos una oportunidad mejor de enfrentarnos adecuadamente a los muchos problemas que se nos presentan en el mundo. Si podemos movilizar toda la gama de las habilidades humanas, no sólo las personas se sentirán más competentes y mejor consigo mismas, sino que incluso es posible que también se sientan más comprometidas y más capaces de colaborar con el resto de la comunidad mundial en la consecución del bien general. Tal vez, si podemos movilizar todas las inteligencias humanas y aliarlas a un sentido ético, podamos ayudar a incrementar la posibilidad de supervivencia en este planeta, e incluso quizá contribuir a nuestro bienestar.

2 Una versión madurada

COAUTOR: JOSEPH WALTERS

Dos niños de once años están realizando un test de «inteligencia». Están sentados en sus pupitres bregando con los significados de diferentes palabras, con la interpretación de gráficos y con las soluciones a los problemas aritméticos. Registran sus respuestas rellenando unos circulitos en una hoja aparte. Después, estas hojas de respuestas ya completas se puntúan objetivamente: el número de respuestas correctas se convierte en una puntuación estándar que compara al niño individual con una población de niños de edad similar.

Los profesores de estos niños revisan las diferentes puntuaciones. Observan que uno de los niños ha obtenido resultados de nivel superior; en todas las secciones del test, ha respondido correctamente a más preguntas que sus compañeros. De hecho, su puntuación es similar a la de niños tres o cuatro años mayores. Los resultados del otro niño son normales: su puntuación es similar a la de otros niños de su edad.

Un cambio sutil de expectativas rodea la revisión de estas puntuaciones. Los maestros y profesores empiezan a suponer que el primer niño irá bien durante toda su escolaridad, mientras que el segundo sólo tendrá un éxito discreto. Efectivamente, estas predicciones se cumplen. En otras palabras, el test realizado por los niños de once años supone un pronóstico fiable acerca de su posterior rendimiento en la escuela.

¿Por qué ocurre esto? Una explicación conlleva implícitamente el uso libre que hacemos de la palabra «inteligencia»; el niño con una «inteligencia» mayor tiene habilidad para resolver problemas, para encontrar respuestas a cuestiones específicas y para aprender material nuevo de forma rápida y eficaz. Estas capacidades, a su vez, desempeñan un papel capital en el éxito escolar. Desde esta perspectiva, la «inteligencia» es una facultad singular que se utiliza en cualquier situación en que haya que resolver un problema. Puesto que la escolaridad depende en gran medida de la resolución de problemas de diversos tipos, poder predecir esta capacidad en los niños equivale a predecir un futuro éxito en la escuela.

La «inteligencia», desde este punto de vista, es una habilidad general que se encuentra, en diferente grado, en todos los individuos. Constituye la clave del éxito en la resolución de problemas. Esta habilidad puede medirse de forma fiable por medio de tests estándares de papel y lápiz que, a su vez, predicen el futuro éxito en la escuela.

¿Qué ocurre una vez que se acaba la escolaridad? Recordemos a los dos protagonistas de nuestro ejemplo. Mirando más allá en sus vidas, descubrimos que el estudiante «normal» se ha convertido en un ingeniero mecánico de gran éxito que se ha colocado en una posición privilegiada tanto en la comunidad profesional de ingenieros como en los grupos cívicos de su comunidad. Su éxito no ha dependido de una racha de suerte: todos lo consideran un hombre competente. El estudiante «superior», por otro lado, ha tenido poco éxito en la carrera de escritor, que él mismo eligió; después del repetido rechazo de los editores, se ha colocado en un banco, en un puesto intermedio. Sus compañeros, sin considerarlo un «fracasado», piensan que es «corriente» en la realización de sus tareas. ¿Qué ha ocurrido?

Este ejemplo ficticio se basa en la realidad de las pruebas de inteligencia. Los tests de CI predicen el éxito escolar con una precisión considerable, pero no dicen nada acerca del posible éxito en una profesión determinada después de la escolaridad (Jencks, 1972). Es más, incluso como tests de CI miden únicamente capacidades lógicas o lógico-lingüísticas; en esta sociedad, prácticamente sufrimos un «lavado de cerebro» que restringe la noción de inteligencia a las capacidades empleadas en la resolución de problemas lógicos y lingüísticos.

Para presentar un punto de vista alternativo, proponemos el siguiente «experimento mental». Dejemos en suspenso el criterio usual acerca de lo que constituye la inteligencia y reflexionemos libremente acerca de las capacidades de los seres humanos, quizá las que destacaría el consabido visitante marciano. En este ejercicio, nos sentimos atraídos hacia el brillante jugador de ajedrez, el violinista de fama mundial y el campeón deportivo; estas personalidades sobresalientes merecen una consideración especial. Bajo este experimento, emerge una visión bastante distinta de *inteligencia*. El jugador de ajedrez, el violinista y el atleta, ¿son «inteligentes» en sus respectivas carreras? Si lo son, entonces ¿por qué el término actual de «inteligencia» no consigue identificarlos? Si no son «inteligentes», ¿qué les permite realizar esas proezas memorables? En general, ¿por qué el término actual de «inteligencia» no logra explicar grandes áreas de la actividad humana?

En este capítulo, tratamos de estos problemas a la luz de la teoría de las inteligencias múltiples (IM). Como el nombre indica, creemos que la competencia cognitiva del hombre queda mejor descrita en términos de un conjunto de habilidades, talentos o capacidades mentales, que denominamos «inteligencias». Todos los individuos normales poseen cada una de estas capacidades en un cierto grado; los individuos difieren en el grado de capacidad y en la naturaleza de la combinación de estas capacidades. Creemos que esta teoría de la inteligencia puede ser más humana y más verídica que otras visiones alternativas, y que refleja de forma más adecuada los datos de la conducta humana «inteligente». Una teoría así tiene importantes implicaciones educativas y curriculares.

¿Qué constituye una inteligencia?

La cuestión de la definición óptima de inteligencia aparece ampliamente en nuestra investigación. De hecho, es a propósito de esta definición que la teoría de las múltiples inteligencias diverge de los puntos de vista tradicionales. En una visión tradicional, se define operacionalmente la inteligencia como la habilidad para responder a las cuestiones de un test de inteligencia. La inferencia que lleva de la puntuación en los tests a alguna habilidad subyacente se sostiene a base de técnicas estadísticas que comparan las respuestas de individuos de diferentes edades; la aparente correlación de las puntuaciones de estos tests a través de las edades y a través de diferentes instancias de tests, corrobora la idea de que la facultad general de inteligencia, *g*, no cambia mucho con la edad o con el entrenamiento o la experiencia. Se trata de un atributo innato, de una facultad del individuo.

La teoría de las inteligencias múltiples, por otro lado, pluraliza el concepto tradicional. Una inteligencia implica la habilidad necesaria para resolver problemas o para elaborar productos que son de importancia en un contexto cultural o en una comunidad determinada. La capacidad para resolver problemas permite abordar una situación en la cual se persigue un objetivo, así como determinar el camino adecuado que conduce a dicho objetivo. La creación de un producto *cultural* es crucial en funciones como la adquisición y la transmisión del conocimiento o la expresión de las propias opiniones o sentimientos. Los problemas a resolver van desde crear el final de una historia hasta anticipar un movimiento de jaque mate en ajedrez, pasando por remendar un edredón. Los productos van desde teorías científicas hasta composiciones musicales, pasando por campañas políticas exitosas.

La teoría de las IM se organiza a la luz de los orígenes biológicos de cada capacidad para resolver problemas. Sólo se tratan las capacidades que son universales a la especie humana. Aun así, la tendencia biológica a participar de una forma concreta de resolver problemas tiene que asociarse también al entorno cultural. Por ejemplo, el lenguaje, una capacidad universal, puede manifestarse particularmente en forma de escritura en una cultura, como oratoria en otra cultura y como el lenguaje secreto de los anagramas en una tercera.

Puesto que deseamos seleccionar inteligencias que estén enraizadas en la biología, que sean valoradas en uno o varios contextos culturales, ¿cómo se identifica realmente una «inteligencia»? Para la composición de nuestra lista, consultamos evidencias procedentes de varias fuentes distintas: conocimiento acerca del desarrollo normal y del desarrollo en individuos superdotados; información acerca del deterioro de las capacidades cognitivas bajo condiciones de lesión cerebral; estudios de

poblaciones excepcionales, incluyendo niños prodigio, sabios idiotas y niños autistas; datos acerca de la evolución de la cognición a través de los milenios; estimación
de la cognición a través de las culturas; estudios psicométricos, incluyendo análisis
de correlaciones entre los tests; y estudios psicológicos de aprendizaje, en particular medidas de transferencias y generalización entre tareas. Únicamente las inteligencias candidatas, que satisfacían todos, o la mayoría de los criterios, se seleccio-
naban como inteligencias genuinas. *Frames of Mind* (1983) contiene una discusión
más completa de cada uno de estos criterios para una «inteligencia» y de las siete
inteligencias propuestas hasta aquí. Esta obra también discute acerca de cómo podría refutarse la teoría y la compara con otras teorías antagónicas.

Además de satisfacer los criterios mencionados anteriormente, cada inteligencia debe poseer una operación nuclear identificable, o un conjunto de operaciones. Como sistema computacional basado en las neuronas, cada inteligencia se activa o se «dispara» a partir de ciertos tipos de información presentada de forma
interna o externa. Por ejemplo, un núcleo de la inteligencia musical es la sensibilidad para entonar bien, mientras que un núcleo de la inteligencia lingüística es la
sensibilidad hacia los rasgos fonológicos.

Una inteligencia debe ser también susceptible de codificarse en un sistema
simbólico: un sistema de significado, producto de la cultura, que capture y trans-
mita formas importantes de información. El lenguaje, la pintura y las matemáticas
son tres sistemas de símbolos, prácticamente mundiales, que son necesarios para
la supervivencia y la productividad humana. La relación entre la inteligencia candidata y un sistema simbólico humano no es casual. De hecho, la existencia de una
capacidad computacional nuclear anticipa la existencia de un sistema simbólico
que aproveche esta capacidad. Aunque es posible que una inteligencia funcione
sin un sistema simbólico, su tendencia a una formalización de este tipo constituye
una de sus características primarias.

Las siete inteligencias

Después de esbozar las características y los criterios de una inteligencia, vamos a considerar brevemente cada una de las siete inteligencias. Comenzamos
cada esbozo con una biografía en miniatura de una persona que muestra facilidad
inusual en esta inteligencia. Estas biografías ilustran algunas de las habilidades
que pueden considerarse centrales para la operación fluida de una determinada
inteligencia. Aunque cada biografía ilustra una inteligencia concreta, no queremos implicar que en los adultos las inteligencias operen de forma aislada. De hecho, excepto en el caso de individuos anormales, las inteligencias trabajan siempre
en concierto, y cualquier papel adulto mínimamente complejo implica la mezcla
de varias de ellas. Después de cada biografía, damos un repaso a las diversas fuentes de datos en que nos basamos para considerar cada habilidad candidata como
una «inteligencia».

Inteligencia musical

Yehudi Menuhin, con tres años, acompañaba a sus padres cuando éstos asistían a los conciertos de la Orquesta de San Francisco. El sonido del violín de Louis Persinger encantaba tanto al pequeño que insistió en tener un violín para su cumpleaños y que Louis Persinger fuera su profesor. Obtuvo ambas cosas. A la edad de diez años, Menuhin ya era un intérprete de fama internacional (Menuhin, 1977).

La inteligencia musical del violinista Yehudi Menuhin se manifestó incluso antes de haber tocado nunca un violín o haber recibido ningún tipo de instrucción musical. La poderosa reacción a este sonido en especial, y sus rápidos progresos con el instrumento, sugieren que ya estaba, de alguna manera, preparado biológicamente para esta labor. De esta manera, la evidencia procedente de los niños prodigio confirma nuestra afirmación de que existe un vínculo biológico con cada tipo de inteligencia. Otras poblaciones especiales, como los niños autistas que pueden tocar maravillosamente un instrumento musical pero que no pueden hablar, subrayan la independencia de la inteligencia musical.

Una breve consideración de los hechos sugiere que la capacidad musical pasa las otras pruebas necesarias para ser considerada una inteligencia. Por ejemplo, ciertas partes del cerebro desempeñan papeles importantes en la percepción y la producción musical. Estas áreas se sitúan generalmente en el hemisferio derecho, aunque la capacidad musical no está «localizada» con claridad, o situada en un área específica, como el lenguaje. A pesar de que la susceptibilidad concreta de la habilidad musical a las lesiones cerebrales depende del grado de formación y de otras diferencias individuales, existe evidencia clara de «amusia», o pérdida de habilidad musical.

Parece que la música desempeñaba un papel unificador muy importante en las sociedades de la Edad de Piedra (Paleolítico). El canto de los pájaros proporciona un vínculo con otras especies. Los datos procedentes de diversas culturas apoyan la noción de que la música constituye una facultad universal. Los estudios sobre desarrollo infantil sugieren que existe una habilidad computacional «en bruto» en la primera infancia. Finalmente, la notación musical proporciona un sistema simbólico lúcido y accesible.

En resumen, los datos que apoyan la interpretación de la habilidad musical como una «inteligencia» proceden de fuentes muy diversas. A pesar de que la capacidad musical no se considera generalmente una capacidad intelectual, como las matemáticas, siguiendo nuestros criterios debería ser así. Por definición, merece consideración; y, en vista de los datos, su inclusión queda empíricamente justificada.

Inteligencia cinético-corporal

Babe Ruth, con quince años, jugaba de tercera base. Durante un partido, el lanzador de su equipo lo estaba haciendo muy mal y Babe Ruth lo criticó en voz alta desde su tercera base. Mathias, el entrenador, gritó: «¡Ruth, si sabes tanto, lanza TÚ!». Babe quedó sorprendido y desconcertado porque nunca había lanzado antes, pero Mathias insistió. Ruth dijo después que en el mismo momento en que subió al montículo del lanzador, SUPO que estaba destinado a ser un lanzador y que resultaba «natural» para él conseguir el *strike-out*. Efectivamente, llegó a ser un gran lanzador en la liga nacional (y, por supuesto, consiguió una fama legendaria como bateador) (Connor, 1982).

Como Menuhin, Babe Ruth fue un niño prodigio que reconoció inmediatamente su «instrumento» desde el primer momento. Este reconocimiento ocurrió con anterioridad a un entrenamiento formal.

El control del movimiento corporal se localiza en la corteza motora, y cada hemisferio domina o controla los movimientos corporales correspondientes al lado opuesto. En los diestros, el dominio de este movimiento se suele situar en el hemisferio izquierdo. La habilidad para realizar movimientos voluntarios puede resultar dañada, incluso en individuos que pueden ejecutar los mismos movimientos de forma refleja o involuntaria. La existencia de la *apraxia* específica constituye una línea de evidencia en favor de una inteligencia cinético-corporal.

La evolución de los movimientos corporales especializados es de importancia obvia para la especie, y en los humanos esta adaptación se extiende al uso de herramientas. El movimiento del cuerpo sigue un desarrollo claramente definido en los niños. Y no hay duda de su universalidad a través de las culturas. Así, parece que el «conocimiento» cinético-corporal satisface muchos de los criterios requeridos por una inteligencia.

La consideración del conocimiento cinético-corporal como «apto para la solución de problemas» puede resultar menos intuitiva. Es cierto que efectuar una secuencia mímica o golpear una pelota de tenis no es como resolver una ecuación matemática. Y, sin embargo, la habilidad para utilizar el propio cuerpo para expresar una emoción (como en la danza), para competir en un juego (como en el deporte), o para crear un nuevo producto (como en el diseño de una invención) constituye la evidencia de las características cognitivas de uso corporal. Los cálculos específicos requeridos para resolver un *problema* cinético-corporal concreto han sido resumidos por Tim Gallwey:

En el momento en que la pelota abandona la raqueta del tenista que ha efectuado el saque, el cerebro calcula aproximadamente dónde aterrizará y dónde la interceptará la raqueta. Este cálculo incluye la velocidad inicial de la pelota, combinado con los datos de la disminución progresiva de velocidad y del efecto del viento y, después, el rebote de la pelota. Simultáneamente, se dan órdenes a la musculatura:

no todas de una vez, sino constantemente, con información refinada y actualizada. Los músculos tienen que cooperar. Los pies se mueven, la raqueta se sitúa detrás, manteniendo un ángulo constante. El contacto tiene lugar en un momento preciso que depende de si la orden consistía en tocar la raya o cruzar la pista, orden que no se emite hasta después de un análisis casi instantáneo del movimiento y de la postura del oponente.

Para devolver un saque normal se dispone de un segundo para hacer todo esto. Tocar la pelota ya resulta notable en sí, y sin embargo no es infrecuente. La verdad es que todo el que habita en un cuerpo humano es dueño de una creación extraordinaria (Gallwey, 1976).

Inteligencia lógico-matemática

En 1983 Barbara McClintock ganó el premio Nobel de medicina y fisiología por su trabajo en microbiología. Sus capacidades intelectuales de deducción y observación ilustran una forma de inteligencia lógico-matemática que a menudo recibe el nombre de «pensamiento científico». Un episodio resulta particularmente ilustrativo. Cuando trabajaba en Cornell como investigadora, allá por los años 20, McClintock se enfrentó un día a un problema: aunque la *teoría* predecía un 50 % de polen estéril en el maíz, su ayudante en la investigación (haciendo trabajo «de campo») estaba encontrando plantas que sólo eran estériles en un 25 ó 30 %. Preocupada por esta discrepancia, McClintock dejó el campo de maíz y volvió a su despacho, donde reflexionó durante una media hora:

> De repente salté de mi silla y volví corriendo al campo [de maíz]. Desde un extremo del campo (los demás aún estaban en el otro) grité: «¡Eureka, lo tengo! ¡Ya sé qué significa el 30 % de esterilidad!». ...Me pidieron que lo explicara. Me senté con una bolsa de papel y un lápiz y empecé desde el principio, cosa que no había hecho todavía en mi laboratorio. Todo había ocurrido tan rápido: apareció la respuesta y yo salí corriendo. Ahora lo elaboré paso a paso —se trataba de una serie compleja de pasos— y llegué al mismo resultado. Miraron el material y vieron que era exactamente como yo decía: funcionaba exactamente como yo lo había esbozado. Pero, ¿cómo lo supe, sin haberlo hecho antes previamente sobre el papel? ¿Por qué estaba tan segura? (Keller, 1983, pág. 104).

Esta anécdota ilustra dos hechos esenciales de la inteligencia lógico-matemática. En primer lugar, en los individuos dotados, el proceso de resolución de problemas es, a menudo, extraordinariamente rápido: el científico competente maneja simultáneamente muchas variables y crea numerosas hipótesis que son evaluadas sucesivamente, y posteriormente aceptadas o rechazadas.

La anécdota también subraya la naturaleza *no verbal* de la inteligencia. Puede construirse la solución del problema *antes* de que ésta sea articulada. De hecho, el proceso de solución puede ser totalmente invisible, incluso para el que ha resuelto el problema. Esto no tiene por qué implicar que los descubrimientos de este tipo —el conocido fenómeno del «¡Ajá!»— sean misteriosos, intuitivos o imposibles de predecir. El hecho de que ocurran con más frecuencia a ciertas personas (quizá premios Nobel) sugiere justamente lo contrario. Interpretamos esto como el trabajo de la inteligencia lógico-matemática.

Junto a su compañera, la capacidad lingüística, el razonamiento lógico-matemático proporciona la base principal para los tests de CI. Esta forma de inteligencia ha sido investigada en profundidad por los psicólogos tradicionales y constituye el arquetipo de la «inteligencia en bruto» o de la habilidad para resolver problemas que supuestamente pertenece a todos los terrenos. Resulta irónico, pues, que aún no se comprenda el mecanismo real a través del cual se alcanza una solución a un problema lógico-matemático.

Esta inteligencia también cumple nuestros requisitos empíricos. Ciertas áreas del cerebro son más prominentes para el cálculo matemático que otras. Existen «sabios idiotas» que realizan grandes proezas de cálculo aunque sean profundamente deficientes en la mayoría de las otras áreas. Los niños prodigio en matemáticas abundan. El desarrollo de esta inteligencia en los niños ha sido cuidadosamente documentada por Jean Piaget y otros psicólogos.

Inteligencia lingüística

> A la edad de diez años T. S. Elliot creó una revista llamada *Fireside* a la que sólo él aportaba artículos. En un período de tres días, durante sus vacaciones de invierno, creó ocho números completos. Cada una incluía poemas, historias de aventuras, una columna de chismorreos y una sección de humor. Parte de este material ha sobrevivido y muestra el talento del poeta (véase Soldo, 1982).

Como ocurre con la inteligencia lógica, llamar a la capacidad lingüística una «inteligencia» es coherente con la postura de la psicología tradicional. La inteligencia lingüística también supera nuestras pruebas empíricas. Por ejemplo, una área específica del cerebro llamada «área de Brocca» es la responsable de la producción de oraciones gramaticales. Una persona con esta área lesionada puede comprender palabras y frases sin problemas, pero tiene dificultades para construir las frases más sencillas. Al mismo tiempo otros procesos mentales pueden quedar completamente ilesos.

El don del lenguaje es universal, y su desarrollo en los niños es sorprendentemente similar en todas las culturas. Incluso en el caso de personas sordas a las que no se ha enseñado explícitamente un lenguaje por signos, a menudo de niños «inventan» su propio lenguaje manual y lo usan subrepticiamente. Vemos así que una inteligencia puede operar independientemente de una cierta modalidad de estímulo o de un determinado canal de salida.

Inteligencia espacial

La navegación en las Islas Carolinas de los Mares del Sur se consigue sin instrumentos. La posición de las estrellas, tal y como se ven desde las diferentes islas, los esquemas climáticos y el color de las aguas son las únicas señalizaciones. Cada trayecto se descompone en una serie de segmentos, y el navegante toma nota de la posición de las estrellas dentro de cada uno de estos segmentos. Durante el viaje real, el navegante debe visionar mentalmente una isla de referencia cuando pasa bajo una determinada estrella y a partir de aquí calcula el número de segmentos completados, la proporción de viaje restante y cualquier tipo de corrección de rumbo que haya que tomar. El navegante no puede ver las islas mientras navega; en vez de eso proyecta sus posiciones en su «mapa» mental del trayecto (Gardner, 1983).

La resolución de problemas espaciales se aplica a la navegación y al uso de mapas como sistema notacional. Otro tipo de resolución de problemas espaciales aparece en la visualización de un objeto visto desde un ángulo diferente y en el juego del ajedrez. Las artes visuales también emplean esta inteligencia en el uso que hacen del espacio.

Las pruebas procedentes de la investigación neuronal son claras y persuasivas. Así como el hemisferio izquierdo ha sido escogido, en el curso de la evolución, como sede de los cálculos lingüísticos en las personas diestras, el hemisferio derecho demuestra ser la sede más importante del cálculo espacial. Las lesiones en la región posterior derecha provocan daños en la habilidad para orientarse en un lugar, para reconocer caras o escenas o para apreciar pequeños detalles.

Los pacientes con daño específico en las regiones del hemisferio derecho intentarán compensar sus déficits espaciales con estrategias lingüísticas. Razonarán en voz alta para intentar resolver la tarea, o incluso se inventarán las respuestas. Pero dichas estrategias no espaciales rara vez tienen éxito.

Las personas ciegas proporcionan un ejemplo de la distinción entre inteligencia espacial y percepción visual. Un ciego puede reconocer formas a través de un método indirecto: pasar la mano a lo largo del objeto se traduce en longitud de tiempo de movimiento, lo que a su vez se traduce en la medida del objeto. Para el invidente, el sistema perceptivo de la modalidad táctil corre en paralelo a la modalidad visual de la persona con visión. La analogía entre el razonamiento espacial de los invidentes y el razonamiento lingüístico de las personas sordas es notable.

Existen pocos niños prodigio entre los artistas visuales, pero existen «sabios idiotas» como Nadia (Selfe, 1977). A pesar de su profundo autismo, esta niña pequeña hacía dibujos de una finura y de una precisión representativa extraordinarias.

Inteligencia interpersonal

Anne Sullivan, con escasa preparación formal en educación especial y casi ciega, inició la sobrecogedora tarea de educar a una niña de siete años, ciega y sorda, Helen Keller. Los esfuerzos de Sullivan para comunicarse con ella se complicaban por la lucha emocional que sostenía la niña con el mundo que la rodeaba. En su primera comida juntas, tuvo lugar la siguiente escena:

> Annie no permitió a Helen poner la mano en su plato y tomar lo que quería, como se había acostumbrado a hacer con su familia. Se convirtió en una pugna de voluntades: la mano se metía en el plato, la mano era apartada con firmeza. La familia, muy trastornada, salió del comedor. Annie echó la llave a la puerta y empezó a comer mientras Helen se tiraba por el suelo pataleando y chillando, empujando y tirando de la silla de Annie. [Después de media hora] Helen fue recorriendo la mesa buscando a su familia. Descubrió que no había nadie más y esto la sacó de sus casillas. Finalmente, se sentó y empezó a comerse el desayuno, pero con las manos. Annie le dio una cuchara. Fue a parar inmediatamente al suelo, y la lucha comenzó de nuevo (Lash, 1980, pág. 52).

Anne Sullivan respondió con sensibilidad al comportamiento de la niña. Escribía a su familia: «El problema mayor que voy a tener que solucionar es cómo disciplinarla y controlarla sin destruir su espíritu. Tendré que ir bastante despacio al principio e intentaré ganarme su amor».

De hecho, el primer «milagro» tuvo lugar dos semanas después, antes del famoso episodio en el surtidor de agua. Annie había llevado a Helen a una casita cerca de la casa familiar, donde pudieran vivir solas. Después de siete días juntas, la personalidad de Helen sufrió, de repente, un profundo cambio; la terapia había funcionado:

> El corazón me baila de alegría esta mañana. ¡Ha ocurrido un milagro! La criaturita salvaje de hace dos semanas se ha transformado en una niña gentil (pág. 54).

Dos semanas después, ocurrió la primera toma de contacto de Helen con el lenguaje; y desde ese momento en adelante, progresó a una velocidad increíble. La clave del milagro del lenguaje fue la penetración psicológica de Anne Sullivan en la *persona* de Helen Keller.

La inteligencia interpersonal se construye a partir de una capacidad nuclear para sentir distinciones entre los demás: en particular, contrastes en sus estados de ánimo, temperamentos, motivaciones e intenciones. En formas más avanzadas, esta inteligencia permite a un adulto hábil leer las intenciones y deseos de los demás, aunque se hayan ocultado. Esta capacidad se da en forma altamente sofisticada en los líderes religiosos o políticos, en los profesores y maestros, en los terapeutas y en los padres. La historia de Helen Keller y Anne Sullivan sugiere que esta inteligencia interpersonal no depende del lenguaje.

Todos los indicios proporcionados por la investigación cerebral sugieren que los lóbulos frontales desempeñan un papel importante en el conocimiento interpersonal. Los daños en este área pueden causar cambios profundos en la personalidad, aunque otras formas de resolución de problemas queden inalteradas: una persona ya no es «la misma persona» después de la lesión.

La enfermedad de Alzheimer, una forma de demencia presenil, parece atacar las zonas posteriores del cerebro con especial ferocidad, dejando los cálculos espaciales, lógicos y lingüísticos seriamente dañados. Sin embargo, los enfermos de Alzheimer siguen siendo bien educados, socialmente adecuados y se excusan continuamente por sus errores. Por el contrario, la enfermedad de Pick, otra variedad de demencia presenil que se sitúa más frontalmente, implica una rápida pérdida de las cualidades sociales.

La evidencia biológica de la inteligencia interpersonal abarca dos factores adicionales que a menudo se citan como peculiares de la especie humana. Un factor es la prolongada infancia de los primates, incluyendo la estrecha relación con su madre. En los casos en que se sufre pérdida de la madre a edades tempranas, el desarrollo interpersonal normal corre un serio peligro. El segundo factor es la importancia relativa que tiene para los humanos la interacción social. Distintas habilidades como cazar, rastrear y matar las presas en las sociedades prehistóricas requerían la participación y la cooperación de una gran cantidad de gente. La necesidad de cohesión en el grupo, de liderazgo, de organización y de solidaridad surge de forma natural a partir de esto.

Inteligencia intrapersonal

En un ensayo titulado «A Sketch of the Past», escrito casi en forma de fragmento de diario, Virginia Woolf discute acerca de «la existencia algodonosa», los diversos acontecimientos mundanos de la vida. Contrasta este «algodón» con tres recuerdos específicos e intensos de su infancia: una pelea con su hermano, la contemplación de una flor en el jardín y la noticia del suicidio de un conocido de la familia:

> Éstos son tres ejemplos de momentos excepcionales. Los comento a menudo o, más bien, aparecen inesperadamente. Pero ésta es la primera vez que los he puesto por escrito y me doy cuenta de algo que nunca hasta ahora había percibido. Dos de esos momentos condujeron a un estado de desesperación. El otro condujo, por el contrario, a un estado de satisfacción.
>
> La sensación de horror (al oír hablar del suicidio) me dejó impotente. Pero en el caso de la flor, encontré un motivo; y así fui capaz de enfrentarme a la sensación. No me sentía impotente.
>
> Aunque todavía tengo la peculiaridad de recibir estos sobresaltos repentinos, ahora siempre son bienvenidos; después de la primera sorpresa, siempre siento al instante que me son particularmente valiosos. Y así continúo pensando que mi ca-

pacidad para recibir sobresaltos es lo que hace de mí una escritora. Arriesgo la explicación de que, en mi caso, un sobresalto viene inmediatamente seguido por el deseo de explicarlo. Siento que he recibido un golpe; pero no, como pensaba de niña, un golpe de un enemigo oculto en el algodón de la vida cotidiana; es o será una revelación de algún tipo; es una muestra de algo real detrás de las apariencias; y yo lo hago real expresándolo en palabras (Woolf, 1976, págs. 69-70).

Esta cita ilustra de forma vívida la inteligencia intrapersonal, el conocimiento de los aspectos internos de una persona: el acceso a la propia vida emocional, a la propia gama de sentimientos, la capacidad de efectuar discriminaciones entre estas emociones y finalmente ponerlas un nombre y recurrir a ellas como medio de interpretar y orientar la propia conducta. Una persona con una buena inteligencia intrapersonal posee un modelo viable y eficaz de sí mismo. Puesto que esta inteligencia es la más privada, precisa de la evidencia del lenguaje, la música u otras formas más expresivas de inteligencia, para poder ser observada en funcionamiento. En la cita anterior, por ejemplo, se recurre a la inteligencia lingüística para trasmitir el conocimiento intrapersonal; materializa la interacción de las inteligencias, un fenómeno bastante común al que aludiremos más adelante.

Vemos cómo los criterios ya conocidos rigen para la inteligencia intrapersonal. Como en el caso de la inteligencia interpersonal, los lóbulos frontales desempeñan un papel central en el cambio de personalidad. Los daños en el área inferior de los lóbulos frontales pueden producir irritabilidad o euforia; en cambio, los daños en la parte superior tienden a producir indiferencia, languidez, lentitud y apatía: un tipo de personalidad depresiva. En estos individuos «de lóbulo frontal», las otras funciones cognitivas permanecen inalteradas. En cambio, entre los afásicos que se han recuperado lo suficiente como para describir sus experiencias, encontramos testimonios consistentes: aunque puede haber existido una disminución del estado general de alerta y una considerable depresión debido a su estado, el individuo no se siente a sí mismo una persona distinta. Reconoce sus propias necesidades, carencias y deseos e intenta atenderlos lo mejor que puede.

El niño autista es un ejemplo prototípico de individuo con la inteligencia intrapersonal dañada; en efecto, el niño puede ser incluso incapaz de referirse a sí mismo. Al mismo tiempo, estos niños a menudo muestran habilidades extraordinarias en el área musical, computacional, espacial o mecánica.

Una evidencia evolutiva para la facultad intrapersonal es más difícil de conseguir, pero podemos especular que la capacidad para trascender a la satisfacción del impulso instintivo es relevante. Esto va siendo progresivamente más importante para una especie que no está perennemente implicada en la lucha por la supervivencia.

En resumen, pues, tanto la facultad interpersonal como la intrapersonal superan la prueba de la inteligencia. Ambas describen tentativas de solucionar problemas que son significativos para el individuo y para la especie. La inteligencia interpersonal permite comprender y trabajar con los demás; la inteligencia intrapersonal permite comprenderse y trabajar con uno mismo. En el sentido individual de uno mismo, se encuentra una mezcla de componentes interpersonales e intrapersonales. Efectivamente, el sentido de uno mismo surge como una de las invenciones humanas más maravillosas: un símbolo que representa todos los tipos de información acerca de una persona y que es, al mismo tiempo, una invención que todos los individuos construyen para sí mismos.

Resumen: las contribuciones propias de la teoría

Como seres humanos, todos tenemos un repertorio de capacidades adecuadas para resolver distintos tipos de problemas. Nuestra investigación ha comenzado, pues, con una consideración de estos problemas, los contextos en los que se hallan, y los productos culturalmente significativos que resultan de ellos. No hemos abordado la idea de «inteligencia» como una facultad humana materializada a la que se recurre literalmente en cualquier acto de resolución de problemas; más bien hemos empezado con los problemas que los humanos *resuelven* y, a partir de aquí, hemos deducido qué «inteligencia» debe ser responsable de esta resolución.

Los indicios a partir de la investigación cerebral, el desarrollo humano, la evolución y las comparaciones a través de las culturas han ido surgiendo en nuestra búsqueda de las inteligencias humanas significativas: se incluía una candidata sólo si existía evidencia razonable, procedente de estos ámbitos, que apoyara su pertenencia al conjunto. De nuevo, este enfoque difiere del tradicional: puesto que ninguna de las capacidades candidatas es *necesariamente* una inteligencia, podemos escoger de forma argumentada. En el enfoque tradicional del concepto de «inteligencia», no hay cabida para este tipo de decisiones empíricas.

También hemos determinado que estas múltiples aptitudes humanas, las inteligencias, son *independientes* en un grado significativo. Por ejemplo, la investigación con adultos con lesiones cerebrales demuestra repetidamente que ciertas aptitudes concretas pueden perderse al tiempo que otras se preservan. Esta independencia de las inteligencias implica que un nivel particularmente alto en una inteligencia, por ejemplo matemática, no requiere un nivel igualmente alto en otra inteligencia, como el lenguaje o la música. Esta independencia de inteligencias contrasta radicalmente con las medidas tradicionales del CI que encuentran altas correlaciones entre las puntuaciones de los tests. Especulamos, respecto a esto, que las correlaciones usuales entre distintos subtests de CI se dan porque todas estas tareas miden de hecho la habilidad para responder rápidamente a cuestiones de tipo lógico-matemático y lingüístico; creemos que dichas correlaciones se reducirían considerablemente si se controlara de forma adecuada al contexto toda la gama de capacidades humanas aptas para resolver problemas.

Hasta ahora, hemos apoyado la ficción de que los papeles adultos dependen en gran medida del florecimiento de una única inteligencia. De hecho, sin embargo, prácticamente cualquier papel cultural con algún grado de sofisticación requiere una combinación de inteligencias. Así, un acto aparentemente sencillo, como tocar el violín, excede la mera dependencia de la inteligencia musical. Llegar a ser un violinista de éxito requiere destreza cinético-corporal y la capacidad interpersonal de llegar al público y, de distinta manera, de escoger un mánager; muy posiblemente implique también una inteligencia intrapersonal. La danza requiere capacidad cinético-corporal, musical, interpersonal y espacial, en diversos grados. La política requiere una capacidad interpersonal, una facilidad lingüística y tal vez alguna aptitud lógica. Puesto que prácticamente todos los roles culturales requieren varias inteligencias, resulta importante considerar a los individuos como una colección de aptitudes más que como poseedores de una única capacidad de resolución de problemas que puede medirse directamente mediante tests de papel y lápiz. Incluso aun contando con un número relativamente pequeño de inteligencias, la diversidad de la habilidad humana se genera a través de las diferencias en estos perfiles. De hecho, es muy posible que el «total sea mayor que la suma de las partes». Un individuo puede no ser particularmente dotado en ninguna inteligencia, y, sin embargo, a causa de una particular combinación o mezcla de habilidades, puede ser capaz de cumplir una función de forma única. Por lo tanto, es de capital importancia evaluar la combinación particular de habilidades que pueden destinar a un individuo concreto a ocupar una cierta casilla vocacional.

Implicaciones para la educación

La teoría de las múltiples inteligencias se ha desarrollado como un enfoque de la cognición humana que puede someterse a contrastes de tipo empírico. Además, la teoría, aparentemente, comporta un gran número de implicaciones educativas que merecen consideración. En la discusión que sigue, comenzaremos por subrayar lo que parece ser la trayectoria evolutiva natural de una inteligencia. Fijándonos después en los aspectos educativos, comentaremos el papel que desempeña el estímulo y la instrucción explícita en este desarrollo. A partir de este análisis descubriremos que la evaluación de inteligencias puede desempeñar un papel crucial en el desarrollo curricular.

El crecimiento natural de una inteligencia: una trayectoria evolutiva

Puesto que todas las inteligencias forman parte de la herencia genética humana, todas las inteligencias se manifiestan universalmente, como mínimo en su nivel básico, independientemente de la educación y del apoyo cultural. Dejando a un lado, por el momento, a las poblaciones excepcionales, *todos* los humanos poseen ciertas habilidades nucleares en cada una de las inteligencias.

La trayectoria evolutiva natural de cada inteligencia comienza con una *habilidad modeladora en bruto*, por ejemplo, la habilidad para apreciar diferencias tonales en la inteligencia musical, o para distinguir colocaciones tridimensionales en la inteligencia espacial. Estas habilidades aparecen de forma universal y también pueden aparecer en un nivel superior en la parte de la población que constituye una «promesa» en ese campo. La inteligencia «en bruto» predomina durante el primer año de vida.

Las inteligencias se perciben a través de diferentes ópticas en las sucesivas etapas del desarrollo. En la siguiente etapa, se llega a la inteligencia a través de un *sistema simbólico*: se llega al lenguaje por medio de frases e historias, a la música a través de canciones, a la comprensión espacial a través de dibujos, al conocimiento cinético-corporal a través de la expresión gestual o de la danza, etcétera. En esta fase, los niños demuestran sus habilidades en las diversas inteligencias a través de la adquisición que hacen de los diversos sistemas simbólicos. La respuesta de Yehudi Menuhin al sonido del violín ilustra la inteligencia musical de un individuo superdotado en el momento en que entra en contacto con un aspecto concreto del sistema simbólico.

A medida que avanza el desarrollo, se representa cada inteligencia, acompañada de su sistema simbólico, mediante un *sistema notacional*. Las matemáticas, los mapas, la lectura, la notación musical, etcétera, son sistemas simbólicos de segundo orden, en los cuales las marcas sobre el papel representan símbolos. En nuestra cultura, estos sistemas notacionales tradicionalmente llegan a dominarse en el contexto de una estructura educativa formal.

Finalmente, durante la adolescencia y la edad adulta, las inteligencias se expresan a través de las *carreras vocacionales y aficiones*. Por ejemplo, la inteligencia lógico-matemática, que empezó siendo una habilidad puramente modeladora en la primera infancia y se desarrolló con el aprendizaje simbólico de los primeros años y con las notaciones durante los años escolares, alcanza su expresión madura en profesiones tales como matemático, contable, científico o cajero. De forma similar, la inteligencia espacial pasa de los mapas mentales del niño pequeño a las operaciones simbólicas necesarias para hacer dibujos y a los sistemas notacionales de los mapas, para llegar finalmente a las profesiones adultas de navegante, jugador de ajedrez o topógrafo.

Aunque todos los humanos participan de cada inteligencia en cierta medida, de algunos individuos se dice que son una «promesa». Están altamente dotados de las habilidades nucleares y de las capacidades propias de una inteligencia en especial. Este hecho resulta importante para la cultura como un todo, ya que, en general, estos individuos excepcionalmente dotados producirán avances notables en las manifestaciones culturales de esta inteligencia. No es importante que todos los miembros de la tribu Puluwat demuestren precocidad en las habilidades espaciales necesarias para la navegación siguiendo las estrellas, como tampoco es necesario que todos los occidentales dominen las matemáticas en el grado preciso para realizar una contribución significativa a la física teórica. Mientras los individuos que son «promesas» en determinados ámbitos se localicen de forma eficaz, el conocimiento general del grupo avanzará en todos los terrenos.

Al tiempo que ciertos individuos son «promesas» en una inteligencia, otros están en situación «de riesgo». En ausencia de ayudas especiales, es probable que los que están en situación de riesgo respecto a una inteligencia fracasen en las tareas que implican dicha inteligencia. Inversamente, es probable que los que constituyen una promesa triunfen en dichas tareas. Es posible que una intervención intensiva a una edad temprana haga llegar a un número mayor de niños a un nivel «de promesa».

La especial trayectoria evolutiva de un individuo que promete en un campo varía según la inteligencia. Así, las matemáticas y la música se caracterizan por la temprana aparición de niños dotados que rinden relativamente pronto en un nivel casi adulto. En cambio, las inteligencias personales parecen surgir mucho más gradualmente; los niños prodigio, aquí, serían raros. Además, el comportamiento maduro en un área no implica comportamiento maduro en otras áreas, de la misma manera que el talento en una inteligencia no implica talento en las demás.

Implicaciones que tiene la trayectoria evolutiva para la educación

Puesto que las inteligencias se manifiestan de distintas formas en los diferentes niveles evolutivos, tanto el estímulo como la evaluación deben tener lugar de manera oportuna y adecuada. Lo que supone un estímulo en la primera infancia, sería inadecuado en etapas posteriores, y viceversa. En el parvulario y los primeros cursos de primaria, la enseñanza debe tener muy en cuenta la cuestión de la oportunidad. Es durante esos años que los niños pueden descubrir algo acerca de sus propios intereses y habilidades peculiares.

En el caso de niños con mucho talento, estos descubrimientos a menudo ocurren de forma espontánea mediante «experiencias cristalizadoras» (Walters y Gardner, 1986). Cuando tienen lugar estas experiencias, a menudo en los primeros años de la niñez, el individuo reacciona abiertamente a una característica atractiva de una cierta especialidad. Inmediatamente, el individuo sufre una fuerte reacción afectiva; siente una especial afinidad respecto a ella, como le ocurrió a Menuhin la primera vez que escuchó el violín en un concierto. A partir de entonces, en muchos casos, el individuo persevera en dicha especialidad y, utilizando un potente conjunto de inteligencias adecuadas, consigue alcanzar un alto nivel a un ritmo relativamente rápido. En el caso de los talentos especialmente brillantes, estas experiencias cristalizadoras parecen difíciles de evitar, y pueden ser más proclives a surgir en el terreno de la música y en el de las matemáticas. Sin embargo, los encuentros específicamente diseñados con materiales, con equipamiento o con otras personas pueden ayudar a un chico o chica a descubrir su vocación.

Durante la edad escolar, un cierto dominio de los sistemas notacionales resulta esencial en nuestra sociedad. El ambiente favorable a los descubrimientos autónomos que proporciona el parvulario no puede proporcionar la estructura necesaria para el dominio de los sistemas notacionales específicos como la sonata o el álgebra. De hecho, durante este período prácticamente todos los niños necesitan una cierta tutela. Encontrar la forma correcta de ejercer dicha tutela constituye uno de los problemas, puesto que la tutela en grupo puede resultar útil en ciertos casos y perjudicial en otros. Otro problema consiste en orquestar la conexión entre el conocimiento práctico y el conocimiento expresado por medio de los sistemas simbólicos y de los sistemas notacionales.

Finalmente, en la adolescencia, la mayoría de estudiantes necesitan consejo a la hora de escoger su carrera. Esta tarea se hace más compleja a causa del modo en que las inteligencias interactúan en muchos roles culturales. Por ejemplo, ser médico requiere seguramente inteligencia lógico-matemática, pero mientras que el médico de cabecera necesita grandes capacidades interpersonales, el cirujano necesita destreza cinético-corporal. Los internados, los aprendizajes y la toma de contacto con los materiales reales del papel cultural concreto, resultan críticos en este punto del desarrollo.

De este análisis pueden extraerse diversas implicaciones de cara a la enseñanza explícita. En primer lugar, el papel que desempeña la enseñanza en relación con la manifestación de los cambios en una inteligencia a lo largo de la trayectoria evolutiva. El entorno rico en estímulos adecuado para los primeros años es menos crucial para los adolescentes. Inversamente, la enseñanza explícita del sistema notacional, adecuada para los niños mayores, es muy poco adecuada para los más jóvenes.

La enseñanza explícita debe valorarse a la luz de las trayectorias evolutivas de las inteligencias. Los estudiantes se benefician de la enseñanza explícita sólo si la información o el entrenamiento ocupan su lugar específico en la progresión evolutiva. Un tipo particular de enseñanza puede ser tanto demasiado prematura en un momento determinado como demasiado tardía en otro. Por ejemplo, el entrenamiento musical del sistema Suzuki presta escasa atención al sistema notacional, al tiempo que proporciona una gran cantidad de apoyo o andamiaje para el aprendizaje de los puntos fundamentales de la técnica instrumental. Mientras que este enfoque puede ser muy potente para la enseñanza de párvulos, puede atrofiar el desarrollo musical si se impone en un momento posterior de la trayectoria evolutiva. Un entorno educativo tan estructurado puede acelerar el progreso de los niños y generar un número mayor de «promesas», pero, en el límite, también puede disminuir la posibilidad de elección e inhibir la propia expresión personal.

Concentrarse de forma exclusiva en las capacidades lingüísticas y lógicas durante la escolaridad formal puede suponer una estafa para los individuos que tienen capacidad en otras inteligencias. Un repaso de los roles adultos, incluso en la sociedad occidental dominada por el lenguaje, muestra que las capacidades espacial, interpersonal o cinético-corporal, a menudo desempeñan un papel fundamental. Y sin embargo, las capacidades lingüística y lógica forman el núcleo de la mayoría de los tests de diagnóstico de la «inteligencia» y ocupan un pedestal pedagógico en nuestras escuelas.

Una gran necesidad: evaluar

El programa pedagógico general que describimos aquí presupone una comprensión precisa del perfil de inteligencias del alumno individual. Esta evaluación cuidadosa permite una elección informada acerca de posibles carreras y aficiones. También permite una búsqueda más comprensiva de los remedios a las dificultades. La evaluación de las deficiencias puede predecir las dificultades que tendrá el alumno en un futuro; además, puede proponer rutas alternativas hacia un cierto objetivo educativo (el aprendizaje de las matemáticas vía las relaciones espaciales; el aprendizaje de la música a través de las técnicas lingüísticas).

Así pues, la evaluación se convierte en un rasgo fundamental del sistema educativo. Creemos que es esencial partir de unas pruebas estandarizadas. También creemos que los tests estándar de papel y lápiz y respuestas cortas muestran únicamente una pequeña proporción de las habilidades intelectuales y, a menudo, recompensan un cierto tipo de facilidad para descontextualizar. Los medios de evaluación que propugnamos deberían fundamentalmente ser capaces de investigar las capacidades de los individuos para resolver problemas o elaborar productos, a través de toda una serie de materiales.

La evaluación de una determinada inteligencia (o conjunto de inteligencias) debería descubrir los problemas que pueden resolverse *con los materiales de esa inteligencia.* Es decir, que la evaluación matemática debería plantear problemas en contextos matemáticos. Para los niños más pequeños, éstos podrían ser del estilo de los de Piaget, en los que las instrucciones verbales se reducen al mínimo. Para niños más mayores, la derivación de demostraciones en un sistema numérico original puede bastar. En cuanto a la música, por otro lado, los problemas vendrían expresados en un sistema musical. Se podría pedir a los niños pequeños que formaran melodías a partir de segmentos musicales individuales. A los niños mayores se les podría enseñar a componer un rondó o una fuga a partir de motivos sencillos.

Un aspecto importante de la evaluación de inteligencias lo constituye la habilidad individual para resolver problemas o crear productos utilizando los materiales del medio intelectual. Sin embargo, es igualmente importante determinar qué inteligencia debe favorecerse cuando el individuo tiene que escoger. Una técnica para averiguar esta inclinación consiste en exponer al individuo a una situación lo suficientemente compleja como para que pueda estimular varias inteligencias; o proporcionar un conjunto de materiales procedentes de diversas inteligencias y determinar hacia cuál de ellos gravita un individuo determinado y con qué grado de profundidad lo explora.

Como ejemplo, consideremos qué ocurre cuando un niño ve una película en la que varias inteligencias figuran de forma prominente: música, gente que interactúa, un enredo que debe resolverse, o una capacidad corporal concreta, todas pueden competir en atraer su atención. La conversación posterior con el niño debería ser capaz de revelar los rasgos en los que se ha fijado más; éstos se pondrían en relación con el perfil de inteligencias de este niño. O bien consideremos una situación en la que se introduce a los niños en una habitación con diversos tipos de equipamiento y juegos. Unas sencillas medidas de las zonas en las que los niños pasan más tiempo y el tipo de actividades que inician en ellas deberían aportar indicios sobre el perfil de inteligencia de cada niño en particular.

Las pruebas de este tipo difieren de las tradicionales medidas de la «inteligencia» en dos aspectos importantes. En primer lugar, dependen de materiales, equipamiento, entrevistas... para generar los problemas que deben resolverse; esto contrasta con las medidas tradicionales de papel y lápiz utilizadas en las pruebas de inteligencia. En segundo lugar, se informa de los resultados como parte de un perfil individual de propensiones intelectuales, más que como un único índice de inteligencia o puntuación dentro del conjunto de la población. Al poner de relieve las capacidades y los puntos débiles, se pueden realizar sugerencias acerca de futuros aprendizajes.

Las puntuaciones no son suficientes. Esta evaluación debería poder sugerir a padres, maestros e incluso a los mismos niños, el tipo de actividades que pueden realizar en casa, en la escuela o en el contexto de la comunidad. Basándose en esta información, los niños pueden reforzar sus desventajas intelectuales o combinar sus talentos de manera que sea satisfactorio para ellos desde el punto de vista vocacional o de sus aficiones.

Enfrentarse a la pluralidad de inteligencias

Según la teoría de las inteligencias múltiples, una inteligencia puede servir tanto de *contenido* de la enseñanza como de *medio* empleado para comunicar este contenido. Este estado de las cosas tiene importantes ramificaciones para la enseñanza. Por ejemplo, supongamos que un niño está aprendiendo algún principio matemático pero no está dotado para la inteligencia lógico-matemática. Este niño experimentará probablemente algunas dificultades durante el proceso de aprendizaje. La razón de la dificultad es inmediata: el principio matemático que debe aprenderse (el contenido) existe únicamente en el mundo lógico-matemático y debería comunicarse a través de las matemáticas (el medio). Es decir que el principio matemático no puede traducirse *completamente* a palabras (un medio lingüístico) o a modelos espaciales (un medio espacial). En algún momento del proceso de aprendizaje, las matemáticas del principio deben «hablar por sí mismas». En nuestro caso, es justamente en este nivel donde el alumno de matemáticas experimenta dificultades: el alumno (que no es especialmente «matemático») y el problema (que es muy «matemático») no coinciden. Las matemáticas, como *medio*, han fallado.

Aunque esta situación supone un acertijo ineludible a la luz de la teoría de las inteligencias múltiples, podemos proponer varias soluciones. En este ejemplo, el profesor debe intentar encontrar una ruta alternativa al contenido matemático, una metáfora en otro medio. El lenguaje es quizá la alternativa más obvia, pero la modelización espacial e incluso una metáfora cinético-corporal pueden llegar a ser adecuadas en algunos casos. De esta manera, se le da al estudiante un camino *secundario* a la solución del problema, tal vez por medio de una inteligencia que resulta ventajosa para el individuo en cuestión.

Debemos subrayar la importancia de dos aspectos de esta hipotética situación. En primer lugar, en tales casos, la vía secundaria —el lenguaje, el modelo espacial o lo que sea— es, como mucho, una metáfora o una traducción. No se trata de matemáticas, en sí mismas. Y en algún momento, el alumno debe hacer la traducción inversa al terreno de las matemáticas. Sin esta traducción, lo que se ha aprendido tiende a permanecer en un nivel relativamente superficial; seguir instrucciones (traducciones lingüísticas) sin entender el porqué (traducción matemática) conduce a unos ejercicios matemáticos del tipo de un recetario de cocina.

En segundo lugar, la ruta alternativa no está garantizada. No existe un motivo *necesario* por el que un problema *deba ser traducible* a un problema metafórico en otro terreno. Los buenos profesores encuentran estas traducciones con relativa frecuencia; pero a medida que el aprendizaje se hace más complejo, la posibilidad de que exista una buena traducción disminuye.

Aunque la teoría de las inteligencias múltiples es coherente con muchos indicios empíricos, no ha sido sometida a pruebas experimentales serias dentro del ámbito de la psicología. Dentro del área de la educación, actualmente muchos proyectos están examinando las aplicaciones de la teoría. Nuestras ideas deberán revisarse una y otra vez a la luz de la experiencia real del aula. Sin embargo, existen poderosas razones para tener en cuenta la teoría de las inteligencias múltiples así como sus implicaciones en la educación. En primer lugar, está claro que numerosos talentos, si no inteligencias, pasan desapercibidos actualmente; los individuos dotados de estos talentos son los principales perjudicados por la visión unívoca y estrecha de la mente humana. Existen multitud de casillas ocupacionales en nuestra sociedad que quedan sin cubrir o que se cubren escasamente, y sería oportuno poder orientar a ellas a los individuos dotados del conjunto de habilidades conveniente. Por último, nuestro mundo está lleno de problemas; para disponer de alguna posibilidad de resolverlos, debemos hacer el mejor uso posible de las inteligencias que poseemos. Tal vez reconocer la pluralidad de inteligencias y las múltiples maneras en que los humanos pueden manifestarlas sea un primer paso importante.

3 Preguntas y respuestas acerca de la teoría de las inteligencias múltiples

COAUTOR: JOSEPH WALTERS

Tras la presentación de la teoría de las inteligencias múltiples, surgieron numerosas preguntas por parte de críticos amistosos (y, a veces, no tan amistosos). En este capítulo, algunas de cuyas partes fueron en su origen redactadas en colaboración con Joseph Walters, intento responder las preguntas más usuales, agrupadas de forma conveniente. En el siguiente capítulo, doy un repaso exhaustivo a las relaciones existentes entre el concepto de «inteligencia» y otras tentativas encaminadas a describir los logros humanos más significativos.

El término «inteligencia»

Vuestras «inteligencias» —musical, cinético-corporal, etc.— son lo que otros llaman talentos o dones. ¿Por qué confundir la cuestión utilizando la palabra «inteligencia» para describirlos?

No hay nada mágico en la palabra «inteligencia». La he escogido a propósito para entrar en discusión con los psicólogos que consideran que el razonamiento lógico o la compentencia lingüística se hallan en un plano distinto a la resolución de problemas musicales o a las aptitudes cinético-corporales. El hecho de colocar la lógica y el lenguaje en un pedestal refleja el esquema de valores de nuestra cultura occidental y la gran validez atribuida a los tests de inteligencia clásicos. Una perspectiva más olímpica ve a las siete inteligencias como igualmente válidas. Llamar a unas «talentos» y a otras «inteligencias» pone en evidencia este sesgo. Llamémoslas a todas «talentos» si sc quicre; o llamémoslas «inteligencias».

¿No resulta algo extraño hablar de la habilidad en clase de gimnasia como una forma de inteligencia? ¿Y no llevará este uso de las palabras a convertir los defectos corporales en variantes del retraso mental?

Yo no considero extraño considerar que la habilidad corporal utilizada, pongamos por caso, por un atleta, un bailarín o un cirujano expresen inteligencia. Recordemos que la teoría de las IM comienza por identificar productos, problemas y soluciones que son relevantes dentro de un contexto cultural determinado. Muy a menudo las actuaciones en el ámbito deportivo o en la danza constituyen un hecho importante dentro de la sociedad, y cualquier innovación en estas áreas es celebrada. Es sensato hablar del uso inteligente y del control del propio cuerpo para la realización de movimientos técnicos y altamente sutiles; esta habilidad es justamente lo que los entrenadores intentan mejorar.

En cuanto a la cuestión del retraso, es cierto que la pérdida de una determinada capacidad física podría hacer que un individuo tuviera problemas en el área cinético-corporal, de la misma forma en que la pérdida de audición o de visión podría causar problemas, respectivamente, en las capacidades lingüística y espacial. Y, como en estos casos, los terapeutas tienen el reto de conseguir sustituir unos sistemas por otros, sean éstos otras zonas corporales o algún tipo de prótesis, incluyendo el uso de microprocesadores u otras tecnologías.

En nuestra cultura, utilizamos el término *retraso* básicamente con respecto a los problemas lingüísticos o lógicos. Resulta saludable imaginarse una cultura en la que las personas sean juzgadas fundamentalmente por sus capacidades musicales o pictóricas. Las personas sin ningún oído musical o los daltónicos serían considerados retrasados en esas sociedades.

De la misma manera en que las sociedades cambian, también cambia la evaluación de las capacidades. ¿Quién valoraría ahora las impresionantes proezas de memoria lingüística tan estimadas antes de que los libros estuvieran al alcance de todo el mundo? Tal vez, si los ordenadores van asumiendo (o consumiendo) cada vez más porciones del terreno en el que se ejercitan las capacidades lingüísticas y matemáticas, nuestra propia sociedad pueda evolucionar hacia una en la que las capacidades artísticas *sean* las más preciadas ¡porque los ordenadores se encargarán de todo lo demás!

El uso de las palabras me confunde. La inteligencia, ¿es un producto, un proceso, un contenido, un estilo o todo al mismo tiempo?

Desgraciadamente, este asunto no es tan sencillo como yo quisiera. Los usuarios de la teoría han empleado el término «inteligencia» de diversas maneras y es posible que yo mismo haya contribuido a crear confusión.

Básicamente, yo considero una inteligencia como un *potencial biopsicológico*. Es decir, que todos los miembros de la especie poseen el potencial para ejercer un conjunto de facultades intelectuales de las que la especie es capaz. Así pues, cuando hablo de la inteligencia lingüística o interpersonal de un individuo, es una forma resumida de expresar que el individuo en cuestión ha desarrollado el potencial para tratar con ciertos contenidos de su entorno, como las señales lingüísticas que oye o produce, o la información social o emocional que recoge a partir de la relación con otras personas. Las personas consideradas como «promesas» muestran simplemente un alto grado de inteligencia sin necesidad prácticamente de orientación formal.

Si tenemos en cuenta esta idea inicial, podemos extender el uso del término «inteligencia» de diversas maneras. Suponemos que cada una de las inteligencias comporta sus propios procesos psicológicos, y por tanto resulta perfectamente adecuado hablar de procesamiento lingüístico o interpersonal. También es lícito hablar de ciertos tipos de contenidos del entorno que, posiblemente, se apoyen en determinadas inteligencias: así, los libros evocan por lo general la inteligencia lingüística, mientras que los problemas matemáticos evocan por lo general la inteligencia lógico-matemática.

¿Puede decirse, en tal caso, que un músico debe mostrar un alto grado de inteligencia musical?

De nuevo, este punto resulta más complejo de lo que parece a primera vista, y, en este caso, está claro que tengo parte de la culpa por esta confusión.

Cuando escribí *Frames of Mind*, fui demasiado promiscuo en el uso de la palabra inteligencia, y la apliqué en ciertas áreas en las que hubiera sido mejor emplear otra terminología. Mis colegas David Feldman y Mihaly Csikszentmihalyi me han ayudado a descubrir la complejidad de esta cuestión. Gracias al trabajo realizado en colaboración con ellos, actualmente distingo entre *inteligencia* [*intelligence*] como potencial bipsicológico; *especialidad* [*domain*] como la disciplina o el arte que se practica en una sociedad determinada; y *ámbito* [*field*], el conjunto de las instituciones y jueces que determinan qué productos dentro de una especialidad son válidos.

¿Para qué nos sirve establecer estas distinciones? No cabe duda de que la especialidad de la música, tal y como se practica en nuestra sociedad, precisa de una proporción no desdeñable de inteligencia musical. Sin embargo, dependiendo de qué aspecto de la música se trate, se aprecian también otras inteligencias. Un violinista debe poseer inteligencia cinético-corporal; un director de orquesta requiere una dosis considerable de inteligencia interpersonal; el director de una ópera necesita inteligencia espacial, personal y lingüística, además de la musical. Así como una especialidad puede requerir más de una inteligencia, también una inteligencia puede desarrollarse en muchas especialidades. Finalmente, es el ámbito el que proporciona la decisión final acerca de la construcción de la especialidad, así como los tipos de inteligencias que se valoran dentro de ella. Por ejemplo, en el caso de la física, el pensamiento espacial solía ser muy estimado, pero, en la era moderna, las habilidades lógico-matemáticas parecen ser mucho más importantes.

El *status* teórico de la teoría de las inteligencias múltiples

Las inteligencias múltiples, ¿son realmente una teoría? Selecciona ciertos datos que confirman sus hipótesis, al tiempo que ignora otros muchos. Además, no está confirmada de forma experimental. Por lo tanto, la teoría como tal no puede refutarse ni tampoco contrastarse con teorías rivales. Y, puesto que la posibilidad de contradicción es prerrequisito para cualquier teoría no trivial, IM no supera la prueba.

La teoría de las IM no considera todos los datos, ya que eso no sería posible. En cambio, examina una amplia variedad de tradiciones investigadoras independientes: neurología, poblaciones especiales, desarrollo, psicometría, antropología, evolución, etc. La teoría es el producto de la síntesis de este examen. El hecho de que diversas tradiciones investigadoras apunten y den apoyo a una única teoría, no confirma dicha teoría, pero sí que apoya el argumento de que esta teoría está en el buen camino.

Está claro que la teoría solamente explica los hallazgos de investigaciones preexistentes, y que sólo puede confirmarse a través de experimentos y otros tipos de investigaciones empíricas. A pesar de todo, la aseveración de que las IM no es una teoría hasta que no se hayan llevado a cabo los experimentos, es injustificada.

La realización de experimentos controlados podría confirmar las IM o rechazarlas. Se me ocurren algunos: por ejemplo, una prueba de la independencia de las inteligencias; una prueba de la universalidad de las inteligencias a través de las culturas; o una prueba de la estabilidad evolutiva de una inteligencia. Sin embargo, existe otra forma de rechazar la teoría incluso antes de llevar a cabo estos experimentos. Mi programa original, presentado en *Frames of Mind*, puede describirse como un «análisis factorial subjetivo», que pretendía descubrir un conjunto razonablemente pequeño de capacidades humanas que formasen «clases naturales» y que tuvieran validez biológica y utilidad educativa. Si otros investigadores, observando los mismos datos empíricos o nuevos datos empíricos, obtuvieran una lista de capacidades mejor argumentada, la actual versión de la teoría de las IM podría ponerse en duda. Si resultara que existía una correlación significativa entre estas capacidades, medida a partir de evaluaciones adecuadas, la supuesta independencia de las distintas capacidades quedaría invalidada.

Además, la teoría podría rechazarse parcialmente en muchos pequeños detalles. Tal vez, en posteriores revisiones, se descubra que una o más de las inteligencias candidatas está poco o mal justificada. Tal vez existen candidatas que yo no he considerado. O tal vez las inteligencias no son tan independientes como yo afirmo. Cada una de estas alternativas puede verificarse de forma empírica y puede proporcionar medios para rechazar o reformular la teoría, aunque en el caso de ciertas revisiones, éstas pueden ser de utilidad para la teoría misma.

Existen muchos datos en la literatura psicométrica que indican que los humanos se diferencian en el grado de inteligencia general. Este rasgo, denominado g, *puede medirse, de forma bastante fiable, mediante el análisis estadístico de las puntuaciones de los tests. No hay lugar para* g *en la teoría de las IM, así que ¿cómo se explica esta gran cantidad de datos?*

Yo no niego la existencia de *g*, pero cuestiono su importancia explicativa fuera del entorno relativamente estrecho de la escolarización formal. Por ejemplo, la evidencia de *g* procede casi en su totalidad de tests de inteligencia lógica o lingüística. Desde el momento en que estos tests miden capacidades que son valiosas para la realización de tareas de tipo escolar, proporcionan predicciones fiables acerca del éxito o del fracaso en la escuela. De hecho es lo mismo que miden las notas de final de curso. Los tests no son ni mucho menos tan fiables a la hora de predecir el éxito fuera de las tareas escolares.

En segundo lugar, estos tests casi siempre se basan en respuestas cortas. De nuevo se trata de una habilidad determinada que sirve para responder tests, que es importante para el éxito escolar, aunque no para muchas cosas más, y que contribuye a aumentar las diferencias individuales observadas y las correlaciones que se derivan de ellas. Si se pudieran construir tests que fueran fiables respecto a las diferentes inteligencias, y dichos tests no se basaran únicamente en respuestas cortas y en presentaciones de papel y lápiz, sino que, por el contrario, utilizaran los materiales de la especialidad que se está midiendo, creo que las correlaciones que conducen a *g* disminuirían mucho. Los tests de la inteligencia musical examinarían la habilidad del individuo para analizar una pieza de música o para crear una, no únicamente para comparar la altura relativa de dos notas aisladas. Necesitamos tests de habilidad espacial que midan la capacidad de orientarse, no simplemente a base de respuestas de elección múltiple o problemas de formas geométricas vistas desde distintos ángulos visuales.

Por ejemplo, las tareas que requieren memorización de letras contra la de dígitos a menudo suministran resultados correlacionados, aunque dichas tareas aparentemente requieran diferentes inteligencias. Tengo mis dudas acerca de la trascendencia ecológica de estas medidas. Pero, dejando eso a un lado, según mis análisis, la memorización tanto de letras como de números requiere memoria lingüística y, por tanto, ambas tareas recurren a la misma capacidad subyacente. Como alternativa, se podría pedir, por un lado, que se memorizara un poema, y por otro, una demostración matemática. Mi predicción es que los resultados de estas dos tareas mostrarían correlaciones relativamente bajas. Por último, vale la pena resaltar que los estudiantes acostumbrados a memorizar largas secuencias de dígitos (hasta 80 o 100) no demuestran ninguna transferencia de capacidad cuando se les pide que memoricen otras secuencias aleatorias de información (Ericsson, 1984).

Aun en el caso de que *g* sea un concepto válido para describir las capacidades de ciertos individuos, parece pasar por alto a muchos otros que poseen notables talentos individuales. En consecuencia, desde un punto de vista colectivo, dar predominancia a *g* resulta sesgado y, con frecuencia, improductivo.

¿Es posible un acercamiento entre las IM y otras teorías rivales?

Por supuesto. Por ejemplo, existen muchos puntos de contacto entre las IM y la teoría triárquica articulada por Sternberg (1984). La teoría de Sternberg distingue tres formas diferentes de cognición que pueden proyectarse sobre diferentes inteligencias. Una expansión de las conexiones entre, por ejemplo, la «inteligencia práctica» de Sternberg y mi «inteligencia interpersonal» proporcionaría algunas bases para el acercamiento (véase el capítulo 8).

Cuando se presenta una nueva teoría, independientemente de lo que le haya de deparar el futuro, es deseable acentuar sus características singulares de manera que pueda contrastarse más eficazmente con sus competidoras. Por consiguiente, me resisto a combinar las IM con otras teorías en este momento. Es preferible una teoría monista y vigorosa que un primer, pero inocuo, intento conciliador con todos (véase Sternberg, 1983).

¿Para qué fijarse en un análisis factorial subjetivo cuando existen análisis factoriales objetivos?

Al utilizar el término subjetivo, le hago un guiño a la metodología que empleaba antes. Sin embargo, es importante observar con rigor los datos en los que se basan las llamadas medidas objetivas. En el «método de los tests», lo que se correlaciona son los instrumentos que miden la capacidad de dar respuestas cortas, de saltar de un contexto a otro tan rápido como se pueda, del hágalo usted en media hora, instrumentos que la ETS y otras agencias examinadoras han desarrollado hasta un alto grado de perfección. Por supuesto, la competencia en la realización de estos tests puede justificar su uso en un análisis factorial. Pero no me convencerán de que un análisis factorial puede descubrir realmente la inteligencia, a menos de que se base en consideraciones de habilidades culturalmente valoradas.

El problema que surge con cualquier análisis factorial es la calidad de los datos de entrada: se corre el peligro de que al partir de disparates, se obtengan nuevos disparates. Por lo tanto, me esfuerzo en mejorar la calidad de los datos de entrada y no mantengo ideas preconcebidas acerca de cuál puede ser el resultado. Mi objetivo es no realizar análisis factoriales «objetivos» hasta que los psicólogos y los expertos en las especialidades implicadas se hayan convencido de haber identificado realmente las capacidades que son importantes y valoradas por la sociedad. Sólo alguien con una visión mezquina podría afirmar esto mismo respecto a los tests más estandarizados.

La estructura detallada de cada una de las inteligencias y su combinación

Los tests se apoyan en tareas desarrolladas a partir de la articulación cuidadosa y completa de los mecanismos que subyacen a cada inteligencia. ¿Cómo pueden construirse estas tareas si las IM aún tienen que proporcionar una explicación de «cómo» trabaja cada inteligencia?

Es cierto que la teoría de las IM hasta ahora se ha centrado en identificar y describir las capacidades, más que en la estructuración detallada y en el funcionamiento de las inteligencias. En principio, no hay ningún motivo para que no se pudiera dar cuenta de los modos de procesamiento de la información de cada inteligencia, así como de su forma de interactuar; efectivamente, se trataría de un proyecto valioso. Es cierto que el proceso de diagnóstico precisa de una articulación cuidadosa de cada inteligencia. Creo que pueden construirse las definiciones operacionales de cada inteligencia junto con los procedimientos de diagnóstico, y mis colegas y yo mismo estamos empeñados en intentos que abordan este objetivo (véase la segunda parte). Me doy cuenta de que puede ser difícil obtener definiciones precisas y procedimientos evaluadores para las inteligencias personales, y de que será necesaria una considerable dosis de ingenuidad para crear formulaciones que sean fieles al alcance de estas inteligencias y que, sin embargo, se presten a algún tipo de evaluación objetiva. Pero la dificultad de esta empresa ciertamente no excusa nuestra ignorancia acerca de estas formas de conocimiento, como se ha venido haciendo de forma habitual en las principales corrientes psicológicas durante las últimas décadas.

¿Es necesario que las inteligencias sean completamente independientes?

La teoría es más simple, tanto desde el punto de vista conceptual como biológico, si las diversas inteligencias son completamente independientes. Sin embargo, no existe ninguna razón teórica por la que dos o más inteligencias no pudieran solaparse o correlacionarse entre ellas más fuertemente que con las otras.

La independencia de las inteligencias constituye una buena hipótesis de trabajo. Sólo puede comprobarse utilizando las medidas adecuadas en diferentes culturas. De otra manera, se podría concluir precipitadamente que dos inteligencias candidatas están correlacionadas, cuando en realidad los resultados podrían ser artificiales o dependientes del entorno cultural.

¿Qué hay acerca de la conexión que a menudo se detecta entre la inteligencia matemática y la musical?

Las personas que están dotadas para las matemáticas con frecuencia se muestran interesadas por la música; tal vez sea porque la música se presenta como un campo extremadamente fértil para la mente matemática, que está fascinada por los modelos de cualquier tipo. Pero los músicos con los que he hablado sostienen que el interés de un matemático por la música no implica necesariamente una musicalidad auténtica, por ejemplo, saber cómo tocar una pieza musical para extraer sus estructuras más profundas o sus ánimos cambiantes. Hay que ser prudente, pues, a la hora de confundir interés con habilidad; puede que sea únicamente un *interés* por la música lo que está correlacionado con la inteligencia matemática. Fijémonos también que a los músicos no se les asocia particularmente con un interés por las matemáticas (en mayor grado que por la danza o por las lenguas extranjeras, por decir algo); son más bien los matemáticos (y otros científicos) los que parecen sentir una atracción por la música.

¿Qué hay acerca de las capacidades que se manifiestan a través de las diferentes inteligencias, como la memoria?

Me muestro escéptico frente a los que afirman que la memoria opera de forma ciega respecto al contenido. Existen considerables indicios neuropsicológicos que permiten separar la memoria lingüística de la memoria espacial, facial, corporal o musical (Gardner, 1975). Resulta instructivo darse cuenta de que, normalmente, cuando decimos que una persona tiene buena memoria, queremos decir que es buena usando la memoria para ciertos tipos de asignaciones lingüísticas. Tendemos a no pensar en buena memoria en el caso de una obra musical, los pasos de un baile, o la ruta al ir de compras, a pesar de que cada una de estas acciones supone un proceso mnemónico y, muy posiblemente, un proceso que opera a partir de mecanismos distintivos.

La teoría de las inteligencias múltiples resalta diversas capacidades independientes, pero no proporciona ninguna discusión acerca de cómo se orquestan éstas dentro de la sinfonía del comportamiento humano. ¿Cómo pueden unas inteligencias diferentes e independientes funcionar de forma eficaz sin un líder, un ejecutor?

Una teoría que no postula una función ejecutiva tiene ciertas ventajas sobre otra que sí lo haga. Para empezar, resulta más simple, y también evita muchas tentaciones de regresión infinita en la explicación de dicha función. Además, un ejecutor no es un atributo necesario de la teoría. Por poner un ejemplo, los comités pueden ser eficaces sin un líder. El compositor Richard Rodgers y el letrista Oscar Hammerstein colaboraron de forma brillante sin que ninguno de los dos realizara una función ejecutiva.

Al mismo tiempo, sin embargo, en la experiencia cotidiana ocurre que muchas personas evalúan sus inteligencias y planifican su utilización conjunta de forma eficaz. Quizás éste sea un componente del sentido del yo, que percibo como una derivación de la inteligencia intrapersonal, equilibrado por las otras inteligencias, como el lenguaje o la lógica. En nuestra sociedad «atomizadora», los individuos mismos efectúan la planificación o la negociación. Pero ese papel lo puede ejecutar otra persona; por ejemplo, en el caso de los niños prodigio, a menudo la madre desempeña ese papel, y el resto de la sociedad desempeña el mismo papel en muchos otros «ámbitos». La experiencia fenoménica de un sentido ejecutivo del yo puede tener alguna coherencia en nuestra sociedad, pero no parece ser necesaria para un funcionamiento humano correcto.

También puede considerarse lo que Jerry Fodor (1983) y otros han denominado un «ejecutivo tonto», es decir, un mecanismo que simplemente se asegura de que no se cruzan los cables y apila ordenadamente las diversas funciones mentales, pero no toma decisiones estratégicas, del tipo de las que se suelen asociar con un ejecutivo poderoso. Un mecanismo así no estorba en absoluto a la teoría de las IM.

Pero sin duda debe existir una capacidad general llamada «pensamiento crítico», que intentamos desarrollar en las escuelas y que es especialmente valorada en la sociedad industrial moderna.

Como ocurre con el ejecutor central, resulta tentador declararse de acuerdo con los colegas acerca de la existencia y la deseabilidad del pensamiento crítico. Y, en efecto, valoro mucho a los individuos que pueden analizar los acontecimientos del mundo o de la literatura de forma crítica, o que son capaces de reflexionar de forma útil sobre su propio trabajo o el de los demás. De hecho, espero que mis propios hijos y mis estudiantes lleguen a mostrar estas capacidades.

Sin embargo, aunque el término «pensamiento crítico» sea útil en un discurso profano, hay que ir con cuidado y no asumir que se trata de una variedad particular y disociable de la cognición humana. Mi análisis sugiere que, como en el caso de la memoria y otras facultades aparentemente «horizontales», un estudio más detallado pone en duda su existencia. Por el contrario, distintas especialidades de la competencia humana parecen requerir su propia clase de pensamiento crítico. Los músicos, los historiadores, los biólogos taxonómicos, los coreógrafos, los programadores de ordenadores y los críticos literarios, todos ellos valoran el pensamiento crítico. Pero el tipo de pensamiento preciso para analizar una fuga es sencillamente distinto del necesario para observar y clasificar diferentes especies animales, o para escrutar un poema, o para depurar un programa, o para montar la coreografía y analizar un nuevo baile. No existen muchos motivos para pensar que el entrenamiento del pensamiento crítico en una de estas especialidades proporcione grandes «beneficios» cuando pasamos a otra especialidad. Más bien hay que desarrollar las formas de pensamiento crítico que son relevantes para aquella especialidad en concreto: un análisis más detallado muestra que cada especialidad tiene su propia *lógica de implicaciones*.

Es posible que ciertos hábitos del pensamiento, como reflexionar, considerar alternativas, compartir el propio trabajo con los colegas, asumir el punto de vista de otras personas, pueden resultar útiles a través de las distintas especialidades. Efectivamente, creo que tales hábitos mentales deberían cultivarse de forma temprana y amplia. Sin embargo, el punto clave que hay que resaltar es que *cada una de esas formas de pensamiento crítico debe practicarse de forma explícita en todas las especialidades en las que sea adecuado.* No es realista esperar que los individuos sepan cómo transferir esos esquemas, por muy genéricos que sean, de una especialidad a otra. Por esa razón, carece de sentido impartir cursos especiales de pensamiento crítico, o enseñar pensamiento crítico en la clase de historia, sobre la base de que reaparecerá mágicamente, de forma adecuada, en música o en clase de matemáticas. Por el contrario, creo que únicamente si se repasan deliberadamente las lecciones de pensamiento crítico en cada una de las clases o ejercicios relevantes, existirá la posibilidad de que virtudes más generales, como la «reflexividad» o el «ponerse en el lugar del otro», tengan la oportunidad de emerger.

¿Las inteligencias son lo mismo que los «estilos de aprendizaje» o los «estilos de trabajo»?

Sin duda, algunas de las distinciones asumidas por la teoría de las inteligencias múltiples se parecen a las que establecen los educadores cuando hablan de diferentes estilos de aprender o de trabajar. Muchos de ellos hablan de un estilo espacial o lingüístico, por ejemplo. Pero el punto de partida, y el de llegada, de la teoría de las IM no son los mismos que los de la mayoría de esquemas que propugnan enfoques estilísticos.

En la teoría de las IM, parto de un organismo humano que responde (o no responde) a diferentes clases de *contenidos* del mundo, como lenguaje, números y otros seres humanos. Asumo que facultades del tipo de la percepción o la memoria pueden muy bien diferir en potencia o modo de operar en las distintas inteligencias, y una persona, por ejemplo, puede tener una memoria de la información espacial mejor, o peor, que la memoria de la información musical. Los que hablan de estilos de aprendizaje están buscando metodologías que deberían ser comunes a *todos* los contenidos: una persona que sea reflexiva tanto respecto a la música como a las matemáticas, una persona capaz de tener una visión de conjunto tanto si estudia física como si practica la pintura.

El trabajo en el Proyecto Spectrum (véase el capítulo 6) arroja algunas dudas sobre el hecho de que estos estilos sean genéricos. Surge un panorama más complejo. Los niños pueden exhibir un estilo con un tipo de información (por ejemplo, ser impulsivos en el terreno musical) al tiempo que muestran el estilo contrario con otra información (como ser reflexivos cuando trabajan en un rompecabezas). Los análisis más exhaustivos de las diferencias individuales pueden tener que proyectar tanto los estilos como los contenidos, con el fin de determinar qué estilos parecen estar anclados en ciertos contenidos específicos y cuáles pueden operar horizontalmente, al menos en el caso de un individuo concreto.

La existencia de otras inteligencias

¿Qué impide al teórico ambicioso construir una nueva «inteligencia» para cada habilidad detectada en la conducta humana? En tal caso, en lugar de siete inteligencias, ¡quizás haya 700!

Una lista de 700 inteligencias sería terrible para el investigador teórico, e inútil para el que intentara llevarla a la práctica. Por tanto, la teoría de las IM pretende articular únicamente un número manejable de inteligencias que parecen formar clases naturales. Todo induce a creer que cada clase natural se descompone en varios (o más) subcomponentes. Por ejemplo, la inteligencia lingüística comporta, claramente, diversos elementos disociables, tales como la capacidad de realizar análisis sintácticos, de adquirir la lectura y la escritura, y de aprender lenguas de oído. Sin embargo, también es probable que, en las conductas humanas más normales, los diversos subcomponentes de una inteligencia se agrupen y, en cambio, muestren poca inclinación a correlacionarse con los subcomponentes de otras inteligencias. Esta afirmación podría, y debería, comprobarse empíricamente.

Como se indica en *Frames of Mind*, la decisión de buscar un número pequeño de inteligencias o facultades es deliberada. Sin duda, podría ser deseable disponer de un conjunto mayor de inteligencias, si se persiguieran otros fines teóricos o prácticos. En este sentido, la decisión es de tipo metateórico.

¿Por qué no se considera la inteligencia moral o espiritual?

La inteligencia moral o espiritual constituye una candidata bastante razonable para ser la octava inteligencia, aunque también existen buenas razones para considerarla una amalgama de la inteligencia interpersonal y de la inteligencia intrapersonal, a las que se suma un componente valorativo. Lo que se considera moral o espiritual depende mucho de los valores culturales; al describir las inteligencias tratamos con habilidades que los valores de una cultura pueden movilizar, más que con comportamientos que se valoran de una manera u otra.

¿Existe una inteligencia artística?

Muchos individuos han hablado informalmente de la inteligencia artística o de las inteligencias artísticas, y no veo nada equivocado en esta forma de hablar: puede servir para referirse de forma abreviada a la inteligencia musical, o a algunos aspectos de la inteligencia espacial o lingüística. Técnicamente, sin embargo, ninguna inteligencia es inherentemente artística, o no artística. Más bien las inteligencias funcionan de forma artística (o no artística) en la medida en que explotan ciertas propiedades de un sistema simbólico. Un individuo que utiliza el lenguaje de forma corriente, explicativa, como lo hago yo aquí, no está empleando la inteligencia lingüística de forma estética. Por otro lado, si se usa el lenguaje de forma metafórica, expresiva o de manera que llame la atención por su sonido o por sus propiedades estructurales, entonces está usándose de forma artística. Del mismo modo, la misma inteligencia «espacial» puede emplearla de forma estética un escultor, y de forma no estética, un geómetra o un cirujano. Incluso una señal musical puede funcionar de forma no artística, como los toques de corneta en las fuerzas armadas, al tiempo que muchos modelos desarrollados con objetivos matemáticos han acabado siendo expuestos en galerías de arte.

El que una inteligencia sea utilizada de forma artística es una decisión tomada por el individuo y/o por la cultura. Un individuo puede decidir desarrollar una inteligencia lingüística como escritor, abogado, vendedor, poeta u orador. Sin embargo, las culturas destacan o frustran la posibilidad de los usos artísticos de una inteligencia. En algunas culturas, prácticamente todo el mundo desarrolla algunas capacidades poéticas; pero Platón intentó eliminar la poesía de su *República*. Claramente, pues, el ejercicio de una determinada inteligencia de forma artística implica un juicio de valor.

Diferencias entre los distintos grupos

¿Son iguales las inteligencias en cantidad o cualidad en los distintos grupos? Por ejemplo, ¿los hombres muestran perfiles de inteligencia diferentes a los que muestran las mujeres? ¿Y los distintos grupos étnicos o raciales?

Ésta es una pregunta potencialmente explosiva. Sospecho que si se realizaran estudios adecuados de forma objetiva respecto a las distintas inteligencias, se obtendrían resultados que sugerirían diferencias entre los distintos grupos. Aun en el caso de que se hallaran dichas diferencias, sus causas seguirían siendo oscuras. Así, es posible que las mujeres en Occidente se desenvuelvan peor que los hombres en las tareas de tipo espacial; pero si existiera un entorno en el que la orientación espacial fuera importante para la supervivencia tanto para las mujeres como para los hombres, tales diferencias podrían desaparecer.

He evitado deliberadamente entrar en esta cuestión. En un pasado aún reciente, diferencias aparentes entre los grupos, medidas por instrumentos psicológicos, fueron explotadas con fines políticamente dudosos. Prefiero no proporcionar más munición a esos intentos. En cualquier caso, si algún investigador demostrara diferencias entre los grupos, miraría esas diferencias como un punto de partida para una labor de compensación, más que como una prueba de las limitaciones inherentes a un grupo.

Consideraciones educativas

¿Son modificables las inteligencias?

Posibles factores genéticos limitan el grado en que una inteligencia puede realizarse o modificarse en el curso de una vida. Desde el punto de vista práctico, sin embargo, es probable que este límite biológico no se alcance nunca. Con la suficiente exposición a los materiales de una inteligencia, prácticamente cualquiera que no tenga lesiones cerebrales puede alcanzar resultados significativos en ese campo intelectual. (Ésa es la lección del método musical Suzuki y otras técnicas «de invernadero».) Del mismo modo, nadie —cualquiera que sea su potencial biológico— desarrollará una inteligencia si no dispone de unas mínimas oportunidades para explorar los materiales capaces de extraer un determinado potencial intelectual (Walters y Gardner, 1986). En resumen, el entorno cultural desempeñará un papel determinante en el grado que alcanza el potencial intelectual de un individuo.

Es importante poner en duda la noción de que todos los individuos vienen dotados de predisposiciones exactamente equivalentes en todas las áreas. Basándose en su trabajo con personas que destacan en varias especialidades, Benjamin Bloom (1985) realiza el tipo de afirmación que yo no dudo en rechazar, es decir, que lo que determina la habilidad de forma más importante es el entrenamiento. Y Samuel Johnson compendia el enfoque que yo pongo en duda cuando dice: «El genio auténtico es una mente de grandes potenciales generales, determinados, de forma accidental, en una dirección concreta». No niego la existencia de la presencia ocasional de la inspiración johnsoniana, pero tales personas representan una minoría minúscula. No es casual que un individuo desarrolle más capacidades en un área que en otra; contrariamente a lo que los conductistas creen, los padres pueden decidir arbitrariamente lo que sus hijos harán o serán.

¿Cómo puede entrenarse una inteligencia específica?

Estoy impresionado con el método de entrenamiento desarrollado por el maestro japonés Shinichi Suzuki para enseñar música a niños pequeños (Gardner, 1983, capítulo 14). El método funciona porque Suzuki ha identificado los factores relevantes para el desarrollo de la habilidad musical en los primeros años como la posición de los dedos en el violín, el tipo de melodías que pueden ser inmediatamente reconocidas y cantadas por los niños pequeños, la capacidad para imitar a las madres, la tendencia a identificarse con niños un poco mayores, etcétera.

Lo que Suzuki hizo en el campo de la interpretación musical creo que puede aplicarse a todas las demás inteligencias, y, de hecho, cada inteligencia puede necesitar su propia teoría educativa específica. Uno no puede simplemente asumir que las técnicas que funcionan para determinadas especialidades en ciertas edades, serán aplicables de forma global.

4 La relación de la inteligencia con otras valiosas capacidades humanas

Durante las celebraciones que conmemoraban el 200 aniversario de la muerte de Wolfgang Amadeus Mozart, este músico maestro fue utilizado de formas diversas. Esta explotación no resulta sorprendente, porque la obra de Mozart ha hablado *a* muchos individuos a lo largo de los años, y de muchas maneras poderosas. También se ha hablado *de* Mozart de muchas maneras: como genio, como niño prodigio, como experto, como individuo con talento, creativo, inteligente y superdotado. Espero que sea considerado como una muestra de respeto, más que una señal más de explotación, si planteo el caso de Mozart aún con dos objetivos más: 1) esclarecer la naturaleza de la terminología que empleamos al hablar de individuos excepcionales; y 2) para presentar una perspectiva determinada que he propuesto en el área de los talentos o dones humanos.

Mozart evoca una plétora de caracterizaciones positivas. Es nuestro prototipo de niño prodigio, tan precoz como Pablo Picasso o John Stuart Mill, tan preternaturalmente dotado como sus colegas músicos Felix Mendelsohn o Camille Saint-Saëns. Se le considera infinitamente creativo, tan inequívocamente individualista como Igor Stravinsky o Richard Wagner, aunque muestre una ingenuidad que es de una calidad más evolutiva que revolucionaria. Es tan productivo como sus prolíficos contemporáneos, Antonio Salieri o Karl Ditters von Dittersdorf. Y se le atribuye una profunda inteligencia, una intuición de la condición humana tan penetrante como la que se suele asociar a Samuel Johnson o Goethe, a Velázquez o Rembrandt.

Los estudiosos de Mozart, así como los estudiosos de la psicología, podrían dejar esta cuestión tal como está. La terminología tiene tendencia a proliferar, y, normalmente, un derroche de términos no suele causar mucho daño. Sin embargo, a veces puede ser valioso retroceder y considerar cómo se puede extender y aplicar esta terminología de forma coherente. Y si esta aplicación se basa en un esquema teórico coherente, puede, en ocasiones, ser una ayuda para la discusión, la investigación y la comprensión. Por tanto, en lo que sigue presento un esquema general para la consideración de lo que denominaré la *matriz del talento*, y realizaré una serie de distinciones que espero sean útiles.

Un marco para el análisis

Todo acto cognitivo implica a un agente que lleva a cabo una acción o un conjunto de acciones en alguna tarea o especialidad concreta. Aun cuando el agente actúa de forma solitaria, sus actos pueden ser potencialmente evaluados por alguien competente en esa tarea o área en concreto (Csikszentmihalyi, 1988; Feldman con Goldsmith, 1986; Gardner, 1988a). Tanto si se trata de los actos más notables de un genio, como de las realizaciones más mediocres de un ciudadano medio, puede aplicarse esta perspectiva analítica. En las ciencias sociales, este marco analítico se descompone como sigue (Gardner, 1988b).

La perspectiva *biopsicológica* examina al agente, sus capacidades, sus inclinaciones, sus valores y sus objetivos. Se incluye una consideración de los sustratos genéticos y neurológicos de la conducta, así como el análisis de un individuo en términos de su potencial cognitivo, de sus rasgos y de su predisposición temperamental.

Una perspectiva desde el punto de vista de las *especialidades* o *tareas* examina la tarea o actividad tal y como se ha llevado a cabo dentro de una especialidad o disciplina. Tradicionalmente, han sido los filósofos o los expertos de cada especialidad los que han analizado las tareas; desde el advenimiento de la ciencia informática, expertos del campo de la inteligencia artificial han analizado las propiedades estructurales y procesales de una tarea.

Por último, los individuos conocedores de una especialidad realizan evaluaciones o juicios de acciones (o trabajos) llevados a cabo en esa especialidad: se trata de miembros pertenecientes al *ámbito*, según la terminología de Csikszentmihalyi (1988). Sin un juicio realizado por individuos o grupos conocedores del ámbito, es simplemente imposible saber si una tarea ha sido ejecutada de forma satisfactoria o ejemplar. No es cierto que en ausencia de este juicio, la tarea o trabajo sean necesariamente inadecuados, sino que simplemente somos incapaces de emitir un juicio en un sentido u otro. Las disciplinas que pueden clarificar cómo opera el ámbito son la sociología y la psicología social.

El marco y las palabras

Utilizando este marco analítico como punto de partida, volveré ahora a los miembros léxicos de la matriz del talento y daré algunas definiciones provisionales.

La *inteligencia* es un potencial biopsicológico. Que un individuo pueda considerarse inteligente o no, y en qué áreas, es un producto, en primera instancia, de su herencia genética y de sus características psicológicas, que van desde sus potenciales cognitivos hasta sus predisposiciones personales. Recientes avances en los estudios cognitivos sugieren la mejor manera de conceptualizar la inteligencia.

El *talento* es una señal de potencial biopsicológico precoz en cualquier especialidad existente en una cultura. Un individuo que avanza deprisa, que constituye una «promesa» en una tarea o especialidad, se gana el epíteto de «dotado». Los individuos pueden estar dotados para cualquier área de las que implican el uso de la inteligencia.

La *prodigiosidad* es una forma extrema de talento en una especialidad. Mozart es calificado como prodigio a causa de sus extraordinarios dones en la esfera musical. Por lo general, la prodigiosidad tiene lugar en una especialidad concreta: el talento del joven matemático Carl Gauss es bastante distinto de la precocidad del pintor inglés John Everett Millais o la prodigiosidad del jugador de ajedrez Samuel Reshevsky. De forma similar, Mozart difería de otros jóvenes dotados, incluyendo a su hermana Nannerl. Ocasionalmente, sin embargo, pueden darse los prodigios universales o completos.

Los términos *experiencia* y *experto* pueden utilizarse adecuadamente sólo después de que un individuo haya trabajado durante una década o más en una especialidad. Para entonces, el individuo habrá dominado las técnicas y el conocimiento que son requisito imprescindible para actuar en los niveles más altos de la especialidad. Sin embargo, no implican originalidad, dedicación o pasión; la experiencia se entiende como una forma de excelencia técnica. Algunos colegas de Mozart (ya olvidados hace mucho tiempo) que producían, por encargo, conciertos o sinfonías, pueden haber alcanzado experiencia sin dar señales de originalidad.

La *creatividad* es una caracterización reservada a los productos que son inicialmente considerados como novedosos en una especialidad pero que, en último término, son reconocidos como válidos dentro de la comunidad pertinente. Los juicios de originalidad o creatividad sólo pueden ser emitidos por los miembros conocedores del ámbito, aunque ese ámbito puede ser antiguo o recién constituido. Existe una tensión entre creatividad y experiencia: es cierto que uno puede ser experto sin ser creativo; y, posiblemente, alguien puede manifestar creatividad antes de que se determine que ha alcanzado el nivel de maestro.

El último término que introduciré en la discusión, y lo hago con una cierta turbación, es el de *genio*. Reservo este título honorífico a las personas u obras que no sólo son expertas y creativas sino que además asumen una trascendencia universal, o casi universal. En el terreno científico, son los genios, como Isaac Newton o Charles Darwin, los que realizan el descubrimiento de principios de trascendencia universal. Y dentro del terreno artístico, son los genios los que crean obras que hablan a los individuos de diversas eras y culturas. Nos sentimos cómodos al aplicar el epíteto de genio a Shakespeare, Goethe, Rembrandt y Mozart porque sus obras han trascendido a su propia era. Presumiblemente, individuos de otras eras y culturas también merecen el término de *genio*, pero tal determinación sólo puede hacerse cuando estos individuos han superado la prueba de varios ámbitos relevantes.

Las aproximaciones psicológicas tradicionales a la matriz del talento

Los enfoques más tradicionales se han centrado, de forma exclusiva, en el agente individual. Como resultado de este sesgo, se han considerado escasamente las tareas específicas o especialidades en cuestión: se ha llegado a asumir que las habilidades surgirán independientemente de las especialidades concretas que se den en la propia cultura. Además, como resultado de este sesgo, se han considerado muy poco los procesos a través de los que se emiten los juicios de cualidad: por lo menos entre los psicólogos, el ámbito ha permanecido tan poco visible como la especialidad.

La aproximación más influyente a la matriz del talento desciende directamente del trabajo en el área de la inteligencia y de las pruebas de inteligencia. En la tradición de Binet-Spearman, la inteligencia es el rasgo del individuo aislado que puede evaluarse solo; existe clásicamente la asunción adicional de que los individuos nacen con una cierta proporción de inteligencia, que puede medirse en los primeros años de vida, y que se muestra relativamente insensible al entorno o al entrenamiento. Incluso en los casos en que se ha intentado pluralizar la inteligencia, como en los trabajos de Thurstone, la inteligencia se considera como un rasgo relativamente fijado y presto a emerger a través de la administración de instrumentos del tipo de los de lápiz y papel (véase Gardner, 1983, 1991).

Dada esta visión de la inteligencia, se pueden avanzar una serie de conclusiones respecto a la matriz del talento. Los «dotados» son los que tienen altos coeficientes intelectuales; los «precoces» son aquellos con un CI aún más alto y detectable a una edad aún más temprana. «Genio» puede aplicarse tanto a un jovencito como a un adulto, mientras su CI sea lo suficientemente elevado, quizá superior a 150. En algunas definiciones, creatividad e inteligencia están relacionadas, mientras que otros investigadores han resaltado la relativa independencia de ambas. Recientemente, ha surgido un consenso informal de que por encima de los 120 de CI, la creatividad no está conectada a la inteligencia psicométrica. Sin embargo, desde mi punto de vista, las medidas de la creatividad procedentes de la tradición psicométrica aún son más pobres que las medidas de la inteligencia. Tales medidas se centran casi exclusivamente en los ejemplos más mundanos de creatividad, el tipo que se asocia con las réplicas ingeniosas en las conversaciones de sociedad, más que con logros humanos de amplitud y profundidad. Por último, la palabra *experto* parece algo anómala en el contexto de las pruebas de inteligencia, porque entra en contacto con áreas específicas de competencia, mientras que la inteligencia se trata como la propiedad más general del individuo. Efectivamente, muchos miembros de Mensa no son expertos en nada, excepto en hacer tests de inteligencia.

Una visión actual de la inteligencia
y cuestiones relacionadas

Frente a la idea de una única inteligencia ha surgido repetidamente la noción de que el intelecto se explica mejor a partir de una naturaleza plural. Tradicionalmente, como se ha dicho antes, se ha llegado a esta conclusión como resultado de los estudios analíticos factoriales de las puntuaciones de los tests; y, como tal, está limitado por las características de los instrumentos empleados en la evaluación de las diversas competencias.

En mi propio trabajo, he enfocado las cuestiones relativas a la inteligencia desde una perspectiva bastante diferente. El problema que me planteé hace algunos años era el siguiente: dado el amplio rango de competencias, de «estados finales» que se valoran en todo el mundo, ¿cuál es la característica de la mente que puede dar lugar a toda la plétora de posibilidades? Plantearse esta pregunta en estos términos era heterodoxo: no utilizaba los tests estandarizados, se basaba en las funciones relevantes dentro de una sociedad más que en competencias de tipo abstracto, y albergaba una perspectiva dependiente del entorno cultural. Desde el momento en que se valora una capacidad en una cultura, puede considerarse una inteligencia; pero en ausencia de una aprobación de estas características, una capacidad no puede considerarse una inteligencia. A partir de esta perspectiva desarrollé mi teoría de las inteligencias múltiples (véamos capítulos 1 y 2).

Según este concepto de inteligencia, es posible llegar a una forma nueva y coherente para referirnos a los términos de la matriz del talento. Un individuo es «dotado» si constituye una «promesa» en alguna especialidad en la que figuren las inteligencias, y el término *prodigio* se aplicaría a un individuo de precocidad inusual. Un *experto* es una persona que alcanza rápidamente un nivel alto de competencia dentro de una especialidad, independientemente de si sus métodos son novedosos o experimentales. Por el contrario, se considera «creativa» a la persona que suele resolver los problemas o elaborar productos en una especialidad de una manera que en principio se considera novedosa, pero que en último término se reconoce como adecuada para la especialidad. De este trabajo, no se deduce directamente ninguna definición de genio. Pero yo propongo que un individuo merece el término de *genio* en la medida en que su obra creativa en una especialidad ejerce un efecto material en la definición y delineación de dicha especialidad, de forma que, en el futuro, los individuos que trabajen en esa especialidad tendrán que enfrentarse a las contribuciones realizadas por el genio creativo. Cuanto más universal sea la contribución, más viaja a través de las culturas y las épocas, y más grande es el genio. Por eso desde siempre, los jóvenes autores han temblado cuando se han enfrentado al ejemplo de Shakespeare o Goethe; estos individuos titánicos han dejado una huella formidable sobre las dimensiones futuras de la especialidad.

En la discusión precedente, he presentado una manera innovadora de concebir la inteligencia. Después continuaba sugiriendo cómo puede conceptualizarse el resto de la matriz del talento, con referencia a esta visión de la inteligencia. La eficacia de este análisis puede determinarse, en parte, según su coherencia interna; pero para un científico conductista, una prueba más importante es el grado en que el análisis es coherente con lo que se conoce acerca de la conducta humana, y el grado en que el análisis puede conducir a un mayor conocimiento.

Consecuentemente, en lo que sigue, llevo a cabo un análisis evolutivo. Examino cuatro puntos diferentes en la trayectoria evolutiva de los individuos, con especial referencia a las cuestiones relativas a la inteligencia, el talento y la creatividad, que se han visto aquí. Los conceptos principales aparecen en la tabla 4.1. Después, como conclusión, menciono algunas implicaciones educativas de esta perspectiva.

El niño de cinco años: la indiferencia respecto a la especialidad y el ámbito

En los primeros años de vida, los niños de todo el mundo desarrollan potentes teorías y concepciones acerca de cómo funciona el mundo: el mundo físico y el mundo de las otras personas. También desarrollan un primer esbozo de competencia de los sistemas simbólicos humanos más básicos: lenguaje, números, música, representación bidimensional y similares. Lo que sorprende de estas adquisiciones es que no dependen de una orientación explícita. Los niños desarrollan estas habilidades simbólicas y estas concepciones teóricas en gran parte por la fuerza de sus propias interacciones espontáneas con el mundo en que viven. Esto no contradice el hecho de que determinadas culturas ejerzan determinados efectos; lo que se afirma es que, dado un entorno razonablemente rico y estimulante, las capacidades que evolucionan son difíciles de frustrar.

Con respecto a los más jóvenes, puede decirse, pues, que el desarrollo temprano es «preespecialidad» o «preámbito». Es decir, que los pequeños se desarrollan prestando poca atención a las especialidades que existen en su cultura y son aún más indiferentes respecto a la existencia de los ámbitos que evalúan. Cuando son pequeños, los niños, a veces, se sienten atraídos hacia especialidades concretas, lo que en otro lugar denomino experiencias cristalizadoras (Walters y Gardner, 1986). Sin embargo, en su mayoría, se sienten interesados por ello, sin ser especialmente hábiles.

Existen excepciones: seguramente Mozart fue una de ellas. Existe el niño prodigio ocasional, que descubre pronto una afinidad con una especialidad culturalmente válida y que comienza a dominar tempranamente esta especialidad. En tales casos, el niño da un gran salto inicial en la consecución de la experiencia y, tal vez, de la creatividad.

La cuestión de la creatividad en la infancia resulta engorrosa. Frecuentemente he sostenido que, de muchas maneras, todos los niños comparten el elixir de la creatividad. Están deseosos de atravesar unas barreras que perciben, al menos, de

TABLA 4.1. — *La matriz del talento*

Término	Esfera	Foco de edad	Status de la especialidad/del ámbito	Cuestiones significativas
Inteligencia	biopsicológica	todas	—	—
Talento	biopsicológica	joven/en crecimiento	preespecialidad/preámbito	experiencia cristalizadora
Prodigiosidad	biopsicológica	en crecimiento	especialidad/ámbito actual	amplios recursos
Experiencia	especialidad/ámbito actual	postadolescencia	aceptación de la especialidad/del ámbito	conocimiento/ habilidades acumulativas
Creatividad	especialidad/ámbito futuro	postadolescencia	choque con la especialidad/el ámbito	asincronía fructífera
Genio	especialidad/ámbito amplio	persona madura	universal	vínculo con la infancia

forma periférica; se sumergen en su juego y en su trabajo con gran pasión; crean productos que, a menudo, sorprenden al «ámbito» por ser más impresionantes que los de los niños mucho mayores. Y sin embargo, creo que es justo decir que esta creatividad tiene lugar fuera del ámbito. Aunque el ámbito pueda quedar impresionado por el trabajo de niños pequeños —muy legítimamente—, el niño pequeño actúa con una indiferencia sublime respecto a las operaciones del ámbito.

El niño de diez años: adquisición del dominio de las reglas de la especialidad

Poco después del comienzo de la escolaridad, los niños empiezan a asumir una postura bastante diferente hacia las oportunidades que ofrece su cultura. Tanto si esta tendencia es fomentada desde la escuela como si no, parece evidente que los niños quieren conocer las reglas de las distintas especialidades y las convenciones culturales, y que procuran dominarlas tan rápidamente y tan expeditivamente como sea posible. En las artes, nos encontramos con un período de literalidad: los estudiantes evitan la metáfora o procuran producir obras de arte que sean lo más ajustadas posible desde el punto de vista representacional. Pero en todas las especialidades se dan las mismas tendencias: los estudiantes quieren conocer las reglas del juego.

Así, podría decirse que la existencia de la especialidad, del mismo modo que la sensibilización hacia el ámbito, aparecen con una venganza. Desde el momento en que los estudiantes eligen (o son elegidos) para trabajar en una especialidad concreta, intentan adquirir experiencia lo más rápido posible. E incluso tomando como referente a la sociedad en su conjunto, el estudiante intenta culturizarse de la manera más completa posible.

Este período funciona, pues, como un aprendizaje: un aprendizaje de especialidades específicas, un aprendizaje de los modos de la propia cultura. Los que avanzan más rápidamente pueden considerarse como dotados o niños prodigio, pero aquí las referencias a la creatividad o al genio parecen inadecuadas. Las exploraciones sin límites del niño pequeño se han acabado, mientras que la exploración informada de las fronteras de la especialidad todavía no puede emprenderse.

Si bien el trabajo creativo aún no aparece, las condiciones para una vida creativa (o no creativa) pueden estar ya ocupando su lugar, puesto que la creatividad depende mucho de los rasgos de disposición y personalidad, así como de los accidentes demográficos (Gardner, en prensa; Perkins, 1981; Sternberg, 1988). Los jóvenes que son marginales dentro de su cultura, los que son ambiciosos y tenaces, los que pueden ignorar las críticas y «seguir en sus trece», «se arriesgan» a una vida creativa; mientras que los que se sienten cómodos formando parte del grupo, y avanzan en su especialidad con poca sensación de presión o de asincronía, probablemente se dirigen (o se les envía) a una vida de expertos.

El adolescente: en la encrucijada

El período entre los quince y los veinticinco años representa la hora de la verdad en el desarrollo de la matriz del talento. La posibilidad de llegar a ser un niño prodigio ya no existe, y el genio asoma en el futuro distante. La cuestión crucial depende de la experiencia. Los individuos que se dedican durante diez años a una especialidad pueden alcanzar el nivel del experto y tener la opción de continuar haciendo, como mínimo, contribuciones modestas a la especialidad, válidas para el futuro cercano. También pueden llegar a ser miembros «en buena posición» del ámbito dominante. Sus inteligencias se están empleando al servicio del funcionamiento normal y productivo del entorno social del momento. En esta etapa trabajan cómodamente según los gustos del ámbito.

Pero algunos individuos no se quedan simplemente en el nivel de la experiencia. En algún momento dan un giro decisivo, un giro que les hace arriesgarse más, poner más a prueba la ortodoxia, ser algo iconoclastas, en definitiva. Ya no desean simplemente seguir los pasos de sus mentores; en lugar de eso plantean desafíos e intentan ir más lejos de cuanto se había llegado antes. La tensión exacerbada puede llevar a lo que se conoce como crisis de la madurez, y, de hecho, muchos adolescentes abandonan completamente su creatividad, ya sea de forma temporal o permanente (Bamberger, 1982; Csikszentmihalyi, en prensa). Otros desafían directamente al ámbito, con grados de éxito variables o impredecibles. En cualquier caso, si este período de crisis se remonta con éxito, entonces las oportunidades para una actividad creativa permanecen intactas.

El individuo en la madurez: aposentado
en algún lugar de la matriz del talento

Adelantemos otra década, aproximadamente, hasta la edad de treinta o treinta y cinco años, y nos encontramos a un individuo cuya ubicación definitiva en la matriz del talento, está ya, con toda probabilidad, determinada. Desde el punto de vista de su actuación, la mayoría de individuos comprometidos con una especialidad serán, bien expertos satisfechos, bien expertos insatisfechos, o bien individuos que intentaron trascender la mera experiencia pero que fracasaron.

De especial interés es el individuo que, por la razón que sea, trasciende la «mera» inteligencia, talento o experiencia y persigue una existencia de creatividad. Conocemos, desde hace tiempo, algunas de las características de este tipo de individuos: ambiciosos, seguros de sí mismos, ligeramente neuróticos, aventureros (Albert y Runco, 1986; Barron, 1969; MacKinnon, 1961). Mis propios estudios confirman el hecho de que los individuos creativos, independientemente de sus diferencias respecto a la especialidad, tienen personalidades bastante coherentes, y que, por lo general, son exigentes, egocéntricos, individuos con los que es difícil mantener una buena relación.

Pero también he intentado comprender cómo se sienten operando en los límites del conocimiento y de la experiencia de su momento (Gardner, en prensa). Resulta una perspectiva estimulante, pero al mismo tiempo aterradora, considerar ideas y prácticas que nunca, supuestamente, se han intentado antes. Tales individuos, independientemente de lo solitarios que sean, parecen necesitar, en esos momentos, tanto apoyo cognitivo como afectivo. Y de una manera que roza lo extraordinario, recuerdan a la madre que enseña la primera lengua y que proporciona a su hijo los rudimentos de una cultura. Para demostrarse a sí mismo que no está loco, el creador necesita ser capaz de convencer, al menos a otra persona, de que ha inventado un lenguaje, una forma de ver las cosas, que tiene sentido. En ausencia de una serie de rasgos intelectuales, sociales, afectivos y de personalidad, esta dedicación a la empresa creativa resulta difícil de llevar a buen término.

De mis estudios surge un cierto modelo del tipo de empresa propia del individuo altamente creativo. Después de la primera década de experiencia, el individuo pasa a realizar una afirmación que resulta radical, que sacude la especialidad y el ámbito en el que el individuo está trabajando. Es probable que una década más tarde surja una afirmación más sintética. En algunas especialidades, como las matemáticas, las ciencias físicas o la poesía lírica, las perspectivas de seguir realizando descubrimientos son bastante modestas. Pero en otras, es posible seguir produciendo avances durante varias décadas más. Ésta es la razón por la que artistas como Pablo Picasso, Igor Stravinskiy y Martha Graham pudieron continuar llevando una vida altamente creativa; y la razón por la que algunos científicos, como Sigmund Freud y Charles Darwin, construyeron inicialmente un capital intelectual del que vivieron el resto de su vida activa.

Comprender qué significa la creatividad es bastante difícil; arrojar alguna luz sobre qué es un genio resulta casi imposible. Déjenme proponer simplemente que un genio es un individuo creativo que es capaz de alcanzar perspectivas que son novedosas y que sin embargo tocan una cuerda profundamente sensible común a todas las culturas humanas. Ya resulta suficientemente difícil realizar avances dentro de la propia especialidad, pero realizar avances que puedan reverberar con fuerza dentro de la sociedad humana se acerca a lo milagroso. Tal vez no sea descabellado considerar a Mozart, a Confucio o a Shakespeare como milagrosos: la coincidencia increíble de un ser humano con los secretos del universo.

Con el genio, el sendero evolutivo realiza el círculo completo. El niño pequeño crea sin respetar la especialidad o el ámbito. El experto acepta la especialidad y el ámbito, mientras que el futuro creador desafía a la especialidad y al ámbito. Es competencia especial del genio desafiar a la especialidad y al ámbito, y sin embargo alcanzar un producto o una solución que, de nuevo, constituye una especialidad nueva, enriquecida, revelando así una percepción de gran trascendencia humana.

Al hablar de genio, nos alejamos de la esfera de la ciencia de la conducta, ya que invocamos un término que tiene resabios artísticos o literarios más que de teoría científica. Sin embargo, aunque no podamos explicar al genio, nos equivocamos al pretender que no existe. Tanto si es capaz de inspirar progreso científico o social como si no, Mozart constituye un recordatorio perenne de las alturas a las que un ser humano puede, ocasionalmente, elevarse.

Implicaciones educativas

Un esquema evolutivo destinado a describir el talento y sus corolarios conduce naturalmente a la siguiente pregunta: ¿qué puede hacerse para fomentar o educar el talento? En ocasiones se dice humorísticamente, con más pena que alegría, que es más fácil frustrar niños dotados y creativos que estimular su desarrollo. Y justamente porque conocemos tan poco acerca de estos preciosos fenómenos, es más importante que padres y maestros «no causen daño».

A pesar de todo, creo que la discusión precedente conduce, al menos, a un par de modestas implicaciones. Para empezar, la delineación misma de las diversas formas que constituyen el talento, la experiencia, la creatividad y similares pueden ser de ayuda a los educadores, ya que se plantea la cuestión: ¿qué tipo de comportamientos o logros extraordinarios se desean? Intentar desarrollar a un individuo que es creativo supone un reto bastante distinto a estimular a un individuo que será un prodigio, o entrenar a un individuo que llegará a ser un experto. Lo que en China se considera un don, puede parecer una tontería o hasta un inconveniente en Chicago o viceversa. Discernir estos «estados finales» y decidir cuáles son deseables y cuáles no lo son, parece un paso útil para cualquier educador.

La adopción de un enfoque evolutivo motiva una segunda implicación. Una vez que se reconoce que los niños de diferentes edades o etapas tienen diferentes necesidades, reaccionan ante diferentes modos de información cultural y asimilan contenidos según diferentes estructuras motivacionales y cognitivas, entonces los tipos de regímenes educativos que diseñemos deberían tener en cuenta estos factores evolutivos. Resulta inadecuado someter a un niño de cinco años a la crítica del ámbito, como lo es sustraer a dicha crítica a un aspirante a maestro en la especialidad.

Un tercer punto concierne a las clases de modelo educativo que se proporciona a los niños. El niño va recogiendo mensajes muy distintos, según si los adultos o maestros de cada especialidad con los que entra en contacto representan experiencia, creatividad, o, incluso, alguna forma de genialidad, y según qué tipo de primeras insinuaciones de estos estados finales estimulan o desaprueban. La simple decisión acerca de qué maestros o tutores se incluirán en un programa para el «talento» constituye una señal importante de la dirección que los niños van a tomar en último término.

Tomar esta decisión acerca de individuos determinados constituye la cuestión básica de los mensajes acerca del talento que se transmiten a la sociedad en su conjunto. Como he mostrado en un estudio sobre la educación de las artes en China y en los Estados Unidos (Gardner, 1989), dos sociedades pueden transmitir mensajes opuestos acerca de los usos que se pueden dar a los talentos y la manera en que pueden desarrollarse en una cultura. Del mismo modo, dentro de nuestra propia sociedad pueden existir modelos opuestos, e incluso contradictorios, de lo que se considera un don y de lo que *debería* ser importante para el futuro.

Tal vez de forma inevitable, las discusiones acerca del talento y de la educación dentro de nuestro contexto cultural actual resaltan la importancia del niño individual. Sin embargo, si la discusión precedente es válida, nos recuerda que los dones de todo tipo no pueden conceptualizarse adecuadamente como pertenecientes únicamente a la mente o al cuerpo de los individuos. Al llamar la atención sobre las características de la especialidad y del ámbito que rodean a cualquier tipo de actividad —y, en concreto, a cualquier tipo de actividad extraordinaria—, espero recordar a los educadores que también ellos deberían tener presentes los factores extrapersonales que desempeñan un gran papel en el desarrollo o en la frustración del talento.

Una discusión acerca de los valores parece fuera de lugar en una contribución que pretende ser de carácter científico. Sin embargo, si existe algún área social en la cual las cuestiones de valor predominen, ésta es la que se refiere a qué constituye un don, cómo hay que identificarlo, estimularlo y movilizarlo dentro de la comunidad. Por ejemplo, la equidad y la excelencia no tienen por que estar en oposición, pero existe una tensión innegable entre ellas, y aún más en tiempos de recursos limitados. Los que hemos decidido dedicar nuestras energías a la exploración de estos temas fascinantes tenemos la obligación especial de tener presente la cuestión de los valores y, cuando sea posible, ayudar a dejar claras estas consideraciones y las diferentes posibilidades de cara a los colegas, educadores y el público en general.

Segunda parte

EDUCAR LAS INTELIGENCIAS

Nota introductoria

Al principio de este volumen se comenta el considerable interés que la teoría de las inteligencias múltiples despierta en los educadores. Sin duda, este interés procede de una gran variedad de fuentes, desde la curiosidad acerca de los descubrimientos más recientes en neuropsicología, hasta la búsqueda de programas que demuestren ser eficaces con los estudiantes que presentan dificultades con el aprendizaje. De hecho, las fuentes del interés por la teoría son tan variadas que, en ocasiones, lo he considerado una especie de test de Rorschach, en el cual cada observador «proyecta» sobre una mancha de tinta amorfa las ideas que ya traía antes de enfrentarse con el ambiguo dibujo.

Pero si tuviera que dar una razón sobre las demás, sería la siguiente. Cualquiera que haya pasado una cantidad significativa de tiempo con niños, ya sea como maestro, asesor, terapeuta o miembro de la familia, se habrá sorprendido de las amplias diferencias existentes entre cada niño, incluso entre los que proceden de la misma familia. A este hecho se refiere un viejo dicho relacionado con los psicólogos evolutivos: «Cuando el evolucionista tiene un hijo, todos los niños le parecen iguales. Cuando el evolucionista tiene dos hijos, ve el universo de forma dicotómica (extrovertidos contra introvertidos; masculino contra femenino). Cuando el evolucionista tiene tres hijos, reconoce que todos los niños son diferentes».

Mediado el siglo, la corriente de sabiduría popular que siempre había distinguido «diferentes tipos de mente» había quedado oculta en la psicología científica, y muy especialmente en la rama de la psicología relacionada con la medida del intelecto. Como por decreto, todas esas diferencias habían sido misteriosamente expulsadas de la corte, y todos los niños eran evaluados y alineados a lo largo de una única dimensión, bastante estrecha, llamada «inteligencia». Desde mi punto de vista, la intuición de que había algo fundamentalmente sesgado en ese enfoque, y de que era necesaria una visión opuesta que categorizara y celebrara el sorprendente alcance de la mente humana, hizo crecer las expectativas en torno a la teoría de las IM.

Muchos lectores aceptaron la idea de las inteligencias múltiples, quizás incluso de forma demasiado poco crítica. Como yo, estaban más preocupados por romper la hegemonía de una sola inteligencia y por reconocer la pluralidad inherente a las capacidades de la mente, que por definir el número exacto y las características detalladas de cada una de las inteligencias candidatas. Pero pronto, quizá de forma inevitable, surgieron las cuestiones: ¿cómo educamos las inteligencias múltiples?, ¿cómo sería una escuela IM? y ¿cómo vamos desde aquí hasta allí?

La respuesta más breve —y, a pesar de todo, la más correcta— es que no existe una receta para la educación de las inteligencias múltiples. La teoría de las IM se desarrolló con el objetivo de describir la evolución y la topografía de la mente humana, y no como un programa para desarrollar un cierto tipo de mente o para estimular un cierto tipo de ser humano. De hecho, a partir de los últimos párrafos de *Frames of Mind* podría reconstruirse un conjunto de visiones escolares, incluyendo unas que surgen en aparente contradicción mutua. Sin embargo, a su debido tiempo, empecé a desarrollar ciertas nociones acerca de lo que sería una educación enmarcada en el «espíritu» de las inteligencias múltiples. Este conjunto de nociones tomó dos rumbos básicos. El primero consistía en esbozar algunos de los rasgos generales que uno espera encontrar en una comunidad escolar imbuida del espíritu de las inteligencias múltiples. En el capítulo 5 se da la descripción de una escuela de estas características, así como un breve mapa que indica el camino a seguir para convertirla en realidad.

El segundo rumbo implicaba el desarrollo, en colaboración con numerosos colegas, de ciertos programas modelo que se inspiran acertadamente en la teoría de las IM. Estos programas partían generalmente de una cuestión específica —por ejemplo, cómo evaluar las inteligencias de los niños en edad preescolar o cómo mejorar la educación de las artes en la escuela superior— pero iban evolucionando de forma natural hacia «enfoques» más globales del contexto educativo.

Los últimos cuatro capítulos de la segunda parte presentan cuatro de estos programas modelo, ordenados, por conveniencia, en términos de la edad del grupo al que estaban dirigidos. En el capítulo 6, describo el proyecto Spectrum, una colaboración a largo plazo con David Feldman y Mara Krechevsky, que se centra en la identificación y el estímulo de las inteligencias múltiples en los niños pequeños. En el capítulo 7, describo el trabajo realizado en diversos proyectos para estudiantes de grados elementales, tal y como se han llevado a cabo en muchas escuelas, entre ellas la Key School de Indianápolis. En el capítulo 8, describo el proyecto PIFS (Practical Intelligences for School), una colaboración con Robert Sternberg y muchos otros investigadores, en el cual se intenta preparar a los estudiantes para que dominen los estimulantes entornos de las escuelas de enseñanza media y superior. Y, en el capítulo 9, hago una descripción del Arts PROPEL, una colaboración entre muchos maestros e investigadores de Pittsburgh, el Educational Testing Service y el Proyecto Zero de Harvard. Concebido inicialmente como un intento para evaluar las inteligencias de los estudiantes de una manera más «neutra respecto a la inteligencia», ha evolucionado y ha acabado siendo un método curricular que puede utilizarse, no sólo en las artes, sino en todo el espectro de disciplinas.

5   Una escuela del futuro

COAUTOR: TINA BLYTHE

Como si se tratara del tiempo que hará mañana, todo el mundo habla estos días de la urgente necesidad de llevar a cabo una reforma educativa en Estados Unidos. Los motivos de esta preocupación exacerbada no son difíciles de aventurar. Para empezar, existe el desafío económico de Japón y de otros países situados a orillas del Pacífico; el país ya no es el líder indiscutible del mundo en los terrenos industrial y científico. Se añade a esto el claro declive en literatura y en nivel cultural general, como evidencian numerosos índices estadísticos, «libros blancos» oficiales y los *best sellers* de Allan Bloom y E. D. Hirsh. Por último, existe la virtual compulsión de los americanos a reexaminar la calidad y la misión de sus escuelas por lo menos una vez cada generación. Estas y otras presiones se combinan para que la actual corriente de preocupación respecto a la educación sea prácticamente inevitable. Y sin embargo, al igual que cuando se habla del tiempo, existen muchas posibilidades de que todo quede en pura charla, que cada parte interesada espere que las «otras» inicien la reforma y que, al final, los cambios efectuados en el sistema educativo sean modestos.

Tal como lo veo yo, la educación americana está en un punto de inflexión. Existen presiones considerables que apuntan hacia la «escolaridad uniforme», y existe también la posibilidad de que el sistema educativo adopte una «escolaridad centrada en el individuo». Actualmente se está sosteniendo una lucha sorda acerca de la posible dirección que tomarán las escuelas. Mi propio análisis de los datos científicos indica que se debería, como nación, ir en dirección de la escolaridad centrada en el individuo. En lo que sigue indico por qué y cómo puede conseguirse esta educación.

Actualmente, los que están haciéndose oír más en este debate son los que reclaman escuelas «uniformes». Básicamente, su argumento es el siguiente. Existe un conjunto básico de competencias y un núcleo de conocimientos que todos los individuos de nuestra sociedad deberían dominar. Algunos individuos son más aptos que otros, y se puede suponer que llegarán a dominar este conocimiento más rápidamente. Las escuelas deberían estar constituidas de manera que aseguren que los más dotados accedan a los niveles superiores y que el mayor número de individuos adquiera un conocimiento básico de la forma más eficaz posible. Por esta razón, debería haber el mismo currículum para todos los estudiantes, los mismos métodos de enseñanza y los mismos métodos «estandarizados» de evaluación. Los estudiantes, los profesores, los administradores, los distritos escolares, los estados e incluso toda la nación deberían juzgarse en términos de la eficiencia y la eficacia con las que estos estándares comunes se alcanzan. Prestar atención a las diferencias individuales es, en el mejor de los casos, un lujo y, en el peor, una desviación peligrosa de prioridades educativas básicas.

Por supuesto, constituye una simplificación reunir bajo un lema a toda la gama de críticos de la educación en América hoy en día. Existen claras diferencias entre E. D. Hirsch, Allan Bloom, Mortimer Adler, William Bennett y los representantes de las agencias municipales, estatales y federales, para no mencionar los grupos de interés privado como el Council for Basic Educational y la Twentieth Century Fund. Lo que une a estos individuos y justifica su agrupación bajo un amplio paraguas neoconservador, es su insatisfacción respecto a las ideas «progresistas» en la educación americana, su avidez por un espacioso almacén de habilidades y de conocimiento común, y su impaciencia frente a los enfoques que cultivan la individualidad de cada estudiante, de cada maestro, de cada centro escolar.

Sería erróneo, y en cualquier caso es innecesario, discutir cada párrafo de la crítica neoconservadora. Junto con otros muchos que no están de acuerdo con la «visión uniforme», creo que la expresión escrita de los estudiantes americanos debería mejorar, que todos los estudiantes deberían tener la oportunidad de dominar ciertas disciplinas básicas, y que gran parte del programa educativo de los años 60 (y de décadas anteriores) no estuvo bien diseñado. Sin embargo, estoy convencido igualmente de que muchas de las curas propuestas por los reformistas neoconservadores son peores que la enfermedad; y de que, en cualquier caso, las curas propuestas no sanarán a los pacientes.

Mi principal objeción hacia la visión uniforme proviene de la convicción que tengo de que dicha visión está basada en una perspectiva defectuosa de la cognición humana, lo que yo llamo el «pensamiento estilo CI». Como es bien sabido, los primeros tests de inteligencia se diseñaron hace casi un siglo, con el razonable objetivo de predecir qué estudiantes iban a encontrar dificultades con los programas escolares normales. A lo largo de los años, los psicólogos han sido capaces de identificar un conjunto de cuestiones de «respuesta corta» que predicen los resultados escolares con bastante éxito.

En los últimos ochenta años, sin embargo, esta línea de pensamiento ha proliferado de tal manera que se ha alejado mucho de su enfoque inicial. Donde antes había un simple instrumento utilizado con un fin muy concreto, ahora nos encontramos con cientos de tests estandarizados de papel y lápiz que se utilizan con numerosos fines, desde la educación especial hasta la admisión en las universidades, pasando por los «gráficos» comparativos entre países. Hay escuelas, que introdujeron estos tests como un enriquecimiento del currículum, que han acabado adaptando el programa, y todo el sistema escolar, a la mejora de los resultados en estas pruebas, sin prestar tampoco excesiva atención al significado de las mejoras en los resultados. No resulta exagerado afirmar que hemos dejado que el perro examinador paseara al amo curricular. Tampoco es una exageración decir que el test de CI ha conducido inexorablemente a la actual intoxicación respecto a la escuela uniforme.

Paradójicamente, en el mismo momento en que el pensamiento estilo CI había realizado incursiones sin precedentes en la reflexión acerca de los programas educativos, la estrecha base científica sobre la que se erguía se ha desmoronado casi por completo. Desde un gran número de disciplinas interesadas en la cognición humana ha llegado evidencia de que la mente es un instrumento multifacético, de múltiples componentes, que no puede legítimamente capturarse en una simple hoja de papel a través de un instrumento tipo lápiz. A medida que este punto de vista gana plausibilidad, la necesidad de reflexionar acerca de los objetivos y los métodos educativos se hace más profunda.

Los datos que han cuestionado el pensamiento estilo CI proceden de toda la gama de disciplinas académicas que sondean la mente humana. Los neurobiólogos han documentado que el sistema nervioso humano está altamente diferenciado. Actuando de manera totalmente independiente, la investigación en inteligencia artificial se ha apartado firmemente del pensamiento uniformista. Hace dos décadas, los informáticos perseguían mecanismos generales de resolución de problemas que pudieran aplicarse a toda la gama de especialidades intelectuales, desde los descubrimientos científicos hasta el ajedrez. Sin embargo, los avances más recientes han tenido lugar principalmente en el desarrollo de los «sistemas expertos», que contienen conocimientos muy detallados acerca de especialidades concretas, tales como la diagnosis médica, y que muestran escasa o nula «transferencia» a otras especialidades del conocimiento.

¿Y qué hay de mi propia disciplina, la psicología? Hace una generación la mayoría de los psicólogos creían en leyes generales del aprendizaje, la percepción, la memoria y la atención, que serían aplicables a los diversos contenidos; lo que era válido para el estudiante de segundo año de carrera sería válido para la rata noruega, así como para el resto de especies. Los psicólogos conductistas creían además que la mente humana podía ser apta para manejar cualquier tipo de información de manera igualmente hábil. Pero, con cada año que ha transcurrido, se ha ido acumulando más evidencia que muestra las profundas limitaciones de la mente humana. Ciertos modelos de crecimiento son fáciles de conseguir, mientras que otros resultan esquivos; los procesos cognitivos básicos que funcionan en un área, por ejemplo el lenguaje, son bastante distintos de los que funcionan en otras áreas, como la cognición espacial o el conocimiento social.

En un esfuerzo por dar sentido a estas tendencias paralelas a través de disciplinas dispares, emprendí un amplio estudio hace aproximadamente una década.

Como resultado de este estudio de gran alcance, obtuve finalmente una lista de varias inteligencias humanas (véanse capítulos 1 y 2). Todos los seres humanos normales poseen estos potenciales, pero por diversos motivos, tanto ambientales como genéticos, los individuos difieren notablemente en los perfiles concretos de inteligencia que muestran en algún momento de sus vidas.

Ocurre que las culturas se aprovechan de estas diferencias en las inclinaciones intelectuales presentes en su población. Somos capaces de «cubrir» nuestros numerosos roles profesionales y compartimentos sociales de forma eficaz, justamente porque las personas muestran diferentes perfiles de inteligencia. Incluso dentro de una profesión concreta, como el derecho, se encuentran individuos con diferentes mezclas de potencialidades en áreas como el lenguaje, la lógica y la comprensión interpersonal. Una vez que las razones de estas diferencias en la habilidad y en las inclinaciones han quedado más claras, un enfoque uniforme de la educación tiene aún menos sentido que antes.

Mi convencimiento de la importancia —más bien de la necesidad— de una educación centrada en el individuo, proviene de dos proposiciones distintas pero entrelazadas. En primer lugar, actualmente ha quedado establecido de forma convincente que las mentes de los individuos presentan notables diferencias. El sistema educativo debería estar diseñado de tal manera que fuera sensible a estas diferencias. En lugar de ignorarlas y de pretender que todos los individuos tienen (o deberían tener) el mismo tipo de mente, deberíamos intentar asegurarnos de que todo el mundo reciba una educación que maximice su propio potencial intelectual.

La segunda proposición es tan convincente como la primera. En épocas anteriores de la historia, puede haber sido cierto que un individuo dedicado al estudio alcanzara a dominar todo el conocimiento existente en el mundo o, por lo menos, alguna parte significativa de él. Mientras éste fuera un objetivo alcanzable, tenía un cierto sentido ofrecer un currículum uniforme. Ahora, sin embargo, ningún individuo puede dominar ni siquiera una única área de conocimiento de forma completa, menos aún toda la gama de disciplinas y competencias. El período del Hombre o la Mujer del Renacimiento pasó hace ya tiempo. En la medida en que tanto el énfasis como el alcance *deben* escogerse, queda únicamente la cuestión de qué camino tendría que seguir el individuo. La teoría de las múltiples inteligencias no debería utilizarse para impartir un curso orientativo acerca de los posibles estudios o carreras, pero constituye una base razonable a partir de la cual es posible aconsejar y escoger entre las diversas opciones.

Una vez que hemos decidido apartarnos de la escolaridad uniforme, necesitamos modelos que consideren seriamente los perfiles de inteligencia individuales e intenten maximizar los logros educativos de cada persona. En los últimos años he reflexionado acerca de cómo podría diseñarse una escuela centrada en el individuo, y he participado en numerosas investigaciones experimentales que deberían mostrar, en último término, cuál de estos modelos es más válido. Una forma conveniente de esbozar esta escuela centrada en el individuo consiste en delinear un conjunto de funciones que serían asumidas en el contexto de la escuela o del sistema escolar.

Una primera función es la que corresponde al *especialista evaluador*. Su tarea consistiría en proporcionar una visión regular y actualizada de los potenciales particulares, de las inclinaciones y de las desventajas de los niños de la escuela. Esta evaluación no puede basarse primariamente en los tests estandarizados. Según mi análisis, tales instrumentos están inevitablemente sesgados en favor de dos tipos de individuos: los que poseen una mezcla determinada de inteligencia lingüística y lógica, y los que obtienen buenos resultados usando instrumentos descontextualizados.

Creo que cualquier forma nueva de evaluación debe cumplir tres requisitos. Debe ser neutra respecto al tipo de inteligencia, es decir, debe estar presentada de tal manera que la potencia de la inteligencia pueda controlarse directamente y no a través de «lentes» lógicas o matemáticas. Debe ser evolutivamente adecuada, es decir, debe utilizar técnicas adecuadas al nivel evolutivo del niño en la especialidad en cuestión. Debe ir ligada a una serie de recomendaciones, es decir, cualquier puntuación o descripción debe estar relacionada con un conjunto de actividades recomendadas para el niño con ese perfil intelectual concreto.

Llevar a cabo esta evaluación y actualizarla regularmente supone, obviamente, una gran empresa. Que su puesta en práctica sea efectiva depende de que los maestros sean sensibles a las dimensiones evaluadas y que puedan realizar observaciones pertinentes mientras los estudiantes están dedicados a actividades y proyectos con contenido propio. Queda aún lugar para unas intervenciones más específicas utilizando instrumentos estandarizados, pero no debería permitirse nunca más que éstos predominaran a la hora de evaluar.

El especialista evaluador comparte sus hallazgos y sus recomendaciones con los estudiantes, los padres, los maestros y con la persona que desempeña la segunda función denominada *gestor estudiante-currículum*. Basándose en una visión actual del perfil intelectual del estudiante, este «gestor» recomienda los cursos que el estudiante debería escoger y, en la contingencia de un currículum uniforme, recomienda la mejor manera en que el estudiante puede llegar a dominar las materias.

Desde el momento en que existen optativas, es pertinente que los estudiantes conozcan sus propias inclinaciones. Este conocimiento no debería utilizarse para obligar a escoger una determinada optativa (¡sería una falta de lógica!). Más bien, el conocimiento del propio potencial puede ayudar a escoger cursos que pueden congeniar particularmente con el estilo de aprendizaje propio. En el caso de un currículum uniforme u obligatorio, esta información es igualmente importante. Porque aun en el caso de que los cursos sean obligatorios, no existe ninguna razón para que se impartan de la misma manera para todos.

En la mayor parte de las áreas del currículum, pueden presentarse los materiales de gran cantidad de maneras: impartidos por profesores, mediante libros, *software* o *hardware* informático u otros medios audiovisuales. La elección del modo de presentación puede, en muchos casos, significar la diferencia entre una experiencia educativa buena y una mala. Una clase de historia puede presentarse a través de modos de conocimiento lingüísticos, lógicos, espaciales y/o personales, así como una clase de geometría puede apoyarse en competencias de tipo espacial, lógico, lingüístico o numérico. A menudo, algún apoyo cognitivo prostético (por ejemplo, un programa de ordenador que permite crear variedad de configuraciones espaciales) puede ayudar al estudiante a dominar un material que le cuesta asimilar por sí mismo. Ahora que conocemos algo acerca de los estilos de enseñanza, de los estilos de aprendizaje y de las inteligencias individuales, es simplemente inexcusable insistir en que todos los estudiantes aprendan las mismas cosas de la misma manera.

Una tercera función de la escuela centrada en el individuo es la que denominamos el *gestor escuela-comunidad*. De la misma manera en que el gestor estudiante-currículum intenta interceder en favor del estudiante dentro de la escuela, el gestor escuela-comunidad busca oportunidades educativas para el estudiante dentro de la comunidad en su conjunto.

Desde mi punto de vista, no hay nada más importante en la carrera educativa de un estudiante que llegar a encontrar la disciplina o arte que encaja en su particular mezcla de inteligencias, una búsqueda que merece el esfuerzo del estudiante durante años o incluso durante toda su vida. Los individuos que han triunfado, a menudo atribuyen una enorme importancia a las «experiencias cristalizadoras» durante las que, por primera vez, se enfrentaban a un esfuerzo que encajaba con sus potenciales y su estilo de aprendizaje. Con demasiada frecuencia estas coincidencias ocurren de forma completamente accidental.

El objetivo del gestor escuela-comunidad consiste en incrementar la posibilidad de que los estudiantes descubran una vocación o una afición que encaje con su propio perfil de inteligencias. Para conseguir este objetivo, el gestor reúne información acerca de aprendizajes, tutorías, organizaciones pertenecientes a la comunidad, etc.; cada una de estas oportunidades debería ejemplificar una mezcla concreta de inteligencias. Esta información se almacena en algún tipo de base de datos y se pone a disposición de estudiantes y padres.

Naturalmente, la información recogida por el gestor escuela-comunidad puede utilizarla cualquier estudiante. En la práctica, sin embargo, resulta especialmente importante para aquellos estudiantes que presentan un perfil de inteligencias inusual o no académico. Después de todo, los estudiantes con una mezcla de inteligencias lingüística y lógica probablemente no tendrán problemas en la escuela, desarrollarán una imagen positiva de sí mismos y, por tanto, prácticamente no necesitarán recurrir a ningún asesoramiento especial o a una búsqueda de oportunidades que se salgan de las habituales. Por otro lado, al estudiante con una configuración atípica, el gestor escuela-comunidad puede aportarle, tal vez, la oportunidad única en la vida de participar en una actividad que encaja con su configuración particular de talentos.

Debe quedar claro que ninguna de estas funciones está pensada para minimizar o burlar el papel del maestro individual. De hecho, estas funciones deberían permitir a los maestros centrarse en su tema preferido y presentarlo de la manera que les resulta más cómoda, a la luz de sus propias fuerzas intelectuales. Preveo, además, una función especial realizada por los coordinadores que se asegurarán de que las posibles necesidades idiosincráticas de los estudiantes individuales están siendo atendidas por los especialistas y por los gestores que emiten recomendaciones educativas.

Al hablar de un aula o de una escuela centrada en el individuo, es importante indicar lo que *no* pretendo. No pretendo ninguna connotación de egocentrismo o narcisismo. De hecho, los métodos que comportan un aprendizaje cooperativo están muy solicitados en los entornos educativos centrados en el individuo. Lo que sí pretendo subrayar es la importancia de tomar en serio las inclinaciones, los intereses y los objetivos de cada niño, y en la mayor medida posible, ayudar al niño a realizar estos potenciales.

Si se llegara a dicha educación centrada en el individuo, deberíamos obtener buenos resultados: un porcentaje mayor de estudiantes que encontraran su oficio, que se sintieran mejor consigo mismos y que llegaran a ser miembros positivos de su comunidad. Donde sólo existe un único estándar de competencia, resulta prácticamente inevitable que la mayoría de estudiantes acaben sintiéndose incompetentes, y esto es particularmente cierto cuando este estándar favorece una estrecha banda de inteligencias. Al abarcar abiertamente un rango más amplio de estados terminales, y al intentar encajar los perfiles intelectuales con las oportunidades educativas, la escuela centrada en el individuo aumenta la probabilidad de que los estudiantes alcancen el máximo rendimiento de su potencial intelectual. Me complace el hecho de que estas ideas encajen bien con los ideales a largo plazo de la educación progresiva, un tipo de educación que actualmente está muy desprestigiada pero que, cuando se aplica bien, es coherente con los valores sociales del pluralismo, la individualidad y la cooperación mutua en beneficio de todos.

Éstas son, pues, tres de las funciones o estructuras institucionales que me gustaría ver incorporadas en la escuela del futuro. Pero, ¿a qué se parecerá esta escuela? ¿Y cómo pueden construirse comunidades escolares de este tipo? Tina Blythe y yo mismo hemos esbozado las dimensiones de una escuela así.

La escuela que nos imaginamos se compromete a estimular el conocimiento profundo de los estudiantes en diversas disciplinas básicas. Fomenta el uso de este conocimiento para resolver problemas y para realizar las tareas a las que habrán de enfrentarse en el contexto de la comunidad. Al mismo tiempo, la escuela intenta estimular la mezcla única de inteligencias, presente en cada uno de sus estudiantes, evaluando su desarrollo regularmente de manera neutra respecto a las inteligencias. Para alcanzar estos objetivos, la escuela se inspira en los éxitos educativos de empresas no escolares. Imitando el método fresco y estimulante de los museos infantiles, la escuela crea una atmósfera en la que los estudiantes se sienten libres para explorar los estímulos nuevos y las situaciones desconocidas. Siguiendo el espíritu de los aprendices tradicionales, promueve los esfuerzos orientados de los estudiantes en la realización de proyectos individuales. Los estudiantes y los maestros colaboran en un entorno que es, a la vez, sin restricciones, pero con objetivos.

Nuestra jornada escolar refleja estos ideales. Por la mañana los estudiantes estudian las materias tradicionales, pero de maneras no tradicionales. Prácticamente todo el trabajo en matemáticas, estudios sociales, ciencias, lectura y escritura se estructura en forma de proyectos. Los estudiantes exploran aspectos particulares del material en profundidad, abordando los problemas a los que se enfrentan los profesionales de la disciplina. Por ejemplo, pueden intentar dar una explicación a informes contradictorios acerca de un acontecimiento histórico determinado, o definir un problema científico y luego explorarlo informativamente, llevando a cabo experimentos a pequeña escala (Gardner, 1989b).

Nuestra colaboración en Arts PROPEL (véase el capítulo 9) proporciona un modelo para este tipo de aprendizaje mediante proyectos. Los proyectos desarrollados para este estudio proporcionan una rica serie de ejercicios que ayudan a los estudiantes a centrarse en un aspecto particular de una forma artística (la composición, en las artes visuales; la caracterización, en la escritura de piezas teatrales; el ensayo, en música). Los estudiantes trabajan a través de esos proyectos, guardando los borradores, las revisiones, los productos finales y las observaciones en una carpeta. Esta documentación del crecimiento creativo del estudiante sirve como catálisis para sus propias reflexiones como alumno y como joven artista. El trabajo del estudiante se evalúa examinando el producto final, su propio pensamiento al informar acerca de él y sus planes respecto a proyectos posteriores.

La segunda mitad de nuestra jornada escolar es una extensión natural de la primera. Durante este tiempo, profesores y estudiantes se aventuran en la comunidad en busca de nuevas experiencias de aprendizaje. Los niños más pequeños y sus maestros a menudo visitan un museo infantil, un parque o asisten a una representación especialmente participativa en el teatro local, en el auditorio musical o en el museo de arte. Estas excursiones difieren de las típicas salidas porque la clase vuelve a los mismos lugares muchas veces a lo largo del curso. Los estudiantes pueden continuar los proyectos iniciados en visitas previas (quizás un trabajo sobre una escultura en el museo de arte local o un estudio continuado sobre el ciclo vital de los cangrejos en el acuario) o aumentar su habilidad en sus actividades preferidas (examinar las especies de mariposas en el museo infantil o tocar los tímpanos en demostraciones sinfónicas). Los maestros preparan a los estudiantes para estas experiencias planificando en el aula proyectos relacionados con ellas, realizando debates y después aprovechando la experiencia de forma similar.

Tales puentes educativos pueden tenderse a base de programas organizados, como es el caso de una iniciativa actual del proyecto Spectrum (véase el capítulo 6), que intenta crear lazos temáticos entre el currículum preescolar y las exposiciones de los museos mediante el uso de cajas de material (*kits*). Estas cajas, organizadas alrededor de temas que llaman la atención de los niños pequeños, proporcionan actividades que pueden usarse en el contexto de la escuela, del museo y de casa, para estimular toda la gama de inteligencias. La caja de «La noche y el día», por ejemplo, incluye un tablero (que representa las actividades nocturnas y diurnas más habituales de los niños) que facilita la exploración de gran número de conceptos. Los libros y las imágenes estimulan las capacidades lingüísticas, y los «juegos de sombras» animan a los alumnos a investigar conceptos como «claro» y «oscuro».

Ya sea en el museo o en el rico entorno de nuestra escuela, se permite a los niños explorar con libertad y se les anima a que hagan preguntas. Los maestros, los auxiliares y otros adultos (incluyendo el personal del lugar que se visita) toman nota mental o escrita acerca de lo que los niños observan. ¿Qué estudiantes muestran interés o habilidad hacia alguna actividad o exposición concreta? ¿Qué tipo de preguntas hacen? ¿Qué tareas les resultan más difíciles?

El proyecto Spectrum emplea una técnica similar, dentro de la escuela, para compilar información acerca de las inclinaciones intelectuales de los estudiantes. En un aula Spectrum, se provee a los estudiantes de gran variedad de materiales diseñados para estimular inteligencias concretas. Un juego de búsqueda del tesoro ayuda a desarrollar la habilidad de los niños para realizar inferencias lógicas. El montaje de algún sencillo objeto mecánico potencia la motricidad. Un tablero representando un paisaje ambiguo y una serie de objetos y figuras imaginativas (un rey, un dragón, un joyero) fomenta la capacidad de los niños para usar el lenguaje descriptivo, diálogos y recursos narrativos. A lo largo del curso, los maestros y observadores toman notas acerca de las actividades que atraen más a los niños y acerca de los progresos que hacen trabajando con estos materiales. Al final del año, los padres reciben un informe Spectrum: un breve escrito que detalla el perfil intelectual del niño, junto con una serie de actividades a realizar en casa o en la comunidad que potencian el crecimiento en las áreas particularmente fuertes o en las desaventajadas.

Estos informes desempeñan un papel importante en la escuela basada en las IM. Los maestros y los padres observan cómo el niño lleva a cabo tareas y proyectos en el aula, en las salidas de campo y en casa, y adjuntan sus notas a los ficheros que el equipo evaluador de la escuela tiene para cada niño. La documentación filmada en vídeo de los proyectos de los alumnos, de sus actividades, de sus observaciones personales y de sus preferencias, también es una posibilidad; de hecho, se está utilizando en la Key School, una escuela pública de Indianápolis muy influida por la teoría de las IM (véase el capítulo 7). Un registro de las preferencias de cada estudiante completa la colección.

Cuando un alumno llega al tercer grado, se reúne, junto con sus padres, con un miembro del equipo de evaluación para revisar la variedad de potenciales y de preferencias que ha mostrado hasta entonces. Juntos, escogen los tres aprendizajes que seguirá en la escuela y en la comunidad durante los años siguientes.

Como la Key School, nuestra escuela no solamente lleva a sus alumnos a la comunidad, sino que también trae la comunidad a los alumnos. Miembros de la comunidad se ofrecen voluntariamente para compartir su experiencia en algún oficio o arte trabajando con un pequeño grupo de alumnos que previamente se han mostrado interesados. Además, un «período libre» da a los alumnos tiempo para jugar con juegos, actividades e ideas que les parezcan atractivas (al tiempo que los observadores toman nota de sus preferencias y potenciales). El punto importante, aquí, es que los alumnos puedan explorar intereses y habilidades no necesariamente procedentes del típico currículum escolar.

En nuestra escuela, los alumnos mayores llevan a cabo su exploración intelectual de manera más estructurada. Al tiempo que continúan pasando las mañanas realizando los proyectos del currículum básico, destinan la tarde a los aprendizajes que escogieron cuando iban a tercer grado. Estudian intensivamente con profesores «maestros» de su especialidad, y con miembros de la comunidad que poseen experiencia en un área concreta. Cada estudiante sigue una disciplina académica, una actividad física y un arte u oficio. Exactamente como en los primeros años, cuando su escuela abarcaba numerosas oportunidades exploratorias en la comunidad, ahora los lugares de trabajo y los estudios de sus diversos profesores se convierten en otra rica y contextualizada extensión del aula.

Los adultos de la comunidad pueden participar de dos maneras. Algunos se convierten en maestros de aprendices y dedican parte de su tiempo a trabajar particularmente con algún aprendiz. Otros, sin trabajar directamente con aprendices, suministran ideas para proyectos concretos que los aprendices avanzados pueden realizar con una orientación mínima por parte de sus maestros. Tales proyectos pueden consistir en el diseño y realización de murales para edificios o despachos particulares, el desarrollo de un sistema de ficheros más eficiente para la biblioteca local o la composición de una pieza de música para un acontecimiento escolar. Cada adulto se reúne con un miembro del equipo de la escuela encargado de las relaciones con la comunidad, y este equipo dispone de una base de datos que contiene los nombres de los maestros potenciales y una lista de posibles proyectos. Estas oportunidades de trabajo en el seno de la comunidad se comparten con el equipo evaluador con vistas a orientar a los estudiantes a la hora de escoger sus aprendizajes y proyectos, interviniendo de forma constructiva siempre que surja algún problema.

Estoy abierto a críticas y reservas en lo que concierne a la escuela centrada en el individuo. Pero existe una crítica que rechazo tajantemente. Es la afirmación de que este tipo de educación es utópica. Tal y como suele expresarse esta crítica, resulta simplemente demasiado caro y complicado intentar construir la educación alrededor de los potenciales y de las inclinaciones particulares de los niños individuales.

Según este punto de vista, aunque al método centrado en el individuo se le reconozcan méritos, éstos deben ignorarse en favor de métodos menos costosos, más «competitivos» o más prácticos. Y de esta manera, por motivos pragmáticos, ya que no científicos o de valor real, debemos aceptar un método educativo uniforme.

Según mi opinión, los obstáculos reales para la educación centrada en el individuo no son limitaciones de tipo financiero o de conocimiento: se trata más bien de una cuestión de voluntad. Mientras prefiramos creer que el método centrado en el individuo no es válido o, aunque sea válido, que no es practicable, nos parecerá utópico. Sin embargo, si decidimos adoptar los objetivos y los métodos de la educación centrada en el individuo, no cabe la menor duda de que podemos hacer grandes progresos en esta dirección.

Cualquier visión, por muy atractiva que sea, tiene poco valor si no va acompañada de un plan para ponerla en práctica. La mayor parte de las discusiones acerca de la reforma educativa se han centrado mucho en el alumno o estudiante, sea un niño de preescolar o un adolescente dedicado a adquirir una nueva habilidad. Esto resulta clarificador y, de hecho, cualquier tipo de esfuerzo reformador está condenado al fracaso si no se fija, en primer lugar, en las características y potenciales del alumno individual. Sin embargo, después de varios años de compromiso activo con diversos intentos de reforma educativa, estoy convencido de que el éxito depende de la integración de al menos cuatro factores.

Evaluación. A menos que se consiga evaluar el aprendizaje que tiene lugar en las diferentes especialidades, y por diferentes procesos cognitivos, incluso las mejores innovaciones curriculares están destinadas a quedar inutilizadas. En este país, la evaluación conduce el carro de la instrucción. Tenemos que diseñar procedimientos e instrumentos que sean neutros respecto al tipo de inteligencia y que nos permitan observar directamente los tipos de aprendizaje que nos interesen.

Currículum. Mucho de lo que hoy se enseña, se hace básicamente por razones históricas. Incluso los profesores, no digamos los estudiantes, a menudo desconocen por qué un cierto tema debe tratarse en la escuela. Tenemos que reconfigurar los programas de manera que se centren en habilidades, en conocimientos y, sobre todo, en la comprensión de todo lo que es realmente deseable actualmente. Y tenemos que adaptar estos programas tanto como podamos a los diferentes estilos de aprendizaje y capacidades de los estudiantes.

Educación de profesores y desarrollo profesional. Aunque muchas instituciones dedicadas a la educación de profesores y a su reciclaje profesional se esfuerzan por elevar la calidad docente del profesorado, estas instituciones no han estado a la vanguardia de los esfuerzos encaminados a las mejoras educativas en general. Con frecuencia se ven lastradas por un alumnado de calidad mediocre y por las exigencias excesivas, a menudo contraproducentes, que rodean la obtención de un título. Tenemos que atraer personalidades más fuertes al mundo de la docencia, mejorar las condiciones para que no la abandonen, y conseguir que los expertos entrenen a la siguiente generación de estudiantes y profesores.

Participación de la comunidad. En el pasado, la gente se contentaba con descargar el peso educativo en la escuela. Esta opción ya no es viable. Las crecientes demandas cognitivas de la escuela, los graves problemas de nuestra sociedad actual y la necesidad de apoyo que tienen los estudiantes, que va más allá del período diario de nueve a tres, hacen necesario que otros individuos e instituciones contribuyan al proceso educativo. Además del apoyo por parte de miembros de la familia y de otros adultos, entidades como las empresas profesionales y especialmente los museos tienen que implicarse de forma mucho más íntima en el proceso educativo.

Muchos individuos han empezado a participar ahora en las discusiones sobre reforma educativa; algunos proceden del terreno de la investigación pedagógica, otros de la vida práctica de las aulas. Muy a menudo, persiste la brecha entre la teoría y la práctica educativa. A largo plazo, no existe nada más práctico que una buena teoría, pero una teoría sin la oportunidad de una realización práctica enseguida pierde valor.

Con mucha frecuencia, se ha dado respuesta a las necesidades educativas sólo en tiempos de crisis. Esto no puede seguir siendo así. Un sistema educativo funciona eficazmente sólo cuando la responsabilidad se asume a largo plazo. Hemos realizado considerables progresos respecto a este tema durante la última década. Hay razones para ser optimistas respecto a los estudiantes del futuro, puesto que muchos individuos comprometidos continúan colaborando en la resolución de los apasionantes problemas educativos de nuestro tiempo.

Interludio

Las dos retóricas de la reforma escolar: teorías complejas contra arreglos rápidos

Pese a la gran cantidad de informes y de artículos acerca de la reforma escolar escritos durante la pasada década, resulta preocupante comprobar el escaso diálogo existente entre los dos principales participantes en la discusión. Por un lado están los investigadores en pedagogía y los expertos en política educativa, que se sienten satisfechos de que finalmente la nación se interese por las condiciones de sus escuelas. Por el otro lado se alinean el gobierno, la industria y los «líderes de opinión» de la comunidad, que también están preocupados por las escuelas, pero cuyos análisis y recomendaciones son indudablemente diferentes de los que proceden de los sectores educativos.

A menos que se encuentren y subsanen los motivos de esta falta de comunicación, es poco probable que los críticos problemas de la educación preuniversitaria se solucionen de forma efectiva.

Entre los educadores, existe un grado de consenso sorprendente acerca de la naturaleza de los problemas de la escuela y de los tipos de soluciones que tienen posibilidades (o no) de funcionar. Creen que las dificultades de las escuelas proceden de diversas fuentes, incluyendo el gran aumento de hogares rotos, la pérdida de respeto hacia la autoridad de padres y profesores, la enorme cantidad de tiempo que los niños pasan delante del televisor en actitud pasiva, y el alarmante declive de la calidad de vida en nuestras ciudades. A lo largo de décadas, estos factores han complicado en gran medida el proceso de suministrar una educación de calidad y no pueden resolverse con un «arreglo rápido». Prácticamente todos los educadores también reconocen el fracaso del modelo educativo en serie, en el cual los estudiantes reciben todos el mismo currículum, de la misma manera, y los profesores son engranajes del gran aparato burocrático. La mayoría de educadores admira los métodos «constructivistas», que implican a los niños en un aprendizaje activo, y muchos creen que «menos es más» y que es mejor conocer pocas cosas bien que aumentar los cursos y las exigencias *ad nauseam*.

Todos coinciden en que los tests de respuestas cortas y de elección múltiple ahogan las iniciativas de los estudiantes y de los profesores, y que deberían sustituirse por otras formas de evaluación más exploratorias y flexibles. Los programas de vales que en los Estados Unidos permiten a las familias transferir los fondos del gobierno a la escuela de su elección, pueden funcionar en contextos limitados, pero no es probable que sirvan para abordar los graves problemas educativos en las grandes ciudades. En todo caso, estos programas se desvían del auténtico problema. Se tardarán varios años, si no décadas, en llevar a término los verdaderos cambios educativos.

Por supuesto, existen diferencias en torno a todos estos temas, y los escépticos están tanto a la izquierda como a la derecha. Pero, por lo menos, ninguna de las afirmaciones anteriores sería rebatida por la mayoría de mis colegas educadores.

Sin embargo, los «líderes de opinión» de la empresa, la política y el público en general —cualesquiera que sean las causas que atribuyan a los problemas educativos— son grandes defensores del arreglo rápido. Y, por lo tanto, buscan soluciones del tipo de las primas económicas, sistemas de vales, el anuncio de niveles más altos, y un examen nacional, obligatorio o voluntario, para todos los estudiantes. Estos líderes no saben si tales soluciones pueden ponerse en práctica, pero, vistas a distancia, pueden parecer eficaces. Puesto que las instituciones se consideran como ineficaces y poco exigentes, se cree que son las escuelas —y no el conjunto de la sociedad— las causantes de los problemas.

Cuando se trata de las escuelas abunda el lenguaje y las actitudes punitivas. La «primera ola» de reforma educativa, a principios de los 80, que reclamaba capacitación y nivel, se ha resumido acertadamente (aunque algo cruelmente) como «hacer trabajar más a los jóvenes gandules». La segunda «ola reestructuradora», a finales de los 80, reflejaba la creencia empresarial de que si las escuelas pudieran gestionarse adecuadamente todo iría mejor.

En general, los críticos externos no llegan a apreciar la complejidad de los problemas relacionados con el fracaso escolar, no se dan cuenta de la cantidad de pasos necesarios para situar a las escuelas en una situación más sólida. Claro que en los Estados Unidos existen excepciones admirables a la descripción anterior, particularmente algunos líderes empresariales como David Kearns, antes de la Xerox y actualmente secretario de educación con Lamar Alexander, y algunos gobernantes, como Roy Romer, de Colorado. Pero resultan ser tan atípicos como los educadores que se adhieren al sistema de vales o al examen nacional.

Podría parecer que yo, como educador, estuviera jugando con una baraja trucada: un análisis razonable y exhaustivo por parte de los educadores, y un conjunto de remedios perentorios y mal estructurados emitidos por profanos, ignorantes de los hechos de la vida escolar y de los obstáculos para la reforma educativa. Pero me cuesta poco simpatizar con la imagen retórica esbozada por los líderes de opinión: pedagogos dando vueltas eternamente alrededor de teorías complejas y negándose a exigir cosas a sus propias filas, y, por el contrario, los representantes de la industria y del gobierno ofreciendo generosamente nuevos recursos y prometiendo ideas en el loable intento de mejorar la educación.

De hecho, se trata de una cuestión de retórica: uno de los principales obstáculos de la reforma escolar ha sido la rivalidad entre las retóricas.

Las personas que trabajan en escuelas o que están familiarizadas con la investigación actual están abrumadas por la realidad de las escuelas de hoy en día. Como Jonathan Kozol ha mostrado en su último libro, *Savage inequalities*, muchas escuelas americanas se enfrentan con una realidad física (edificios ruinosos, barrios infestados de crimen y drogas) y con una cohorte de chicos y chicas (sin casa, carentes de afecto o de esperanzas) tan desahuciados que recuerdan más el Londres de Dickens que una nación desarrollada a punto de entrar en el siglo veintiuno.

Los educadores son conscientes del omnipresente letargo institucional y del hecho de que los esfuerzos reformistas suponen tiempo, implican una amplia inversión de recursos y tienen una preocupante tendencia a reincidir en lo anterior. En ausencia de una aplicación sostenida de recursos humanos y financieros durante un período de tiempo significativo, los esfuerzos destinados al cambio parecen condenados al fracaso. En consecuencia, los educadores adoptan la retórica del *victimismo*, vacía de contenido realista y muy lejos del pragmatismo.

Los líderes de opinión no conocen de primera mano estas condiciones físicas y sociales tan deterioradas, y no son partidarios de investigar, porque esta investigación frustra la posibilidad de soluciones rápidas. Por necesidad o elección, se adhieren a un modelo económico, político u organizativo, más que a uno anclado en las realidades sociales de la escuela, en los procesos psicológicos del aprendizaje o en la psicología social de la dinámica de grupo.

No resulta sorprendente, pues, que apoyen convencidos las mismas «jugadas» que han funcionado en el terreno de la política o de los negocios con las que están familiarizados: incentivos salariales, cambiar la cadena de mando en el lugar de trabajo, sanciones negativas a las actuaciones excesivamente débiles, la adopción de formas estandarizadas de evaluación... Los líderes de opinión proponen soluciones del tipo «golpe directo», y una retórica del *culpable y la cura rápida*.

¿Qué se puede hacer entonces? Creo que es imperativo crear un nuevo y eficaz discurso sobre la reforma educativa. Estas intenciones tienen que inspirarse en analogías e historias que den sentido a los que quieren «hacerlo bien» en las escuelas, aunque no sean plenamente conscientes de los preocupantes problemas que las escuelas deben superar. Así, por ejemplo, cuando se habla de evaluación, los educadores tienen que aclarar que, por el simple hecho de ponerle muchas veces el termómetro a un paciente, éste no va a curarse, y que de una persona que lo único que sabe es repetir datos, no puede esperarse que resuelva un problema desconocido o que cree alguna cosa nueva.

En lo que se refiere a la gestión propia del centro, en la que las escuelas individuales son más autónomas, los educadores deben señalar que la mera redistribución del dinero no supone una ayuda si la cantidad de dinero es demasiado escasa, o si los maestros y administradores carecen de experiencia para gestionar unos fondos que son complejos, o si no saben cómo conseguir un consenso respecto a los objetivos y los medios para alcanzarlos.

Ninguna comparación sencilla, metáfora o alegato puede funcionar para un fenómeno tan complejo como la escuela. Dicho esto, creo que el modelo más adecuado para hablar del cambio en la escuela es la idea de *construir una nueva comunidad*. Actualmente, muchos educadores están adoptando la metáfora de la comunidad para distinguir las escuelas de los antiguos modelos organizativos —por ejemplo, los que se basan en fábricas y en organizaciones industriales—, en los que los administradores imponían su decálogo de arriba abajo. Señalan que en una comunidad todo el mundo tiene voz.

Para que una comunidad sea viable, sus miembros deben trabajar juntos a lo largo del tiempo para conseguir estos objetivos y estándares razonables, estudiar los medios para conseguir estos objetivos, tener mecanismos para comprobar si se está progresando y desarrollar métodos para cambiar de dirección —a veces, radicalmente— si no se consigue progresar. En una comunidad viable, los miembros reconocen sus diferencias e intentan ser tolerantes, al tiempo que aprenden a dialogar de forma constructiva y siempre buscan el bien común.

Para que la reforma escolar progrese, los educadores y los líderes de opinión deben adoptar una visión común —y una metáfora o una manera de hablar común— del tipo que he esbozado. Si se adoptara esta visión, representaría un avance considerable para ambas partes en este debate. Los educadores tendrían que reconocer las auténticas diferencias ideológicas y acerca del proceso de aprendizaje existentes dentro de sus propias filas, pero a la vez atemperarlas para poder conseguir un ambiente de cooperación. También deberían comprometerse a realizar las difíciles tareas de plantear y mantener estándares localmente importantes, y a cambiar de estrategias o de personal cuando no se consiga progresar.

Los líderes de opinión, por su parte, tendrán que reconocer que los diversos aspectos de la reforma escolar están interconectados; que los cambios requieren tiempo, liderazgo y orientación; y que el ambiente de las escuelas está afectado por el de sus localidades y por el de la nación. En lugar de representar una retórica sentimental, el compromiso con una comunidad implica un reconocimiento de las duras realidades necesarias para la eficacia en el mundo moderno.

De hecho, los esfuerzos actuales más efectivos en la reforma escolar han intentado delinear algunos de los procesos implicados en la creación de estas comunidades. Éstos incluyen identificar a los miembros clave del personal deseosos de dedicarse a procesos de cambio a largo plazo, descubrir los aspectos positivos y los desventajosos, implicar a los estudiantes y a los padres a través de la planificación y del proceso de evaluación, cooperar con otras escuelas implicadas en esfuerzos reformistas similares, y desarrollar consejeros que a partir de sus propias experiencias ayuden en el duro proceso de construcción de la comunidad y del cambio escolar. Estos prometedores experimentos hacen posible que todas las partes interesadas en la reforma escolar superen la retórica y lleguen a comprometerse activamente en la construcción de entornos más eficaces para el aprendizaje.

Pero mientras la retórica acerca de la escuela siga siendo completamente divergente, no es de esperar que se produzcan grandes progresos. Un paso importante, aunque no decisivo, se habrá dado cuando los expertos educativos y los líderes de opinión se pongan a hablar —y a reflexionar— acerca de la reforma escolar en los mismos términos. Entonces, tal vez puedan forjar soluciones superiores a las que cada uno de los grupos pueda desarrollar por su cuenta.

6 La aparición y el estímulo de las inteligencias múltiples en la primera infancia: el método del proyecto Spectrum

COAUTORA: MARA KRECHEVSKY

Los tests estandarizados se inventaron, en parte, como una manera de descubrir talentos inéditos y, en efecto, son capaces de identificar a los estudiantes académicamente superdotados. Pero pensemos en los individuos que obtienen malos resultados en este tipo de evaluaciones. ¿Cómo podríamos evaluar sus potenciales y qué representaría poder hacerlo?

Jacob es un niño de cuatro años al que se administraron dos formas de evaluación al principio del curso escolar: la escala de inteligencia de Stanford-Binet (4.ª ed.) y el nuevo método de evaluación llamado proyecto Spectrum. Jacob se negaba a ser examinado con el Stanford-Binet. Finalmente intentó realizar tres subtests y los dejó incompletos, salió corriendo de la sala, se fue al patio y se encaramó a un árbol. En la batería Spectrum, que incluye quince tareas diferentes que comprenden un amplio rango de especialidades, Jacob participó en la mayoría de las actividades, y demostró un potencial sobresaliente en las áreas de las artes visuales y en la de los números. Reveló una gran afición hacia los distintos materiales y trabajó con todos los medios posibles en el área artística. En otras actividades, aun en los casos en que se resistía a emprender una tarea, siempre expresaba interés por los materiales de los que estaban compuestos los juegos, por ejemplo las figuritas de un tablero, el metal de las campanas de la actividad musical, etcétera. Esta pasión por la textura de los materiales se extendía prácticamente a todas las áreas: su exploración del área de las ciencias naturales se centró, en un momento dado, en el examen de unos huesos y en cómo encajaban entre ellos, y le condujo a una escultura de arcilla notablemente precisa que representaba un hueso.

De todas las actividades de la batería de Spectrum, Jacob estaba menos interesado en el movimiento y en la música. Al principio, también se negaba a participar en unas tareas numéricas incluidas en un autobús de juguete. Sin embargo, cuando al final se motivó, parecía disfrutar mucho calculando la cantidad exacta de personas que subían y bajaban del autobús. Estimular la comprensión numérica de Jacob en un contexto familiar y con significado para él, parecía ayudarle a adquirir habilidades que de otra manera hubieran quedado ocultas.

La comparación anterior sugiere que aunque las evaluaciones Spectrum y Stanford-Binet revelen cualidades similares, existe una clara ventaja en el caso de la evaluación realizada con tiempo, con materiales variados y en el propio entorno del niño. El ejemplo de Jacob indica cuatro maneras en las que la evaluación Spectrum puede beneficiar a los niños. En primer lugar, Spectrum motiva a los niños a través de juegos que son significativos y contextualizados. En segundo lugar, Spectrum difumina la línea entre currículum y evaluación, integrando, de una manera más efectiva, la evaluación en el programa educativo normal. En tercer lugar, el método Spectrum de evaluación efectúa sus mediciones de forma neutra utilizando instrumentos que observan directamente la inteligencia que está actuando, en lugar de hacerlo a través de lentes lingüísticas o lógico-matemáticas. Por último, Spectrum sugiere la manera en que un niño puede aprovechar su potencial para acceder a áreas que le resultan más difíciles o extrañas.

En este capítulo, consideramos la posibilidad de que los talentos excepcionales de los niños puedan identificarse a una edad temprana y de que los perfiles de habilidades mostrados por los párvulos puedan distinguirse unos de otros. También consideramos algunas de las implicaciones educativas de un método que se centra en la identificación temprana de las áreas que sobresalen y las que están en desventaja. Tras una breve introducción a las bases teóricas y el marco del método Spectrum de evaluación, discutimos algunos de los hallazgos y ofrecemos algunas conclusiones preliminares.

Recientemente, gran número de investigadores que trabajan en ciencias cognitivas y neuronales han dado un nuevo apoyo a la visión plural de la cognición, proponiendo que la mente está organizada en áreas de funcionamiento relativamente discretas (Ceci, 1990; Feldman, 1980; Fodor, 1983; Gardner, 1983; Keil, 1984, 1986). Yo, por ejemplo, defino la inteligencia como la habilidad para resolver problemas o elaborar productos que se valoran en uno o más contextos culturales. En mi teoría de las inteligencias múltiples (de ahora en adelante referida como la teoría de las IM), propongo que todos los individuos normales son capaces de, por lo menos, siete formas de talento (véanse capítulos 1 y 2).

Cada inteligencia se basa, al menos inicialmente, en un potencial biológico que luego se expresa como el resultado de la interacción de factores genéticos y ambientales. Aunque puede verse una inteligencia de forma aislada en individuos excepcionales, como los «sabios idiotas», en general los individuos exhiben una mezcla de diversas inteligencias. De hecho, desde la más temprana infancia, las inteligencias no se encuentran nunca en forma pura. Más bien están incrustadas en diversos sistemas simbólicos, como el lenguaje hablado y los sistemas gráficos; en los sistemas notacionales, como los mapas y la notación musical o matemática; y en los ámbitos de conocimiento, como el periodismo y la ingeniería mecánica. Así pues, la educación, en cualquier momento de la vida, representa el cultivo de las inteligencias tal y como han llegado a representarse a lo largo del tiempo, en diversos sistemas modelados por la cultura.

Estas inteligencias se conciben mejor como constructos biopsicológicos: constituyen recursos cognitivos en virtud de los cuales un individuo puede realizar una conexión significativa con un área determinada. Sin embargo, para redondear esta perspectiva de las inteligencias, tenemos que considerar también dos componentes adicionales: la perspectiva epistemológica de la especialidad y la perspectiva social del ámbito. La estructura de una especialidad del conocimiento representa la organización de un área particular de estudio o de competencia en un momento histórico dado. Estas especialidades sufren reorganizaciones en diferentes momentos, como por ejemplo el advenimiento del *jazz* o del sistema dodecafónico en música. Un ámbito, por otro lado, incluye toda la gama de roles (compositores, ejecutantes, críticos) e instituciones (conservatorios, orquestas, competiciones profesionales) que componen las áreas culturalmente definidas en las que tienen lugar el aprendizaje y la práctica real.

Prácticamente todos los roles y tareas culturales, en cualquier especialidad o ámbito, requieren una combinación o mezcla de inteligencias. Por ejemplo, convertirse en un violinista de éxito requiere no sólo un alto grado de inteligencia musical, sino también destreza cinético-corporal y las capacidades interpersonales necesarias para ponerse en contacto con la audiencia y, de una manera distinta, para escoger un mánager. Convertirse en arquitecto requiere habilidades de tipo espacial, lógico-matemático, cinético-corporal e interpersonal en diversos grados. Si Jacob consigue convertirse en escultor, probablemente necesitará recurrir a las inteligencias espacial, cinético-corporal e interpersonal.

El método de evaluación Spectrum

Una vez que estas inteligencias se han identificado, surge la cuestión de cómo evaluarlas de forma ecológicamente válida. En las páginas siguientes, describimos el proyecto Spectrum, un innovador intento de medir el perfil de las inteligencias y el estilo de trabajar de los niños pequeños. Spectrum es un proyecto de investigación a largo plazo, emprendido en régimen de colaboración por diversos investigadores del proyecto Zero de Harvard y nuestro colega David Feldman, de la Tufts University (véanse Feldman y Gardner, 1989; Malkus y otros, 1988; y Ramos-Ford y otros, 1988). Spectrum parte de la asunción de que todo niño tiene el potencial para desarrollar la competencia en una o varias áreas. Se ha escogido trabajar con niños de preescolar por motivos científicos y prácticos. Por el lado científico, abordamos la cuestión de cómo pueden detectarse de forma fiable las diferencias tempranas, y el valor que tiene como pronóstico esta identificación temprana (véase también Lewis, 1976). Por el lado práctico, tanto los padres como los maestros pueden beneficiarse de la información sobre las competencias cognitivas de sus niños durante la época en que el cerebro del niño es especialmente plástico y el programa escolar es más flexible y suele contener algunos componentes de libre elección.

Aunque Spectrum comenzó con una búsqueda de las señales tempranas de las siete inteligencias, pronto se hizo evidente que muchas otras competencias merecían examinarse. Efectivamente, identificamos una serie de capacidades nucleares en cada inteligencia, pero, más que intentar observar las inteligencias en su forma pura, observamos las especialidades de la cultura a través de las formas que toman en los niños (Feldman, 1986). Por ejemplo, abordamos tanto la producción como la percepción de sonidos en música; la expresión narrativa, tanto inventada como descriptiva, en lenguaje; y el movimiento expresivo y atlético en el área cinético-corporal. También utilizamos la noción de los estados finales adultos para ayudarnos a centrarnos en las habilidades y capacidades que son relevantes para alcanzar posiciones adultas valoradas en nuestra sociedad, en vez de centrarnos únicamente en las capacidades que son útiles en el contexto escolar. Así, en lugar de observar las capacidades lógico-matemáticas en abstracto, examinamos competencias que pueden culminar en la inventiva científica; en lugar de examinar la competencia para repetir series de frases, observamos la habilidad del niño para explicar un cuento o realizar una explicación descriptiva de una experiencia.

Con el objetivo de captar completamente la manera que un niño tiene de abordar una tarea, consideramos importante observar los estilos cognitivos o de trabajo, así como sus capacidades intelectuales puras. El estilo de trabajo describe la manera en que un niño interactúa con los materiales de un área, como la habilidad a la hora de planificar una actividad y de reflexionar acerca de una tarea, y el nivel de persistencia. Mientras que algunos individuos exhiben estilos de trabajo que determinan su manera de abordar cualquier tarea, independientemente del área de contenido de que se trate, otros tienen estilos que son mucho más dependientes de la especialidad. Esta información puede ser particularmente importante a la hora de efectuar una intervención educativa efectiva sobre un niño. En el momento actual, abordamos quince áreas de habilidad cognitiva y dieciocho rasgos estilísticos (véanse tablas 6.1. y 6.2.).

Puesta en práctica del método Spectrum

¿Cómo funciona Spectrum en la práctica? En un aula Spectrum, los niños están rodeados, cada día, de materiales interesantes y atractivos que evocan el uso de toda la gama de inteligencia. No intentamos estimular las inteligencias directamente usando materiales que llevan la etiqueta de «espacial» o «lógico-matemático». Más bien empleamos materiales que incorporan roles sociales valorados o estados finales, y que recurren a combinaciones relevantes de inteligencias. Así, por ejemplo, existe el rincón del naturalista, donde hay varios especímenes biológicos para que los alumnos los examinen y los comparen con otros materiales; este área recurre a las capacidades sensoriales, así como al potencial lógico y analítico. Está el área de explicar cuentos, donde los alumnos crean historias imaginativas utilizando una serie de apoyos sugerentes, y donde tienen la oportunidad de diseñar sus propios tableros de historias; este área evoca las capacidades lingüística, dramática e imaginativa. Hay un rincón de construcciones, donde los alumnos pueden construir un modelo de su aula y manipular fotografías a pequeña escala de los alumnos y profesores del aula; este área recurre a la inteligencia espacial, corporal y personal. Otras muchas inteligencias y combinaciones de las mismas se motivan en las doce áreas y actividades restantes presentes en un aula Spectrum.

Es altamente deseable para los niños observar a adultos competentes o a niños algo mayores en pleno trabajo —o juego— en estas áreas. Si tienen la oportunidad de realizar esta observación, los niños enseguida comprenden el uso de los materiales, así como la naturaleza de las habilidades que emplean los que saben más que él para interactuar con estos materiales de forma significativa. Sin embargo, no es siempre factible proporcionar este contexto maestro-aprendiz, y, por ello, se han construido centros de aprendizaje en los que los niños pueden desarrollar alguna capacidad a partir de interacciones regulares con estos materiales, incluso por su cuenta o con otros niños de su edad. En este sentido, nuestro entorno proporciona un apoyo autónomo y estimula el potencial para el crecimiento cognitivo y personal.

En el curso de un año o más, transcurrido en este entorno motivador, los niños tienen amplias oportunidades para explorar las diversas áreas de aprendizaje, cada una con sus propios materiales y apelando a un conjunto único de habilidades e inteligencias. Como corresponde a la curiosidad y a la abundancia de recursos de los niños de cinco años, la mayoría exploran inmediatamente la mayor parte de estas áreas, y a los que se muestran más cautos se les anima para que prueben materiales o métodos alternativos. Normalmente, el maestro puede observar directamente los intereses y talentos de un niño, a lo largo del año, y no se necesitan evaluaciones especiales. Sin embargo, para cada especialidad o arte hemos diseñado juegos o actividades específicos que permiten una determinación más precisa de las inteligencias del niño en aquel área.

Al final del curso, el equipo investigador resume la información reunida acerca de cada niño en un breve ensayo llamado Informe Spectrum. Este documento describe el perfil personal de potenciales y deficiencias y ofrece recomendaciones específicas acerca de lo que se puede hacer en casa, en la escuela o en el conjunto de la comunidad, tanto para consolidar los potenciales como para reforzar las áreas relativamente flojas. Estas recomendaciones de carácter informal son importantes. Según nuestro punto de vista, los psicólogos han estado tradicionalmente demasiado preocupados marcando normas y puntuando; esfuerzos del tipo de los expuestos aquí, llevados a cabo a lo largo de toda la escolaridad, deberían ayudar a los estudiantes individuales y a sus familias a tomar decisiones informadas acerca de su curso futuro, basado en un control de sus capacidades y opciones.

¿Qué medidas reales hemos previsto? Para no confundir competencias, intentamos en lo posible no utilizar exclusivamente medidas lógicas y lingüísticas;

en lugar de eso usamos medidas que son neutras respecto al tipo de inteligencia (Gardner, 1991). También intentamos evitar situaciones hipotéticas y formulaciones abstractas. En cambio, proporcionamos a los niños cosas concretas para manipular, independientemente de la especialidad que se esté evaluando. Por ejemplo, en el modelo de aula que mencionábamos antes, se suministra a los niños figuritas de sus compañeros y de sus maestros, ofreciendo así una estructura tangible en la que puede considerarse el conocimiento de los niños acerca de los amigos, los roles sociales y la dinámica del aula. La tarea de percepción musical proporciona a los niños campanas de Montessori con las que pueden jugar al juego de reproducir una nota.

Como indica la tabla 6.1., las medidas Spectrum van desde tareas relativamente estructuradas y orientadas (por ejemplo, en las especialidades numérica y musical) hasta medidas no muy estructuradas y observaciones del natural (en las especialidades científica y social). Estas medidas se realizan a lo largo de un año: una parte del aula está equipada con materiales interesantes, juegos, puzzles y áreas de aprendizaje. La documentación se presenta bajo distintas formas, desde hojas de puntuaciones y listas de observaciones hasta carpetas y grabaciones en cintas. Aunque la mayoría de maestros no consideraran práctico administrar formalmente las quince medidas a cada niño, nosotros lo hemos hecho así con fines investigadores.

TABLA 6.1. — *Áreas de habilidad cognitiva examinadas en el proyecto Spectrum*

NÚMEROS

Juego del dinosaurio: diseñado como una medida de la comprensión de los conceptos numéricos, de la habilidad para contar y para seguir unas reglas y del uso de estrategias.
Juego del autobús: evalúa la habilidad de un niño para crear un sistema notacional útil, para realizar cálculos mentales y para organizar la información numérica para una o más variables.

CIENCIA

Actividad de construcción: diseñada para medir la habilidad mecánica de un niño. La realización con éxito de la actividad depende de habilidades de psicomotricidad fina, visuales, espaciales, observacionales y de resolución de problemas.
Juego de la caza del tesoro: evalúa la habilidad de un niño para realizar inferencias lógicas. Se pide al niño que organice la información para encontrar la regla que subyace a la colocación de varios tesoros.
Actividades de agua: se usa con el fin de evaluar la habilidad del niño para generar hipótesis basadas en las observaciones y para realizar experimentos simples.
Área de descubrimientos: incluye actividades a lo largo del año que estimulan las observaciones, apreciaciones y comprensión de los fenómenos naturales en el niño.

TABLA 6.1. — *Continuación*

MÚSICA

Actividad de producción musical: diseñada con el fin de evaluar la habilidad del niño para llevar el ritmo y el tono adecuado cuando canta y para recordar las características musicales de una canción.

Actividad de percepción musical: evalúa la habilidad del niño para discriminar las notas. La actividad consiste en el reconocimiento de canciones, reconocimiento de errores y discriminación de tonos.

LENGUAJE

Actividad del tablero de historias: mide toda una serie de habilidades lingüísticas, incluyendo complejidad de vocabulario y de estructura oracional, uso de conectores, uso de lenguaje descriptivo y del diálogo, y habilidad para seguir la línea de una historia.

Actividad narradora: evalúa la habilidad del niño para describir un acontecimiento con respecto a los siguientes criterios: habilidad para dar cuenta del contenido adecuadamente, nivel de detalle, estructura oracional y vocabulario.

ARTES VISUALES

Carpetas de arte: revisadas dos veces al año y evaluadas según criterios que incluyen el uso de líneas y formas, color, espacio, detalle, y representación y diseño. Los niños también participan en tres actividades de dibujo estructuradas. Los dibujos se evalúan según criterios similares a los utilizados en la evaluación de la carpeta.

MOVIMIENTO

Movimiento creativo: el programa de movimiento se centra en las habilidades de los niños en cinco áreas de danza y movimiento creativo: sensibilidad al ritmo, expresividad, control corporal, generación de ideas de movimiento e interés hacia la música.

Movimiento atlético: una carrera de obstáculos que se centra en los tipos de habilidades presentes en muchos deportes diferentes, como la coordinación, el cronometraje, el equilibrio y la potencia.

SOCIAL

Modelo del aula: evalúa la habilidad del niño para observar y analizar acontecimientos sociales y experiencias en el aula.

Lista de interacción entre compañeros: se usa una lista de conducta para evaluar los comportamientos que tiene el niño cuando interactúa con sus compañeros. Diferentes patrones de comportamiento conducen a roles sociales distintivos, como elemento conciliador o líder.

Además de diseñar un informe Spectrum, hemos preparado un «Manual de actividades para los padres», con consejos acerca de distintas actividades en las diversas especialidades que aborda Spectrum. La mayoría de estas actividades utiliza de forma inmediata materiales accesibles y al alcance de todos; sin embargo, una nota advierte a los padres de los riesgos de clasificar prematuramente a un niño: la idea es no convertir a cada niño en un prodigio en el área de mayor potencial. En cambio, el proyecto Spectrum subraya la idea de que cada niño es único: padres y maestros tienen derecho a disponer de una descripción veraz del niño, así como de sugerencias acerca de los tipos de experiencias adecuadas a la configuración particular de los potenciales y desventajas de cada niño.

Resultados preliminares

Después de proporcionar una visión general del modelo de evaluación Spectrum, pasamos a continuación a discutir los resultados de nuestra investigación hasta la fecha. Dado que el proyecto Spectrum está todavía en desarrollo, las siguientes comparaciones deben considerarse como preliminares e indicativas, más que como definitivas. Dado el alcance limitado de nuestra población de muestra, no estamos preparados para extraer conclusiones generales acerca de los niños de cuatro años. La mayor parte de los análisis se basan en la muestra de 1987-1988, de la que se obtuvieron los datos más completos. Sin embargo, recurrimos a datos de la muestra de 1986-1987 siempre que resulta ilustrativo.

Áreas de potencial

Los análisis presentados en esta sección se basan en datos recogidos durante los cursos escolares de 1986-1987 y 1987-1988. Nos interesaban fundamentalmente las siguientes cuestiones:

1. ¿Los niños pequeños están especialmente dotados para un área concreta, además de poseer dotes de tipo más general?
2. ¿Existe alguna correlación entre los resultados obtenidos en las diferentes actividades?
3. ¿La capacidad de un niño en un área facilita o dificulta sus resultados en otras áreas?

A continuación damos respuesta a cada una de estas preguntas sucesivamente:

1. Se administró la batería Spectrum en dos aulas de preescolar de la Eliot-Pearson Children's School de la Universidad de Tufts en Medford, Massachusetts. La clase de 1986-1987 consistía en 19 niños con edades entre los tres y los

cuatro años, procedentes en su mayoría de una población relativamente homogénea, blanca y de ingresos medios y altos. Excepto en los sitios donde se indica lo contrario, restringimos la presente discusión a nuestra población de niños de cuatro años. (Aunque los niños de tres años también mostraban distintos perfiles intelectuales, decidimos limitar la muestra de 1986-1987 a los trece niños de cuatro años de la clase, dado que era la edad para la que se había desarrollado la mayor parte de nuestras actividades.) Las edades de los niños de la clase de 1986-1987 iban desde los 48 hasta los 59 meses al comienzo del curso escolar; la media de edad era de cincuenta y dos meses. Se incluían en el análisis ocho de las quince actividades Spectrum (el resto no tenían sistemas de puntuación completos).

La clase de 1987-1988 comprendía a veinte niños, también procedentes, en su mayoría, de una población blanca con ingresos medios y altos. Los niños tenían edades comprendidas entre los cuarenta y dos y los cincuenta y ocho meses, al principio del curso escolar; la media de edad era de cincuenta y tres meses. En esta parte del análisis se incluyeron diez de las quince actividades Spectrum.

En cada una de las dos muestras, observamos los puntos fuertes y débiles de cada niño, tanto en relación al grupo como respecto a sí mismo. Se consideró que los niños que obtenían una desviación estándar, o más, por encima de la media, según las medidas Spectrum, estaban dotados para una especialidad determinada, mientras que los niños que obtenían una desviación estándar, o más, por debajo de la media mostraban desventaja en dicha especialidad. La mayoría de los niños de la clase de 1986-1987 reveló estar dotada para una especialidad, como mínimo (diez niños de un total de trece), y tener desventaja en, por lo menos, una especialidad (nueve de los trece niños). Cuatro niños mostraron uno o más puntos fuertes a través de las actividades Spectrum y ningún punto débil, y tres niños no mostraron ningún punto fuerte y uno o más puntos débiles. Por último, todos los niños mostraron, por lo menos, un punto fuerte y uno débil respecto a sí mismos.

En la muestra de 1987-1988, quince de los veinte niños mostraron ventaja en una especialidad como mínimo, y doce niños mostraron desventaja en una especialidad o más. Siete niños de la muestra revelaron ventaja en una o más áreas y ningún punto débil, y cuatro niños mostraron desventaja en una o más áreas y ninguna ventaja. Una niña no revelaba ni puntos fuertes ni puntos débiles. (Sus puntuaciones iban desde –0,985 hasta 0,87 desviaciones estándar de la media, con un promedio de –0,03.)

Los resultados de las dos muestras son sorprendentemente similares. En la mayoría de casos, los puntos fuertes y/o las desventajas se identificaban en relación al grupo, y en todos los casos se identificaron áreas de ventajas y desventajas relativas para cada uno de los niños.

2. Con el objetivo de determinar el grado de correlación entre los resultados en las diferentes actividades, creamos una matriz de correlaciones entre pares de las diez actividades utilizadas en la muestra de 1987-1988. Los resultados indica-

ron que existía poca correlación entre las actividades, reforzando la noción de que las medidas Spectrum identifican un rango de capacidades no solapadas en diferentes áreas de contenido. Únicamente un par fue significativo en el nivel p<0,01: laa dos actividades numéricas, el juego del dinosaurio y el juego del autobús (r = 0,78). Por el contrario, las dos actividades musicales y las dos científicas incluidas en la muestra no estaban correlacionadas de forma significativa (r = –0,07 y r = 0,08, respectivamente).

3. Existía, además, alguna evidencia de que la ventaja de un niño en un área podía mejorar los resultados en alguna otra área. Por ejemplo, una niña mostró una sensibilidad aguda hacia el color, y demostró tanto interés como habilidad en el área de las artes visuales. Cuando jugaba al juego de la búsqueda del tesoro, que se centra en habilidades de inferencia lógica, la atención que la niña prestaba a los colores parecía ayudarle a identificar la regla que subyacía a la colocación de los tesoros bajo banderas codificadas según el color. Otro niño, al que se le identificó ventaja en la producción musical (cantar), encontraba más fácil, en las sesiones de movimiento creativo, sincronizar sus movimientos con el ritmo de una pieza musical si la cantaba al tiempo que se movía. Sus talentos musicales también caracterizaban sus resultados en la tarea de la narración inventada: creó un tema musical y una marcha fúnebre para los personajes de su historia.

Otra niña, que destacaba en la narración de historias, y que, sin embargo, solía quedarse inmóvil en las sesiones de movimiento creativo, se movía con una expresividad inusual cuando se utilizaban apoyos narrativos como catalizadores en uno de los ejercicios. También transformaba algunas tareas de artes visuales, de análisis social y de matemáticas en nuevas ocasiones para explicar historias (véase Renninger, 1988, acerca del efecto de los intereses de los niños sobre su atención y memoria en las tareas y diversos tipos de juegos). Sus dibujos artísticos a menudo servían para ilustrar narraciones relacionadas con ellos. Su madre explicó que, en casa, a menudo fabricaba muñecos basándose en los personajes de los libros que «leía». También utilizaba el modelo del aula como un tablero de historias basado en la realidad, creando viñetas con las figuras de sus compañeros de clase. En el juego del autobús, sin embargo, estaba tan abstraída por las motivaciones de las diferentes figuras que subían y bajaban del autobús, que se distraía y no conservaba la información numérica correcta.

Parece que la ventaja en un área puede también interferir en los resultados. Un niño exhibía unas dotes excepcionales en las artes visuales, mostrando una sensibilidad inusual frente a la línea, el color y la composición. Sin embargo, su sensibilidad respecto a las pistas visuales le llevó a interpretar mal los signos direccionales cuando utilizó dados con un + y – en sus caras. Interpretó que las líneas cruzadas (+) significaban que un jugador podía moverse en dos direcciones, mientras que la línea horizontal (–) significaba que el jugador sólo podía ir en una dirección.

TABLA 6.2. — *Rasgos estilísticos examinados en el Proyecto Spectrum*

El niño se muestra:

participativo/reticente a participar en una actividad
confiado/precavido
alegre/serio
concentrado/disperso
persistente/frustrado por la tarea
reflexivo sobre su propio trabajo/impulsivo
apto para trabajar despacio/apto para trabajar deprisa

El niño:

responde a pistas visuales (auditivas, cinéticas)
muestra un enfoque metódico
aporta una agenda (capacidad) personal a la tarea
demuestra sentido del humor en el área de contenido
utiliza los materiales de formas inesperadas
se muestra orgulloso por sus logros
muestra atención al detalle (es observador)
le interesan los materiales
se preocupa por las respuestas «correctas»
se concentra en la interacción con el adulto
transforma la tarea (el material)

Modos de trabajar

Como se ha dicho antes, además de anotar los resultados de un niño, también tomábamos nota de su «modo de trabajar», es decir, la manera en que abordaba cada actividad (véase la tabla 6.2.). Estábamos básicamente interesados en las dos cuestiones siguientes:

1. ¿Utilizan los niños modos de trabajar distintivos cuando resuelven problemas pertenecientes a áreas diferentes? (Y, si es así, ¿cuál es la naturaleza de las diferencias en las áreas fuertes y débiles de un determinado niño?)

2. ¿Algunos modos de trabajar son más efectivos que otros en determinadas áreas?

A continuación respondemos cada una de estas preguntas.

1. Con respecto a la primera cuestión, la mayoría de niños utilizaban uno o dos modos de trabajar a través de las distintas áreas, mientras que otros modos de

trabajar dependían más del contenido del área que se estaba explorando. Aproximadamente tres cuartas partes de los niños de la muestra exhibían modos de trabajar generales que, en casos concretos, se combinaban con uno o dos más y daban configuraciones específicas de un área. Por ejemplo, una niña prestaba atención a los detalles únicamente en la actividad del modelo de aula, su área fuerte, y se mostraba impulsiva sólo en la actividad de percepción musical, su área débil. Otro niño se mostraba motivado y confiado incluso en sus áreas débiles, siempre y cuando la tarea implicara un aspecto interpretativo.

No resulta sorprendente que los resultados en las áreas fuertes se caracterizaran generalmente por apreciaciones del tipo «motivado», «confiado» y «concentrado», respecto al modo de trabajar. Por el contrario, los resultados flojos se caracterizaban por un modo de trabajar «distraído», «impulsivo» y «reticente». El carácter «juguetón» caracterizaba tanto a las áreas fuertes como a las débiles. Además, muchos de los niños mostraban reflexión y atención al detalle en su área fuerte. Tres de los cinco niños que no mostraban poseer ninguna ventaja respecto a sus compañeros nunca reflexionaban respecto a su propio trabajo, y ocho niños sólo reflexionaban sobre su trabajo en sus áreas fuertes.

Cinco de los niños mostraron un modo de trabajar que era altamente dependiente del área. Una niña tenía dificultades para concentrarse en la mayor parte de las actividades Spectrum y del aula. Sin embargo, ante los materiales de la actividad de montaje, trabajaba de manera concentrada y persistente hasta que había desmontado y vuelto a montar completamente los objetos. Este resultado dio a la maestra una información valiosa acerca de cómo podía utilizar el potencial de esta niña para motivarla hacia un trabajo de aula más concentrado. También Jacob, el niño descrito en la introducción, mostraba confianza, atención a los detalles, seriedad, planificación y reflexión *únicamente* en las artes visuales y en el área numérica, sus áreas fuertes.

2.   Para algunos de los niños que mostraban un modo de trabajar coherente, su estilo neutro respecto al contenido suponía una ayuda; en cambio para otros probablemente suponía un estorbo. Un niño trabajó de forma seria y concentrada en todas las áreas, lo que le ayudó a completar tanto las actividades en las que experimentaba dificultades, como aquellas en las que se mostraba competente. Todos los niños mostraban confianza en, por lo menos, una actividad y una niña que no reveló poseer ningún potencial relativo a sus pares, sin embargo demostraba «satisfacción por sus logros» en más tareas que ningún otro niño, quizá indicando una capacidad de adaptación que auguraba buenas perspectivas escolares. Irónicamente, puede ocurrir que una confianza demasiado generalizada dificulte la obtención de buenos resultados en las distintas tareas. El niño al que se identificaron más puntos débiles (cinco) y ningún punto fuerte relativo a sus pares, nunca mostró una actitud tentativa o experimentadora, mientras que todos los demás, excepto tres, se mostraron tentativos en su método, al menos una vez.

Un niño llevaba su propio programa de ideas a todas las actividades Spectrum. Aunque sus ideas a menudo eran convincentes, su escasa disponibilidad para realizar la tarea provocaba que sus resultados fueran pobres en muchas de las actividades. En la percepción musical, por ejemplo, estaba muy interesado en averiguar por qué las campanas metálicas, que parecían idénticas, podían producir sonidos diferentes. Para explorar este fenómeno, examinó las diferencias en sus vibraciones después de golpearlas con su martillito. También inventó nuevas reglas para el juego del dinosaurio e intentó confeccionar herramientas con las piezas de dos batidoras de la actividad de montaje. Estaba tan interesado en explorar sus propias ideas, que, a menudo, se resistía a explorar las ideas de los demás. Cuando experimentaba dificultades con alguna actividad, se frustraba y recurría a su sentido del humor para distraer al adulto de la tarea en cuestión.

También se vio que la estructura de las tareas (o, en ocasiones, su falta de estructura) inhibía los resultados de algunos niños. En el entorno menos estructurado del aula, el niño que acabamos de describir mostraba una gran habilidad experimental, constantemente formulaba hipótesis y las probaba, para conocer mejor su entorno. Jacob era otro niño que necesitaba muy poca estructura, ya que los materiales, por ellos mismos, absorbían su atención. Desgraciadamente, su atención intensa por los materiales, con la exclusión de las otras personas —fueran niños o adultos— podría llegar a ser una fuente de problemas en sus resultados escolares futuros.

Una comparación de opiniones: padres, maestros y Spectrum

Aunque parecía claro que las medidas Spectrum identificaban puntos fuertes en áreas concretas para cada niño, también nos pareció importante determinar si estábamos descubriendo habilidades hasta entonces no reconocidas por padres y maestros. Para abordar esta cuestión, pedimos a los padres y maestros de la clase del curso 1987-1988 que rellenaran un cuestionario indicando el nivel de habilidad mostrado por cada niño en una serie de áreas diferentes. También enviamos formularios de respuesta a los padres para pedirles que explicaran sus reacciones a los perfiles diseñados por Spectrum.

Diecisiete de las veinte familias devolvieron un cuestionario completo. En general, los padres eran bastante generosos a la hora de identificar las habilidades sobresalientes de su hijo en un área determinada. La media del número de áreas así evaluadas por los padres en relación a su hijo era de ocho sobre treinta. Por otro lado, los maestros raramente calificaban a un niño de sobresaliente en un área, siendo la media de uno sobre treinta. Esta discrepancia entre las puntuaciones de los padres y los maestros puede reflejar el marco de referencia más amplio de que disponen los maestros, que ven a cada niño en el contexto de su grupo de iguales. Aunque los padres pueden ser comprensiblemente poco objetivos, hay que considerar también que tienen menos oportunidades de contemplar las capacidades de un gran número de niños. Estos factores deben tenerse presentes en la comparación que sigue. Se consideraba que un niño tenía una ventaja destacable en un área de actividad únicamente si su puntuación en dicha área era, como mínimo, una desviación estándar por encima de la media.

La comparación reveló que Spectrum identificaba ventajas destacables que no se habían identificado anteriormente en ocho de los diecisiete niños. En total, Spectrum identificó doce puntos fuertes que no se habían identificado, *ni* por el maestro *ni* por los padres. Las áreas aventajadas incluían ciencia, artes visuales, música y comprensión social. Además, en siete casos, los padres y el maestro les asignaban ventajas destacables pero, en cambio, Spectrum no. En la mayoría de estos casos, aunque Spectrum identificaba puntos fuertes relativos al niño, no se consideraban destacables en relación al grupo. En gran número de casos, Spectrum había identificado ventajas cercanas, aunque inferiores, a una desviación estándar, pero no los padres ni los maestros. Por último, padres, maestros y Spectrum identificaron las mismas áreas de habilidad sobresaliente en nueve de los diecisiete niños de la muestra comparada.

Parece que algunas áreas, como el lenguaje y los números, pueden identificarse de forma relativamente fácil, tanto en casa como en la escuela, pero otras áreas no se detectan tan fácilmente, como la percepción musical, las habilidades mecánicas o el análisis social. De hecho, incluso en un área de habilidad comúnmente reconocida, como el lenguaje, Spectrum proporciona una descomposición del área en distintas habilidades (vocabulario, estructura de la frase, uso del lenguaje descriptivo, etc.) empleadas en una tarea con significado (explicar historias).

Por supuesto, muchos maestros de preescolar competentes son simplemente incapaces de proporcionar experiencias en todas las áreas, especialmente aquellas que les son menos familiares, como la percepción musical o las tareas de inferencia lógica. La actividad de montaje, en concreto, ayuda a desmitificar prejuicios sexuales, proporcionando a las niñas las mismas oportunidades que a los niños de demostrar ventajas y de motivarse por un área considerada tradicionalmente masculina. El perfil de los formularios de respuesta también revelaba que las áreas en las que los padres se sorprendían más de conocer las destacadas cualificaciones de sus hijos eran la percepción musical, la habilidad mecánica y el movimiento creativo. Puesto que la información de los perfiles se genera a partir de tareas contextualizadas, resulta más fácil para los padres traducirla en actividades de seguimiento que sean significativas.

Una comparación de los resultados Spectrum con la escala de inteligencia Stanford-Binet

Un profesional administró la escala de inteligencia Stanford-Binet (4.ª ed.) a diecinueve de los veinte niños del aula Spectrum del curso 1987-1988. Dos de los diecinueve niños no completaron las medidas, y por tanto no se les incluyó en el análisis. Los resultados de esta muestra, aunque resultan útiles porque proporcionan una impresión general de cómo se comparan dos medidas, tienen que interpretarse teniendo presentes las siguientes advertencias.

En primer lugar, Spectrum aborda siete áreas de habilidad a través de quince actividades, diez de las cuales se incluyen en el análisis, mientras que el Stanford-Binet se centra en cuatro áreas de factores (razonamiento verbal, razonamiento abstracto/visual, razonamiento cuantitativo y memoria a corto plazo) a través de ocho subtests. En segundo lugar, la batería de actividades Spectrum se administra a lo largo de todo un año, mientras que el Stanford-Binet se administra en una sesión que dura de una hora a dos. Finalmente, el Stanford-Binet constituye una medida estandarizada y el Spectrum no. Por tanto, los hallazgos presentados en la siguiente comparación deben considerarse como de índole meramente tentativa.

Los diecisiete niños de la muestra que completaron la evaluación Stanford-Binet obtuvieron calificaciones que oscilaban desde inferiores a la media hasta de grado muy superior, con puntuaciones globales que iban de 86 a 133. La puntuación media era de 113. Como en el caso del análisis precedente, se consideraba que un niño mostraba un punto fuerte y/o débil en una actividad Spectrum sólo si obtenía una o más desviaciones estándar por encima o por debajo de la media del grupo.

Para determinar si las puntuaciones globales del Stanford-Binet podían predecir de alguna manera el resultado de alguna o de todas las actividades Spectrum, clasificamos las puntuaciones globales de los niños para ver qué resultados obtenían en la batería Spectrum los cinco niños mejores (con puntuaciones globales entre 125 y 133) y los cinco peores (con puntuaciones entre 86 y 105, inferiores o iguales a la media). De los cinco niños que obtuvieron las puntuaciones Stanford-Binet más altas, un niño mostró ventaja en tres de las diez actividades Spectrum del análisis, tres mostraron ventaja en dos de las actividades y un niño mostró ventaja en una actividad. Estas ventajas correspondían a las siguientes áreas Spectrum: dos al lenguaje narrativo, cuatro a la percepción y la producción musical, dos a las artes visuales, una a la comprensión social y una a la ciencia (inferencia lógica).

El área de movimiento, los números y el componente mecánico del área científica no fueron identificados como puntos fuertes para ninguno de estos niños y, de hecho, el movimiento y los números se identificaron como puntos débiles para dos de ellos. Además, solamente uno de los tres niños que mostraron tres o más ventajas en las medidas Spectrum se encontraba entre los cinco mejor puntuados por el Stanford-Binet. Uno de los tres mejores puntuados por Spectrum, era también el mejor puntuado en las actividades matemáticas de Spectrum.

Al parecer, la escala de inteligencia Stanford-Binet no predijo los buenos resultados en las actividades Spectrum, ni siquiera en un subconjunto coherente de las mismas. El único aspecto positivo sería una posible conexión entre las puntuaciones globales del Stanford-Binet y los resultados en las tareas musicales de Spectrum. Cuatro de los cinco niños aventajados en música según las medidas Spectrum recibieron las puntuaciones globales del Stanford-Binet más altas. Sin embargo, en general, no se halló ninguna correlación entre las subpuntuaciones Stanford-Binet y las actividades Spectrum individuales. Por supuesto, sin una muestra mucho mayor, no pueden extraerse conclusiones firmes.

El Stanford-Binet tampoco parecía predecir los fracasos en las tareas Spectrum, aunque, efectivamente, identificó a tres de los niños con las puntuaciones más bajas (niños con ninguna ventaja y de cero a cinco puntos débiles). De los cinco niños con las puntuaciones globales Stanford-Binet más bajas, un niño mostró un punto fuerte (comprensión social) y uno débil (percepción musical), y otro no mostraba ningún punto débil y tres fuertes (habilidad mecánica, lenguaje y percepción musical). Los tres niños restantes no mostraban ningún punto fuerte en las actividades Spectrum y entre cero y cinco puntos débiles.

La niña que recibió la puntuación global más baja del grupo (ochenta y seis) también fue identificada por la batería Spectrum como la que tenía la puntuación más baja en todas las tareas: no mostraba ningún punto fuerte y sí en cambio cinco puntos débiles en las actividades Spectrum (dos más que cualquier otro niño). Sin embargo, en esta niña, Spectrum identificó dos ventajas relativas en las áreas de comprensión social y movimiento creativo. Los subtests del Stanford-Binet también revelaban alguna dispersión en los resultados (las subpuntuaciones de las habilidades de razonamiento verbal y de memoria para frases estaban en el cincuenta y tres y el cuarenta y nueve por ciento, respectivamente, mientras que las puntuaciones de la memoria *bead* y del análisis de patrones bajaban al treinta y nueve y cuarenta por ciento).

Estos datos sugieren que, a pesar de que la escala de inteligencia Stanford-Binet proporciona una serie de puntuaciones por factores, además de variabilidad de subtests dentro de cada factor, las medidas Spectrum producen perfiles más detallados, en forma de diente de sierra. Parte de esta diferencia puede atribuirse al número de áreas que aborda cada medida: ocho tareas referidas a cuatro áreas de contenido en el Stanford-Binet, contra quince tareas (diez en el presente análisis) en siete áreas en el Spectrum. Pero el Spectrum no se limita a extender las áreas abordadas por el Stanford-Binet. Todos los subtests del Stanford-Binet pueden considerarse medidas correctas o incluso buenas de g, el factor general de inteligencia (véase Sattler, 1988, para una discusión completa). Spectrum, sin embargo, no postula g como un factor general de inteligencia, presente en un amplio rango de habilidades mentales y que explica los resultados de los niños en las diferentes áreas de contenido. De hecho, el modelo Spectrum sugiere que los perfiles en diente de sierra representan habilidades específicas de cada área, lo que refleja el proceso de resolución de problemas en el mundo real en un contexto de actividades significativas: por ejemplo, el análisis del propio entorno social, el montaje de un objeto mecánico, la narración de una historia, etcétera. Por tanto, la información obtenida a partir del inventario Spectrum puede ser potencialmente más útil para diseñar intervenciones educativas adecuadas.

Una ojeada preliminar a los datos del seguimiento del curso 1986-1987

Una primera ojeada a los datos longitudinales recogidos en diecisiete de los diecinueve niños de la clase de 1986-1987 (incluyendo a tres niños de tres años de edad) sugiere que los puntos fuertes y los modos de trabajar de la serie Spectrum permanecían constantes, al menos durante un período de seguimiento de uno a dos años. La información acerca del seguimiento de los niños del grupo de 1986-1987 se consiguió a partir de entrevistas con padres y maestros, así como de un segundo año de participación en un aula Spectrum. De los diecinueve niños de la muestra del 1986-1987, al año siguiente seis permanecieron en un aula relacionada con Spectrum en la Eliot-Pearson Children's School, seis estaban en una clase de parvulario no Spectrum en la Eliot-Pearson, y siete más asistieron a otras clases de parvulario.

Cinco de los niños participaron por segunda vez en un conjunto ampliado de actividades de un año de duración en el aula Spectrum de 1987-1988. Cuatro de lo cinco niños demostraron ventajas coherentes con las que Spectrum había identificado el año precedente, y uno de ellos mostraba una ventaja adicional en el área de lenguaje. Al quinto niño, que no había mostrado ninguna ventaja durante el primer año, se le identificó una ventaja relativa en ciencia experimental (a través de la actividad de agua recientemente incorporada).

Los modos de trabajar de los cinco niños permanecieron relativamente coherentes a lo largo del período de seguimiento en uno a dos años. Un niño, que parecía serio y centrado en muchas de las tareas durante su primer año, aún lo llegó a ser más durante el segundo año, y seguía mostrando mucho interés por los requerimientos de cada tarea. Otra niña siguió adoptando el mismo método inusualmente concentrado y reflexivo respecto a la tarea de montaje que había mostrado durante el primer año, en contraste con su actitud más distraída en otra tareas.

Para los doce niños restantes de la muestra, la información del perfil Spectrum se comparó con la información obtenida a través de las entrevistas con padres y/o maestros. Once de los doce niños manifestaban, según padres o maestros, habilidades coherentes con las detectadas por Spectrum en el primer año. Una niña, que había mostrado ventaja en inferencia lógica, continuaba estando fascinada por las cosas lógicas: inventaba sus propias reglas para jugar al *backgammon* y a otros juegos, y según los informes obtenía una gran satisfacción intentando imaginarse la manera en que distintos familiares estaban relacionados con ella. En el seguimiento subsiguiente, al cabo de un año, realizado sobre siete de los once niños (a través de cuestionarios y listas dirigidos a padres y maestros), la mayor parte de los puntos fuertes no habían variado. (Una niña, que había manifestado que la actividad que más le había gustado durante el primer año de Spectrum era «el bocadillo», informó a su madre de que una de las actividades que mejor hacía dos años después era «comerse el almuerzo».)

En el área social es significativo lo que ocurrió con dos maestros y sus respectivas alumnas. Los maestros consideraron que el área social era el aspecto en el que estas niñas mostraban menos habilidad, aunque tanto Spectrum como los padres habían identificado estas áreas como destacadas. La definición de habilidad social proporcionada a los maestros era «conocimiento de las habilidades, intereses, gustos, disgustos, y sentimientos propios y ajenos». Por la descripción que los maestros daban de las dos niñas, estaba claro que las niñas mostraban este conocimiento; sin embargo, le daban un uso inadecuado. Una manipulaba a los demás de forma sutil y afortunada y era una líder de su grupo, mientras que la otra, también una líder efectiva, a menudo intentaba controlar a los que la rodeaban. A diferencia de otras áreas, parece que en el terreno social la habilidad no siempre toma una forma neutra. El propio juicio está influido por la preocupación sobre cómo se utiliza dicha habilidad.

Los doce niños también mostraban modos de trabajar coherentes de año en año. Los niños que eran serios, centrados y reflexivos en todas las tareas, lo siguieron siendo. Igualmente, los niños más impulsivos y tozudos siguieron igual. De nuevo, esta coherencia se confirmó para los siete niños en el seguimiento a los dos años. En ocasiones, la particular configuración de los modos de trabajar en un niño, así como de sus puntos fuertes, determinaban que una ventaja resurgiera o no. Por ejemplo, una niña a la que le «gustaba brillar», según su maestra, no era la más capacitada de su grupo en la mesa de escritura o en el rincón de los libros. En consecuencia, frecuentaba los rincones de arte y construcciones, donde era más probable que sobresaliera. Dado este contexto de posición relativa respecto al grupo, había menos probabilidades de que su habilidad lingüística, previamente identificada, reemergiera y se desarrollara durante el curso.

Además, si los intereses de un niño no se correspondían con sus puntos fuertes, o si un individuo decidía centrarse en el mismo conjunto de materiales o explorar nuevas áreas, las oportunidades para observar su grado de habilidad en otras especialidades se reducían igualmente. Una niña que había mostrado interés y habilidad en arte cuando estaba en el aula Spectrum, en el parvulario se interesó mucho más en aprender a leer y evitaba el rincón artístico. Por otro lado, un niño que había sido un destacado narrador de historias se mostraba reacio a empezar a escribir, y experimentaba dificultades tanto con su coordinación motriz fina como con las conexiones sonido-letra. Durante el seguimiento, dos años después, se informó que aún le encantaba escuchar historias y hacer representaciones en clase. Debe tenerse en cuenta asimismo que es probable que el lenguaje escrito implique un conjunto de habilidades distintas a las del lenguaje oral (Olson, 1977).

Las respuestas de los padres de la muestra revelaron que el área que éstos parecían haber estimulado más, durante el primer año de seguimiento, era la dramatización. Parece que esta actividad se había considerado una manera eficaz de combinar la habilidad en la narración de historias y en el terreno social con el aspecto interpretativo del área de movimiento. La percepción y la producción musical resultó ser otra área de la que los padres descubrían complacidos hasta qué punto entusiasmaba a sus hijos. La música parecía ser un área que enriquecía la vida de un niño, independientemente de su nivel de habilidad. Un número considerable de padres comentó la utilidad de disponer de un documento escrito al que poder referirse y con el que poder comparar visiones más recientes de su hijo. Así pues, parece que una serie de factores y condiciones actúan en combinación para determinar si un punto fuerte resurgirá en último término y si tendrá posibilidades de desarrollarse en un año determinado: toda la serie de áreas promovidas desde el aula, los conocimientos e intereses de la familia en un área, los propios intereses fluctuantes del niño (que dependen de las áreas a las que tiene acceso, así como del contexto del grupo de compañeros) y las características del área en el momento concreto de desarrollo del niño.

Algunas limitaciones e implicaciones a largo término del proyecto Spectrum

Llegados a este punto, puede resultar útil exponer diversas cuestiones explícitas que pueden haber surgido en el propio lector. Es evidente que el presente estudio tiene limitaciones. Puesto que la muestra que recibió la batería Spectrum es pequeña, el estudio debe verse como un generador de hipótesis más que como algo concluyente en cualquier sentido.

Sin embargo, podemos identificar algunos de los beneficios potenciales de Spectrum en comparación con otros métodos evaluadores, como el Stanford-Binet. En primer lugar, Spectrum proporciona la oportunidad de implicar a los niños de forma más activa en la evaluación, dándoles la posibilidad de reflexionar acerca de su experiencia y de su propia impresión acerca de sus intereses y puntos fuertes. Además, los niños se implican activamente ayudando a recopilar y a documentar su trabajo en el modelo Spectrum: guardando sus trabajos en la carpeta de arte, grabando historias y canciones, y sugiriendo elementos para la investigación o para el área de ciencias naturales. Esta implicación proporciona a los niños la sensación de que sus productos se toman en serio y los incluye en el proceso de observación de su propio crecimiento.

Para los niños que son inusualmente sensibles a las cuestiones interpretativas, Spectrum puede ofrecer información que una medida descontextualizada, realizada en una sesión y de carácter sumamente verbal no ofrece (Gardner, 1991). Por ejemplo, como parte del componente intrapersonal de la actividad de análisis social, se les muestra a los niños fotos de sus diferentes actividades Spectrum y se les pregunta cuál de ellas consideran su preferida, la que realizan mejor y la más difícil. Un niño que se había desentendido tanto de las actividades Spectrum como de los subtests Stanford-Binet (las pruebas del Stanford-Binet tuvieron que suspenderse a causa de su gran preocupación acerca de los resultados), mostró un sorprendente grado de interés por contestar a las preguntas acerca de sus reacciones ante las diferentes actividades. Parecía poseer una noción muy concreta acerca de sus áreas de interés o de ventaja relativa. Identificó el tablero de historias como su mejor actividad, y, efectivamente, fue la única de las ocho tareas que completó en la que su puntuación superaba la media del grupo. Escogió la actividad del agua como su preferida y, aunque se resistía a probar sus ideas sobre los experimentos de inmersión durante la tarea, se excitó tanto con ocasión de un descubrimiento que realizó en un momento dado, que hizo acudir al maestro al rincón del agua, en una manifestación inusual de entusiasmo.

Por supuesto, la escala de inteligencia Stanford-Binet también tiene sus ventajas. Constituye una medida estandarizada, con una coherencia interna excelente y un alto margen de confianza. La medida puede administrarse de forma fácil y eficaz, y las áreas que se examinan se adaptan bien al currículum escolar normal. Aunque aún desconocemos si una evaluación Spectrum puede predecir el éxito escolar con la fiabilidad de las formas de evaluación estandarizadas, las medidas Spectrum identifican áreas distintivas de ventaja con implicaciones inmediatas para la exploración de nuevos caminos, tanto dentro como fuera de la escuela. La batería Spectrum también permite a los maestros y a los padres percibir diferencias individuales en áreas tradicionalmente consideradas importantes sólo respecto a las diferentes etapas universales del desarrollo (Feldman, 1980) o como un reflejo de la inteligencia general.

Sin embargo, el método Spectrum contiene sus propios riesgos. El peligro de la clasificación prematura de los niños debe sopesarse con los beneficios de proporcionar a todos los niños la oportunidad de obtener buenos resultados. También existe el peligro potencial de que los padres preocupados por los buenos resultados impulsen a sus hijos a sobresalir, no sólo en las áreas académicas tradicionales, sino también en las siete especialidades, aumentando aún más la ya fuerte presión para que los niños triunfen. Además, las familias fuera de la corriente cultural principal pueden muy bien estar menos interesadas por los resultados en especialidades como las artes visuales y la música, y más interesadas en las áreas que siguen valorando más los que detentan el poder, como el lenguaje y la lógica.

Está claro que el entorno familiar determina en parte tanto el uso como la utilidad de la información contenida en el perfil Spectrum. Como informó un padre, puesto que los miembros de la familia no estaban interesados por la música, o simplemente no eran «musicales», las capacidades musicales de su hija podrían no haber emergido nunca, o si lo hubieran hecho podrían no haberse reconocido como un talento. Este resultado puede contrastarse con el caso de una madre que consideraba que la música tenía que ser una parte importante de la vida de su hijo y estimulaba mucho su interés hacia ella. En el seguimiento al cabo de un año, informó de que al niño le encantaba presenciar representaciones musicales y operísticas y que se sentaba atentamente hasta el final, sin hablar ni moverse. Aunque nadie conoce con certeza la relación exacta entre los talentos precoces y los resultados posteriores, la temprana identificación de los puntos fuertes puede convertirse en una profecía autocumplidora.

¿Podría una perspectiva Spectrum conducir a la elaboración de un currículum razonable para los primeros años? Nuestros datos sugieren que la estructura del entorno tiene una influencia potencial en las cualidades concretas que se pueden distinguir en los niños. Subrayan la importancia de continuar proporcionando un rico conjunto de materiales estimulantes en las diversas áreas curriculares. El movimiento creativo y las habilidades mecánicas no podrán reconocerse en un parvulario que no ofrezca dichas áreas en el currículum. Además, a partir del primer grado, en muchos centros existen especialistas que imparten a los niños temas como arte, música, movimiento y ciencia una vez o dos por semana. A menos que estos especialistas se comuniquen con los maestros de clase, éstos pueden ignorar las habilidades de un niño en un área concreta. Como mínimo, los maestros pueden encontrar más fácil ser buenos maestros en el marco Spectrum, tanto en términos de documentación de sus observaciones como para individualizar su currículum.

El énfasis en los estados finales también puede proporcionar un vínculo más directo entre la identificación de una ventaja y la decisión acerca de qué hacer cuando ésta ha sido identificada. El modelo del aprendiz emerge como un enfoque educativo alternativo de indudable atractivo. Una vez que se ha definido un estado final, surge la posibilidad de delimitar un régimen educativo encaminado hacia su realización. Los aprendizajes incorporan el conocimiento de unas habilidades en un contexto funcional y social, con etapas de maestría bien definidas. Según nuestra opinión, el modelo del aprendiz, en el que los estudiantes reciben interacciones frecuentes e informales sobre sus progresos en entornos muy contextualizados, constituye una gran promesa desde el punto de vista educativo. Así pues, en el caso de un niño como Jacob, nosotros recomendaríamos que si continúa mostrando interés en el área de su elección, podría beneficiarse de la orientación de un experto en una gran variedad de ricas situaciones y de aprendizaje directo.

Por último, aunque Spectrum refleja en parte un sistema de valores de pluralismo asociado con la clase media, puede también tener algo que ofrecer a los niños de origen menos privilegiado. El sistema de evaluación Spectrum posee el potencial para revelar áreas de ventaja insospechadas y para estimular la autoestima, especialmente en aquellos niños que no sobresalen en el currículum escolar normal.

Extensiones del método del proyecto Spectrum

Hasta este punto, nos hemos estado centrando en el proyecto Spectrum original, que se desarrolló para utilizarse en un entorno preescolar de clase media. Tanto las tareas descritas como los datos analizados reflejan este historial y este medio concreto.

Surge de forma natural la cuestión acerca de hasta qué punto Spectrum podría extenderse a otros entornos. Nuestro primer esfuerzo con respecto a esto implicaba el uso de Spectrum en varias aulas de preescolar, de parvulario y de primer grado en Sommerville, Massachusetts, una barriada obrera de Boston con una alta incidencia de problemas económicos y sociales. Calmando nuestros temores acerca de la transportabilidad de los materiales Spectrum, los niños los encontraron sumamente atractivos y esperaban impacientes su hora de entorno Spectrum. De hecho, sucedió que fueron los padres y los maestros los que estaban preocupados por Spectrum, ya fuera porque temían que los alumnos no estuvieran a gusto con esas tareas tan flexibles o porque ellos mismos tenían una visión diferente, mucho más regulada, de lo que debería ser una escuela.

En ese entorno, Spectrum ha demostrado una capacidad especial para identificar talentos e inclinaciones que no suelen aparecer en la escuela normal. Un niño de seis años, que vamos a llamar Donnie, tenía un alto riesgo de fracaso escolar. Producto de un hogar roto, con sus dosis de violencia y de abusos, tenía tantas dificultades con las tareas del primer grado que, en el segundo mes, su maestra había llegado a la conclusión de que tendría que repetir curso.

Sin embargo, en el proyecto Spectrum, Donnie destacaba en las tareas de montaje. Se desenvolvía mejor que cualquier otro niño de su edad desmontando y montando objetos comunes, como un molinillo o un picaporte. (De hecho, la mayoría de los maestros e investigadores no conseguían igualar la habilidad de Donnie ni sus resultados en estas tareas mecánicas, conseguidos aparentemente sin esfuerzo.) Filmamos en vídeo la impresionante actuación de Donnie y se la mostramos a su maestra, quien quedó muy impresionada. Casi no podía creer que aquel niño, que tenía tantos problemas con las tareas escolares, pudiera realizar esa tarea del mundo real tan bien como un adulto. Más tarde me explicó que no había podido dormir bien en tres noches, pues se sentía muy afectada por su prematuro juicio negativo sobre Donnie y, en consecuencia, estaba más que dispuesta a encontrar la manera de llegar hasta él. Me alegra poder decir que, a partir de aquel momento, Donnie mejoró sus resultados escolares, posiblemente porque había visto que existían áreas en las que podía destacar y que poseía habilidades que los adultos apreciaban.

Además de identificar cualidades inesperadas en los pequeños alumnos, Spectrum puede también situar dificultades sorprendentes. Gregory era un estudiante de primer grado excelente, aparentemente destinado a un futuro escolar brillante; mostraba gran habilidad para la adquisición del conocimiento notacional y conceptual. Sin embargo, obtenía resultados pobres en muchas áreas Spectrum. Su maestra pensó que Gregory era capaz de obtener buenos resultados sólo en situaciones en las que existía una respuesta correcta, y en las que una persona con autoridad le había indicado, de alguna manera, cuál era esa respuesta. Los materiales Spectrum planteaban problemas a Gregory porque muchas de las actividades no son cerradas y no albergan ninguna respuesta correcta evidente; así pues, se frustraba y miraba a la maestra o a los otros alumnos en busca de pistas acerca de lo que tenía que hacer. Como resultado de su participación en Spectrum, la maestra de Gregory empezó a buscar maneras de animarlo a arriesgarse, a intentar hacer las cosas de formas nuevas, a reconocer que no siempre existen respuestas correctas, y a apreciar que cualquier resultado implica ciertas ventajas, así como ciertos costes.

A lo largo de los últimos años, Spectrum ha evolucionado y ha pasado de ser un medio de evaluar los potenciales de los niños a constituir un entorno educativo completo. En colaboración con los maestros de las escuelas, hemos desarrollado materiales curriculares en forma de *kits* relacionados con un tema que explotan toda la serie de inteligencias, por ejemplo en el desarrollo de un tema como «El día y la noche» o «Cómo soy». Con los niños más pequeños, estos programas se usan básicamente de forma exploratoria. Con los más mayorcitos, están más ligados a los fines tradicionales de la escuela y promueven las actitudes y habilidades de prelectura o de lectura. De este modo, los niños se enfrentan a las bases de la lectura, de la escritura y del cálculo en el contexto de temas y materiales por los que han mostrado interés y una habilidad creciente. A medida que van adquiriendo pericia en un juego de tablero, por ejemplo, se les pueden ir presentando los sistemas numéricos, y, a medida que crean aventuras en el tablero de historias, pueden empezar a escribirlas, al tiempo que las recitan o las dramatizan.

La adaptabilidad de Spectrum ha demostrado ser una de sus características más afortunadas. Maestros e investigadores de diversas regiones de los Estados Unidos han utilizado Spectrum como punto de partida para una gran variedad de fines educativos. El método Spectrum se ha adaptado a niños desde cuatro a ocho años, con fines de diagnóstico, de clasificación o docentes. Ha sido utilizado con alumnos normales, superdotados, con minusvalías y con riesgo de fracaso escolar, en programas diseñados para la investigación, con fines compensatorios y para el enriquecimiento de otros programas. Recientemente se ha considerado el eje de un programa en el que los niños pequeños tienen la oportunidad de trabajar con adultos de su barrio que ejemplifican diferentes combinaciones de inteligencias en sus trabajos. Uno de los mayores placeres que he sentido como investigador teórico convertido en práctico ha sido asistir a reuniones junto a personas que no se conocían entre sí pero que habían adaptado Spectrum a sus diversas necesidades. De estas conversaciones, parece claro que la mezcla Spectrum de museo y escuela resulta adecuada para niños pequeños con diversos intereses, orígenes y edades.

En nuestro propio trabajo hemos hecho explícitos los vínculos con los museos infantiles. Trabajando en colaboración con el Boston Children's Museum, hemos transformado nuestros *kits* temáticos de forma que pueden utilizarse en casa y en los museos, así como en la escuela. El hogar y la escuela proporcionan estímulos de forma regular, mientras que el museo proporciona la oportunidad de encontrarse con una exposición temática relacionada, en un contexto que inspira respeto, como la luna y las estrellas vistas en un planetarium. Confiamos en que el hecho de encontrar un grupo similar de temas, materiales y habilidades en contextos distintos ayudará a los niños a hacer suyos estos temas; hablamos de una «resonancia» entre estos medios, que, en último término, lleva al niño a interiorizar conocimientos importantes.

Naturalmente, este tipo de fertilización cruzada funciona mejor cuando los niños tienen oportunidad de realizar visitas regulares al museo. Por esta razón, estamos impacientes ante la perspectiva de instalar directamente en el Capital Children's Museum de Washington D.C. un aula modelo de preescolar de aprendizaje precoz inspirada en Spectrum, una ambiciosa mezcla de escuela y museo. Pero incluso aun cuando las visitas son menos frecuentes, un aula bien preparada puede beneficiarse de la oportunidad de interactuar con los profesionales hábiles de los museos infantiles, especialmente si tienen la posibilidad de reconstruir experiencias y temas relacionados, de forma más detenida, en casa o en la escuela.

En muchos aspectos, el proyecto Spectrum compendia la manera en que la teoría de las inteligencias ha sido capaz de catalizar la creación de intervenciones educativas eficaces, en este caso con niños pequeños.

Empezando por un interés académico por la existencia e identificación del talento en niños muy pequeños, hemos visto evolucionar naturalmente a Spectrum durante una década hasta convertirse en un enfoque a gran escala de la educación infantil. Este enfoque se ha inspirado en algunos aspectos de la teoría de las IM, pero esta teoría no ha dictado en absoluto los contenidos exactos o los pasos precisos para la puesta en práctica de Spectrum. Efectivamente, nuestro programa ha ido cambiando considerablemente a lo largo de estos diez años, como respuesta a nuestras propias observaciones, a la información procedente de los padres, de los maestros, de los investigadores y de los alumnos, y a las condiciones cambiantes en las que hemos intentado poner en práctica este enfoque. Añádase a esto los usos muy diferentes que los investigadores y los usuarios han hecho de las ideas Spectrum, en las diferentes partes de los Estados Unidos, y nos encontraremos con una familia, un «espectro» de variaciones del proyecto Spectrum. Resulta especialmente adecuado que un programa nacido de la reivindicación de las diferencias individuales entre los niños pequeños genere por sí mismo una familia de métodos altamente individualizados.

La escuela primaria: el método a base de proyectos en el entorno de la Key School

Aproximadamente dos años después de la publicación de *Frames of Mind*, tenía previsto dar una charla cerca de mi ciudad natal, en Scranton, Pennsylvania. Poco antes de mi viaje al norte de Pennsylvania, recibí una llamada de una maestra de Indianápolis, quien me dijo que ella y algunos de sus compañeros habían leído *Frames of Mind* y querían hablar conmigo acerca de alguna de las ideas expresadas allí. ¿Estaría disponible para asistir a una reunión en Kutztown?

Un grupo de ocho maestros, completamente desconocidos para mí, procedentes de las escuelas públicas de Indianápolis, hicieron un viaje de catorce horas de carretera para mantener una reunión relativamente breve conmigo en Kutztown. En esa reunión profética me mostraron una grabación de vídeo que habían realizado poco antes y me indicaron que estaban interesados en poner en funcionamiento su propia escuela primaria K-6, inspirada en parte en las ideas de la teoría de las IM. Yo estaba tan sorprendido como encantado.

Aunque yo estaba cada vez más interesado en las aplicaciones educativas de la teoría, nunca se me había ocurrido que alguien pudiera tomar esas ideas tan en serio como para llegar a planificar una escuela basada en ellas. Les expliqué a los «8 de Indianápolis», con mucha franqueza, que estaría encantado de ayudarles pero que sabía muy poco de escuelas. «Vosotros sois los que trabajáis en la escuela», insistí, y «tendrá que ser vuestra escuela».

Pocos grupos de maestros pueden haber llegado a trabajar tanto como lo hicieron los «8 de Indianápolis» durante los dos años sucesivos. Bajo la guía de la animosa y visionaria Patricia Bolanos, quien llegó a ser la cabecilla, buscaron subvenciones, ejercieron presiones, planificaron currículos, y después de muchos momentos de incertidumbre y de algunas decepciones, finalmente se les permitió tener su propia escuela pública urbana con «opciones» en el centro de Indianápolis (Olson, 1988; Winn, 1990). Aunque yo no tengo el mérito de haber puesto en marcha este proyecto, me he reunido periódicamente con los maestros para hablar con ellos acerca de lo que estaban haciendo; y, como suele ocurrir, se me ha otorgado un mérito excesivo en los medios de comunicación por haber sido el inspirador de la Key School.

Ya en su sexto año, la Key School ha demostrado ser un éxito notable. Uno de sus principios fundacionales es la convicción de que las inteligencias múltiples (IM) de cada niño deberían estimularse diariamente. Así pues, cada alumno de la Key School participa de forma regular en actividades de informática, de música y «cinético-corporales», además de los programas centrados en los temas que incorporan las materias estándar.

Aunque el «currículum IM» es su aspecto más abiertamente innovador, otras muchas facetas de la escuela sugieren también una educación que tiende hacia diversas formas de conocimiento. Tres prácticas resultan claves. En primer lugar, cada estudiante participa cada día en un «taller» estilo aprendiz/maestro, donde trabaja con compañeros de diferentes edades y un profesor competente con el objetivo de dominar un oficio o una disciplina de su interés. Como el taller incluye una gama de edades, los estudiantes tienen la ocasión de entrar en una actividad en su propio nivel de experiencia y de desarrollarla a un ritmo cómodo. Al trabajar junto a una persona con más conocimientos, también tienen lo que puede ser una oportunidad excepcional de ver a un experto en pleno trabajo productivo. Existen una docena de talleres, en una gran variedad de áreas, desde arquitectura hasta jardinería, pasando por cocina y «ganar dinero». Puesto que el objetivo del taller se centra en la adquisición de una habilidad propia del mundo real en un entorno de tipo aprendizaje, las posibilidades de asegurar un conocimiento auténtico son muy elevadas.

Para complementar los talleres existen fuertes vínculos con la comunidad en su conjunto. Una vez por semana, un especialista externo visita la escuela y explica una ocupación u oficio a todos los estudiantes. A menudo, el especialista es un padre, y el tema suele encajar con el tema escolar del momento. (Por ejemplo, si el tema actual es la protección del medio ambiente, los visitantes pueden hablar sobre la depuración de las aguas residuales, sobre temas forestales, o acerca de las presiones políticas.) Se espera que los estudiantes no sólo aprendan cosas acerca de toda la gama de actividades existentes en su comunidad, sino que, en algunos casos, tengan la oportunidad de realizar el seguimiento de un área concreta, posiblemente orientados por el visitante. Una forma de conseguir estos objetivos es a través de la participación en un Centro para la Exploración, en el museo infantil local de Indianápolis; los estudiantes pueden seguir un curso de aprendizaje de varios meses, en el que pueden incorporarse a actividades continuadas, como animación, construcción de barcos, periodismo o seguimiento del tiempo atmosférico.

La última fase de crecimiento de la Key School, a mi juicio la más importante, la constituyen los proyectos de los estudiantes. Durante un año, la escuela diseña tres temas diferentes, presentados a intervalos de diez semanas aproximadamente. Los temas pueden ser bastante amplios (como, por ejemplo, «Modelos» o «Conexiones») o más centrados («El Renacimiento, entonces y ahora» o «La herencia mejicana»). Siempre que sea posible se presentan partes del currículum centradas en estos temas, lecturas recomendadas y conceptos relacionados, como una extensión natural de la exploración de un tema.

Como parte de los requisitos de la escuela, se pide a cada estudiante que elabore un proyecto relacionado con el tema. De esta manera, los estudiantes llevan a cabo tres proyectos cada año. Al final del período de estudio de un tema, estos proyectos se exponen, de manera que los estudiantes tienen la posibilidad de examinar lo que han hecho los demás (¡y les interesa mucho hacer eso!). Los estudiantes presentan sus proyectos a sus compañeros de clase, describen su génesis, sus objetivos, los problemas planteados y las posibles implicaciones futuras; después responden a las preguntas planteadas por sus compañeros y por el profesor.

Es especialmente importante el hecho de que todas las presentaciones de proyectos se graben en vídeo. De esta manera cada estudiante acumula una carpeta de vídeos que contiene todos sus proyectos. Esta carpeta puede considerarse un modelo cognitivo en desarrollo de la evolución del estudiante a través de su vida en la Key School. Nuestra investigación en colaboración con la Key School se ha centrado en los usos que pueden hacerse de estas carpetas de vídeos.

A lo largo de sus estudios en las escuelas americanas actuales, la mayoría de estudiantes realizan cientos, si no miles, de exámenes. Desarrollan, con un alto grado de perfección, una técnica aplicada a la realización de un ejercicio, que será inútil inmediatamente después de su último día en la escuela. En cambio, cuando se examina la vida fuera de la escuela, los proyectos surgen de forma omnipresente. Algunos proyectos se asignan a un individuo, algunos se realizan estrictamente a partir de la iniciativa individual, pero la mayoría representan una amalgama de necesidades y objetivos comunitarios y personales. Aunque las escuelas han promovido proyectos desde hace muchos años y la época progresista diseñó un enfoque educativo llamado el «método a base de proyectos», tal sistema basado en proyectos, a lo largo de los años, ha permanecido prácticamente invisible en los registros de los progresos de los niños.

En este punto, nuestro equipo de investigadores ha intentado realizar una contribución. Creemos que los proyectos serán tomados más en serio por parte de los estudiantes, de los profesores, de los padres y de la comunidad en general si pueden evaluarse de forma razonable y conveniente. Por tanto, hemos intentado construir modos de evaluación sencillos tanto de la sofisticación evolutiva como de las características individualizadas propias de los proyectos de los estudiantes. Actualmente, estamos revisando proyectos (y carpetas de estudiantes) en términos de las cinco dimensiones siguientes, que pueden evaluarse de forma independiente (véase Seidel y Walters, 1991):

Perfil individual. Aquí la cuestión es lo que el proyecto revela acerca de las ventajas y desventajas cognitivas específicas de cada estudiante, así como de sus inclinaciones. El perfil incluye la disposición del estudiante hacia el trabajo (arriesgado, perseverante), así como sus propensiones intelectuales particulares (lingüísticas, lógicas, espaciales, interpersonales, etcétera).

Dominio de hechos, habilidades y conceptos. Los proyectos pueden ser bastante maravillosos de contemplar y sin embargo alejarse bastante de lo que se enseña en la escuela o incluso mostrarse directamente reñidos con ello. Cuando se recurre a esta dimensión, se puede apreciar la capacidad del estudiante para exhibir su manejo del conocimiento objetivo, su dominio de los conceptos y de las habilidades a la hora de desplegar el currículum estándar. Por regla general, se establece un pacto entre el estudiante y el profesor: el profesor puede pedirle a los estudiantes que recurran al conocimiento escolar y la comprensión para crear un proyecto; el estudiante tiene la oportunidad de seleccionar de su trabajo de clase aquellos hechos, habilidades y conceptos que quiere incluir en un proyecto.

Calidad del trabajo. Cada proyecto es un ejemplo de un género determinado: una obra cómica, un mural, un experimento científico, una narración histórica. Estos géneros esconden ciertos criterios específicos de calidad a los que se puede recurrir en la evaluación: las parodias no se evalúan del mismo modo que las conferencias. Entre los aspectos de la calidad que, por regla general, se examinan están la innovación y la imaginación; el juicio estético y técnico; el desarrollo de un proyecto para subrayar un concepto concreto; la ejecución de una representación. A medida que un estudiante continúa creando en un género, obtiene mayor familiaridad con los criterios de ese género y aprende a tener cada vez más en cuenta esa especialidad.

Comunicación. Los proyectos ofrecen a los estudiantes la oportunidad de comunicarse con un público más amplio: con los compañeros en los trabajos en colaboración, con los profesores y otros adultos, y con ellos mismos. A veces la comunicación es bastante abierta, como en una representación teatral o musical; pero incluso en un proyecto científico o histórico más «de pupitre», el estudiante necesita comunicar sus descubrimientos de forma hábil, un proceso que resulta ser distinto del trabajo de encauzar el experimento o la investigación en la biblioteca.

Reflexión. Uno de los rasgos más importantes, aunque más descuidado, del crecimiento intelectual es la capacidad para volver hacia atrás en el trabajo de uno, controlar los objetivos que se tienen, valorar los progresos que se han hecho, evaluar cómo se puede corregir el curso del trabajo, cómo utilizar el conocimiento que se ha obtenido en la clase o de otros, etc. Los proyectos proporcionan una oportunidad excelente para esta actividad «metacognitiva» o reflexiva. Los profesores y los estudiantes pueden revisar los trabajos juntos, considerar cómo se relacionan con los trabajos anteriores, concebirlos en términos de objetivos a largo plazo, estilos de trabajo, etc. Y lo que es igual de importante, el estudiante puede llegar a interiorizar estas prácticas reflexivas, de forma que pueda evaluar su trabajo incluso en ausencia de agentes externos.

Se debería recalcar que no existe nada mágico o definitivo en estas dimensiones. Reflejan la destilación de mucha discusión en nuestro grupo y cabe esperar que evolucionen más en años venideros. A pesar de nuestra creencia en que estas dimensiones constituyen un poderoso grupo de lentes para examinar el trabajo del estudiante, no pensamos que sea eficaz sencillamente imponerlas en una escuela o sistema escolar. Más bien creemos que la consideración de estas dimensiones se producirá de forma natural, cuando los profesores (y los estudiantes) aprendan a revisar el trabajo juntos y comiencen a pensar sobre sus cualidades distintivas y su evolución en el tiempo.

No obstante, el equipo de investigación desempeña un papel diferente en esta tarea. En tanto que investigadores podemos ser útiles para presentar a los profesores ejemplos que resulten útiles para la discusión y para conducirla de un modo que resulte fructífero, por ejemplo ayudar a evitar un callejón sin salida terminológico o la confusión de dimensiones. Finalmente, creemos que los grupos de profesores que están comprometidos con una evaluación seria de los esfuerzos de los estudiantes, con el tiempo alcanzarán un conjunto de dimensiones muy similar al que acabo de describir. En este sentido, las cinco dimensiones pueden servir como una especie de «supermatriz», lo que humorísticamente hemos apodado «la madre de todos los sistemas de evaluación». Si este fuera el caso, las escuelas podrían comparar los trabajos de los estudiantes entre sí, un resultado muy deseable si estos sistemas de evaluación tienen que conseguir un valor más permanente en la evaluación americana.

Naturalmente, una parte de la evaluación de los proyectos de los estudiantes se centra en la calidad de los mismos. Sin embargo, también estamos interesados en otras dos facetas. Una es hasta qué punto el proyecto revela algo sobre el propio estudiante: sus potenciales concretos, limitaciones, rastos idiosincráticos y su perfil cognitivo global. El otro es hasta qué punto el proyecto implica la cooperación con otros estudiantes, profesores y expertos externos, así como el uso acertado de otros tipos de recursos, como bibliotecas o bases de datos informáticos.

Los estudiantes no suben o bajan de categoría si los proyectos son más individualistas o más cooperativos. Más bien describimos los proyectos de este modo porque creemos que estas características representan aspectos importantes de cualquier tipo de proyecto en el que una persona vaya a participar, aspectos que se deberían señalar en vez de ignorar. En concreto, al trabajar con otros, los estudiantes se llegan a sensibilizar con los diferentes modos en que se puede concebir y realizar un proyecto: además, al reflexionar sobre sus propios estilos y contribuciones particulares, los estudiantes obtienen una visión previa de los tipos de actividades de proyecto en los que con más probabilidad se verán implicados una vez finalizada la escuela.

El otro aspecto en que nos hemos comprometido tiene que ver con la preparación de proyectos. Algo ingenuamente, los investigadores y los profesores originalmente pensaban que los estudiantes podían crear y presentar fácilmente proyectos por sí mismos. Sin embargo, si no existía ayuda, la mayoría de los proyectos o los efectuaban los padres o, si los hacían los niños, eran pálidas imitaciones de proyectos ya realizados antes u observados en alguna parte. Son particularmente comunes las reseñas de libros o presentaciones al estilo de la televisión ante carteles que se asemejan a mapas meteorológicos. Si los estudiantes han de conceptualizar, realizar y presentar sus proyectos de forma eficaz, necesitan que les guíen en las diferentes fases y aspectos de esta actividad.

Lejos de socavar el desafío de hacer proyectos propios, este apoyo en realidad posibilita la participación en los proyectos y también aumenta las capacidades de ejecución del proyecto. Del mismo modo que los estudiantes se benefician del aprendizaje de la lectura y la escritura, o de un oficio, disciplina o *pod*, también se benefician del aprendizaje de la formulación y ejecución de proyectos. Algunos estudiantes son lo bastante afortunados como para obtener este aprendizaje en casa o en alguna actividad de la comunidad, tales como los deportes organizados o las lecciones de música. Pero para la vasta mayoría que no tienen dichas oportunidades, es más probable que sea la escuela elemental el lugar donde se les enseñe un modo de vida de «proyecto», ¡a menos que suceda que vayan a graduarse en la escuela quince años después!

El proceso de elaboración del proyecto proporciona oportunidades de adquirir una nueva comprensión. Un proyecto facilita a los estudiantes la oportunidad de poner los conceptos y habilidades que dominaban previamente al servicio de un nuevo objetivo o empresa. El conocimiento de cómo recurrir a formas anteriores de representación o comprensión para hacer frente a un nuevo reto es una adquisición vital. El planear el proyecto, evaluarlo durante su realización, repetirlo, ensamblarlo en una forma definitiva al menos provisionalmente, responder a preguntas sobre él y revisar la cinta de vídeo de forma crítica deberían contribuir a aumentar la comprensión del estudiante del tema de su proyecto, así como sus propias contribuciones a su realización. Estas características de la Key School subrayan algunos aspectos de una educación eficaz durante el período de la etapa media de la infancia. A la inmersión en un entorno ricamente dotado se añade ahora un aprendizaje más o menos formal; se adquieren las habilidades adecuadas para una especialidad y los fines y usos de estas habilidades se mantienen vivos en la conciencia del aprendiz. Al mismo tiempo, las disciplinas no se hallan de una forma aislada que proporciona poca motivación, sino más bien como parte de una implicación continuada para abarcar temas que resuenan a lo largo de todo el currículum escolar. El conocimiento y las habilidades emergentes del estudiante se movilizan a lo largo de la ejecución de un proyecto de su propia invención, que tiene significado para él, para su familia y dentro de una comunidad más amplia. Estas habilidades y proyectos se evalúan como posibles dentro del contexto de las actividades escolares diarias, una evaluación que implica no sólo al profesor sino también a sus compañeros y, cada vez más, a él mismo. El estudiante pasa a considerar el proyecto desde diferentes perspectivas, mientras habla a diferentes audiencias y mientras se ve implicado, a menudo de modos impredecibles, a lo largo del tiempo.

Sería un error considerar los proyectos como una panacea para todos los males de la educación, o como el camino real para un nirvana de conocimiento. Algunos materiales requieren una enseñanza impartida de forma más disciplinada, repetitiva o algorítmica. Algunos proyectos pueden convertirse en una licencia para divertirse mientras que otros pueden funcionar como un modo de ocultar deficiencias fundamentales en la comprensión de un contenido disciplinario vital. En el mejor de los casos, sin embargo, los proyectos pueden servir a un buen número de fines particularmente bien. Implican a los estudiantes durante un período de tiempo bastante largo, los estimulan a producir borradores, revisar su trabajo y reflexionar sobre él; promueven una cooperación positiva, en la que cada estudiante puede hacer una contribución distintiva; modelan la clase de trabajo útil que realizarán, después de finalizada la escuela, en una comunidad mayor; permiten a los estudiantes descubrir sus áreas de potencial y les animan a continuar; engendran un sentimiento de profunda implicación, sustituyendo la motivación intrínseca por la extrínseca (Csikszentmihalyi, 1990); y, quizá lo más importante, ofrecen un marco de reunión adecuado en el que demostrar los tipos de comprensiones que se han conseguido (o no) a lo largo del currículum escolar normal.

Aunque el Method Projects tiene una prolongada historia en los círculos educativos americanos, no soy el único de mis contemporáneos que está en deuda con la Key School por aclarar estas posibilidades en el momento presente.

8 Un enfoque inteligente de la escuela: la inteligencia práctica en los últimos cursos de la enseñanza primaria

COAUTORA: MARA KRECHEVSKY

Las intervenciones escolares basadas en la teoría son muy diferentes de las que están basadas en la práctica. Considérese, por ejemplo, la diferencia existente entre la obra de Boole *Laws of thought* (1854) y la de Edwards *Drawing on the right side of the brain* (1979). La de Boole tenía como objetivo ayudar a pensar a la gente, y, sin embargo, refleja la estética del lógico en lugar de reflejar el tipo de problemas prácticos a los que la persona racional (o irracional) normal tiene que enfrentarse en la vida cotidiana. El libro de Edwards es un cheque en blanco que afirma que podemos recurrir a un conjunto de estructuras cerebrales, por lo general infrautilizadas, para llegar a ser un artista. Pero el atractivo del libro reside en la serie de ejercicios que contiene, que resultan ser bastante eficaces y ayudan a los dibujantes noveles a observar y a reproducir sus modelos de manera veraz.

La distancia entre un libro de texto sobre la memoria humana y el «método para la memoria» diseñado por Simónides en la época clásica puede parecer menor, pero la diferencia de tono es paralela. El teórico cuyo trabajo se resume en el texto intenta desmenuzar las leyes básicas de la memoria. Estos principios deberían ser capaces de explicar la repetición mecánica de sílabas sin sentido, así como la reconstrucción de la parte esencial de una historia. Simónides, en cambio, quería simplemente un método que le ayudara a recordar la identidad de un gran número de invitados a su mesa con ocasión de una fatídica cena.

Aún hoy encontramos ecos de estas tensiones en la gran cantidad de materiales diseñados para mejorar las habilidades mentales. Por un lado, prácticamente todos los psicólogos o científicos cognitivos que han hablado alguna vez de «pensamiento» se han preguntado, como mínimo, si tenían alguna aportación que hacer respecto al malestar intelectual que impera en las escuelas hoy en día. Por otro lado, un gran número de profesores y maestros, actuales o de otras épocas, han recurrido a *su propio* saber. También ellos confían en llegar a popularizar métodos que mejorarán los procesos mentales y/o los productos del pensamiento de los escolares. Aunque cada uno de estos «grupos de interés» está cómodamente anclado en su propia historia, existe una cierta tendencia hacia la otra perspectiva. Los científicos teóricos desean que sus métodos sean instantáneamente transferibles al aula, impredecible y desordenada por naturaleza, mientras que los que aplican las teorías buscan la potencia generativa de una base teórica adecuada para sus técnicas.

Como miembros de la comunidad investigadora, presumiblemente adolecemos de las mismas limitaciones de experiencia y perspectiva. La inclinación que hemos adoptado en las cuestiones del pensamiento procede de la teoría de las inteligencias múltiples, en la cual hemos estado trabajando durante la última década. Sin embargo, un principio cardinal de esta teoría es que el pensamiento no puede tener lugar al margen de la interacción con los materiales reales en un contexto vivo. Al mismo tiempo, afirmamos que una aproximación al pensamiento que aspire a tener algún efecto en las escuelas, debe reflejar las necesidades observadas en los estudiantes, para ayudarles en las diversas tareas escolares, así como la realidad de las condiciones dentro de las aulas normales, donde veinticinco o treinta alumnos ocupan el mismo espacio con el mismo maestro durante bastantes horas al día. En lo que sigue a continuación, y a medida que planteamos la base teórica de nuestro enfoque del pensamiento, intentamos tener presentes estos importantes factores contextuales.

Un nuevo concepto de inteligencia

Tradicionalmente, se ha considerado la inteligencia como una habilidad general que se halla, en diversos grados, en todos los individuos, y que resulta ser especialmente importante para obtener buenos resultados en la escuela. Desde los tiempos de Platón, esta visión unitaria de la mente ha influido de forma dominante en el pensamiento occidental. En los últimos años, sin embargo, se ha planteado una visión alternativa, que sugiere que la mente está organizada en áreas de visión alternativa, relativamente independientes (Feldman, 1980, 1986; Fodor, 1983; Gardner, 1983). La teoría de las inteligencias múltiples (a partir de aquí, la teoría de las IM), discutida en detalle en *Frames of Mind* (Gardner, 1983), representa este tipo de enfoque pluralista del concepto de inteligencia (véanse capítulos 1 y 2).

Las inteligencias se negocian siempre dentro del contexto de los ámbitos actuales y de las disciplinas representadas en las escuelas y en la sociedad en general. Aunque inicialmente basadas en un potencial biológico, las inteligencias se expresan inevitablemente como el resultado de la intersección de factores genéticos y ambientales. Normalmente no funcionan de forma aislada, excepto en el caso de ciertas poblaciones excepcionales, como los «sabios idiotas». Cada cultura da importancia a un conjunto diferente de inteligencias y a una combinación distinta de las mismas. Estas inteligencias están incluidas (o quizás encarnadas) en el uso de los diversos sistemas simbólicos, en los sistemas notacionales, como la notación musical o matemática, y en los ámbitos de conocimiento, como por ejemplo el diseño gráfico o la física nuclear (Csikszentmihalyi y Robinson, 1986).

En la mayoría de las culturas occidentales, la tarea de aprender los sistemas notacionales se lleva a cabo en el entorno relativamente descontextualizado de las escuelas. Muchos estudiantes son incapaces de establecer una conexión entre sus conocimientos de sentido común y los conceptos acuñados, presentados en un contexto escolar. Para tomar un ejemplo conocido, cuando se presentó a un grupo de estudiantes el problema de cuántos autobuses se necesitarían para transportar 1.128 soldados, si cada uno podía llevar a treinta y seis soldados, la mayoría respondió «Treinta y uno, resto doce». Estos estudiantes aplicaron correctamente la operación aritmética adecuada, pero sin fijarse en el sentido de su respuesta (Schoenfeld, 1988; Strauss, 1982).

Aunque el conocimiento escolar a menudo está disociado de los contextos del mundo real, es en los contextos ricos, específicos de una situación concreta, donde las inteligencias se desarrollan por lo general de forma productiva. El tipo de conocimiento requerido en los lugares de trabajo y en la propia vida personal con frecuencia implica un acto de pensamiento colaborador, contextualizado y específico de una situación concreta (Gardner, 1990; Resnick, 1987; Rogoff y Lave, 1984). Las escuelas también proporcionan algunas actividades en grupo, pero normalmente se juzga a los estudiantes por su trabajo individual. En cambio, en muchos entornos sociales y ocupacionales, la propia habilidad para comunicarse de forma efectiva y para trabajar de forma productiva con los demás resulta esencial para obtener buenos resultados. Además, mientras que el aprendizaje escolar se caracteriza a menudo por la manipulación de símbolos abstractos y por la ejecución de actividades de «pensamiento puro», la mayoría del ejercicio mental requerido fuera de la escuela está ligado a una tarea o a un objetivo específico, ya sea llevar una empresa, calcular la media de goles o planificar unas vacaciones. En estas situaciones, la inteligencia intrapersonal —o la capacidad de reconocer qué habilidades son precisas, de capitalizar las propias ventajas y de compensar las propias limitaciones— puede resultar especialmente importante.

Por supuesto, la propia institución escolar resulta compleja para los niños. La escuela posee sus propias disciplinas, sus códigos, sus notaciones y sus expectativas que, para bien o para mal, son imprescindibles para sobrevivir en Occidente. Los niños que encuentran difícil «descodificar» la escuela suelen correr el riesgo de tener problemas en el futuro, dentro o fuera de la escuela. Aunque una gran parte de la investigación se ha centrado en las inteligencias «académicas», el lenguaje y la lógica, en el resto de las principales disciplinas académicas se ha invertido menos esfuerzo en reflexionar acerca de lo que supone sobrevivir y prosperar en el entorno escolar de forma más general. Puesto que la escuela desempeña un papel tan central en nuestra cultura, es importante examinar las inteligencias y las capacidades que los estudiantes necesitan para sobrevivir y evolucionar en el sistema.

El proyecto de la inteligencia práctica para la escuela (Practical Intelligence for School, PIFS)

Cuando nos fijamos en un entorno específico como la escuela, surge la cuestión de cómo ayudar a los estudiantes a adaptarse al entorno y dominarlo. Desde nuestra perspectiva, un esfuerzo exhaustivo destinado a potenciar las «inteligencias escolares» de un estudiante debe abordar varios factores. Por ejemplo, tiene que abordar las condiciones particulares de ese entorno, desde la estructura física de las aulas hasta las exigencias de cada disciplina concreta. También tiene que considerar las habilidades particulares que los estudiantes aportan inicialmente a las tareas y al entorno general de la escuela, así como los medios pedagógicos óptimos para ayudar a los estudiantes a potenciar o a variar sus habilidades y sus actitudes, de manera que sean más adecuadas a las exigencias del entorno escolar. Por último, también se hace necesaria la producción de un conjunto de medidas que indiquen la manera en que una intervención dada surte efecto (o no). Con toda probabilidad, ningún marco teórico actual es adecuado para incorporar todos estos factores, aunque en las obras de Bruner y otros (1966), Scribner y Cole (1973) y Wagner y Stevenson (1982) pueden encontrarse componentes importantes de una síntesis de este estilo.

Dos métodos recientes tienen una preocupación dual por el desarrollo de la inteligencia en general y por la supervivencia práctica en contextos específicos como la escuela. El primero, la teoría triárquica de la inteligencia de Sternberg (1985, 1988) define la inteligencia en términos de: 1) el mundo interno del individuo (los componentes de procesamiento de la información presentes en los componentes metacognitivo, de obtención de resultados y de adquisición del conocimiento); 2) el mundo externo del individuo (la habilidad del individuo para adaptarse y para moldear los entornos existentes o para escoger nuevos entornos); y 3) la experiencia del individuo en el mundo (cómo se enfrenta el individuo a la novedad y cómo automatiza el procesamiento de la información). Como se ha dicho antes, el segundo método —la teoría de las IM— subraya la importancia de utilizar las capacidades en contextos culturales específicos. Además, las inteligencias concretas están ligadas a temas escolares concretos; por ejemplo, el inglés y la historia ponen el acento en la inteligencia lingüística, mientras que las matemáticas y las ciencias se nutren de la inteligencia lógico-matemática. La adaptación al medio social de la escuela recurre a la inteligencia interpersonal, mientras que la propia conciencia de uno mismo como alumno, con ventajas y desventajas específicas, y con ciertas características estilísticas, precisa de la inteligencia intrapersonal.

Mis colegas y yo, en colaboración científica, hemos intentado identificar la mejor manera de preparar a los estudiantes «con riesgo de fracaso escolar» para que obtengan buenos resultados en la escuela y en los entornos institucionales y ocupacionales subsiguientes. El proyecto se diseñó para desarrollar y probar un modelo multifacético de *inteligencia práctica para la escuela* (Practical Intelligence

For School, PIFS), inspirado tanto en las IM como en las teorías triárquicas de la inteligencia. En particular, nos parecía importante determinar cómo trabajan juntas las inteligencias académicas y las más prácticas (inter e intrapersonales) para conseguir una experiencia escolar positiva. También queríamos examinar la relación entre el éxito académico y las funciones de adaptación, selección y formación del entorno, apuntada en la «subteoría contextual» de Steinberg. Nuestra premisa subyacente era que los estudiantes que prosperan en la escuela tienen que aprender, aplicar e integrar, tanto el conocimiento académico sobre las diversas materias, como el conocimiento práctico acerca de sí mismos, de las tareas de tipo académico y del sistema escolar en general.

El PIFS, tal y como lo formulamos en un principio, requiere conocimientos de tres grandes áreas: 1) el propio perfil intelectual, los estilos y las estrategias de aprendizaje; 2) la estructura y el aprendizaje de las tareas académicas; y 3) la escuela como un sistema social complejo. Estas categorías también pueden articularse en términos de IM. La primera representa la inteligencia intrapersonal. La segunda representa la manifestación de las inteligencias académicas y las combinaciones de inteligencias en las especialidades concretas. (Por ejemplo, las ciencias implican competencia lógico-matemática, más que habilidad lingüística, así como una cierta habilidad espacial; los estudios sociales recurren a una mezcla particular de competencias lingüísticas y lógicas.) La tercera categoría refleja básicamente la inteligencia interpersonal.

Los esfuerzos de las intervenciones del PIFS apuntan, por muchas razones, a la población escolar del ciclo superior de primaria. Concretamente, el sexto y el séptimo grado (con edades entre once y doce años) coinciden con un momento en que los estudiantes ya deberían haber desarrollado suficiente conocimiento práctico acerca del entorno escolar, y después del cual la falta de dicho conocimiento demuestra ser progresivamente perjudicial para los resultados escolares. Los jóvenes en la primera adolescencia empiezan a experimentar un gran crecimiento y un gran cambio físico, intelectual y emocional. Se van haciendo cada vez más independientes, lo que se refleja en las actividades y los proyectos que se les asignan. De esta manera, esta etapa escolar representa una transición importante entre la escuela elemental y el bachillerato.

A la luz de estas preocupaciones, nos decidimos a atacar en múltiples frentes la cuestión de las inteligencias prácticas. Nuestro enfoque implicaba identificar el conocimiento que los estudiantes tienen respecto a este tema, determinar la comprensión que tienen maestros y estudiantes de los orígenes y de la naturaleza de los puntos oscuros, y diseñar currículos ricos y motivadores para abordar las áreas del problema de forma directa e imaginativa, planificando y poniendo en práctica las unidades curriculares del PIFS en una serie de emplazamientos escolares y diseñando esquemas de evaluación adecuados.

Las entrevistas PIFS

Como se ha indicado, queríamos determinar lo que los propios estudiantes sabían acerca de su papel como estudiantes. Así pues, realizamos una serie de entrevistas en profundidad con cincuenta alumnos de quinto y sexto grado (diez y once años), de diversos orígenes socioeconómicos, en cinco escuelas de la región de Boston. Las entrevistas obtenían las opiniones de los estudiantes en temas como los hábitos de estudio, el proceso de evaluación, las diferencias entre las materias, las exigencias de las tareas académicas, el papel de los profesores y de los administradores de la escuela, las interacciones entre los compañeros y la naturaleza del sistema escolar. Después de transcribir y analizar las respuestas, esbozamos una taxonomía jerárquica de los perfiles PIFS, dividiendo a los estudiantes en tres categorías, según mostraran las características de un perfil PIFS «alto», «medio» o «bajo».

Nos centramos aquí en los tres factores principales que diferenciaban a los estudiantes de perfil bajo de los de perfil alto: la elaboración de las respuestas, la conciencia de las estrategias y de los recursos y el sentido de sí mismo como estudiante. Sin embargo, salió a la luz una similitud importante entre unos y otros, referida a su comprensión limitada de las diferencias y las semejanzas entre las diferentes materias. Estos factores tenían implicaciones directas sobre nuestro enfoque y se incorporaron a los temas y a los principios orientativos del currículum.

Elaboración de las respuestas. Los estudiantes de perfil bajo parecían estar limitados por el escaso vocabulario al que recurrían para discutir las cuestiones del PIFS. Les costaba explicar por qué encontraban difíciles o fáciles ciertas materias, o por qué preferían un tema en lugar de otro. Los estudiantes de perfil alto estaban más dispuestos a ofrecer espontáneamente razones para sus respuestas y eran más capaces de diferenciar entre cursos, tareas académicas y ventajas y desventajas personales. Sin embargo, tanto en unos como en otros, abundaban las «moléculas verbales» (Strauss, 1988) o tópicos del tipo «Un buen estudiante es el que presta atención» o «Cualquiera puede hacerlo mejor si se lo propone». De hecho, la mayoría de los estudiantes podrían considerarse como teóricos «incrementales» más que «de entidad» (Dweck y Elliott, 1983), como mínimo en el nivel retórico. Los teóricos incrementales consideran la inteligencia como un conjunto de habilidades que pueden mejorarse mediante el esfuerzo, mientras que los teóricos de entidad consideran que la inteligencia es algo más global y más estable. Sin embargo, aunque tanto los de perfil alto como los de perfil bajo compartían una visión incrementalista en sus respuestas, pocos de los de perfil bajo fueron capaces de articular de forma más específica cómo podría mejorarse el rendimiento académico. Por último, los de quinto grado parecían ser significativamente más literales que los de sexto grado en su manera de pensar («Un mal profesor es el que falta mucho»; «Un mal libro de texto es uno que tiene las páginas rotas»; «Una buena escuela no está sucia»); este resultado influyó en nuestra decisión de centrarnos en este último grado.

Estrategias y recursos. Los de perfil alto y bajo también variaban mucho en su grado de conciencia y en el uso de estrategias para el estudio, así como en su iniciativa a la hora de buscar ayuda. Los de perfil alto comprendían sus ventajas y sus desventajas y variaban, de acuerdo con ellas, su manera de abordar los distintos temas. También eran capaces de acudir a profesores, amigos, padres y hermanos mayores en busca de estímulo, crítica, instrucción y motivación. Los de perfil bajo, en cambio, abogaban por una estrategia de carácter más global y multiuso: «Proponérselo con más ahínco y estudiar más». Como explicaba un chico: «Todo ayuda un poco, pero no mucho». Al preguntarle cuáles eran sus «recursos», dijo: «No sé, nunca lo he preguntado». Sus respuestas sugerían desamparo, pasividad y pensamiento mágico. La escuela era un misterio para él.

Uno mismo como estudiante. Por último, los de perfil alto evidenciaban un fuerte sentido de sí mismos como estudiantes. Relacionaban sus diversas tareas escolares con objetivos, tanto a largo plazo como de tipo personal. Los de perfil bajo a menudo se ceñían a un punto de vista «disciplinario»: «Los deberes se hacen porque hay que hacerlos»; «Un buen examen es un examen difícil»; «Un buen profesor debe ser estricto»; «Bueno» significa «Duro»; y «Aprender» significa «Sufrir». Aunque la mayoría de los de perfil bajo aparentaban tener una identidad limitada o negativa como estudiantes, solían revelar, como mínimo, un área en la que podían realizar discriminaciones adecuadas y juicios de valor. Por ejemplo, un estudiante, hablando de los deportes de equipo, era capaz de articular las cualidades de un buen entrenador, las conexiones entre práctica y resultados, la naturaleza de sus obligaciones, etcétera. Este tipo de temas, que van desde la danza hasta el dibujo, pasando por el atletismo y la mecánica de coches, representan áreas que interesan a los estudiantes, y en las que, normalmente, se sienten capaces. Estos «ganchos» potenciales pueden usarse para explotar el interés o la confianza del estudiante en un terreno del conocimiento, o como medio para facilitar el crecimiento en otros terrenos.

Diferencias entre materias. Los estudiantes de perfil alto y bajo mostraron una inesperada similitud en la limitada comprensión que mostraban ante el tipo de habilidades y los procesos de razonamiento requeridos por las diferentes materias. De hecho, sin una instrucción explícita, los niños de esta edad parecen no darse cuenta de las semejanzas y diferencias interdisciplinarias. La mayoría de estudiantes definían los temas en función de su contenido:

En ciencias aprendes cosas de la naturaleza; en lengua, te enseñan a hablar bien...

Además, los estudiantes apenas eran capaces de esbozar una mínima comprensión o apreciación de las diferentes categorías de conocimiento dentro de cada área, o entre las diferentes áreas. Muchos consideraban los hechos como más importantes que la ficción; los libros de texto eran «reales», y los relatos eran «falsos» y «sólo para divertirse». Un estudiante con un PIFS alto, sin embargo, articuló esta diferencia de la manera siguiente:

Los relatos... te llevan a un mundo diferente... y allá vas, luchando contra los dragones y enamorándote. Y con los libros de texto, estás aquí, con los pies en la tierra, en este momento, en este lugar, estudiando mates...

A través de nuestras entrevistas, identificamos los siguientes temas, que impregnaban cada una de las unidades del currículum del PIFS: habilidad y buena disposición para desempeñar un papel activo como estudiante; comprensión del proceso de aprendizaje implicado en las diferentes actividades académicas; y habilidad para adquirir una visión pluralista de las tareas y papeles escolares. Decidimos presentar estos temas básicamente a través de una aproximación del tipo «infusión». Es decir, en vez de enseñar a los estudiantes a desarrollar una inteligencia práctica en la escuela mediante un conjunto de lecciones independiente y autónomo, «infundimos» estos temas a través del trabajo diario de los estudiantes, en las áreas o disciplinas principales.

El currículum «en infusión»

El objetivo del currículum en infusión del PIFS es el de promover la transferencia del conocimiento, dirigiendo explícitamente la atención de los estudiantes hacia la cuestión de cómo se relacionan entre sí los problemas de las distintas áreas, y proporcionándoles las herramientas y las técnicas necesarias para el autoseguimiento en las diferentes materias. El enfoque se basa en dos hipótesis fundamentales de la teoría de las IM: 1) la información se aprende mejor cuando se presenta en un contexto rico; y 2) es difícil asegurar la transferencia entre cursos separados o definiciones aisladas y adquirir las habilidades requeridas para el tipo de problemas que surgen inesperadamente a lo largo del trabajo escolar o de la vida (Brown y Campione, 1984; Perkins y Salomon, 1989).

El método «en infusión» puede considerarse como un «metacurrículum» que hace de puente entre los currículos estándar (problemas de matemáticas, geografía, vocabulario, etc.) y un pensamiento descontextualizado o currículum de técnicas de estudio, que pretende ser aplicable a través de las distintas materias. El currículum consiste en un conjunto de unidades «en infusión» destinadas a ayudar a los estudiantes a entender mejor los motivos para los tipos de tareas que se les asigna en la escuela, así como la mejor manera de realizarlas. Las unidades intentan cultivar un autoseguimiento y una autorreflexión directamente relacionada con las características y con los problemas del área de contenido específica en la que el estudiante está trabajando (Hyde y Bizar, 1989). Este autoconocimiento, un constituyente de la inteligencia intrapersonal, está directamente relacionado con los temas apuntados más arriba. En concreto, las unidades trabajan los aspectos que tanto profesores como alumnos identifican como difíciles para estos últimos, como el proceso de revisión y la organización y presentación del propio trabajo.

Estas unidades, normalmente, cubren temas de estudios sociales, matemáticas, lectura y escritura, y temas más generales, como la organización y presentación de un trabajo y la realización de exámenes basados en temas específicos. A continuación presentamos dos ejemplos de dichas unidades.

Escoger un proyecto. El objetivo de está unidad es ayudar a los estudiantes a escoger y a planificar los proyectos escolares de forma más eficaz. Los proyectos representan una rica alternativa a las hojas de trabajo, las cuestiones de comprensión y los exámenes estandarizados. Proporcionan al estudiante la oportunidad de estudiar un tema en profundidad, de plantearse preguntas y explorar las respuestas y de determinar la mejor manera de demostrar la experiencia recién adquirida. Sin embargo, aunque los estudiantes suelen estar absorbidos por una gran variedad de proyectos extracurriculares, como, por ejemplo, escribir una canción de *rap* o construir rampas para el monopatín, a menudo están menos animados a ejecutar proyectos escolares. Muchos encuentran difícil empezar, o a lo mejor escoger temas que, o bien son demasiado limitados, o bien demasiado amplios, o escasamente interesantes para ellos.

La unidad «Escoger un proyecto» incluye tres conjuntos de actividades: «Comprender los proyectos», «Escoger un proyecto adecuado para ti» y «Planificar un proyecto adecuado a la audiencia y a los recursos». El primer conjunto de actividades estimula a los estudiantes a examinar las semejanzas y las diferencias entre los proyectos personales y escolares, y entre los proyectos y otros cometidos de tipo escolar. También aborda la definición, los objetivos y los criterios para el éxito de distintos tipos de proyectos. El resto de actividades anima a los estudiantes a utilizar sus experiencias previas para planificar nuevos proyectos que: 1) se relacionen con sus habilidades, intereses y experiencia relativa; y 2) puedan llevarse a cabo dentro de las restricciones del cometido.

Encontrar las herramientas matemáticas adecuadas. El objetivo de esta unidad es familiarizar a los estudiantes con una serie de recursos matemáticos y ayudarles a aplicar los recursos adecuados a cada tipo concreto de problema. La primera parte invita a los estudiantes a considerar los recursos con los que ya están familiarizados en su vida cotidiana: libros, televisión, recetas, mapas, y similares. La segunda parte de la unidad presenta recursos específicos a las matemáticas: calculadoras, libros de texto, herramientas de medida, tablas y gráficos, etcétera. Las ventajas y los inconvenientes de los distintos tipos de recursos se identifican y se discuten a lo largo de una gran variedad de actividades de aula. El objetivo consiste en escoger el recurso adecuado para un tipo determinado de problema, en lugar de generar la solución final. En la última sección, los estudiantes reflexionan sobre sus propios patrones de error así como sobre su habilidad en el uso de los diversos recursos.

Los principios que infunde el PIFS

Cada unidad de infusión del PIFS refleja alguno de los siguientes principios:

Las técnicas de la inteligencia práctica se adquieren de forma más fructífera en los contextos específicos de cada especialidad. Los temas que abordan las unidades PIFS se exploran en el contexto de las propias materias temáticas; así, los tipos de recursos que son importantes para las matemáticas se consideran separadamente de los que son útiles para los estudios sociales. Estas diferencias se clarifican aún más, y se contrastan, con el objetivo de sensibilizar a los estudiantes respecto a las características de los distintos contenidos. En la unidad de «Herramientas matemáticas», los alumnos estudian las características generales, la relevancia y la fiabilidad de los distintos tipos de recursos matemáticos para las categorías específicas de los problemas de matemáticas. En una unidad de «Fiabilidad de los recursos», los estudiantes examinan las causas potenciales de la escasa fiabilidad propia de la especialidad de los estudios sociales: falta de corroboración o de experiencia, sesgo por parte del observador, imprecisión perceptiva, etcétera.

Los conceptos que presentan dificultades para los estudiantes deben analizarse y clarificarse en actividades específicas. Cada área problemática se analiza para identificar las causas concretas de la dificultad, las cuales se abordan a continuación, descomponiendo el problema en partes manejables mediante ejercicios cortos. Los problemas se trabajan enteramente en el contexto de un cometido real, en lugar de hacerlo de forma aislada. En la unidad «Escoger un proyecto», se consideran sucesivamente las áreas identificadas como problemáticas, como por ejemplo la elección del tema, la planificación dentro de las limitaciones de tiempo y recursos, el control de los propios progresos y la respuesta a la reacción de los demás. La unidad de «Tomar notas» incluye breves ejercicios destinados a proporcionar rapidez y soltura a los estudiantes a la hora de tomar notas. Una nota puede ser algo tan simple como una «palabra clave», que sugiere información adicional. Los estudiantes empiezan identificando palabras claves en frases sueltas, pasando después a fragmentos más largos de texto. Es importante establecer el ambiente correcto en el aula y proporcionar actividades de seguimiento adecuadas, para garantizar que se refuercen los beneficios obtenidos de las actividades básicas.

Los conceptos impartidos en las unidades del PIFS se ponen en práctica de forma más eficaz si se utilizan al servicio de algún objetivo en concreto. Las unidades explican y ejemplifican el hecho de que la mayor parte de las tareas, de los proyectos y de los cometidos, es decir, la mayor parte del trabajo que se realiza, se hace con un objetivo concreto. En la unidad de las «Herramientas matemáticas», los estudiantes comparan el objetivo de los recursos utilizados en la vida corriente y el de los empleados en la clase de matemáticas. También se les pide que escriban problemas para los que serían útiles determinados recursos. Uno de los objetivos de la unidad consiste en incrementar la independencia y la iniciativa de los estudiantes, relacionando explícitamente diferentes recursos matemáticos con situaciones en las que los estudiantes suelen tener dificultades. En una unidad de geografía, los estudiantes toman parte en una serie de actividades que ilustran que los mapas sirven para un propósito determinado, para unas necesidades concretas.

Los estudiantes adquieren mejor los conocimientos cuando están relacionados con su propio conjunto de habilidades e intereses. Se individualiza cada unidad del PIFS con el objetivo de: 1) enriquecer los proyectos recurriendo a los propios intereses de los estudiantes, procedentes de su experiencia académica o no; 2) inspirarse en los puntos fuertes de los estudiantes reflejando su propio conglomerado de inteligencias; y 3) relacionar los proyectos y trabajos anteriores de los estudiantes (documentos, exámenes, patrones o fuentes de error habituales, etc.) con los cometidos actuales. Como ya se ha dicho, la unidad de «Proyectos» aborda cada uno de estos tres puntos. La unidad «Descubre tu perfil de aprendizaje» comprende actividades que estimulan explícitamente a los estudiantes a que tengan en cuenta sus diversas «inteligencias» y sus estilos de aprendizaje. Si, por ejemplo, una alumna reconoce que posee una inteligencia lingüística limitada, puede que necesite esforzarse más para realizar un examen de vocabulario. Si es consciente de su buena inteligencia espacial, puede que estudie el vocabulario más eficazmente memorizando las palabras y sus definiciones, en términos de su ubicación en la hoja de estudio o traduciendo las definiciones a imágenes concretas.

Las técnicas de la inteligencia práctica se integran mejor si se presentan simultáneamente en contextos académicos y del mundo real. Las técnicas del PIFS abordadas por las unidades se sitúan en contextos tanto académicos como del mundo real para ayudar a los estudiantes a establecer conexiones con su propia experiencia. Por ejemplo, los estudiantes consideran la gran utilidad de los recursos matemáticos no únicamente en función de sus deberes escolares, sino con ocasión de la planificación de un viaje, de hacer un pastel o a la hora de justificar un aumento de su paga. La unidad de «Tomar notas» identifica situaciones en las que hay que tomar notas, quizá sin que los estudiantes se den cuenta, por ejemplo mensajes telefónicos y listas de la compra. La unidad «Por qué ir a la escuela» estimula la reflexión acerca de la escuela, su efecto en la calidad de vida y los métodos alternativos de educación, así como la realidad y los mitos (a menudo potenciados por la televisión) del mundo del trabajo. Se utilizan metáforas y analogías cuando resultan útiles para explicar los conceptos difíciles y facilitar su comprensión. Estas metáforas ayudan a hacer más accesible y fácil de recordar un concepto como revisión, ligándolo a una imagen que los estudiantes pueden reconocer y entender de forma inmediata, como hacer una película, practicar deportes o escoger una prenda de ropa. Intentar resolver un problema matemático sin los recursos adecuados es como ser mecánico y querer trabajar sin una caja de herramientas.

Se intenta que los estudiantes se fijen en el proceso además de en el producto. Aunque es evidente que los productos finales y las respuestas correctas son importantes, la inteligencia práctica implica saber qué hay que hacer cuando uno se atasca y cómo hay que buscar la ayuda adecuada. Por tanto, las unidades del PIFS a menudo ponen mucho énfasis en el proceso de llevar a cabo un cometido o de resolver un problema, y menos en la solución real. Como se ha dicho anteriormente, la unidad de «Herramientas matemáticas» contiene muchos ejercicios que no requieren una resolución completa. En vez de eso, se pide a los estudiantes que identifiquen los recursos matemáticos adecuados para los diferentes problemas. En la unidad «Comprender la ficción», los estudiantes intentan delimitar la fuente de sus malentendidos en una obra de ficción, de forma que sean capaces de plantear preguntas más precisas y de identificar las áreas que requieren más ayuda.

El autoseguimiento ayuda a los estudiantes a adoptar una responsabilidad activa sobre su propio aprendizaje. El autoseguimiento se estimula en todas las unidades, antes, durante y después de las actividades. No basta simplemente con aprender las técnicas de la inteligencia práctica; los estudiantes deben también practicar vigilando y controlando su uso, de manera que se reduzca la dependencia del profesor. En matemáticas, se clarifican las ventajas y los inconvenientes de cada recurso en concreto, en un esfuerzo destinado a animar a los estudiantes a pensar de forma más crítica y reflexiva acerca de cuándo y cómo usar las diferentes herramientas matemáticas. En la unidad «Proyectos», se examinan los proyectos emprendidos dentro y fuera de la escuela, se comparan y evalúan. Se pide a los estudiantes que comparen informes escritos sobre áreas que conocen mucho con informes escritos de áreas de las que no saben nada, o muy poco. Como regla general, se proporciona a los estudiantes ejemplos que ilustran buenos y malos resultados, con el objetivo de provocar un pensamiento más evaluador.

Evaluación de las unidades del PIFS

Consideramos que las técnicas de la inteligencia práctica pueden evaluarse de forma eficaz teniendo en cuenta tanto cuestiones metacognitivas como los propios resultados de las tareas reales. Las medidas de evaluación del PIFS calibran las habilidades de los estudiantes en el contexto. Estas medidas se dividen en tres categorías: definicionales, orientadas a la tarea y a la metatarea. El componente definicional aborda la comprensión del problema por parte de los estudiantes; por ejemplo, ¿comprenden los estudiantes las cuestiones abordadas por la unidad del PIFS y por qué son importantes? Se puede llegar a comprender esto sin haber llegado a dominar las técnicas necesarias para ejecutar la tarea. El componente de tarea ejemplifica las técnicas reales apuntadas por la unidad: se puede pedir a los estudiantes que comiencen o que finalicen una tarea, o que trabajen sobre un área problemática. Por último, el componente de metatarea requiere que los estudiantes reflexionen acerca de la naturaleza del proceso o de las técnicas implicadas en una tarea concreta. Se les pide que evalúen si sus resultados han sido buenos, y si no, cómo pueden revisarse o mejorarse.

Las siguientes medidas de evaluación proporcionan ejemplos de las dos unidades de muestra descritas antes. Una medida definicional para «Escoger un proyecto» pide a los estudiantes que enumeren los factores que deben considerarse cuando se escoge un proyecto concreto. En la unidad «Herramientas matemáticas», se pide a los estudiantes que identifiquen situaciones en las que determinados recursos matemáticos pueden ser útiles. La medida de tarea para la unidad de «Proyectos» requiere que los estudiantes completen un plan para un proyecto hipotético. Una medida equivalente para la unidad «Herramientas matemáticas» presenta un problema a los estudiantes, al tiempo que restringe su acceso a ciertos recursos, y les pide que generen otras opciones para resolver el problema. Por último, una de las medidas de metatarea para «Escoger un proyecto» pide a los estudiantes que critiquen tres planificaciones completas y que hagan sugerencias para mejorar alguna de las propuestas menos atractivas. En la unidad de matemáticas, se les presenta a los estudiantes un guión en el que un hipotético alumno ha utilizado diferentes recursos para resolver un problema matemático especialmente espinoso. Se les pide que evalúen la corrección del trabajo del alumno.

Las medidas del PIFS incorporan algunas de las características de los criterios de Wiggins (1989) para tests «auténticos», porque las evaluaciones son contextualizadas. Reflejan una complejidad realista; el contenido se llega a dominar como un medio, no como un fin; y se pide a los estudiantes que planteen problemas y los clarifiquen, no únicamente que den las soluciones. Se pretende que las medidas de evaluación sean útiles, no sólo como una apreciación de lo que los alumnos han aprendido en la unidad del PIFS, sino también como ejemplo de buena pedagogía (Gardner, 1991).

Hemos descrito un nuevo método curricular destinado a ayudar a los estudiantes a manejar las complejas y a menudo conflictivas exigencias de la escuela. El método global del PIFS identifica tres áreas principales dentro del currículum de «inteligencia práctica» y varios de los factores importantes a este respecto. El método «en infusión» del PIFS refleja, además, una serie de principios relacionados con el desarrollo de un currículum «en infusión». Aunque es demasiado pronto para juzgar si este método funciona en todos los objetivos propuestos, podemos afirmar que los diversos coordinadores que han seguido partes del currículum lo consideran compatible con los procedimientos y los objetivos de sus clases; además, los resultados de los estudiantes de un aula del PIFS superan a los miembros de un grupo de control en una gran variedad de medidas (Gardner, Krechevsky, Sternberg y Okagaki, en prensa).

Nuestra obra genera una serie de cuestiones que aquí podemos responder brevemente. Una primera cuestión es la de si un enfoque de múltiples inteligencias puede ser productivo, dada la relevancia que se le sigue dando en la escuela al pensamiento lingüístico y lógico. Parece claro que ciertas combinaciones de inteligencias (como lingüística, lógica y ciertos aspectos de la interpersonal) son muy valoradas y recompensadas en el contexto escolar. Efectivamente, no debe ser inmediato (ni es necesariamente deseable) elevar algunas de las inteligencias «marginales» a la categoría de competencia académica, ni tampoco utilizarlas como vehículo de instrucción en las áreas temáticas estándar. Sin embargo, los estudiantes que experimentan dificultades en las áreas académicas tradicionales suelen obtener mejores resultados y sentirse mejor cuando tienen la oportunidad de mostrar sus conocimientos y su capacidad de comprensión a través de otros medios no lingüísticos.

Una segunda cuestión es la de si las teorías de Sternberg y Gardner se han visto afectadas por su implicación en este proyecto. Creemos que así ha sido, al menos de dos maneras. En primer lugar, la teoría de las IM se ha beneficiado de la mayor atención prestada a los aspectos cognitivos de las diversas inteligencias, y los metacomponentes de la teoría triárquica han adquirido matices debido a su aplicación en los diferentes campos. En segundo lugar, como ocurre con la mayoría de las teorías psicológicas, nuestros informes sobre la inteligencia se han centrado en la cognición del individuo en solitario. Pero, una vez que empieza el trabajo en el aula, se hace evidente que debe considerarse la cuestión de cómo trabajan los estudiantes en proyectos en común, cómo pueden funcionar de forma más eficaz la evaluación y la instrucción en el contexto de estos grandes grupos de individuos, etcétera.

Una tercera cuestión es cómo podría funcionar el método del PIFS si intentara aprovecharse de las ventajas tradicionales de un currículum independiente y del método «en infusión». Actualmente, en el trabajo que estamos llevando a cabo con Robert Sternberg y Tina Blythe de forma conjunta, estamos combinando estos métodos usualmente opuestos. A principios de curso, presentamos las ideas y los temas específicos del PIFS de forma explícita, y, luego, periódicamente, estos conceptos PIFS se convierten en el tema de lecciones de «recuerdo» especiales.

A pesar de todo, la principal manera de ayudar a los estudiantes a mostrar una inteligencia práctica consiste en proporcionarles unas oportunidades amplias de utilizar el método del PIFS en su trabajo diario. Y así, con este método combinado, se presenta una gran cantidad del material del PIFS a lo largo de las lecciones estándar de lectura, escritura y otras materias tradicionales. Confiamos en que los profesores volverán al material del PIFS a medida que lo necesiten para complementar los currículos existentes, que los estudiantes aprenderán a recurrir a estas técnicas en momentos de dificultad, y, por último, que los estudiantes irán progresivamente interiorizando las técnicas y los conceptos del PIFS de manera que se conviertan en una parte del repertorio que cada niño tiene disponible de forma inmediata. De acuerdo con esto, el éxito del método del PIFS se evalúa observando las mejoras en los resultados de los estudiantes en sus áreas habituales de trabajo escolar.

Surge una última cuestión: hasta qué punto el currículum puede ser manipulador en espíritu o en operatividad. A pesar de que uno de los objetivos del currículum del PIFS consiste en ayudar a los estudiantes en el curso de su trabajo y de sus cometidos, existe una fina línea divisoria entre aprender a exteriorizar lo que los profesores desean y adquirir las herramientas para aprender por nuestra cuenta y desear aprender más. Un criterio de éxito del proyecto PIFS es la mejora de los resultados escolares y de la implicación del estudiante en la escuela. Pero un objetivo aún más atractivo para los estudiantes es el de responsabilizarse de su propia educación, aun después de haber acabado la escuela, de manera que la inteligencia práctica para la escuela se convierte en inteligencia práctica para la adquisición de conocimientos y de comprensión a lo largo de la vida. Ampliando el foco de las intervenciones educativas actuales para que incluyan capacidades de tipo práctico, además de las de tipo académico, esperamos no sólo ayudar a nuestros jóvenes Simónides y Boole, sino también ayudar a muchos alumnos con problemas a convertirse en estudiantes activos, planificadores y reflexivos.

9   Investigación disciplinada en la escuela secundaria: una introducción al Arts PROPEL

Cualquier alumno de arte, en los Estados Unidos, debería estar contento por la notoriedad que este campo de la educación ha adquirido recientemente. Después de una década de la desaparición del CEMREL (el mayor esfuerzo de subvención federal para la educación artística), la virtual eliminación de los esfuerzos nacionales por parte del Departamento de Educación, y la silenciosa acogida de *Coming to our senses* (Arts, Education and Americans, 1977), se ha producido un renacimiento del interés por la educación de las artes. Incentivada en primer lugar por el Getty Center for Education in the Arts, alentada también por el apoyo de otras filantropías federales y privadas, y simbolizada en *Towards civilization*, la lujosa publicación sobre educación artística editada por el National Endowment of the Arts (1988), la educación artística constituye, en la actualidad, un participante ineludible en las conversaciones a escala nacional acerca de la reforma educativa. Una oportunidad como ésta no suele surgir más de una vez en cada generación, y, por tanto; resulta sensato no dejarla pasar.

En el nivel retórico, es fácil encontrar áreas de consenso entre los diversos participantes en el renacimiento de un movimiento nacional de educación artística. Prácticamente todo el mundo sería partidario de destinar más tiempo de clase a las artes y de disponer de profesores mejor formados, con algún tipo de titulación. Sin embargo, bajo la superficie del común acuerdo, existen cuestiones enojosas que engendran agudas controversias (Burton, Lederman y London, 1988; Dobbs, 1988; Eisner, 1987; Ewens, 1988; Getty, 1986; Jackson, 1987; Zessoules, Wolf y Gardner, 1988).

Algunas de las cuestiones parecen de naturaleza práctica. ¿Tenemos que buscar especialistas o formar a los maestros? ¿Hay que centrarse en una o dos formas artísticas o, por el contrario, proporcionar un menú completo de géneros y estilos? ¿Deberíamos tener un currículum uniforme en todos los estados y ciudades? ¿Tendríamos que utilizar exámenes estandarizados? Pero pronto encontramos cuestiones que sobrepasan lo «meramente práctico». ¿Hasta qué punto deberían las clases de arte emplearse para potenciar la creatividad? ¿El arte debe impartirse de forma separada o bien impregnar todo el currículum? ¿Debemos considerar el arte occidental como privilegiado, o el arte de *nuestra* civilización debe ocupar simplemente un lugar entre otras tradiciones igualmente meritorias? ¿La información artística debería centrarse en las capacidades productivas o se debe dar más importancia a la figura del conocedor o entendido? ¿El conocimiento artístico es básicamente objetivo o implica formas únicas de cognición y metacognición?

Ninguna de estas preguntas es nueva para los profesores de arte, pero todas cobran especial significado en un momento en el que se están invirtiendo grandes esfuerzos educativos en la escuela, en los museos e incluso en la televisión. Las decisiones que se tomen (o que se dejen de tomar) probablemente tendrán repercusiones durante una década o más.

En este ensayo, presentaré un nuevo enfoque del currículum y de la evaluación en el campo de las artes, principalmente para la escuela secundaria, llamado Arts PROPEL. Aunque un gran número de características del Arts PROPEL las comparten otras iniciativas contemporáneas, este enfoque difiere de ellas tanto en términos de sus orígenes intelectuales como de su particular mezcla de componentes. Así pues, el presente ensayo sirve también como introducción al enfoque general de la educación artística diseñado durante las pasadas décadas en el Proyecto Zero de Harvard, así como a una forma concreta que se ha asumido actualmente en la práctica.

Raíces intelectuales del Proyecto Zero de Harvard

El Proyecto Zero lo fundó en 1967, en la Harvard Graduate School of Education, el conocido filósofo Nelson Goodman. De formación epistemológica, Goodman puso en duda la extendida noción de que los sistemas simbólicos lógico y lingüístico tienen prioridad sobre otros sistemas expresivos y de comunicación. Siguiendo trabajos previos iniciados por Charles Sanders Peirce (1940), Ernst Cassirer (1953-1957) y Susanne Langer (1942), Goodman (1976; 1978) formuló una taxonomía de los principales sistemas simbólicos utilizados por los seres humanos. En su discurso se incluía una descripción de los sistemas simbólicos relevantes para las artes (como el musical, el poético, el gestual o el videográfico) y de los modos de simbolización que encarnaban (como la representación, la expresión, la metáfora y la polisemia).

Aunque el trabajo de Goodman era eminentemente filosófico, pronto atrajo a investigadores interesados en los aspectos psicológicos y educativos de su «teoría de los símbolos». Durante los primeros años del proyecto, gran parte del trabajo implicaba discusiones interdisciplinarias y análisis de los principales conceptos y procesos relacionados con las artes. El punto de vista adoptado era declaradamente «cognitivo». Es decir, en ciertos aspectos, las actividades artísticas se consideran ocasiones para las actividades mentales, algunas compartidas con otros objetivos (como la atención al detalle), otras especiales (sensibilidad a la composición de modelos, por ejemplo). Cualquiera que se relacione con las artes debe llegar a ser capaz de «leer» y «escribir» los sistemas simbólicos característicos de las artes. Un «lector» artístico puede llegar a diferenciar diversos estilos en música, o a discernir el contenido alegórico de un poema o de una novela. Un «escritor» artístico es capaz de utilizar formas abstractas y colores para sugerir estados de ánimo tristes o triunfantes, o para variar las frases musicales hasta crear la sensación de las diferentes estaciones o de los distintos estados psicológicos.

En pleno despertar de la omnipresente revolución cognitiva (Gardner, 1985), puede resultar difícil darse cuenta de que este punto de vista era claramente iconoclasta en su momento. Entre los profanos, pero también principalmente entre los profesores y los teóricos del arte, era evidente la creencia de que las artes constituyen sobre todo un reino de la emoción, del misterio, de la magia y de la intuición. La cognición se asociaba a la ciencia y a la resolución de problemas, y no a la creatividad necesaria para construir y apreciar obras de arte. E incluso los que simpatizaban con un enfoque cognitivo cuestionaban que un análisis en términos de esas «cositas llamadas símbolos» pudiera ser productivo. Actualmente, sin embargo, se ha ganado con creces la batalla; los que cuestionan las dimensiones cognitivas del arte son una minoría.

En los años 70, bajo la codirección de David Perkins y la mía propia, el Proyecto Zero se dedicó más plenamente a cuestiones psicológicas. Perkins dirigía un «Grupo de capacidades cognitivas» con un interés primario por las capacidades perceptivas y cognitivas de los adultos; yo dirigía un «Grupo evolutivo» que se centraba en el desarrollo de las capacidades que emplean símbolos en los niños normales y superdotados. En los últimos tiempos, estas investigaciones basadas en la psicología aún continúan, pero el proyecto ha adoptado un giro claramente educativo. Más de la mitad de los estudios que tenemos actualmente en marcha, implican esfuerzos más o menos directos para aplicar nuestros análisis e intuiciones a programas en escuelas, desde el nivel preescolar hasta el universitario. Arts PROPEL ejemplifica este desplazamiento desde el análisis filosófico y la experimentación psicológica hasta los esfuerzos prácticos en el entorno educativo.

El Proyecto Zero ha involucrado a más de 100 investigadores en las dos últimas décadas, y estos individuos han realizado contribuciones en una gran variedad de aspectos de las ciencias humanas y sociales. Nuestro trabajo colectivo ha aparecido en gran número de publicaciones (Gardner, 1982; Goodman y otros, 1972; Perkins y Leondar, 1977; Winner, 1982) y fue el tema de un número del *Journal of Aesthetic Education* (Gardner y Perkins, 1988). Por lo tanto, no es necesario repasar aquí nuestros principales hallazgos.

Pero es oportuno presentar unas líneas de análisis dentro del grupo evolutivo, líneas que han llevado directamente a la empresa del Arts PROPEL. En un trabajo previo, para despejar el camino, adaptamos los métodos de investigación diseñados por Jean Piaget (1970) en su estudio sobre los niños a los tipos de competencia en el uso de símbolos que habían sido descritos por Goodman. De aquí surgieron finalmente tres líneas principales de investigación. En primer lugar, llevamos a cabo estudios experimentales verticales sobre capacidades específicas (como sensibilidad hacia los estilos o competencia metafórica) con el objetivo de determinar la trayectoria evolutiva «natural» de estas importantes capacidades (Gardner, 1982). En segundo lugar, realizamos estudios longitudinales naturalistas del desarrollo en la primera infancia de diversos tipos de capacidades que emplean símbolos (Wolf y Gardner, 1981, 1988; Wolf y otros, 1988). En tercer lugar, en un trabajo científicamente relacionado, investigamos el deterioro, en caso de lesión cerebral, de las mismas capacidades simbólicas cuya ontogénesis habíamos estado explorando (Gardner, 1975; Kaplan y Gardner, 1989).

Una serie de hallazgos importantes y, en ocasiones, inesperados, surgieron de estos estudios emprendidos principalmente durante los años 70.

1) En la mayoría de las áreas de desarrollo, los niños simplemente mejoran con la edad. En diversas esferas artísticas, sin embargo, los datos sugieren un grado de competencia sorprendentemente alto en niños pequeños, seguido de un posible declive durante los años intermedios de la escolaridad. Esta curva de desarrollo dentada o en forma de U, es particularmente evidente en ciertas áreas de la producción artística, aunque también puede manifestarse en áreas selectivas de la percepción (Gardner y Winner, 1982).

2) A pesar de ciertas deficiencias en sus resultados, los niños de preescolar adquieren una tremenda cantidad de conocimiento y de competencia artística. Como ocurre con el lenguaje natural, esta adquisición puede tener lugar sin una tutela explícita por parte de los padres o maestros. La evolución de los dibujos de los niños constituye un ejemplo particularmente vívido de este aprendizaje y este desarrollo autogenerado (Gardner, 1980). En este sentido, el aprendizaje artístico contrasta claramente con los temas escolares tradicionales.

3) Prácticamente en todas las áreas, las capacidades perceptivas y de comprensión de un individuo se desarrollan mucho antes que las capacidades productivas. Una vez más, sin embargo, el panorama artístico resulta mucho más complejo, y, como mínimo en algunos terrenos, la comprensión parece ir después de las capacidades productivas y de los resultados (Winner y otros, 1983). Este hallazgo subraya la importancia de proporcionar a los niños pequeños amplias oportunidades de aprender actuando, construyendo o «haciendo».

4) De acuerdo con la teoría evolutiva clásica, la competencia de los niños en una esfera cognitiva debería predecir también el nivel de competencia del niño en otras esferas. Junto a otros investigadores, descubrimos que la sincronía entre las áreas era mucho menor. De hecho, era perfectamente normal que un niño fuera bueno en una o dos áreas (por ejemplo, en la forma artística x) al tiempo que se mostraba normal o por debajo de la media en otras áreas (incluyendo la forma artística y) (Gardner, 1983a; Winner y otros, 1986).

5) Durante décadas se ha creído que el cerebro era «equipotencial», y que

cada área del mismo estaba al servicio de una capacidad humana. La investigación neuropsicológica puso este hallazgo en duda. Una descripción más precisa indica que ciertas áreas específicas de la corteza cerebral poseen focos cognitivos particulares, y que, en concreto, después de la primera infancia, existe poca «plasticidad» en la representación de las capacidades cognitivas en el sistema nervioso (Gardner, 1975, 1986).

Sería erróneo sugerir que ahora comprendemos el desarrollo artístico, incluso en la medida en que los investigadores han clarificado el desarrollo científico o el desarrollo de la competencia lingüística. Como nuestro «zero» nos recuerda, la investigación en este tema está aún en pañales. Nuestro trabajo ha establecido que el desarrollo artístico es complejo y multivocal; es difícil hacer generalizaciones y muchas veces fallan. Sin embargo, ha sido importante para nosotros reunir nuestros principales hallazgos acerca del desarrollo artístico y esto es lo que hemos intentado hacer en muchas ocasiones (Gardner, 1973; Winner, 1982; Wolf y Gardner, 1980).

La teoría de las inteligencias múltiples

En mi propio trabajo, estas diferentes aproximaciones quedaron reunidas, concretamente, en la «teoría de las inteligencias múltiples» (véanse capítulos 1 y 2). A la luz de una visión pluralista del intelecto, surge inmediatamente la cuestión de si existe una inteligencia artística independiente. Según mi análisis, no es así (Gardner, 1983b). En cambio, cada una de esas formas de inteligencia puede orientarse hacia fines artísticos: es decir, que los símbolos que intervienen en esa forma de conocimiento *pueden* disponerse de forma estética. Así, la inteligencia lingüística puede emplearse en la conversación normal o para redactar escritos legales; en ninguno de estos casos el lenguaje se emplea estéticamente. La misma inteligencia puede usarse para escribir novelas o poemas, en cuyo caso se organiza de forma estética. De manera equivalente, la inteligencia espacial la pueden usar los marinos o los escultores, así como la inteligencia cinético-corporal puede ser explotada por bailarines, mimos, atletas o cirujanos. Incluso la inteligencia musical puede utilizarse de forma no estética (como en un sistema de comunicaciones basado en los toques de corneta); de igual manera, la inteligencia lógico-matemática puede dirigirse hacia un fin estético (como cuando una demostración se considera más elegante que otra). El hecho de que una inteligencia se ponga en acción con fines estéticos o no, acaba siendo una decisión individual o cultural.

Acentos alternativos en la educación artística

A lo largo del curso de la historia, las inteligencias humanas se han formado básicamente de dos maneras opuestas. Por un lado, los individuos, desde temprana edad, han participado en actividades que movilizan y canalizan sus inteligencias. Este proceso tiene lugar en los *aprendizajes* tradicionales, así como en las actividades escolares informales que se caracterizan por la observación, la demostración y el entrenamiento en contexto (Collins y Brown, 1988; Gardner, 1991a; Resnick, 1987; Schon, 1984). Por otro lado, las inteligencias humanas también se han formado en *contextos y esquemas escolares más formales.* Allí, los estudiantes asisten a clases de diferentes materias y se espera que dominen lo que escuchan o leen en libros de texto relativos a esas materias. Después, se espera de ellos que memoricen y comprendan ese material y que recurran a él para realizar deberes, exámenes y posteriormente lo apliquen a la «vida activa».

Según mi análisis, el enfoque escolar ha imperado en nuestras ideas acerca del aprendizaje y ha llegado a ejercer un dominio absoluto sobre las actividades que caracterizan a la escuela. Sin embargo, los individuos también pueden formar sus inteligencias —incluyendo una banda mucho más amplia de inteligencias— mediante regímenes de formación no escolares o de carácter más informal.

En pocas áreas del conocimiento ha sido tan destacada la distinción entre estas dos formas de educación como en el terreno de las artes. Durante centenares, sino miles de años, los estudiantes han aprendido cosas sobre el arte a través de los aprendizajes; observan a los maestros en pleno trabajo; se incorporan progresivamente a esas actividades; al principio participan de forma sencilla y asistida, y, luego, gradualmente abordan cometidos más difíciles, recibiendo cada vez menor apoyo por parte del maestro o formador. Efectivamente, éste era el procedimiento predilecto en los talleres del Renacimiento, y algunas versiones de él han persistido, en las lecciones particulares de música y pintura, hasta nuestros días. Los más recientes programas conocidos como «Artists in the Schools» (Artistas en las escuelas) son intentos encaminados a explotar el potencial de estos esquemas de enseñanza tradicionales en los que las inteligencias adecuadas se movilizan de forma directa, sin necesidad de intervenciones extensivas de tipo lingüístico, lógico o notacional.

A lo largo de los últimos siglos, sin embargo, se ha abierto un «segundo frente» en el área de la educación artística. Con la aparición de campos como la historia del arte, la crítica de arte, la estética, la comunicación, la semiótica y similares, ha cobrado importancia en el ámbito académico un conjunto de conocimientos escolares relacionados con las artes. En lugar de adquirirse a través de la observación, la demostración o el aprendizaje, esas áreas «periartísticas» del conocimiento se llegan a dominar principalmente a través de los métodos escolares tradicionales: la clase magistral, la lectura y la escritura, del mismo modo que la historia, la economía o la sociología.

Sin embargo, no existe necesariamente un vínculo entre estos aspectos de las artes y estos modos de enseñar. La historia del arte podría enseñarse mediante la observación o la demostración, de la misma manera que la pintura o el violín podrían enseñarse a través de clases magistrales o leyendo un libro de texto. Y, sin embargo, por razones evidentes, cada una de estas disciplinas artísticas ha tendido a favorecer una forma de pedagogía sobre su opuesta.

La situación actual de la educación artística

Diversos informes acerca de la educación americana emprendidos durante la década anterior dibujan un panorama generalmente coherente. En los cursos más jóvenes, la educación artística se acerca a la universal. Lo más frecuente es que la instrucción artística la imparta el mismo maestro del aula y, en general, se centra mucho en la producción artística. Los niños pintan, dibujan y modelan arcilla, de la misma manera que cantan, participan en bandas rítmicas o, más raramente, tocan un instrumento, bailan o explican historias. Si los maestros son dotados y/o están inspirados, estas producciones artísticas no merecen mucha atención. Más adelante, la educación artística declina en su frecuencia: en la escuela secundaria los especialistas imparten clases, pero sólo participan una minoría de estudiantes. Con pocas excepciones, el énfasis se sigue poniendo en la producción. Los procedimientos reales del aula incluyen métodos de aprendizaje, particularmente en los últimos niveles, pero no es infrecuente que la iniciativa para la producción recaiga enteramente en manos del estudiante.

En algunos sistemas escolares, se han realizado esfuerzos para entrenar a los niños en actividades «periartísticas», como la historia del arte o la crítica artística. Tradicionalmente, esta actividad ha recibido poco apoyo por parte de la comunidad; solamente con el advenimiento del Getty Trust, y de otras entidades paralelas, se ha producido un llamamiento más amplio dirigido a la instrucción artística fuera de la esfera de la producción.

Sin embargo, a lo largo de las últimas décadas, se ha producido un consenso dentro de las profesiones relacionadas con la educación artística acerca de la necesidad de ir más allá de la «mera producción». Aunque los educadores del arte difieren en cómo evaluar la importancia de la producción artística —y su posible conexión con una creatividad en términos generales—, coinciden en que, para la mayoría de la población, este énfasis exclusivo carece de sentido. Así pues, prácticamente todos los esfuerzos reformistas citados más arriba reclaman una educación artística que abarque algún tipo de discusión y de análisis de las propias obras de arte y una cierta apreciación de los contextos culturales en los que se elaboran estas obras de arte.

El enfoque de la educación artística del Proyecto Zero

Dado nuestro enfoque cognitivo de la educación artística, éstas han sido las tendencias generales que se han valorado dentro del Proyecto Zero. (De hecho, en nuestros momentos más chauvinistas, reclamamos parte del crédito por algunas de las recientes reorientaciones en la educación artística.) Creemos que deben presentarse a los estudiantes los modos de pensar propios de los individuos relacionados con las artes: por parte de los artistas en activo y por parte de los que analizan, critican e investigan los contextos culturales de los objetos de arte.

Sin embargo, contrariamente a los que abogan por una «educación artística basada en la disciplina», presentamos una serie de matices a nuestra postura. Estos puntos nos han llevado a establecer nuestro propio enfoque de la educación en diversas formas artísticas. Aunque no pretendo hablar en nombre de todo el Proyecto Zero —pasado o presente— llamaré la atención sobre los siguientes puntos:

1) Especialmente en edades tempranas (menos de, digamos, diez años), las actividades de producción deberían ser centrales en cualquier forma artística. Los niños aprenden mejor cuando se implican activamente en la materia, pues quieren tener la oportunidad de trabajar directamente con los materiales y con los diferentes medios, y, en las artes, este potencial y estas inclinaciones siempre se traducen en la realización de algo. Además, los niños pequeños están bien dotados para imaginarse las partes o el diseño principal de un objeto artístico, y han de tener la oportunidad de realizar estos «descubrimientos» por su cuenta (Bamberger, 1982). Este énfasis es la herencia de la época progresista que merece perdurar, incluso dentro de una «era más disciplinaria» (véase Dewey, 1959; Lowenfeld, 1947).

2) Las actividades perceptivas, históricas, críticas y otras de tipo «periartístico» deberían estar muy relacionadas y (siempre que sea posible) surgir de las propias producciones del niño. Es decir, que en lugar de presentárseles un contexto ajeno, lleno de objetos artísticos realizados por otros, los niños deberían encontrar estos objetos en relación con los productos artísticos y con los problemas en los que ellos mismos están involucrados, y, siempre que sea posible, en íntima conexión con los propios objetos artísticos del niño. (Los estudiantes mayores y los adultos también pueden beneficiarse de este tipo de introducciones contextualizadas a las actividades «periartísticas».)

3) Los currículos artísticos deben ser impartidos por profesores u otras personas con un conocimiento profundo de cómo hay que «pensar» en un medio artístico. Si el área es la música, el profesor debe ser capaz de «pensar musicalmente», y no, simplemente, presentar la música a través del lenguaje o de la lógica. Por la misma razón, la educación en las artes visuales debe tener lugar a través de la mano y de los ojos de una persona que sepa «pensar de forma visual o espacial» (véase Arnheim, 1969). En la medida en que los profesores carezcan de dichas capacidades, sería conveniente que siguieran cursos de capacitación que les permitieran desarrollar estas habilidades cognitivas.

4) Siempre que fuera posible, el aprendizaje artístico debería organizarse en torno a proyectos significativos que se llevaran a cabo a lo largo de un cierto período de tiempo, y dar cabida a la reacción, la discusión y la reflexión. Estos proyectos deben interesar a los estudiantes, motivarlos y animarlos a desarrollar sus capacidades, y pueden ejercer un impacto a largo plazo en su competencia y en su comprensión de la materia. En la medida de lo posible, deben abandonarse las experiencias de aprendizaje llevadas a cabo «de una sola vez».

5) En la mayoría de las áreas artísticas, no resultaría provechoso planificar un currículum K-12 secuencial. (Me refiero a los objetivos curriculares, ingenuos pero muy frecuentes, del tipo: poder decir cuatro nombres de colores, poder cantar tres intervalos, poder recitar dos sonetos.) Una fórmula así puede parecer atractiva, pero desafía la manera holista, sensible al contexto, en que los individuos suelen llegar a dominar un arte o una disciplina. El arte implica una exposición constante, en los diversos niveles evolutivos, a ciertos conceptos fundamentales, como estilo, composición o género; y a ciertos problemas recurrentes, como interpretar una pieza con sentimiento o crear una imagen artística poderosa. Los currículos deben basarse en este aspecto «en espiral» del aprendizaje artístico. Un currículum puede ser secuencial en el sentido de que repasa conceptos y problemas de manera progresivamente sofisticada, pero no en el sentido de que exista un conjunto de problemas, de conceptos o de términos en segundo curso y otro conjunto en tercer o cuarto curso.

6) La evaluación del aprendizaje resulta esencial en arte. El éxito de un programa artístico no puede confirmarse *a priori*. Sin embargo, las evaluaciones deben respetar las inteligencias concretas que se ven involucradas: la habilidad musical debe evaluarse a través de medios musicales, y no a través de los «filtros» del lenguaje o de la lógica. Y la evaluación debe poner a prueba las habilidades y los conceptos que son básicos en el ámbito artístico. En lugar de adaptar el currículum a la evaluación, hemos de diseñar métodos de evaluación que hagan justicia a lo que resulta ser más importante en las formas artísticas.

7) El aprendizaje artístico no implica únicamente dominar una serie de habilidades o conceptos. Las artes son también unas áreas profundamente personales en las que los estudiantes encuentran sus propios sentimientos, así como los de otras personas. Los estudiantes necesitan vehículos educativos que les permitan este tipo de exploraciones: deben ver que la reflexión personal constituye una actividad importante y respetada, y que su intimidad queda protegida.

8) En general, resulta arriesgado —y en cualquier caso es innecesario— impartir de forma directa el gusto artístico o los juicios de valor. Sin embargo, es importante que los estudiantes comprendan que el arte implica cuestiones de gusto y de valoración que interesan a cualquiera que se sienta motivado por él. Estas cuestiones se transmiten mejor a través del contacto con personas que se preocupan de estos temas y que desean presentar y defender sus valores, pero que están abiertas a la discusión y que toleran puntos de vista alternativos.

9) La educación artística es demasiado importante para dejarla en manos de un solo grupo de personas llamadas «educadores artísticos». En cambio, la educación artística debería ser una empresa cooperativa que incluyera a artistas, profesores, coordinadores, investigadores y a los propios estudiantes.

10) Aunque, idealmente, todos los estudiantes deberían estudiar todas las formas artísticas, esto no resulta una opción factible. Existen demasiados temas —y, según mi terminología, demasiadas inteligencias— que compiten por una parte del calendario escolar, y la jornada escolar ya resulta excesivamente fragmentada.

Según mi punto de vista, ninguna forma artística tiene una prioridad intrínseca sobre las otras. Así pues, aun a riesgo de ofender a todo un público de educadores en artes visuales (¡y a muchos otros!), afirmo que todos los estudiantes deberían poder disfrutar de una amplia exposición a un tipo de forma artística, pero que ésta no tiene por qué ser una de las artes visuales. De hecho, yo preferiría tener a una persona versada en música, danza o teatro que a otra con un conocimiento superficial de las distintas artes. El primero al menos sabrá qué significa «pensar» en una forma artística, y aún le quedará la posibilidad de asimilar otras formas artísticas más adelante; el segundo parece destinado a ser, como máximo, un *dilettante*, o, en el peor de los casos, a desentenderse completamente del tema.

Por último, Arts PROPEL

Los puntos arriba mencionados podían dar lugar a toda una serie de programas de educación artística. En este caso, han contribuido a dar forma a un método llamado Arts PROPEL. En 1985, con el estímulo y el apoyo de la Arts and Humanities Division de la Rockefeller Foundation, el Proyecto Zero de Harvard unió sus fuerzas con el Educational Testing Service y las escuelas públicas de Pittsburgh. El objetivo del proyecto resultante ha sido diseñar un conjunto de instrumentos de evaluación que puedan documentar el aprendizaje artístico durante los últimos años de la enseñanza primaria y durante la secundaria. Las ideas del Arts PROPEL han sido investigadas en colaboración con las entidades que acabo de mencionar.

Como cualquier persona que esté relacionada con proyectos educativos puede apreciar de forma inmediata, ha resultado más fácil establecer nuestro objetivo de una frase que ponerlo en práctica. Comenzamos intentando diseñar los tipos de competencia que pretendíamos medir en nuestros estudiantes. Decidimos trabajar en tres formas artísticas: música, arte visual y escritura creativa. Y decidimos observar tres tipos de competencia: la *producción* (composición o interpretación musical; pintura o dibujo; escritura imaginativa o creativa); la *percepción* (efectuar distinciones o discriminaciones dentro de una forma artística: «pensar» de forma artística); y la *reflexión* (alejarse de las propias percepciones o producciones, o de las de otros artistas, e intentar comprender los objetivos, los métodos, las dificultades y los efectos conseguidos). Las siglas PROPEL proceden de este trío de competencias en nuestras tres formas artísticas, y la L final resalta nuestra preocupación por el *aprendizaje (learning)*.

En el plano teórico, simplemente nos hubiera gustado diseñar instrumentos evaluadores adecuados y administrarlos a los estudiantes de los grupos de edad previstos. Sin embargo, pronto llegamos a una realidad simple pero fundamental: no tiene sentido empezar a evaluar competencias o incluso potenciales, a menos que el estudiante no haya tenido alguna experiencia significativa trabajando directamente con los medios artísticos relevantes. De la misma forma que los seleccionadores de jugadores observan a chicos que ya juegan previamente, los evaluadores educativos han de examinar a estudiantes que ya estén realizando actividades artísticas. Y, al igual que los que se inician en el juego necesitan entrenadores buenos y eficaces, los estudiantes de arte necesitan profesores que tengan un conocimiento completo de los objetivos de un programa educativo determinado, y que sean capaces de ejemplificar las capacidades y los conocimientos artísticos requeridos.

Por tanto, para llevar a cabo estos objetivos, hemos decidido diseñar módulos curriculares y relacionar éstos con los instrumentos de evaluación. Hemos puesto en práctica un procedimiento cuidadoso de desarrollo curricular y de evaluación. En cada forma artística hemos reunido a un equipo interdisciplinario, que, en conjunto, define las competencias principales de una forma artística. En la escritura, estamos observando las capacidades del estudiante para crear ejemplos de diferentes géneros: la escritura de un poema, la creación de un diálogo para una representación teatral... En música, estamos examinando las maneras en que los estudiantes aprenden a partir de los ensayos de las obras que están trabajando. Y en el área de las artes visuales (de la cual voy a extraer la mayor parte de mis ejemplos), estas competencias incluyen sensibilidad hacia los diversos estilos, apreciación de los distintos modelos de composición, y habilidad para planificar y crear una obra del tipo de un retrato o de una naturaleza muerta.

Dos vehículos educativos

Para cada una de estas llamadas «competencias», generamos un conjunto de ejercicios llamado «proyecto de especialidad», conjunto que se caracteriza por sus elementos perceptivos, productivos y de reflexión. Los proyectos de especialidad no constituyen por sí mismos un currículum completo, pero deben ser compatibles con el currículum: es decir, deben encajar cómodamente en un currículum estándar de arte.

Los profesores, en primer lugar, exploran y critican los proyectos de especialidad. Después de la revisión, se administran de forma piloto a los estudiantes. Entonces se intenta un sistema de evaluación preliminar. Este proceso se repite hasta que el proyecto de especialidad se considera adecuado desde todas las perspectivas. Una vez que se ha completado el proyecto, puede ser utilizado «tal cual» por los profesores, o adaptarse de diversas formas para hacerlo encajar con un currículum concreto, o con el estilo o los objetivos docentes de un determinado profesor. Parte del proceso de evaluación es inmediato y esquemático, y simplemente proporciona a los estudiantes y a los profesores una motivación hacia lo que el estudiante está aprendiendo. Sin embargo, también es posible realizar análisis más detallados (con fines investigadores) y también puede obtenerse una puntuación resumida para uso de la administración central de la escuela.

A modo de ejemplo, voy a describir el proyecto de especialidad de «composición» que ya se ha utilizado ampliamente en el Arts PROPEL. Este proyecto pretende ayudar a los estudiantes a darse cuenta de cómo afectan a la composición y al impacto de la obra artística la organización y las interrelaciones entre las formas. Se da a los estudiantes la oportunidad de tomar decisiones de tipo composicional y de reflexionar sobre los efectos de estas decisiones en sus obras y en las obras creadas por maestros artísticos reconocidos.

En una sesión inicial, se entrega a los estudiantes un conjunto de diez formas geométricas sueltas de color negro. Se les pide simplemente que dejen caer estas formas en una hoja blanca de papel. Después se repite el ejercicio, pero en el segundo intento se pide a los estudiantes que compongan un conjunto de formas que les guste. A continuación, se les pide que reflexionen acerca de las diferencias entre la obra «al azar» y la «deliberada». Registran en una libreta las diferencias que han visto y explican las razones que han motivado sus propias elecciones «deliberadas». La mayoría de los estudiantes consideran divertido este ejercicio, aunque al principio no saben demasiado a qué atenerse con él.

En una segunda sesión, los estudiantes se enfrentan de forma informal a ciertos principios de la composición. El profesor presenta a los estudiantes una serie de obras artísticas de diferentes estilos y períodos que difieren entre ellas de forma significativa en aspectos como la simetría o el equilibrio, aspectos que, mientras unas ejemplifican, otras violan. Se pide a los estudiantes que describan las diferencias entre estas obras a medida que aparecen ante sus ojos y que desarrollen un vocabulario que permita capturar estas diferencias y transmitirlas de forma efectiva a los demás. Se toma nota de los logros (o las violaciones) de armonía, cohesión, repetición, fuerzas dominantes, patrones radiales, sorpresa o tensión. Al final de la sesión, se pide a los estudiantes que escriban en una libreta las similitudes y las diferencias entre dos conjuntos opuestos de diapositivas. También se les asigna una tarea. Durante la semana siguiente, tienen que descubrir en su entorno cotidiano ejemplos de diferentes composiciones, tanto las composiciones que ya han sido conseguidas por un artista como las que ellos mismos pueden crear «enmarcando» una escena del natural.

En una tercera sesión, los estudiantes informan acerca de las «composiciones» que han observado en su propio entorno y las discuten en relación a las observadas en la clase de arte. Entonces los estudiantes regresan a la composición deliberada de la primera sesión. Ahora se les pide que compongan una «obra final». Antes de empezar, sin embargo, se les pide que expliquen cuáles son sus planes para este trabajo. Entonces empiezan a realizar y, si lo desean, a revisar su composición final. En una hoja de trabajo indican lo que han considerado más sorprendente acerca de su composición y qué otros cambios podrían querer introducir en el futuro.

Además de las composiciones, discriminaciones perceptivas y reflexiones del propio estudiante, el profesor tiene también su propia hoja de evaluación. En ella el profesor puede evaluar al estudiante en términos de los tipos de composiciones intentadas o conseguidas. También pueden evaluarse otros tipos de aprendizaje: por ejemplo, el estudiante que descubre composiciones interesantes en su entorno o que relaciona sus propias composiciones con las de artistas conocidos. Este proyecto de especialidad puede repetirse, en su forma original o modificada, para determinar la medida en que se ha desarrollado, a lo largo del tiempo, la percepción de las cuestiones composicionales por parte del estudiante.

El proyecto de especialidad de «composición» trabaja con un elemento tradicional de las artes visuales —la organización de las formas— e intenta ligar este elemento con las experiencias productivas y perceptivas del propio estudiante. En un segundo proyecto de especialidad llamado «La biografía de una obra», se toma un enfoque muy diferente. En este caso, nuestros objetivos son mucho más amplios. De hecho, queremos ayudar a los estudiantes a sintentizar lo que han aprendido a partir de proyectos de especialidad en composición, estilo y expresión realizados previamente, y queremos hacerlo mediante el seguimiento del desarrollo de una obra completa.

En la «biografía de una obra», los estudiantes, en primer lugar, observan un amplio conjunto de esbozos y borradores del *Guernica* de Picasso. Después de estas exploraciones perceptivas de las obras de arte, se pide a los estudiantes que dibujen su habitación, de manera que expresen algo especial acerca de sí mismos. Se les entrega una serie de medios (papel, lápiz, carboncillo, tinta y plumilla, etc.), así como algún tipo de material pictórico, como imágenes de revistas y diapositivas. En una sesión inicial se pide a los estudiantes que escojan algún elemento (o más de uno) de su habitación y que le añadan las características o los objetos que puedan decir algo acerca de sí mismos. Se les pide que los utilicen en la preparación de un esbozo preliminar. Deben centrarse en la composición, pero se les anima a que piensen cómo una serie de elementos artísticos puede expresar lo que *ellos* son y no únicamente lo que está representado literalmente en el dibujo. Se les suministra unos cuantos ejemplos acerca de cómo los aspectos formales pueden transmitir metafóricamente una cierta propiedad de un determinado individuo.

En una segunda sesión, los estudiantes empiezan examinando diapositivas que muestran cómo los artistas han usado metafóricamente objetos en su trabajo y también cómo determinados objetos o elementos pueden comportar una multiplicidad de significados. También se les muestran diapositivas de estudios o habitaciones de artistas y se les pregunta cómo pueden sugerir algo acerca de la visión del mundo de estos artistas. Los estudiantes vuelven entonces a sus esbozos preliminares y se les pide que tomen decisiones provisionales acerca de los medios que desean utilizar y acerca del estilo, el color, la línea, la textura... que piensan emplear. Como en la sesión precedente, los estudiantes rellenan unas hojas de trabajo en las que se les pide que reflexionen acerca de las elecciones que han hecho, sus motivos y sus consecuencias estéticas.

En una tercera sesión, los estudiantes revisan todos sus esbozos preliminares y sus «hojas de pruebas», deciden si están satisfechos con ellos, y comienzan su trabajo final. Los estudiantes discuten acerca de su proceso de trabajo con otros estudiantes. Entonces, en una sesión final durante la siguiente semana, los estudiantes completan su trabajo, critican los trabajos de los demás y revisan sus esbozos, sus hojas de pruebas y sus reflexiones. Las actividades realizadas durante esta última semana sirven como modelo para los tipos de reflexiones que se utilizan en las compilaciones de la carpeta del estudiante (como se verá más adelante).

En el Arts PROPEL, hemos intentado crear un conjunto de proyectos de especialidad para cada forma artística. También confiamos en que podamos llegar a desarrollar una *teoría general* de los proyectos de especialidad: qué conjunto de ejercicios puede considerarse un proyecto de especialidad, qué tipo de aprendizaje se puede esperar de ellos, cómo pueden evaluarse los estudiantes dentro de uno o varios proyectos de especialidad.

Además del conjunto de proyectos de especialidad, hemos introducido un segundo vehículo educativo. Aunque este vehículo se conoce como carpeta o «portafolio», yo prefiero el término *procesofolio*. Las carpetas de la mayoría de artistas contienen únicamente las mejores obras de este artista, el conjunto de obras por el que el artista desearía ser juzgado en un concurso. Por el contrario, nuestros «procesofolios» se parecen más a las obras en curso. En estas carpetas, los estudiantes guardan, no sólo las obras terminadas sino también los esbozos originales, los borradores provisionales, sus propias críticas y las de los demás, piezas artísticas de los demás que les gustan o les disgustan especialmente, y que tienen alguna relación con el proyecto actual... En ocasiones, se pide a los estudiantes que presenten toda la carpeta de materiales; otras veces se les pide que escojan las piezas que aparecen como especialmente informativas o claves en su propio desarrollo (véase N. Brown, 1987; Wolf, 1988a, 1988b, 1989).

El mantenimiento de un nivel alto, tan vital para el éxito de cualquier programa de educación artística, depende de entrada, en gran medida, de la postura que toma el profesor de cara a la productividad y a los resultados artísticos; con el tiempo, la influencia mutua de los estudiantes puede llegar a convertirse en el medio principal de transmisión y mantenimiento del nivel (Berger, 1991). El papel del profesor en un entorno «procesofolio» es distinto de su papel en un aprendizaje clásico, en el sentido de que no existe un único modelo de progreso —ningún conjunto de niveles discretos— subyacente a la instrucción; sin embargo, desde el momento en que el profesor sirve como ejemplo de arte productivo, como una personificación de los estándares de la comunidad, un aula de Arts PROPEL acaba pareciéndose a un taller clásico.

Dado nuestro encargo inicial, gran parte de la energía del Arts PROPEL ha ido a parar a la construcción de sistemas de evaluación. Los proyectos de especialidad se caracterizan, cada uno de ellos, por un conjunto de procedimientos autoevaluadores que pueden utilizarse a lo largo de la vida del proyecto en cuestión. En el caso del proyecto de composición, los estudiantes tienen la oportunidad de distanciarse y de reflexionar acerca de los puntos fuertes y débiles de cada composición, los efectos expresivos conseguidos en cada una de ellas, y *cómo* dichos efectos se manifiestan (o no) de forma completa y total. En el caso de la biografía de una obra, los estudiantes reflexionan acerca de los cambios que han hecho, los motivos para dichos cambios, y la relación entre los primeros borradores y los últimos. Los borradores del estudiante y el producto final, junto con sus reflexiones,

Interludio

La puesta en marcha
de programas educativos:
obstáculos y oportunidades

Cuando los profesores, los coordinadores y los investigadores unen sus fuerzas para poner en marcha un nuevo proyecto educativo, inevitablemente surgen toda una serie de cuestiones. Después de haber participado en varios de estos programas, incluyendo los descritos en la segunda parte, actualmente tengo una cierta experiencia de lo que uno suele encontrar cuando emprende este tipo de colaboraciones. Recientemente, me encontraba revisando los progresos y los problemas que habían caracterizado uno de nuestros últimos proyectos: un programa extraescolar en el que se estimula a los niños a desarrollar sus capacidades literarias y de reflexión mediante su participación en proyectos motivadores. Tuve que enfrentarme a los siguientes aspectos, que son comunes a todos los demás proyectos.

Dificultades para innovar. Resulta muy difícil iniciar un nuevo programa. Con frecuencia surgen obstáculos inesperados; los miembros del equipo tropiezan con malentendidos; los contratiempos repentinos están a la orden del día. Los participantes pasan del optimismo al pesimismo, a veces viendo el vaso medio lleno y a veces medio vacío. Puedo transmitir este estado de ánimo con la descripción de una conversación que escuché a dos colegas que estaban inmersos en la tarea de poner en marcha nuestro innovador programa extraescolar:

> Optimista (hablando con júbilo, al cabo de la jornada, en la que los estudiantes habían estado, muy entusiasmados, montando una obra de teatro): «Muchacho, ¡éste ha sido el mejor día que hemos tenido!».
>
> Pesimista (mirando al suelo, hablando en tono abatido): «Ya, ya, sí, éste es el problema».

Identificación de los objetivos. Cualquier programa necesita una declaración de objetivos, lo que es deseable, lo que sería bueno. Pero estas aspiraciones tienen que ser flexibles e ir surgiendo con el tiempo: hablando en términos generales, no resulta prudente articular un objetivo y ceñirse a él, independientemente de lo que ocurra *in situ*.

Por ejemplo, al principio de nuestro programa extraescolar, descubrimos la existencia de, por lo menos, cinco objetivos distintos. Los padres querían un lugar para que los pequeños hicieran sus deberes; los niños querían pasárselo bien; los profesores querían que los niños desarrollaran su autoestima; el director quería desarrollar un nuevo currículum; y los investigadores querían responder a ciertas cuestiones acerca del aprendizaje procedentes de sus investigaciones previas. Es innecesario decir que estos objetivos pueden entrar en conflicto; y esto es más probable que ocurra cuando los diferentes grupos ni comparten sus objetivos ni se toman la molestia de explicar su perspectiva particular.

La necesidad de un espíritu de grupo. Una condición indispensable para el progreso es la construcción de relaciones humanas reales entre los participantes. Los miembros de los diferentes grupos deben ser capaces de hablar unos con otros, de ponerse de acuerdo, de discrepar, de interactuar como compañeros, de relacionarse como iguales. En el caso de nuestro proyecto extraescolar, se ha demostrado que era importante que los profesores comprendieran los objetivos y los intereses de los investigadores; por ejemplo, por qué deseamos disponer de un grupo de control, aunque tengamos un «tratamiento» que parece ser eficaz. Resulta igualmente importante para los investigadores el poder apreciar las cualidades de los profesores, así como sus limitaciones y sus objetivos: qué se necesita para conducir una clase con fluidez, la importancia de que un alumno se sienta bien consigo mismo, qué exigencias plantean los inspectores en el nivel municipal y estatal...

Concepción y lenguaje comunes. Gradualmente tiene que surgir una concepción común del proyecto. Aunque no es necesario que exista un único objetivo, debe existir una visión y un conjunto de prácticas que permitan que puedan alcanzarse objetivos complementarios de forma fluida. Los colaboradores han de ser capaces de gestionar juntos el proyecto, de forjar una terminología común, de converger en un conjunto convenido de indicadores de progreso. De hecho, solamente si surge algún tipo de comunidad, habrá alguna oportunidad de que la puesta en marcha tenga éxito.

«Comprender». Finalmente, llega el momento en que los diversos participantes en el proyecto comprenden los objetivos de los demás, o por lo menos lo suficiente como para pasar de una concepción compartida a un programa de trabajo real. Los participantes ya no piensan en términos de un *kit*, un «libro de recetas» o un procedimiento «infalible». Ya han desarrollado un enfoque en común que les permite confiarse mutuamente la puesta en práctica de actividades que ilustran la filosofía del programa. Así, por ejemplo, en lugar de pedir unidades de PROPEL o de PIFS que ya están preparadas, los profesores empiezan a experimentar con las unidades, adaptándolas, impregnando con ellas la parte más corriente de la jornada escolar. Ya no se trata del «Programa de Harvard», o del «Programa Proyecto Zero»; simplemente se trata de algo que hacemos porque encaja con nuestros objetivos.

lidad y los «procesofolios» han demostrado ser de interés no únicamente para los profesores en todo el país, sino también para los departamentos educativos asociados a las orquestas sinfónicas y las óperas. Todos los que participamos en PRO-PEL nos sentimos honrados cuando este proyecto fue seleccionado por *Newsweek*, en diciembre de 1991, como uno de los dos únicos programas educativos «modelo» ubicados en los Estados Unidos: ¡el otro era sobre educación científica superior en el California Institute of Technology! (Chideya, 1991).

Aún resulta más sorprendente, y especialmente gratificante, el hecho de que las ideas en las que se basa el PROPEL hayan parecido atractivas a educadores de otras materias. A pesar de que la idea de los proyectos y de las carpetas tiene una larga historia en las artes, profesores y programadores de currículos en áreas que van desde la historia a las matemáticas han llegado a apreciar la utilidad de estos proyectos ricos y motivadores, así como de la frecuente reflexion sobre el propio trabajo. Como educador artístico, acostumbrado a ver su especialidad durante largo tiempo considerada como algo atrasado, me satisfacen especialmente las circunstancias actuales: nuestras ideas y prácticas pueden proporcionar inspiración a áreas del currículum que tradicionalmente se han considerado más prestigiosas.

TABLA 9.1. — *Continuación*

en cuestión (por ejemplo, responde ante patrones visuales realizados con sombras, al sonido de distintas bocinas de coche en diferentes tonos, a la estructura de las palabras de una lista de la compra, etc.).

C. *Conciencia de las características y cualidades físicas de los materiales*: El estudiante es sensible a las propiedades de los materiales con los que trabaja a medida que desarrolla una obra (por ejemplo, texturas de diferentes papeles; timbre de los instrumentos; sonidos de las palabras).

IV. FORMA DE ENFOCAR EL TRABAJO

Evidencia: La evidencia para evaluar la manera de enfocar el trabajo por parte de un estudiante descansa en la observación del estudiante en las interacciones del aula y de las anotaciones del estudiante en su diario de trabajo. Así pues, la forma de enfocar el trabajo de un estudiante sólo puede evaluarla el profesor.

A. *Motivación*: El estudiante trabaja mucho y se interesa por lo que hace. Cumple los plazos. Cuida el detalle de la presentación del proyecto final.

B. *Habilidad para trabajar de forma independiente*: El estudiante sabe trabajar de forma independiente cuando es necesario.

C. *Habilidad para trabajar de forma cooperativa*: El estudiante es capaz de trabajar de forma cooperativa cuando es necesario.

D. *Habilidad para utilizar recursos culturales*: El estudiante sabe a dónde acudir en busca de ayuda: libros, museos, herramientas, otras personas...

Incluso el hecho de listar estas dimensiones obliga a transmitir parte de las dificultades de la tarea de evaluación y la medida en que ésta se abre camino. Resultaría erróneo pretender que hemos resuelto los problemas implícitos a cualquiera de estas facetas de la evaluación: lo que ocurre es que, como a veces decimos en tono jocoso, ¡nosotros llevamos una ventaja de varios años sobre los demás a la hora de darnos cuenta de lo que *no* funciona! Citemos de paso que a los tests estandarizados les ha costado un siglo llegar a su poco sorprendente posición actual; no sería lógico pretender que los proyectos de especialidad y los «procesofolios» maduraran en pocos años, considerando los todavía escasos recursos con los que contamos. Sin embargo, el progreso experimentado hasta la fecha y nuestra convicción de que nuestra forma de evaluar merece el intento, nos animan a continuar nuestro trabajo.

Aun en el caso de que no alcancemos nuestro objetivo de confeccionar medidas psicométricas adecuadas para los «procesofolios», no por ello nuestro esfuerzo carece de utilidad. Como se ha dicho anteriormente, un aspecto importante del aprendizaje artístico lo constituye la oportunidad de involucrarse en proyectos con significado, en los cuales puedan destacar el propio conocimiento y el propio crecimiento personal. Para nosotros está claro que tanto profesores como estudiantes consideran las actividades relacionadas con el «procesofolio» como atractivas y motivantes, y útiles por derecho propio. Sus aulas cobran vida. Animándoles al desarrollo de estas carpetas, y observándolas de forma comprensiva y sistemática, podemos aumentar el uso de estos materiales y actividades en las escuelas. Aunque puede que sea demasiado esperar que los colegas, algún día, basen sus decisiones de admisión fundamentalmente en este tipo de información, esperamos que estos vehículos educativos permitan a los estudiantes extraer sus propias fuerzas cognitivas.

Los educadores y los críticos de la educación lamentan a menudo el desfase entre teoría y práctica, y entre los teóricos y los que aplican las teorías. Sin duda es cierto que los objetivos profesionales de los dos grupos *son* diferentes, que los triunfos del teórico no conmueven al práctico, y que los deseos de éste no interesan al teórico.

Durante algún tiempo, se solía criticar al Proyecto Zero por su alejamiento de la práctica educativa. Dicho alejamiento tenía dos sentidos: 1) nuestro trabajo se centraba más en el desarrollo «natural» que en lo que pudiera enseñarse explícitamente en el aula; 2) nuestras ideas, independientemente de que en general se consideraran atractivas, tenían muy poca relación directa con lo que ocurre en el aula un lunes por la mañana.

Aunque estos reproches, en ocasiones, nos ofendían un poco y nos ponían a la defensiva, en términos generales los aceptamos como característicos de nuestra juventud y adolescencia temprana. Pensamos que es importante observar el desarrollo «natural» antes de ponerse a examinar las intervenciones de carácter educativo; y creemos que es importante establecer los hechos psicológicos y desarrollar la propia filosofía educativa antes de intentar influir en la práctica cotidiana, ¡especialmente si se piensa que uno siempre puede influir en la práctica en sentido negativo!

Habiendo disfrutado del lujo de dos décadas de investigaciones en la educación artística desde una especie de «torre de marfil», ha sido muy oportuno para nosotros implicarnos de forma más directa en la experimentación educativa. El hecho de que en nuestra época la práctica de las artes se discuta ampliamente, aumenta la necesidad de que nos impliquemos en todo esto. El Arts PROPEL representa un esfuerzo conjunto para hacer exactamente esto. Es muy pronto para saber el éxito que tendrá este esfuerzo, o, aunque tenga éxito en su propio ambiente de «invernadero», si podrá transportarse a otros ámbitos. Pero no resulta prematuro indicar que los investigadores pueden aprender mucho del intento de poner en práctica sus ideas en un entorno escolar. Mientras estemos alerta respecto a cualquier ruptura que pudiéramos causar, esta interacción entre teoría y práctica debe redundar en el bien de todos los que están involucrados en la educación artística.

Como ocurre con el Proyecto Spectrum, el Arts PROPEL ha sido adoptado por diversos sistemas escolares en los Estados Unidos. En Cambridge, Massachusetts, por ejemplo, se utiliza una adaptación del Arts PROPEL visual en las clases de parvulario y con niños de primer curso. Se ha producido una corriente de enorme interés por el trabajo realizado en PROPEL musical: los proyectos de especia-

se evalúan junto con una diversidad de dimensiones cualitativas, como la motivación, las habilidades técnicas, la imaginación, y las habilidades críticas y evaluadoras. Aunque la evaluación del proyecto de especialidad más importante tiene lugar en el aula, también es posible evaluar proyectos desde fuera; estas sesiones de evaluación las han llevado a cabo con bastante éxito educadores de arte «externos», reunidos bajo los auspicios del Educational Testing Service.

Aunque los proyectos de especialidad se prestan a una serie de métodos evaluadores ya conocidos, la evaluación de los «procesofolios» constituye una operación más delicada y arriesgada. Estas carpetas pueden evaluarse según un gran número de dimensiones. Algunas son inmediatas: la regularidad de las entradas, su grado de acabado, etcétera. Otras son más complejas y subjetivas, pero aún resultan conocidas: la calidad general de los productos finales, desde el punto de vista técnico e imaginativo. Para nosotros resultan de especial interés las dimensiones que ayudan a destacar el potencial único de los «procesofolios»: la conciencia del estudiante acerca de sus propias fuerzas y sus propias debilidades; su capacidad para reflexionar con precisión; su habilidad para construir a partir de la autocrítica y para utilizar las críticas de los demás; su sensibilidad hacia sus propios hitos evolutivos; su habilidad para utilizar de forma productiva las lecciones procedentes de los proyectos de especialidad; su capacidad para descubrir y resolver nuevos problemas; su habilidad para relacionar los proyectos actuales con los emprendidos con anterioridad y con los que espera emprender en el futuro; su capacidad para moverse con comodidad y de forma adecuada desde una postura o función estética a otra. El objetivo no es solamente la evaluación de una serie de dimensiones potencialmente independientes, sino también estimular el desarrollo de los estudiantes en estas dimensiones. Un sistema de evaluación de estas características tiene el potencial necesario para alterar lo que se discute y lo que se valora en el aula.

Recientemente, el equipo del Arts PROPEL, bajo la dirección de Ellen Winner, ha intentado establecer las dimensiones de producción, percepción, reflexión y «enfoque del trabajo» que pueden aplicarse a los «procesofolios» de los estudiantes y a los proyectos que éstos contienen. Las cuatro dimensiones se hallan resumidas en la tabla 9.1. A pesar de que la taxonomía es de carácter tentativo, y probablemente experimentará cambios a la luz de las condiciones locales, refleja adecuadamente las consideraciones que estimamos como más importantes.

TABLA 9.1. — *Sistema de evaluación de los «procesofolios»*
(Actualmente basado en arte, música y escritura. Posibles extensiones a otras especialidades)

I. PRODUCCIÓN: Pensar en el contexto de la especialidad

Evidencia: La evidencia para evaluar el trabajo en la dimensión de producción descansa en el trabajo mismo. Así pues, estas dimensiones puede puntuarlas una persona del exterior a partir de la observación de los borradores y de las obras finales, así como también el profesor.

TABLA 9.1. — *Continuación*

A. *Destreza*: El estudiante controla las técnicas y los principios básicos de la especialidad.
B. *Investigación*: El estudiante desarrolla su trabajo a lo largo del tiempo, como evidencian las revisiones producto de la reflexión. Investiga el problema en profundidad. Vuelve a un problema o a un tema desde perspectivas diferentes.
C. *Invención*: El estudiante resuelve los problemas de forma creativa. Experimenta y se arriesga con el medio. Plantea sus propios problemas e intenta resolverlos.
D. *Expresión*: El estudiante expresa una idea o un sentimiento en su trabajo (o en la realización de su trabajo, como en la música).

II. REFLEXIÓN: Pensar acerca de la especialidad

Evidencia: La evidencia necesaria para evaluar la reflexión procede de las anotaciones del estudiante y de sus libretas de apuntes, y de observar el tipo de comentarios que el estudiante realiza en clase. Por lo tanto, estas dimensiones debe puntuarlas el profesor, que conoce al estudiante.

A. *Habilidad e inclinación para evaluar el propio trabajo*: El estudiante es capaz de evaluar su propio trabajo. Puede articular y defender los puntos positivos y negativos del propio trabajo. Pueden mantener una conversación «técnica» acerca de él.
B. *Habilidad e inclinación para ejercer el papel de crítico*: El estudiante ha desarrollado la habilidad de evaluar el trabajo de los demás (compañeros, artistas conocidos). Es sensible a los estándares de un trabajo de calidad en la especialidad. Puede mantener una conversación «técnica» acerca del trabajo de los demás.
C. *Habilidad e inclinación para utilizar las críticas y las sugerencias*: El estudiante es capaz de considerar los comentarios críticos acerca de su propio trabajo, y sabe incorporar las sugerencias de manera adecuada.
D. *Habilidad para aprender de otras obras de arte dentro de la especialidad*: El estudiante sabe usar las obras de los artistas como fuente de ideas y de inspiración.
E. *Habilidad para articular objetivos artísticos*: El estudiante se percibe a sí mismo como artista, como demuestra su habilidad para articular los objetivos de una determinada obra, o bien objetivos artísticos más generales.

III. PERCEPCIÓN: La percepción en el contexto de la especialidad

Evidencia: La evidencia para evaluar la capacidad perceptiva de un estudiante procede de las observaciones que el propio estudiante anota en su diario de trabajo y de la observación de los comentarios realizados por el estudiante durante las sesiones de crítica. Por lo tanto, solamente el profesor puede evaluar a un estudiante en esta dimensión.

A. *Capacidad para realizar discriminaciones finas entre las obras de la especialidad*: El estudiante es capaz de discriminar obras de una gran diversidad de géneros, culturas y períodos históricos.
B. *Conciencia de los aspectos sensuales de la experiencia*: El estudiante muestra una gran sensibilidad hacia las características físicas del entorno relacionado con la especialidad

10 La evaluación en su contexto: la alternativa a los tests estandarizados

Una escena familiar en prácticamente cualquier lugar de los Estados Unidos, hoy en día: varios centenares de estudiantes van entrando en una gran sala de examen. Toman asiento, nerviosos, esperan a que se les entregue un sobre cerrado. A la hora prevista, se distribuyen unos opúsculos, se dan unas breves instrucciones y comienza el examen formal. La sala permanece en silencio mientras los estudiantes, en cada pupitre, se precipitan sobre los lápices del número dos y rellenan las casillas que puntúan las hojas de respuesta. Algunas horas después, el examen acaba y se recogen los opúsculos; varias semanas más tarde, cada estudiante recibe en su casa una hoja que contiene una serie de puntuaciones, las mismas que irán a parar a la universidad seleccionada por el estudiante. Los resultados de un examen que ha durado una mañana se convierten en un factor decisivo para el futuro de cada estudiante.

Una escena igualmente familiar en la mayoría de las sociedades preindustriales a lo largo de los siglos: un muchacho de diez o doce años se traslada al hogar de un hombre que conoce un oficio. Al principio, el chico recibe encargos sencillos, mientras ayuda al maestro a prepararse para su trabajo o a limpiar el taller al final de la jornada. Durante este primer período, el chico tiene la oportunidad de observar al maestro en su trabajo, al tiempo que el maestro ayuda al joven a descubrir sus dotes especiales o sus defectos más graves. A lo largo de los meses sucesivos, el aprendiz se inicia lentamente en la práctica del oficio. Después de colaborar en los aspectos más periféricos, va familiarizándose con toda la gama de técnicas propias del oficio. Siguiendo la tradición, pero también guiado por las habilidades particulares del joven y por su motivación, el maestro lo orienta a través de las diversas etapas, desde novicio hasta oficial. Finalmente, después de varios años de formación supervisada, el joven está preparado para practicar el oficio por su cuenta.

Aunque ambas escenas están simplificadas, son inmediatamente reconocibles para cualquiera que esté interesado por la evaluación y la formación de los jóvenes. De hecho, puede decirse que representan dos extremos. El primer modelo de «examen formal» se considera una forma objetiva y descontextualizada de evaluación, que puede adoptarse y ponerse en práctica de forma universal con la seguridad de que siempre se obtendrán resultados similares. El segundo modelo de «aprendiz» se pone en práctica en un contexto absolutamente natural, en el que las características del oficio están implícitas. La evaluación se basa en un análisis previo de las habilidades requeridas por un oficio determinado, pero también puede verse influida por factores de tipo subjetivo, como la opinión personal del maestro sobre su aprendiz, sus relaciones con otros maestros, o su necesidad de otro tipo de servicios.

Es evidente que estas dos formas de evaluación fueron diseñadas respondiendo a necesidades diversas. Los aprendizajes tenían sentido cuando la práctica de diversos oficios era la principal forma de empleo para los jóvenes que no vivían del campo. El examen formal es el medio actual de comparar los resultados de miles de estudiantes que se están educando en las escuelas. Sin embargo, estas formas de evaluación no se limitan a los dos contextos prototípicos descritos más arriba. A pesar de la inmensa proporción de población agraria de la sociedad china, los exámenes formales se han usado en ese país durante más de dos mil años para seleccionar a los oficiales gubernamentales. Y, por el mismo motivo, al tiempo que tiene lugar un proceso de aprendizaje, en muchas formas artísticas, prácticas atléticas y áreas de la investigación científica (Polanyi, 1958), se siguen usando, en nuestra sociedad altamente industrializada, formas de evaluación dependientes del contexto.

Así pues, la elección del «examen formal» como algo opuesto al «aprendizaje» es algo que no viene dictado únicamente por la época histórica o por los medios básicos de producción de la sociedad. En nuestra propia sociedad sería posible utilizar el método de los aprendizajes en una medida mucho mayor de lo que se utiliza ahora. Actualmente, la mayoría de los observadores (yo incluido) no lamentan que haya desaparecido el sistema del aprendizaje obligatorio, con sus frecuentes excesos y su descarado sexismo; desde muchos puntos de vista, el sistema actual de exámenes representa una forma de evaluación más objetiva y más fácilmente justificable. Y, sin embargo, algunos aspectos del modelo del «aprendiz» son coherentes con los conocimientos actuales acerca de cómo aprenden los individuos y cómo pueden evaluarse mejor sus resultados.

Nuestra sociedad ha adoptado el examen formal de una manera excesiva; yo sostengo que ciertos aspectos del modelo de educación y de evaluación del aprendiz —que denomino «aprendizaje contextualizado»— podrían reintroducirse provechosamente en nuestros sistemas educativos (véase Collins, Brown y Newman, 1989). Después de un resumen acerca de los orígenes de los tests estandarizados y de la visión unidimensional de la mente que a menudo implican estos métodos de evaluación, sugiero la necesidad de una visión mucho más amplia de la mente humana.

Nota introductoria

Una manera de construir una educación de las inteligencias múltiples consiste en diseñar un programa modelo en un emplazamiento específico. De esta manera puede estudiarse el programa y comprobar si ha resultado eficaz, y, si ha sido así, determinar por qué lo ha sido, para luego decidir si puede exportarse a otro emplazamiento. Tal ha sido el procedimiento empleado en los cuatro proyectos descritos en los capítulos 6, 7, 8 y 9.

Un enfoque alternativo consiste en considerar los componentes típicos de un sistema educativo. En mi propio caso, comencé poniendo a prueba la naturaleza de la evaluación, que efectivamente constituye un puntal de cualquier contexto escolar. Mi interés por la evaluación procedía de dos fuentes muy dispares: 1) la constatación de que para que la teoría de las IM se tomara en serio era necesario crear medios «objetivos» para evaluar cada una de las inteligencias; 2) mi convicción de que, en mi propio país, el sistema educativo se estaba deteriorando. De todo esto deduje como corolario que una parte importante de nuestras dolencias educativas se basaba en los instrumentos «no inteligentes» que se utilizan convencionalmente para evaluar el aprendizaje de los estudiantes, y nunca para determinar lo que *es* el aprendizaje. En el capítulo 10 expongo con detalle mi filosofía general acerca de la evaluación; en un corto interludio, a continuación, presento algunas sugerencias sobre cómo abordar el tema de las admisiones escolares en ausencia de un test estandarizado.

Aunque la evaluación constituye un componente clave de la educación, no es el único, ni mucho menos. Efectivamente, la educación debe abordarse, en primera instancia, considerando los objetivos que se quieren alcanzar y los medios para conseguirlos. A partir de trabajos finalizados bastante después de la publicación de *Frames of Mind*, en el capítulo 11 presento mis opiniones acerca de una educación encaminada a estimular la *comprensión*. Una educación de este tipo no puede conseguirse de forma inmediata, pero es, según mi punto de vista, la única educación hacia la cual vale la pena dirigir nuestros esfuerzos. Después de la presentación de esta visión educativa, paso a considerar sucesivamente los componentes principales de un sistema educativo eficaz: los medios en los que tiene lugar la educación; las características del currículum; el cuadro de profesores responsables de la instrucción; y la infinitamente variada población de estudiantes. El capítulo 11 acaba con una discusión de cómo puede alcanzarse la comprensión y el conocimiento a la luz de la multiplicidad de las capacidades intelectuales humanas.

Tercera parte

MÁS ALLÁ DE LA EVALUACIÓN: LOS COMPONENTES DE UNA EDUCACIÓN DE LAS INTELIGENCIAS MÚLTIPLES

Mirar hacia adentro. Después de intuir lo que uno pretende conseguir y cómo lo está consiguiendo, surge un impulso natural de reflexionar acerca del programa mismo. ¿Cómo está funcionando? ¿Cómo podría mejorarse? ¿Cómo puede documentarse todo el proceso? Uno ya está lo suficientemente alejado del programa como para poder identificar las ocasiones productivas y las perjudiciales, sin sentirse amenazado.

Mirar hacia afuera. Después de adquirir una noción del programa como un todo, uno puede desear compartirlo con otras personas, describiéndolo públicamente, recibiendo visitantes para que lo examinen críticamente, viajando a otros emplazamientos, haciendo propaganda o incluso «regalándolo». En este punto, los investigadores resultan superfluos; ya pueden continuar su investigación en otros emplazamientos, desde el momento en que otros educadores anuncian su deseo de adoptar el programa en «su escuela».

Esta serie de puntos que hemos revisado denota una secuencia ideal de acontecimientos. En la vida real, existen regresiones, problemas, obstáculos, crisis, así como momentos de euforia y evidencias de adquisiciones reales. Cada programa es diferente pero, como investigador, he destacado algunos focos de problemas: 1) los profesores que dicen «Esto es imposible», o «Esto ya lo estamos haciendo», y, a menudo, expresan ambas afirmaciones sin darse cuenta de la contradicción; 2) la ausencia de personas con iniciativa, de individuos que deseen arriesgarse y no les asuste el fracaso; y 3) el silencio, el vacío en el contacto visual, y las frecuentes miradas al suelo. Por otro lado, existen señales esperanzadoras: 1) coordinadores o directores que están bien informados acerca del programa; 2) padres que piden poder acudir y observar; y 3) profesores que plantean cuestiones que ellos mismos desearían investigar y que realizan una crítica constructiva.

En ocasiones puede producirse una cierta animadversión entre los participantes, a veces de profesores contra investigadores, a veces dentro del grupo de programa, pero, otras veces, actúan como una catarsis y permiten a todos los participantes poner entre paréntesis sus diferencias y continuar con el programa.

Hay que resaltar el hecho de que estas señales esperanzadoras y estos focos de problemas representan la perspectiva del investigador. Estoy seguro de que los profesores, los directores, los padres y los estudiantes también desarrollan un cierto instinto para saber cuándo una colaboración con investigadores resulta prometedora y cuándo parece destinada al fracaso.

que los investigadores toman como evidencia de ciertos *módulos* mentales: mecanismos operatorios rápidos, de tipo reflejo, de procesamiento de la información que parecen ser insensibles a la influencia de otros módulos. El descubrimiento de estos módulos ha originado la creencia de que pueden existir mecanismos analíticos separados implicados en tareas como el análisis sintáctico, el reconocimiento tonal o la percepción facial (Fodor, 1983).

Una segunda fuente de evidencia para la multiplicidad de inteligencias procede del análisis detallado de las operaciones mentales implicadas en la resolución de cuestiones utilizadas por los tests de inteligencia (Sternberg, 1977, 1985). Estos análisis han sugerido la existencia de diferentes componentes que contribuyen al éxito en cualquier evaluación intelectual estándar. Los individuos pueden diferir entre sí en la facilidad con la que operan los diferentes componentes, así como las diferentes tareas pueden reclamar un uso distinto de los diversos componentes, metacomponentes y subcomponentes (véanse capítulos 1 y 2). Cada una de las diversas perspectivas de «inteligencias múltiples», incluyendo la mía propia, coincide en la siguiente afirmación: en lugar de una única dimensión llamada intelecto, por la que pueden clasificarse los individuos, existen amplias diferencias entre los individuos respecto a sus fuerzas y a sus flaquezas intelectuales, así como en sus formas de abordar las tareas cognitivas (Kagan y Kogan, 1970). Nuestros propios datos sugieren que tales diferencias pueden ser evidentes incluso antes de la escolaridad formal.

La literatura acerca de los diferentes potenciales individuales, así como los descubrimientos sobre los diversos estilos cognitivos, tienen implicaciones educativas importantísimas. Para empezar, es importante identificar pronto los puntos fuertes y los puntos débiles, de manera que puedan entrar a formar parte de la planificación educativa. Las grandes diferencias entre los individuos también ponen en cuestión el hecho de que todos los individuos tengan que recibir el mismo currículum, o que, en el caso de que el currículum sea uniforme, tenga que presentarse del mismo modo a todos los individuos.

Los tests formales pueden servir para reconocer distintos rasgos cognitivos, pero únicamente si dichos tests están diseñados para evidenciar estas diferencias (y no para disimularlas) (Cronbach y Snow, 1977). Es especialmente importante que los instrumentos utilizados como «barreras» (como las admisiones en las universidades) se designen de forma que permitan a los estudiantes mostrar sus fuerzas y obtener resultados óptimos. Hasta el momento, se ha realizado muy poco esfuerzo en este sentido, y los tests se utilizan más para señalar las flaquezas que para destacar las virtudes.

Una investigación de las capacidades creativas humanas

Durante el primer siglo de los tests formales, el interés principal recaía en la evaluación de la inteligencia individual, y existía una preocupación relativamente pequeña por otras capacidades cognitivas. En la era «post-*Sputnik*», cuando de repente se empezó a valorar la ingenuidad científica, los educadores americanos se convencieron de la importancia de la imaginación, la inventiva y la creatividad. Señalaron la necesidad de crear instrumentos que evaluaran la creatividad o el potencial creativo (Guilford, 1950). Desgraciadamente (desde mi punto de vista), en su búsqueda en pos de medidas de la creatividad, repitieron la mayoría de los errores que se habían cometido a lo largo de la historia de la evaluación de la inteligencia. Es decir, intentaron diseñar medidas del tipo de respuesta corta y de tiempo limitado para las habilidades que consideraron centrales para la creatividad, la capacidad para dar diversas respuestas a una cuestión (pensamiento divergente) o la creación del máximo número posible de asociaciones ante un estímulo determinado (fluidez de ideas).

Aunque en el ámbito de la evaluación de la inteligencia actualmente abunda la controversia, existe el consenso de que los tests de creatividad no han cumplido completamente con su misión (Wallach, 1971, 1985). Estos instrumentos son fiables, y es cierto que miden algo diferente de la inteligencia psicométrica, pero no pueden predecir qué individuos serán considerados creativos según sus producciones en una especialidad concreta. En lugar de intentar diseñar nuevos y mejores «tests de creatividad», los investigadores han empezado a examinar más de cerca lo que ocurre realmente cuando los individuos están ocupados en actividades de resolución de problemas o de descubrimiento de problemas (Gruber, 1981; Sternberg, 1988).

Estos estudios recientes han aportado dos hallazgos principales. Por un lado, los individuos creativos no parecen tener a su disposición operaciones mentales que les pertenezcan sólo a ellos; los individuos creativos utilizan los mismos procesos cognitivos que utilizan las demás personas, pero los usan de manera más eficiente y flexible, y al servicio de objetivos ambiciosos y, a menudo, arriesgados (Perkins, 1981). Por otro lado, es cierto que los individuos muy creativos parecen llevar su vida de manera diferente a la de la mayoría. Están plenamente entregados y apasionados por su trabajo; muestran la necesidad de realizar cosas nuevas y tienen un sentido intenso de su finalidad y objetivos últimos; son extremadamente reflexivos acerca de sus actividades, de su uso del tiempo y de la calidad de sus productos (Gruber, 1985).

Excepto de forma retórica, la búsqueda de la creatividad no ha constituido un objetivo principal del sistema educativo americano. Sin embargo, en la medida en que el estímulo de los individuos creativos constituye un objetivo deseable para toda institución educativa, es importante que esto se haga de forma coherente con los análisis actuales de la creatividad (Gardner, 1988a).

La conveniencia de evaluar el aprendizaje en el contexto

Cuando por primera vez se introdujeron en las culturas no occidentales los tests estandarizados y los diseños experimentales paradigmáticos, se llegó a una

Es posible construir instrumentos de medida que reflejen los conocimientos más recientes en el campo del desarrollo. De hecho, se han diseñado algunas baterías de tests que se basan específicamente en conceptos piagetianos o similares (Uzgiris y Hunt, 1966). Sin embargo, la mayor parte de los tests americanos han permanecido insensibles a las consideraciones evolutivas.

La aparición de una perspectiva
de los sistemas simbólicos

En los momentos culminantes de la época de los conductistas no existía la necesidad de postular ningún tipo de entidad mental, como por ejemplo una idea, un pensamiento, una creencia o un símbolo. Uno debía simplemente identificar conductas o acciones significativas y observarlas de la forma más escrupulosa posible; los denominados pensamientos eran únicamente movimientos «silenciosos» de la musculatura.

A lo largo de las últimas décadas, sin embargo, se ha ido produciendo un progresivo reconocimiento de la importancia que tiene, en la cognición humana, la capacidad para usar diversos tipos de símbolos y de sistemas simbólicos (Gardner, Howard y Perkins, 1974; Goodman, 1976; Langer, 1942). Los humanos son considerados criaturas comunicativas por excelencia, que capturan significados mediante palabras, dibujos, gestos, números, melodías y muchas otras formas simbólicas. Las manifestaciones de estos símbolos son públicas: todos pueden observar el lenguaje escrito, los sistemas numéricos, los dibujos, los mapas, los lenguajes gestuales, etcétera. Sin embargo, los procesos mentales necesarios para manipular estos símbolos deben inferirse de las actuaciones de los individuos en los diversos tipos de tareas. La invención y el uso extendido de los ordenadores han proporcionado un apoyo inesperadamente potente a la teoría de la manipulación interna de los símbolos; si estas máquinas construidas por el hombre manejan operaciones de uso y transformación de símbolos, parece absurdo negar el mismo tipo de capacidades a los humanos que las han inventado (Newell y Simon, 1972).

Se ha empleado un esfuerzo considerable, en las disciplinas implicadas, para investigar el desarrollo de la capacidad humana para el uso de símbolos. Comúnmente (aunque no de forma universal), se admite que los bebés no utilizan símbolos ni muestran ningún tipo de manipulación simbólica interna, y que la aparición del uso simbólico durante el segundo año de vida supone un hito fundamental de la cognición humana. A partir de ese momento, el ser humano empieza a adquirir rápidamente habilidad en el uso de los símbolos y de los sistemas simbólicos que caracterizan su cultura. A la edad de cinco o seis años, la mayoría de niños han adquirido un conocimiento incipiente de cómo crear y comprender historias, piezas musicales, dibujos o explicaciones científicas sencillas (Gardner, 1982).

En las culturas literarias, sin embargo, existe un segundo nivel en el uso de los símbolos. Los niños deben aprender a utilizar los sistemas de *símbolos inventados* (o *notacionales*) propios de su cultura, como la escritura y los números. Con pocas excepciones, esta tarea se restringe al medio escolar, que es relativamente descontextualizado. Adquirir el dominio de los sistemas notacionales puede resultar difícil para muchos estudiantes de nuestra sociedad, incluyendo a aquellos para los cuales la adquisición del «conocimiento práctico» y de los «sistemas simbólicos de primer orden» no ha supuesto ningún problema. Incluso aquellos estudiantes para los que resulta fácil la adquisición de los sistemas notacionales se enfrentan a un desafío en absoluto trivial: debe engranar su conocimiento simbólico «de segundo orden», recién adquirido, con las formas previas de conocimiento simbólico «práctico» y «de primer orden» que traían con ellos antes de ir a la escuela (Bamberger, 1982; Gardner, 1986; Resnick, 1987).

Prácticamente todos los tests formales presuponen que sus usuarios estarán versados en los sistemas simbólicos de segundo orden de su cultura. Por tanto, estos tests plantean dificultades especiales a los individuos que, por alguna razón, han tenido dificultad en alcanzar este conocimiento simbólico de segundo nivel, o se muestran incapaces de asociar este conocimiento a formas previas de representación mental. Además, estoy convencido de que los individuos con habilidades simbólicas de segundo orden bien desarrolladas, a menudo pueden superar este tipo de exámenes, obteniendo buenas puntuaciones, incluso en los casos en los que su conocimiento sobre la materia que se está evaluando sea escaso (Gardner, 1983). De cualquier modo, decidir cuáles son las relaciones exactas entre el conocimiento «práctico», de «primer orden» y de «segundo orden», y cuál es la mejor manera de evaluarlos, sigue siendo una cuestión por resolver.

Evidencia de la existencia de múltiples facultades o «inteligencias»

Cuando se concibieron los primeros tests de inteligencia, no se prestó mucha atención a la teoría de la inteligencia subyacente. Pero pronto surgió la idea de que todas las habilidades utilizadas para resolverlos reflejaban una única «inteligencia general». Esta perspectiva ha seguido siendo la predilecta entre la mayoría de los estudiosos de la inteligencia, aunque una minoría ha permanecido abierta a la idea de diversos «vectores de la mente» o diferentes «productos, contenidos u operaciones» del intelecto (Guilford, 1967; Thurstone, 1938). Esta minoría ha basado sus conclusiones en los resultados de los análisis factoriales de los resultados de los tests; sin embargo, se ha demostrado que uno puede llegar tanto a visiones unitarias como pluralistas del intelecto, dependiendo de qué hipótesis guíen los procedimientos específicos del análisis factorial (Gould, 1981).

En los últimos años, se ha producido un resurgimiento del interés por la idea de una multiplicidad de inteligencias. Se han descubierto fenómenos mentales

frecuentes tests formales. Dichos tests deberían administrarse bajo condiciones uniformes, y los estudiantes, los profesores y los padres deberían recibir puntuaciones cuantitativas que dieran cuenta del progreso del estudiante o de la ausencia del mismo. Estos tests deberían ser instrumentos normalizados en el nivel nacional, de manera que exista el mayor grado posible de comparabilidad. Las materias más importantes son aquellas que se prestan de forma inmediata a dicha evaluación, como las matemáticas y las ciencias. En otros temas, se valoran los aspectos que pueden evaluarse eficazmente (la gramática más que la «propia voz» en la escritura; los hechos más que la interpretación en historia). Las disciplinas que se muestran más refractarias al examen formal, como las artes, se valoran menos en la escuela uniforme.

Al presentar esta imagen de Binet, la sociedad evaluadora y la visión uniforme de la escolaridad, soy consciente de que estoy exagerando ciertas tendencias y que estoy agrupando ciertas opiniones y actitudes de una manera que no es completamente imparcial ni justa con los que están muy relacionados con los tests formales. Algunas personas implicadas íntimamente en el proceso de evaluación han expresado las mismas preocupaciones (Cronbach, 1984; Messick, 1988). De hecho, si hubiera presentado este panorama hace quince o veinte años hubiera parecido una caricatura ofensiva. Sin embargo, las tendencias de la educación americana desde principios de la década de los 80 tienen grandes similitudes con la visión que acabo de esbozar. Como mínimo, esta visión sirve como «caso de contraste» necesario para el panorama de evaluación y de escolaridad contextualizada e individualizada que voy a presentar después en este mismo capítulo, y con este espíritu debería abordarse.

Fuentes para un enfoque alternativo de la evaluación

A pesar de que la sociedad evaluadora ha respondido más a necesidades pragmáticas que a dictados científicos, sí es cierto que refleja una cierta visión de la naturaleza humana. Las ideas científicas en las que se basa la sociedad evaluadora derivan de una época anterior en la que reinaban las teorías de la cognición conductista, de teoría del aprendizaje y asociacionistas (Gardner, 1985, para un resumen). Según estas visiones, tenía sentido creer en las habilidades humanas «innatas», en un aprendizaje que seguía una curva suave, probablemente lineal, desde la infancia hasta la vejez, en una jerarquía de disciplinas y en la necesidad de evaluar el potencial y el aprovechamiento en condiciones cuidadosamente controladas y sumamente descontextualizadas.

Durante las últimas décadas, sin embargo, las diversas hipótesis sobre las que se basaba el edificio evaluador, se han visto gradualmente minadas por las investigaciones en el campo del desarrollo, de la cognición y de la educación, y de todo ello ha surgido una visión completamente diferente. No resultaría posible revisar, en este capítulo, toda la evidencia en la que se ha basado esta cambiante concepción psicológica. Pero puesto que mi enfoque alternativo de los sistemas de evaluación se sostiene sobre la visión del desarrollo humano, es importante subrayar los principales rasgos de esta perspectiva, así como indicar dónde puede chocar con las visiones estándares de la evaluación.

La necesidad de una perspectiva evolutiva

Gracias a los innovadores trabajos de Jean Piaget (1983), es generalmente reconocido que los niños no son únicamente versiones en miniatura de los adultos. El bebé o el niño pequeño conciben el mundo de una manera que es internamente coherente, pero que se desvía en detalles importantes de una concepción más madura. He aquí algunos de los ejemplos más conocidos del modelo piagetiano: el bebé no se da cuenta de que un objeto continúa existiendo cuando se aparta de su vista; el niño pequeño no comprende que la materia permanece en cantidad constante aunque se altere su configuración física (por ejemplo, al aplastar una bola de plastilina); el niño en los primeros años de la escolaridad, es incapaz de razonar únicamente según las implicaciones de una proposición a otra, y en cambio lo hace según el conocimiento de instancias concretas y de las regularidades empíricas que percibe.

Según la visión de Piaget, los niños atraviesan una serie de etapas cualitativamente distintas llamadas sensoriomotriz, preoperacional, operacional concreta y operacional formal. Un niño que atraviesa una etapa en un área de conocimiento tiene que estar necesariamente en la misma etapa en otros campos de la experiencia. Pocos investigadores sostienen ya una versión literal de esta perspectiva «estructurada en etapas»: se han producido muchos descubrimientos que no la avalan (Brainerd, 1978; Gelman, 1978). Pero la mayoría de los psicólogos evolutivos continúan suscribiendo el punto de vista de que el mundo del bebé y del niño pequeño tiene sus propias estructuras peculiares; muchos evolucionistas creen que existen secuencias de etapas dentro de cada área particular de la experiencia (por ejemplo, lenguaje, juicio moral, comprensión de la causalidad física), y prácticamente todos subrayan la necesidad de tomar en consideración la perspectiva del niño y su nivel de comprensión (Case, 1985; Feldman, 1980; Fischer, 1980).

Otra característica de este enfoque es la asunción de que el desarrollo no es suave, ni unilineal, ni está libre de perturbaciones. Aunque los teóricos difieren en el detalle, la mayoría de investigadores creen que pueden existir períodos críticos o sensibles durante los que resulta especialmente fácil —o especialmente difícil— llegar a dominar ciertos tipos de materiales. De forma similar, aunque la mayoría de los niños tienden a mejorar con la edad en la mayoría de las áreas, existirán períodos de crecimiento más rápido y períodos de inmovilidad. Y una minoría de investigadores cree que en algunos campos pueden existir incluso regresiones o curvas en forma de «U»; en estos casos, los niños pequeños actuarían de forma más sofisticada o integrada que los estudiantes mayores (Strauss, 1982).

Mi tarea aquí consistirá en considerar formas de educación y modos de evaluación que están firmemente enraizados en los conocimientos científicos actuales y que pueden contribuir a clarificar los objetivos educativos. En la segunda mitad del capítulo, esbozaré las características de una «sociedad evaluadora».

Binet, la sociedad evaluadora y la visión «uniforme» de la escolaridad

El extendido uso del examen formal se remonta al trabajo sobre la evaluación de la inteligencia llevado a cabo en París, a principios de este siglo, por Alfred Binet y sus colegas. Las autoridades educativas de la ciudad pidieron a Binet que ayudara a determinar qué estudiantes tendrían éxito y cuáles fracasarían en la escuela elemental (Binet y Simon, 1905; Block y Dworkin, 1976). Él dio con la brillante idea de administrar un gran conjunto de cuestiones a niños en edad escolar para después identificar cuáles de aquellas cuestiones resultaban ser más discriminadoras a la luz de sus objetivos particulares. El trabajo llevado a cabo por el equipo de Binet condujo, en último término, a los primeros tests de inteligencia y a la construcción del Coeficiente de Inteligencia, el CI.

El atractivo del método de Binet era tan grande que pronto se convirtió en un rasgo característico del panorama educativo y evaluador americano. Para ser más precisos, algunos tests estandarizados —desde los California Achievement Tests hasta el Scholastic Aptitude Test— no son consecuencia directa de los diversos tests de inteligencia. Y, sin embargo, es difícil comprender la proliferación de estos instrumentos durante unas pocas décadas sin los ejemplos, ampliamente apreciados, del Stanford-Binet, el Alpha del ejército y los diversos instrumentos Wechsler para la medición de la inteligencia (Brown y Herrnstein, 1975).

Especialmente en los Estados Unidos, con su obsesión por los indicadores cuantitativos y su culto por la eficiencia educativa, existe desde siempre una auténtica manía por producir tests para cualquier posible objetivo social (Gould, 1981; Hoffmann, 1962). Además de los tests estandarizados para estudiantes, hay tests similares para maestros, inspectores, soldados y oficiales de policía; se utilizan adaptaciones de estos instrumentos para evaluar la capacidad, no sólo en las áreas estándar del currículum, sino también en la vida ciudadana y en las artes; y se recurre a medidas del tipo de respuesta corta para evaluar la personalidad, los grados de autoritarismo y la compatibilidad para entablar relaciones. Los Estados Unidos están en camino de convertirse en una «sociedad evaluadora completa». Podríamos resumir esta actitud de la siguiente manera: si algo es importante, merece evaluarse de esta manera, si no puede evaluarse así, entonces probablemente no hay que valorarlo. Pocos observadores se han detenido a considerar los ámbitos en los que este enfoque podría *no* ser óptimo o relevante, y la mayoría han olvidado los beneficios de los modos de evaluación propios de épocas anteriores.

Resulta arriesgado intentar generalizar a través de los miles de «instrumentos formales» que se describen en libros como *Eighth mental measurements yearbook* (1978), de Buros. Sin embargo, aun a costa de cometer alguna injusticia con ciertos instrumentos, es conveniente indicar los rasgos que en general los caracterizan.

Entre los profesionales que se dedican a estos temas existe una creencia bastante extendida sobre la existencia de un potencial «puro», probablemente de origen genético (Eysenck, 1967; Jensen, 1980). Se piensa que los tests más valorados, como los de CI y los SAT (TAE), miden la habilidad o el potencial. No existe ninguna razón necesaria por la que un test no pueda evaluar habilidades que han sido aprendidas, y muchos tests de «aprovechamiento» pretenden hacer esto. Sin embargo, para los tests que pretenden medir la habilidad o el potencial puro, es importante que los resultados no puedan mejorarse inmediatamente a través de la instrucción; si no, el test no sería un indicador válido de capacidad. La mayoría de las autoridades en la materia creen que los resultados en los tests de capacidad y de aprovechamiento reflejan capacidades inherentes.

Los partidarios de los tests también tienden a admitir una visión del desarrollo humano que asume que un organismo joven contiene menos conocimiento y muestra menos habilidad que un organismo más maduro, pero que no tienen lugar cambios cualitativos en la mente o en la conducta humana (Bijou y Baer, 1965). Este tipo de hipótesis permite al elaborador de tests usar los mismos tipos de instrumentos para los individuos de todas las edades, y poder afirmar legítimamente que las descripciones de los datos en un cierto punto del desarrollo pueden aplicarse a edades posteriores, ya que está utilizando el mismo tipo de escala y la misma propiedad de la mente o de la conducta.

Como reflejo de las presiones tecnológicas dominantes en América, así como del deseo de elegancia y economía, la mayoría de los creadores de tests y de los compradores valoran mucho los instrumentos eficaces, breves y susceptibles de administrarse de forma inmediata; en la actualidad se piden instrumentos que puedan administrarse en grupo. Prácticamente todos los tests más utilizados han generado una versión «reducida». De hecho, algunos de los partidarios más incondicionales de los tests formales de inteligencia confían en poder reducirlos aún más: Arthur Jensen (1987) ha abordado las medidas del «tiempo de reacción»; y Hans Eysenck (1979) ha abogado por el examen de los patrones de las ondas cerebrales.

Esta lealtad hacia los exámenes formales va acompañada de una visión de la educación que yo denomino «visión uniforme de la escolaridad». Esta visión no implica necesariamente usar un uniforme, pero reclama una educación homogénea en otros aspectos. Según la visión uniforme, los estudiantes deberían estudiar las mismas materias en la medida de lo posible. (Esto puede incluir una fuerte dosis de los valores de la cultura o de la subcultura dominante; véanse Bloom, 1987; Hirsh, 1987; Ravitch y Finn, 1987.) Además, en la medida de lo posible, esta materia debería transmitirse de la misma forma a todos los estudiantes.

En la visión uniforme, el progreso en la escuela debería evaluarse mediante

Utilización de materiales intrínsecamente interesantes y motivadores

Una de las peores características del examen formal, y que, sin embargo, pocas veces se menciona, es el carácter intrínsecamente aburrido de los materiales. ¿Con cuánta frecuencia se entusiasma *alguien* con un test o con el ejercicio de un test? Sólo cuando fue posible, como resultado de una legislación más abierta, desafiar las respuestas clave usadas por las organizaciones examinadoras, empezó a ocupar algún espacio en publicaciones divulgativas la discusión de ciertas cuestiones concretas de los tests.

No tiene por qué ser así. Un buen instrumento evaluador puede constituir una experiencia de aprendizaje. Pero, más concretamente, resulta muy recomendable que la evaluación tenga lugar en un contexto en el que los estudiantes trabajen en problemas, proyectos o productos que les entusiasmen de verdad, que mantengan su interés y que les motiven a obtener buenos resultados. Este tipo de ejercicios puede ser más difícil de diseñar que el test estándar de elección múltiple, pero es mucho más probable que sirva para evidenciar el repertorio completo de habilidades de un estudiante y que proporcione información útil para un asesoramiento o una elección subsiguiente.

Aplicación de la evaluación en provecho del estudiante

Otro aspecto igualmente lamentable del examen formal es el uso que se hace de las puntuaciones. Los individuos reciben sus puntuaciones, comprueban sus tantos por ciento y extraen conclusiones acerca de sus méritos no ya académicos, sino incluso globales. Según mi opinión, los psicólogos emplean demasiado tiempo clasificando a los individuos y demasiado poco intentando ayudarles. La evaluación podría hacerse de modo que supusiera fundamentalmente una ayuda para los estudiantes. Incumbe plenamente al evaluador proporcionar una realimentación al estudiante que le sea útil de forma inmediata, identificar áreas fuertes además de débiles, dar sugerencias acerca de qué estudiar o en qué trabajar, señalar qué hábitos resultan productivos y cuáles no, indicar qué puede esperarse de futuras evaluaciones, etcétera. Es especialmente importante que una parte de esta realimentación se ofrezca en forma de sugerencias concretas y que se indiquen las fuerzas relativas a partir de las cuales hay que construir, independientemente del rango que se ocupe respecto al resto de los estudiantes.

Provistos de los hallazgos en el campo de la cognición y del desarrollo humanos, y a la luz de estas recomendaciones para un nuevo enfoque de la evaluación, debería ser posible empezar a diseñar programas que fueran más adecuados que los existentes. Sin ninguna intención especial de crear una «nueva alternativa al examen formal», mis colegas y yo, en el Proyecto Zero de Harvard, hemos participado en toda una serie de proyectos durante los últimos años que podrían caracterizar nuevos métodos de evaluación. En la segunda parte de este volumen, describo varios de nuestros intentos actuales de evaluar las fuerzas intelectuales de los estudiantes en su contexto. Aquí pretendo situar estos intentos en el marco de un panorama más amplio de la evaluación en las escuelas.

Hacia la sociedad evaluadora

Este capítulo constituye un amplio ensayo en favor de la evaluación regular realizada de forma natural en todo el sistema educativo y a través de una trayectoria de aprendizaje que dure toda la vida. He revisado un conjunto de datos considerable que, por lo general, señalan que el uso exclusivo de los exámenes formales estándar como modo de evaluación provoca diversos problemas. Muchas de estas conclusiones apuntan a que sería más provechoso crear entornos en los que la evaluación tuviera lugar de forma natural, así como idear entidades curriculares, como los proyectos de especialidad y los «procesofolios», que se presten en sí mismas a la evaluación dentro del contexto de su propia producción. Sería exagerado afirmar que reclamo una vuelta al sistema de los aprendices. Sin embargo, es cierto que afirmo que nos hemos alejado demasiado de ese modo de evaluación; la evaluación contemporánea puede forjarse a partir de algunos de los conceptos y asunciones asociadas a los aprendizajes tradicionales.

Efectivamente, si consideramos el «examen formal» y la «evaluación estilo aprendiz» como dos polos de la evaluación, podría decirse que actualmente América se ha decantado mucho en la dirección del examen formal, sin una consideración adecuada de los costes y de las limitaciones inherentes a un empleo exclusivo de este enfoque. Incluso fuera del reino de la física, una acción excesiva reclama una reacción; ésta sería una de las razones por las que este capítulo insiste sobre las ventajas de unos modos de evaluación más naturalistas, más sensibles al contexto y ecológicamente más válidos. Los tests estándar tienen su lugar, por ejemplo, en una criba inicial de ciertas poblaciones «de riesgo», pero sus usuarios también deben conocer sus limitaciones.

Pueden anticiparse algunas objeciones a la perspectiva presentada aquí. Una es la afirmación de que el examen formal es, tal y como se proclama, objetivo, y que yo estoy proponiendo una regresión a las formas subjetivas de evaluación. Rechazo esta tipificación por dos motivos. En primer lugar, no existe ninguna razón, en principio, para considerar la evaluación de los proyectos de especialidad como intrínsecamente menos objetiva que otras formas. La fiabilidad también es alcanzable, aunque su consecución no ha sido un punto central de estos proyectos; sin embargo, existen las herramientas conceptuales y psicométricas necesarias para investigar la fiabilidad en estos casos. Además estas medidas de evaluación son más susceptibles de poseer validez «ecológica».

Una segunda réplica a esta tipificación tiene que ver con la supuesta objetividad o ausencia de sesgo en los tests formales estándar. En un sentido técnico, es

situaciones más similares a sus «condiciones de trabajo reales», es posible realizar predicciones mucho mejores sobre sus resultados últimos. Resulta absurdo que la mayoría de los escolares americanos malgasten cientos de horas en la realización de un tipo de ejercicio —los exámenes formales— cuando pocos o ninguno de ellos van a encontrarse con un instrumento similar una vez abandonada la escuela.

Instrumentos «neutros respecto a la inteligencia»

Como ya se ha mencionado, la mayor parte de los instrumentos de examen están sesgados en gran medida en favor de dos variedades de inteligencia, la lingüística y la lógico-matemática. Los individuos dotados de esta combinación concreta probablemente obtendrán buenos resultados en la mayor parte de los exámenes formales, incluso en el caso de que no sean particularmente hábiles en la especialidad concreta. Por la misma razón, los individuos con problemas en alguna de estas inteligencias, o en las dos, pueden fracasar en las medidas de otras especialidades, sólo porque no puedan llegar a dominar el formato concreto de la mayoría de los instrumentos estándares.

La solución, más fácil de explicar que de aplicar, consiste en diseñar instrumentos que sean neutros respecto a la inteligencia, que observen directamente la inteligencia que está operando en lugar de proceder, dando un rodeo, a través de las facultades lógicas y lingüísticas. La inteligencia espacial puede evaluarse haciendo que un individuo se oriente a través de un territorio desconocido; la inteligencia corporal, viendo cómo una persona aprende y recuerda una danza o un ejercicio físico; la inteligencia interpersonal, observando cómo maneja una disputa con un vendedor o cómo encuentra una salida durante una reunión difícil. Estos ejemplos cotidianos indican que podrían diseñarse medidas «más neutras respecto a la inteligencia», aunque no tengan por qué ser aplicables en un laboratorio psicológico o en una sala de exámenes.

El uso de múltiples medidas

Pocas prácticas son tan nefastas en educación como extraer implicaciones educativas de amplio alcance a partir de la puntuación global de un único test, como el Wechsler Intelligence Scale for Children. Incluso los tests de inteligencia contienen subtests y, como mínimo, las recomendaciones deberían tener en cuenta la «dispersión» en dichos tests y las estrategias empleadas para abordar cada cuestión en concreto (Kaplan, 1983).

Resulta aún más recomendable prestar atención a toda una gama de medidas diseñadas específicamente para abordar diferentes facetas de la capacidad en cuestión. Considérese, por ejemplo, los estándares de admisión de un programa para niños superdotados. Siendo conservadores, al menos un 75% de los programas norteamericanos deciden la admisión según el CI; una puntuación de 129 y estás fuera; 131 y estás dentro. ¡Qué método tan desafortunado! No tengo objeciones contra el CI si se toma como una medida entre otras, pero ¿por qué no fijarse también en los productos que un niño ya ha elaborado, los objetivos que tiene y su deseo de entrar en el programa, sus resultados durante un período de pruebas junto con otros niños «dotados» y otras medidas similares? A menudo pienso en el enorme avance educativo que supondría simplemente que el responsable de educación apareciera frente a las cámaras de televisión, no acompañado de un único gráfico «unidimensional», sino de media docena de gráficos dispares, reflejando cada uno de ellos distintos aspectos del aprendizaje y de la productividad.

Sensibilidad hacia las diferencias individuales, los niveles evolutivos y las distintas formas de habilidad

Los programas de evaluación que no consiguen tomar en consideración las grandes diferencias existentes entre cada individuo, los diferentes niveles evolutivos y las distintas formas de habilidad, resultan ser cada vez más anacrónicos. El examen formal podría ajustarse, en principio, de manera que tuviera en cuenta estas variaciones. Pero para ello sería necesario que se suprimiera alguna de las hipótesis clave del examen estandarizado, como la uniformidad de los individuos en ciertos aspectos clave y la inclinación hacia instrumentos eficientes en relación al coste.

Además, deberían destacarse las diferencias individuales de cada estudiante en los programas de formación de maestros y examinadores. Hay que presentar formalmente tales distinciones a aquellos que tendrán la responsabilidad de evaluar a los escolares; no se puede esperar que los maestros lleguen por sí mismos a una taxonomía empíricamente válida de las diferencias individuales. Una presentación de estas características debe tener lugar en los cursos de magisterio o durante las prácticas docentes. Una vez hecha esta presentación y después de tener la oportunidad de observar y trabajar con niños que muestran diferentes perfiles, dichas distinciones cobrarán vida para los maestros.

Entonces se hará posible tener en cuenta estas diferencias de forma tácita. Los buenos profesores, tanto si imparten segundo curso de primaria, piano a párvulos, o metodología de la investigación a universitarios, se han dado cuenta, desde siempre, que cada método funciona con un tipo determinado de estudiante. Este tipo de sensibilidad para con las diferencias individuales puede llegar a formar parte de la competencia del profesor, y éste podrá recurrir a ella durante la instrucción normal y durante la evaluación. También es posible, y tal vez sea óptimo, que los profesores aderecen su propia intuición de las diferencias individuales con sesiones meditadas de evaluación, diseñadas teniendo presente la especialidad que se está evaluando.

y que, además, refleje mejor nuestros conocimientos sobre la naturaleza de la cognición humana, entonces no podemos permitirnos ignorar todas estas líneas de pensamiento.

Características generales de un nuevo enfoque de la evaluación

Si pudiéramos empezar de nuevo y diseñar desde el principio un enfoque completamente nuevo de los métodos de evaluación, deberíamos intentar incorporar los siguientes rasgos principales.

Énfasis en la evaluación más que en el examen

La inclinación por el examen que predomina en América ha ido demasiado lejos. Aunque algunos exámenes o tests sean útiles a ciertos efectos, la industria de los tests ha llegado a unos extremos absurdos desde el punto de vista de una sociedad reflexiva. Muchos de los que intentan comprender las bases teóricas o conceptuales subyacentes a las medidas de validez, quedan decepcionados. Parece como si muchos tests se hubieran diseñado para crear una nueva necesidad en vez de para satisfacer una ya existente.

Aunque tengo sentimientos ambiguos respecto al hecho de examinar en sí, siento poca ambivalencia respecto al hecho de evaluar. Según mi opinión, supone una misión adecuada para las personas educadas, así como para las que están a su cargo, emprender una reflexión regular y conveniente acerca de sus objetivos, los diversos medios de que disponen, su éxito (o fracaso) en alcanzarlos y las implicaciones de la evaluación en el replanteamiento de los objetivos y de los procedimientos.

Defino la evaluación como la obtención de información acerca de las habilidades y potenciales de los individuos, con el objetivo dual de proporcionar una respuesta útil a los individuos evaluados y unos datos también útiles a la comunidad que les rodea. Los que diferencia la evaluación del examen es que la primera favorece técnicas que extraen información del curso de los resultados habituales, y no se siente cómoda con el uso de instrumentos formales administrados en un entorno neutro y descontextualizado.

Según mi opinión, aquellas personas que se ocupan de la tarea de evaluar en las comunidades educativas y psicológicas, deberían facilitar este proceso (véase Cross y Angelo, 1988). Deberíamos diseñar métodos y medidas que ayudaran a la evaluación regular, sistemática y útil. En algunos casos, tal vez acabemos produciendo «exámenes formales». Pero espero que eso ocurra pocas veces.

Evaluar de forma simple, natural y en el momento adecuado

En lugar de imponerse de forma «externa» en momentos inoportunos durante el curso, la evaluación tendría que formar parte del entorno natural de aprendizaje. Siempre que fuera posible debería tener lugar «al momento», como parte del interés natural del individuo en una situación de aprendizaje. Al principio, la evaluación probablemente debería introducirse de forma explícita; pero, con el tiempo, gran parte de la evaluación tendría lugar de forma natural por parte del estudiante y del alumno, sin necesidad de que se reconozca o se etiquete explícitamente por parte de uno o de otro.

Aquí es importante considerar el modelo de evaluación de las habilidades cognitivas del experto. Por un lado, al experto raras veces le resulta necesario que le evalúen otros, a menos que se tengan en cuenta condiciones competitivas. Se asume que los expertos realizarán su trabajo sin prácticamente ningún control externo. Sin embargo, también es cierto que el experto está constantemente evaluando; este proceso de evaluación tiene lugar de un modo natural, casi sin reflexión consciente, en el curso de su trabajo. Cuando empecé a escribir artículos relacionados con la educación, dependía mucho de las cuidadosas críticas que me hacían profesores y editores; actualmente, la mayor parte de la evaluación que necesito tiene lugar en el nivel inconsciente, mientras me siento en mi escritorio y garabateo un borrador o preparo una primera versión del material.

A medida que la evaluación va formando gradualmente parte del panorama, ya no es preciso separarla del resto de actividades del aula. Como en los buenos aprendizajes, los maestros y los estudiantes están siempre evaluando. Ya no es necesario tampoco «enseñar para la evaluación», porque la evaluación es ubicua; de hecho, la necesidad de exámenes formales puede desaparecer completamente.

Validez ecológica

Uno de los problemas de la mayoría de los tests formales es su validez, es decir, su correlación con algún criterio (Messick, 1988). Como se ha dicho antes, los tests de creatividad ya no se utilizan mucho porque nunca se ha establecido adecuadamente su validez. La validez predictiva de los tests de inteligencia y de los exámenes de aptitud escolar se cuestiona a menudo a la vista de su utilidad limitada a la hora de predecir los resultados más allá del siguiente curso escolar.

Volviendo a nuestro ejemplo del aprendiz, no tendría mucho sentido cuestionar la validez de los juicios del maestro. Éste está tan íntimamente asociado con su pupilo que probablemente pueda predecir sus actuaciones con un alto nivel de precisión. Cuando esta predicción no se efectúa de modo fiable, los problemas son casi inevitables. Creo que las evaluaciones actuales se han apartado mucho del territorio que se supone pueden cubrir. Cuando se evalúa a los individuos en las

única conclusión: los individuos no alfabetizados y los pertenecientes a las sociedades no occidentales parecían ser mucho menos hábiles y mucho menos inteligentes que los grupos de control occidentales. Se descubrió entonces un fenómeno interesante. Simples cambios en los materiales, en el entorno de los tests o en las instrucciones, conducían a menudo a mejoras radicales en los resultados. La diferencia entre los resultados obtenidos por los sujetos de otras culturas y los obtenidos por los de nuestra propia cultura se reducía, o incluso desaparecía, cuando se utilizaban materiales conocidos, cuando se empleaba a examinadores que conocían bien el medio y la lengua, cuando se daban instrucciones revisadas, o cuando se apelaba a las «mismas» capacidades cognitivas pero de un modo que tenía más sentido para el contexto no occidental (Laboratory of Comparative Human Cognition, 1982).

Actualmente, existe una gran masa de datos experimentales que demuestra que los materiales evaluadores diseñados para un público determinado no se pueden transportar directamente a otro entorno cultural: no existen materiales completamente neutros o ciegos respecto a la cultura. Todo instrumento refleja sus orígenes. Los tests formales que tienen algún sentido en un contexto occidental, lo tienen porque los estudiantes están acostumbrados a adquirir conocimientos en un lugar alejado de las aplicaciones habituales de estos conocimientos; sin embargo, en los entornos poco o nada escolarizados, la mayor parte de la instrucción tiene lugar *in situ*, y, por tanto, sólo tiene sentido administrar evaluaciones que también estén en su contexto.

Para confirmar esta investigación intercultural, existe una gran cantidad de hallazgos acerca de las habilidades cognitivas de diversos tipos de expertos. Se ha demostrado que los expertos, a menudo, fracasan en la medición «formal» de sus capacidades de cálculo o de razonamiento, pero que, en cambio, muestran precisamente esas mismas capacidades en el curso de su trabajo habitual, como por ejemplo la confección de trajes, la compra en un supermercado, la carga de cajas en un camión o la defensa de los propios derechos en una discusión (Lave, 1980; Rogoff, 1982; Scribner, 1986). En tales casos, no es la persona la que ha fracasado, sino el instrumento de medida que pretendía documentar el nivel de competencia de esa persona.

Situar la competencia y la habilidad fuera de la mente del individuo

Estas investigaciones que acabamos de mencionar han conducido a una conceptualización novedosa. En muchos casos resulta erróneo concluir que el conocimiento requerido para ejecutar una tarea determinada reside completamente en la mente de un solo individuo. Dicho conocimiento puede estar «distribuido»: es decir, los buenos resultados en la ejecución de una tarea pueden depender de un equipo de individuos; quizá ninguno de ellos posea toda la experiencia necesaria, pero todos, trabajando juntos, serán capaces de llevar a cabo la tarea de forma segura (Scribner, 1986). En relación a esto, es demasiado simple afirmar que un individuo determinado «posee» o «no posee» el conocimiento requerido; dicho conocimiento puede mostrarse en presencia de los «detonadores» humanos y físicos adecuados, pero, en cualquier otro caso, puede permanecer invisible a cualquier prueba (Squire, 1986).

Tiene sentido pensar en la competencia cognitiva humana como una capacidad emergente, susceptible de manifestarse en la intersección de tres contribuyentes diferentes: el «individuo», con sus habilidades, su conocimiento y sus objetivos; la estructura de un «área de conocimiento» o «especialidad», dentro de la cual pueden estimularse dichas habilidades; y un conjunto de instituciones y funciones —un «ámbito» que rodea a las especialidades— que juzga cuándo un determinado resultado es aceptable y cuándo no reúne las condiciones necesarias (Csikszentmihalyi, 1988; Csikszentmihalyi y Robinson, 1986; Gardner y Wolf 1988). La adquisición y la transmisión del conocimiento depende de la dinámica que se sustenta a sí misma sobre estos tres componentes. Especialmente después de los primeros años de la infancia, los resultados de una persona presuponen una conciencia de las diferentes áreas de conocimiento existentes en la propia cultura y las diversas «fuerzas» procedentes de los distintos «ámbitos» que afectan a las oportunidades, al progreso y al reconocimiento por parte de los demás. Al centrarse en el conocimiento que reside en una mente aislada en un momento dado, los tests formales pueden distorsionar, magnificar o subestimar las contribuciones que un individuo puede hacer en un contexto social más amplio.

Los resultados de las investigaciones llevadas a cabo apuntan a una visión diferenciada y matizada de los métodos de evaluación, una visión, que, en cierta manera, podría parecerse más a las medidas propias de los aprendizajes tradicionales que a un test formal. Una iniciativa evaluadora que se tuviera que planificar hoy en día, a la luz de estos hallazgos, debería ser sensible a las etapas y a las trayectorias evolutivas. Una iniciativa de estas características debería investigar las capacidades simbólicas humanas, de manera adecuada, en los años posteriores a la primera infancia, así como las relaciones entre el conocimiento práctico y las capacidades simbólicas de primer y segundo orden. Debería reconocer la existencia de diferentes inteligencias y de diversos perfiles cognitivos y estilísticos; debería incorporar una conciencia de dichas variaciones en las evaluaciones; debería comprender los rasgos que caracterizan a los individuos creativos en las diferentes especialidades. Por último, una nueva iniciativa evaluadora debería tener en cuenta los efectos del contexto sobre los resultados y proporcionar los contextos más adecuados en los que evaluar las competencias, incluyendo los que van más allá del individuo evaluado.

Supone un gran desafío responder a estos requisitos y deseos. De hecho, un atractivo de los exámenes formales es que uno puede poner entre paréntesis, o minimizar, la mayor parte de los rasgos que justamente acabo de destacar. Sin embargo, si queremos un sistema de evaluación que sea justo para el individuo

cierto que los mejores de estos instrumentos evitan los peligros de la subjetividad y del sesgo estadístico. Sin embargo, cualquier tipo de instrumento se desvía inevitablemente hacia un tipo (o algunos tipos) de individuos y hacia uno (o unos pocos) de los estilos cognitivos o intelectuales. Los tests formales resultan especialmente atractivos para aquellos individuos que poseen una cierta mezcla de inteligencias lógica y lingüística, y que se sienten cómodos siendo examinados en un entorno descontextualizado en ciertas condiciones de tiempo y de impersonalidad. De forma correlativa, dichos tests resultan sesgados en el caso de los individuos que no muestran esa mezcla de inteligencias, o cuyas fuerzas se manifiestan mejor en proyectos continuados o cuando se les examina *in situ*.

Creo que, especialmente cuando los recursos son escasos, todos los individuos deberían tener la oportunidad de mostrar sus puntos fuertes. No hay ninguna objeción para que un estudiante con altas puntuaciones pueda mostrar sus méritos ante el equipo de admisiones de una universidad; por la misma razón, los individuos con otras fuerzas cognitivas o estilísticas también deberían tener su oportunidad.

Habrá quien pueda simpatizar con la línea de análisis seguida hasta aquí y, sin embargo, rechazar sus implicaciones por consideraciones de coste o de eficiencia. Según este argumento, resulta simplemente demasiado ineficiente o demasiado caro movilizar a un país hacia unos sistemas de evaluación más continuados; y, por lo tanto, aunque el examen formal sea imperfecto tendremos que aceptarlo y simplemente intentar mejorarlo en la medida de lo posible.

Esta línea de argumentación tiene una plausibilidad superficial, pero también la rechazo. Para ser más precisos, el examen formal, actualmente, resulta eficiente desde el punto de vista de los costes, pero llevarlo a su imperfecto estado actual ha costado millones, tal vez billones, gastados a lo largo de décadas. Tampoco creo que gastar más dinero en el sistema actual pueda llegar a mejorarlo algo más que marginalmente. (Sí que creo que vale la pena llevar a cabo investigaciones sobre formas de examen de diagnóstico o interactivas, pero éstas no son las cuestiones a las que me estoy refiriendo en este capítulo.)

Nuestros proyectos piloto actuales, aunque dependen de fondos de investigación, son modestos desde cualquier punto de vista. En cada caso, creemos que los puntos principales del enfoque pueden transmitirse a los profesores de forma inmediata y pueden proporcionarse a las escuelas o a los distritos escolares interesados. Suscribimos la estimación de Theodore Sizer acerca de que el paso hacia unas formas de educación más orientadas a la calidad (y quizá también hacia una educación de más calidad) podría incrementar los costes en un 10 o un 15 por ciento, pero no más.

El principal obstáculo que veo a la evaluación en contexto no es la disponibilidad de recursos sino más bien la falta de voluntad. Existe actualmente un enorme deseo de uniformizar la educación, de tratar a todos los estudiantes de la misma manera y de aplicar los mismos tipos de métricas unidimensionales a todos. Esta tendencia resulta inadecuada desde el punto de vista científico y desagradable desde el punto de vista ético. El sentimiento actual se basa, en parte, en un comprensible descontento hacia algunos de los excesos de los primeros experimentos educativos, pero también, en un grado preocupante, en una hostilidad general hacia los estudiantes, los profesores y el proceso educativo. En ciertos países donde el proceso educativo se tiene muy en cuenta, ha sido posible alcanzar una educación de mayor calidad al no adoptar algunas de las peores características del pensamiento educativo y de la evaluación unidimensionales.

No resulta difícil esbozar las razones que justifican, en los Estados Unidos, este precario consenso sobre la necesidad de tener más exámenes y más escuelas uniformes. Una preocupación comprensible por los bajos resultados de los estudiantes a principios de los 80 condujo a una condena generalizada de la educación del momento, a la que se acusaba de una multitud de pecados sociales. Algunos poderes políticos, especialmente los administradores y los legisladores de cada estado, se sumaron al debate; el precio a pagar por un mayor apoyo financiero era simple: más exámenes y más responsabilidad basada en los exámenes. El hecho de que pocos estudiantes de ciencias de la educación estuvieran completamente de acuerdo con el diagnóstico, o con la pretendida cura, no era importante. Después de todo, los políticos raras veces estudian detenidamente la información relevante; casi instintivamente buscan cabezas de turco y reclaman soluciones rápidas.

Es penoso que pocos políticos o líderes sociales hayan presentado un punto de vista alternativo a propósito de estas cuestiones. Si los poderes o los grupos de interés dedicaran sus esfuerzos a un nuevo modelo de educación, que subscribiera la filosofía de evaluación y de escolaridad presentada aquí, estoy convencido de que podrían ponerla en práctica sin arruinarse. Sería necesario que una amplia gama de personas se pusiera al corriente; que las comisiones de las universidades examinaran los «procesofolios» que les son entregados; que los miembros de la comunidad ofrecieran aprendizajes o «charlas especializadas»; que los padres supieran qué están haciendo sus hijos en la escuela y trabajaran con ellos (o que por lo menos los animaran) en sus proyectos. Estas propuestas pueden parecer revolucionarias, pero son situaciones cotidianas en ciertos entornos escolares de los Estados Unidos y otros países. De hecho, es difícil imaginar una educación de calidad sin este ambiente de cooperación (Grant, 1978, 1988).

Según mi modo de ver, el debate político, en último término, se centra —o, como mínimo, debería centrarse— en los conceptos opuestos de finalidades y objetivos de la educación. Como he dado a entender más arriba, la perspectiva del «examen formal estándar» alberga un concepto de la educación como de una colección de piezas individuales de información que tienen que aprenderse y después vomitarse en un entorno descontextualizado. Según esta «visión-contenedor», se espera que los individuos que adquieren una cantidad suficiente de dicho conocimiento sean unos miembros efectivos de la sociedad.

La «visión evaluadora» valora el desarrollo de las habilidades productivas y reflexivas, cultivadas en proyectos a largo plazo. El impulso que la anima intenta salvar la brecha existente entre las actividades escolares y las actividades extraescolares, con la idea de que los mismos hábitos mentales y la misma disciplina puedan ser útiles en ambos tipos de empresa. Se presta especial atención a las fuerzas de cada uno. Según esta visión, la evaluación debería tener lugar de la manera más discreta posible a lo largo de las actividades diarias, y la información obtenida debería suministrarse a los encargados de efectuar selecciones de forma útil y económica.

La visión evaluadora encaja cómodamente con la visión de la escolaridad centrada en el individuo que he destacado en el capítulo 5. Algunas personas favorables al enfoque evaluador pueden aún mostrarse reticentes frente a una visión de la escuela centrada en el individuo, considerándola como no factible o como una interpretación romántica de la educación; preferirían modos de evaluación más naturalistas al servicio de un currículum riguroso. A estas personas yo respondería, quizá sorprendiéndolas, suscribiendo inequívocamente la importancia del rigor. No existe nada en un enfoque «centrado en el individuo» que cuestione el rigor; de hecho, en cualquier aprendizaje serio se asume el rigor. Si acaso, es la mentalidad tipo «examen de bachillerato, de elección múltiple y de hechos aislados» la que sacrifica el auténtico rigor por una conformidad superficial. Me adhiero completamente a los currículos rigurosos dentro de una escuela centrada en el individuo: sólo pido un menú más amplio de opciones curriculares.

Marx confiaba en que un día el Estado simplemente desaparecería, sin que fuera ya necesario ni se le echara en falta. Según mi opinión personal, imagino que un día todo el aparato de exámenes dejará de ser necesario y su desaparición no será llorada. Un test estandarizado de una hora de duración puede, en algunos momentos de la historia, haber servido de forma razonable para indicar quién obtendría mejores resultados en la escuela o quién era capaz de hacer el servicio militar; pero cuando llegamos a comprender la variedad de funciones y de maneras en que se puede asumir la escolaridad o el servicio militar, entendemos que necesitamos formas mucho más diferenciadas y sensibles para evaluar lo que los individuos son capaces de llevar a cabo. En lugar de los tests estandarizados, espero que podamos desarrollar entornos (o incluso sociedades) en las que las fuerzas naturales y adquiridas de los individuos se pongan de manifiesto: entornos en los que sus soluciones diarias a los problemas o su elaboración de productos indicarían claramente qué papeles vocacionales o aficiones son adecuados para ellos.

A medida que nos acerquemos hacia la construcción de estos entornos, existirá menos necesidad de exámenes formales y de espaldas al contexto, porque la distancia entre lo que los estudiantes harán y lo que deberán (o querrán) hacer en la sociedad se habrá estrechado mucho. No disponemos de tests que nos digan quién será un buen líder, porque las habilidades del líder emergen en circunstancias que tienen lugar en la vida cotidiana y este tipo de evidencia habla por sí misma. Tampoco disponemos de tests que midan el atractivo sexual, la habilidad futbolística, la interpretación musical o la capacidad legislativa, exactamente por las mismas razones. Diseñamos tests para la inteligencia porque no resultaba fácil observar esta supuesta propiedad global en el mundo real: por eso la inteligencia, como capacidad única y medible, ya de entrada, nunca estuvo lo suficientemente justificada.

Si los tipos de cognición naturales que he descrito aquí son válidos, entonces sus diversas manifestaciones deberían discernirse de forma inmediata a través de observaciones prudentes del entorno normal del individuo. En lugar de enviar a los psicólogos o a los psicómetras al paro, el paso a este tipo de medidas sutiles requerirá los esfuerzos destacados de un cuadro de especialistas mucho mayor, con una formación más amplia y más imaginativa. Cuando se piensa en el enorme potencial humano hoy desaprovechado en una sociedad que valora únicamente un pequeño subconjunto de los talentos humanos, una inversión así merece la pena.

En contraste con una «sociedad examinadora», pienso que el enfoque de la evaluación y la escuela centrada en el individuo constituyen una visión educativa más noble. Ambas se corresponden mejor con los valores de la democracia y el pluralismo (Dewey, 1938). También pienso que esta visión es más coherente con lo que los estudios científicos han establecido en las últimas décadas acerca del crecimiento humano y del aprendizaje. Las escuelas del futuro deberían forjarse de tal manera que fueran coherentes con esta visión. Al final, al margen de las formas que adopten las «evaluaciones oficiales» y de la incidencia que tengan, el aprendizaje diario en las escuelas, así como el aprendizaje estimulado mucho después de concluir la escolarización «formal», deberían constituir su propia recompensa.

Interludio

El método de la carpeta
en las admisiones a la universidad

Según mi opinión, no hay ninguna necesidad ni se obtiene ningún beneficio de seguir exigiendo el Scholastic Aptitude Test (SAT) (tengo menos reservas hacia los tests de aprovechamiento). Muchas universidades no son los suficientemente selectivas como para justificar dicho instrumento, y las que lo son ya tienen suficientes fuentes de información acerca de sus candidatos. El SAT sólo pone de manifiesto dos inteligencias, y lo hace de forma relativamente rígida. (Uno puede ser un científico o un escritor importante sin poseer las capacidades necesarias para sobresalir en el SAT.) Enseñar para el SAT malgasta mucho tiempo valioso. Me gustaría ver a universidades importantes seguir el ejemplo del Bates College y del Franklin and Marshall College: no exigen el Scholastic Aptitude Test ni ningún instrumento equivalente.

¿Qué propongo en lugar del SAT? Para ser coherente con mis anteriores observaciones, me gustaría ver que las escuelas observan evidencias de diversas inteligencias y lo hacen recopilando información (del mismo estudiante y de otras personas) acerca de los tipos de proyectos a gran escala en los que el estudiante ha estado participando y de los tipos de productos que ha estado elaborando. Los comités de admisión deberían incluir a individuos competentes para juzgar el ejercicio de las inteligencias, y las combinaciones de inteligencias, de tipo menos académico.

Las colecciones de proyectos en forma de carpeta, constituirían una parte reveladora del dossier de cada alumno. Estoy seguro de que un registro de los proyectos materializados (y de los fracasados) tendría un valor predictivo equivalente acerca del éxito en la universidad y un valor predictivo más eficiente respecto al éxito después de los estudios. El tiempo empleado por los comités de admisión examinando carpetas o documentación de proyectos sería un tiempo bien empleado.

Tengo que mencionar que mis colegas y yo, en el Proyecto Zero de Harvard, hemos trabajado con compañeros del Educational Testing Service, intentando desarrollar procedimientos para evaluar proyectos y carpetas. Soy muy consciente de que no se va a sustituir al SAT por críticas como la mía, a no ser que se diseñen formas alternativas de información que resulten ser auténticamente útiles para las universidades.

Del mismo modo en que creo que los procedimientos de admisión a las universidades se deberían cambiar para que fueran sensibles a toda la gama de inteligencias humanas y a toda la variedad de formas en las que éstas pueden expresarse, creo que la misma experiencia universitaria podría beneficiarse de una perspectiva de «inteligencias múltiples». Los profesores deberían reducir su confianza en los exámenes de respuestas cortas. Los estudiantes deberían reconocerse a través de los trabajos serios llevados a cabo en diversos terrenos intelectuales. Los tutores se deberían escoger según el perfil intelectual del estudiante, y tendrían que mostrarse receptivos a todas las posibilidades de cursos y modos de evaluación adecuados para un determinado estudiante. En general, sería muy deseable, tanto para el estudiante como para la facultad, que se desarrollara una mayor conciencia (o lo que se conoce como «metaconciencia») de los perfiles de habilidades y dificultades que un estudiante puede tener y la implicación de estos perfiles en la planificación de una experiencia universitaria que resulte provechosa.

Por último, me gustaría ver a los profesores universitarios abarcar una gama más amplia de instrumentos de evaluación. Los proyectos (y no únicamente los exámenes trimestrales) tendrían que ser una opción normal para los estudiantes, y todos los estudiantes deberían tener la oportunidad de llevar a cabo, y posteriormente evaluar (y que otros evalúen), algunos de sus propios proyectos. Tales proyectos no son únicamente motivadores y educativos; estoy convencido de que también tienen una relación más lineal con el tipo de actividades y competencias con las que se enfrentará el estudiante después de abandonar las paredes de la universidad. Ante todas estas propuestas preveo dos tipos de respuesta igualmente críticos.

Desde la derecha, espero oír que estos procedimientos serían demasiado difíciles y demasiado caros. Necesitamos los SAT y los exámenes de respuestas cortas porque son eficientes y porque sólo ellos pueden decirnos qué estudiantes están aprendiendo algo realmente. Ya resulta suficientemente difícil atender dos inteligencias; cualquier idea de atender siete dominios intelectuales es utópico. Desde la izquierda espero oír que estas ideas son escasamente originales y que en muchos lugares ya se están llevando a cabo. Aunque pocos han desterrado el SAT, muchos consideran que un triunfo en la Westinghouse Talent Search o incluso en la State Trombone Competition vale más que 100 puntos adicionales en el SAT.

No dejo de comprender las razones de estas contraargumentaciones. El paso a un conjunto más amplio y flexible de instrumentos comporta riesgos y gastos, pero opino que vale la pena asumirlos. El mismo hecho de que algunas escuelas ya hayan decidido asumirlos —y entre ellas se hallan las mejores escuelas— demuestra que mi visión no es utópica.

De hecho, en algunos estudios detallados llevados a cabo a lo largo de varios años, los encargados de las admisiones en el Bates College justificaron que la decisión de hacer el SAT opcional carecía de costes académicos y, en cambio, comportaba considerables beneficios sociales. En lo que respecta a la originalidad, concedo alegremente que ninguna de las ideas expresadas más arriba pertenece en exclusiva a mi modo de ver las cosas. Espero, sin embargo, haber aportado una argumentación más firme para algunas ideas que ya han adquirido un cierto uso, y creo que estamos diseñando métodos de evaluación que permitirán utilizar estos nuevos tipos de ejercicios y métodos con más confianza.

Soy partidario de este cambio en la evaluación y en la docencia porque creo que es coherente con los nuevos hallazgos de las ciencias cognitivas y neuronales. De hecho, pienso que sería posible difuminar la línea que separa la valoración del potencial, la enseñanza del currículum y la evaluación del aprendizaje; y estoy convencido de que la teoría de las inteligencias múltiples proporciona un gran número de claves acerca de cómo se puede conseguir esto.

11   Más allá de la evaluación: los objetivos y los medios de la educación

En medio de la enorme cantidad de atención dirigida hacia la reforma educativa en América y otros países durante la pasada década, se ha hablado sorprendentemente poco de las *razones* por las que deberíamos educar a nuestros hijos, o a nosotros mismos. Este «silencio respecto a los objetivos» ha caracterizado también partes anteriores de este mismo volumen, donde me he centrado en los potenciales intelectuales humanos, así como el principio de esta sección, donde me he concentrado en un nuevo enfoque de la evaluación. En este capítulo intento compensar este desequilibrio, centrándome específicamente en las razones existentes para la educación, y en algunos de los medios más prometedores para sacar adelante un sistema educativo eficaz.

La comprensión: un objetivo inmediato de la educación

Pocas personas cuestionarían la afirmación de que la educación debería intentar inculcar comprensión. Sin embargo, cuando nos preguntamos ¿qué es la comprensión? y ¿cómo podemos saber que efectivamente se ha alcanzado?, entonces las dificultades intrínsecas al concepto de comprensión surgen de forma inmediata. En realidad, yo afirmaría que la mayoría de las personas relacionadas con la educación no tienen una noción clara de la naturaleza de la comprensión, ni tampoco saben cómo justificar que se ha alcanzado (o no).

En *La mente no escolarizada*, publicado en 1991,* sostengo que un individuo *comprende* siempre que es capaz de aplicar sus conocimientos, sus conceptos o sus habilidades (de forma abreviada, a partir de aquí, sus conocimientos) adquiridos

---

* Trad. cast. en Paidós, 1993 [R.]

en algún tipo de entorno escolar, o a alguna situación o caso nuevos, en el que dicho conocimiento resulte relevante. Por inferencia, pues, un estudiante no consigue comprender si es incapaz de aplicar dicho conocimiento, o si aplica un conocimiento inadecuado a la nueva situación.

Como ejemplo idóneo, voy a referirme a la breve guerra del Golfo de 1991, durante la cual Estados Unidos lideró a un consorcio de naciones con el objetivo de arrancar Kuwait de las manos de Iraq, y, de paso, imponer un nuevo tipo de equilibrio en aquella región del mundo. Una persona con comprensión política o histórica de la región sería capaz de predecir qué suerte de resultados iban o no iban a ocurrir, con toda probabilidad, después del fin de las hostilidades, incluyendo la improbabilidad de una alteración permanente del estado de las cosas correspondiente al período anterior a la guerra. Una persona con comprensión de los principios de la física podría indicar cómo apuntar un misil Patriot de manera que intercepte un misil Scud en pleno vuelo, así como realizar algún tipo de predicción acerca de cómo se iban a distribuir los fragmentos resultantes sobre el suelo. Por último, una persona que comprendiera los principios de la economía podría anticipar los efectos que un inesperado desembolso tendría sobre la economía americana (y sobre otras economías). Sería justo añadir que los que dieron muestras de un grado más alto de comprensión fueron los que calcularon cómo interceptar un misil Scud, y quizá no sea una coincidencia que los que realizaron estos cálculos fueran los ordenadores.

En virtud de una cantidad considerable de investigaciones llevadas a cabo por científicos cognitivos en las últimas décadas, conocemos actualmente unos datos desoladores: la mayoría de los estudiantes de los Estados Unidos y, por lo que sabemos, también de otros países industrializados, no comprenden los materiales que se les han impartido en la escuela. Es decir, cuando se enfrentan a una situación desconocida, por lo general, son incapaces de movilizar los conceptos adecuados procedentes de la escuela, aun en el caso de que sean buenos estudiantes. Ocurre en física: estudiantes que han conseguido buenas notas en física, en instituciones formidables como el MIT o la Johns Hopkins, no son capaces de aplicar sus conocimientos procedentes del aula a juegos o a demostraciones fuera de la escuela. (A menudo responden como lo haría un niño de cinco años «no escolarizado».)

Pero como se documenta en *La mente no escolarizada*, este problema no se limita en absoluto a las ciencias puras. De hecho, trátese del estudiante de estadística, de matemáticas, de psicología, de literatura, de historia o de arte, nos hallamos básicamente ante la misma situación. Dentro de la clase, parece que el estudiante comprende, porque es capaz de devolver al profesor la información factual regida por ciertas reglas que ha memorizado. Pero cuando actúan por su cuenta, cuando se espera de ellos que decidan *cuál* de los conceptos aprendidos en la escuela, de los hechos o de las habilidades, son realmente aplicables a una nueva situación, se muestran como incapaces de comprender, y, de nuevo, se sitúan en el nivel del proverbial niño de cinco años. Puede resultar superfluo añadir que pocos adultos en nuestra sociedad constituyen una excepción a esta regla:

como muestran los anteriores ejemplos extraídos de la guerra del Golfo, la comprensión brilla por su ausencia en nuestra sociedad. Resulta innecesario decir que este estado de cosas resulta penoso. Aunque es cierto que nuestras mejores escuelas consiguen enseñar a los estudiantes los rudimentos de la lectura, de la escritura y del cálculo, fracasan en una prueba más rigurosa, y más fundamental. Incluso nuestros mejores estudiantes, por lo general, puede decirse que no comprenden el mundo de las ciencias, el de las matemáticas, el de las humanidades o el de las artes. Tal vez no sea demasiado arriesgado afirmar que diez o incluso veinte años de educación no consiguen el objetivo que parece más razonable esperar del «sistema».

Cómo alcanzar la comprensión y cómo demostrarla

A menos que se convierta en un objetivo central de nuestro sistema educativo, no es probable que se llegue a alcanzar la comprensión. Para empezar, los educadores deben ponerse de acuerdo acerca de qué clases de comprensión desean que adquieran sus estudiantes. Pienso que sería aconsejable mantener este tipo de conversaciones en el nivel nacional o incluso internacional; aunque cada escuela tiene que enfrentarse al mismo problema, no tiene sentido que cada escuela individual o cada sistema escolar tenga que hacerlo partiendo de cero. A continuación presento una lista con algunos candidatos plausibles para la comprensión en las diferentes disciplinas:

* Los estudiantes de física deberían ser capaces de explicar las acciones de los objetos y de los fenómenos que encuentran en su entorno cotidiano, así como los que se simulan, con diversos fines, en un laboratorio de física.
* Los estudiantes de matemáticas deberían ser capaces de medir magnitudes pertinentes en su vida cotidiana, realizar inversiones razonables, comprender los principios de las hipotecas y de los seguros, y ser capaces de rellenar sus impresos de la renta.
* Los estudiantes de historia deberían ser capaces de leer la prensa y recurrir a los principios históricos pertinentes tanto para explicar lo que está ocurriendo como para realizar predicciones plausibles acerca de lo que es probable que ocurra en un futuro.
* Los estudiantes de literatura y de arte deberían ser capaces de crear, como mínimo, obras sencillas en los géneros más importantes, comprender y apreciar las cualidades de las obras propias de su cultura y de las demás, así como relacionar estas obras con su propia vida e intereses, y al mismo tiempo aportar estas vivencias personales a cualquier trabajo que ellos mismos creen o simplemente valoren.

No creo que estas aspiraciones resulten ser particularmente controvertidas, y tampoco pienso que sean difíciles de alcanzar. Pero es importante señalar que muy pocas escuelas articulan realmente unos «objetivos de comprensión» como los expuestos. Y aún menos plantean las «demostraciones de comprensión» que, en último término, deberían ser capaces de pedir a sus alumnos.

En ocasiones ha resultado conveniente contrastar la «actuación» con la «comprensión». En términos de esta dicotomía, que yo mismo empleé en mi libro de 1989 *To open minds*, algunos sistemas educativos destacan la actuación: los profesores exhiben inicialmente unas series ritualizadas y memorizadas de secuencias y modelos que se espera que los estudiantes imiten con progresiva fidelidad. A menudo se citan diversos enclaves de educación tradicional, como China, como ejemplos de sistemas que subrayan la «actuación». En cambio, se piensa que Occidente destaca la «comprensión», la capacidad de investigar por debajo de la superficie, de imaginar las causas subyacentes, de diseccionar un texto o una obra de arte y ejemplificar los principios sobre los que se basa. Se puede pensar en Confucio como paradigma de la actuación y en Sócrates como el mayor exponente de la comprensión.

Sin embargo, tras un examen más detenido, está claro que la comprensión sólo puede adquirirse y valorarse si el estudiante *actúa*. No podemos saber si un estudiante comprende un principio de física a menos que pueda realizar una actuación pertinente: dicha actuación puede consistir en la construcción o la reparación de un aparato, en el uso correcto de una fórmula que explique la relación entre dos variables, o en la predicción de qué ocurrirá cuando dos objetos colisionen en ciertas circunstancias. Cada una de éstas son «actuaciones de la comprensión» o actuaciones significativas. Por el mismo motivo, no podemos saber si un estudiante comprende un determinado período de la historia a menos que sea capaz de actuar con pertinencia: por ejemplo, que sepa explicar dicho período a alguien que desconoce la historia americana, o relacionar dicho período con otros que lo sucedieron, o que pueda explicar un acontecimiento de la prensa actual a la luz de algunos antecedentes históricos importantes, o aclarar alguna obra de arte perteneciente a dicho período haciendo referencia a acontecimientos o personajes de la época que pudieron haber motivado dicha obra. También éstas son «actuaciones de la comprensión».

El trabajo que se está llevando actualmente a cabo en colaboración con David Perkins, Vito Perrone, Rebecca Simmons y otros investigadores de Harvard, muestra que, para los maestros, no resulta una tarea fácil en absoluto definir estas actuaciones, pero que sin embargo resulta posible hacerlo. Según esta idea, el siguiente paso consiste en compartir estas actuaciones con los estudiantes, permitirles que se familiaricen con los tipos de actuaciones que se desea sean capaces de realizar, solos, o en cooperación con sus compañeros. En lugar de requerir tales actuaciones únicamente al final de un curso o de una unidad, los estudiantes necesitan comenzar a «practicar» estas actuaciones desde los primeros días de clase. Y, por el mismo motivo, los estudiantes deberían convertirse en colaboradores del proceso de evaluación lo antes posible. En lugar de tener lugar al final del día, y por parte de un profesor o de un examinador foráneo, la evaluación debería ser una actividad de compromiso mutuo, en la que los estudiantes van tomando progresivamente una responsabilidad mayor para reflexionar acerca de las características de sus actuaciones y de los medios necesarios para mejorarlas.

Implicaciones para el currículum

La consecuencia más seria de la decisión de educar para la comprensión es un recorte radical del currículum. Si se quiere tener alguna oportunidad de asegurar la comprensión, se hace esencial abandonar el desencaminado esfuerzo de «cubrirlo todo». Un espacio demasiado amplio para cubrir garantiza superficialidad: en el mejor de los casos, las cabezas se llenan de hechos que se olvidan tan pronto como se ha contestado el examen de respuestas cortas. Es preferible ir hacia lo contrario, para citar otro *slogan* de actualidad, hay que adoptar el principio de que «menos es más».

En mi propia versión de la educación orientada a la comprensión, es importante definir, desde el principio, los tipos de conceptos que se desea que los alumnos comprendan y los tipos de actuaciones que se desea que los estudiantes exhiban una vez acabada la escuela. Una vez definidos, estos «estados finales» o «exhibiciones finales» se convierten en la base a partir de la cual se diseñan los currículos y los métodos de evaluación que se usarán a lo largo de todo el camino. En la medida de lo posible, estos conceptos y estas actuaciones deberían presentarse explícitamente al estudiante desde el principio de su carrera, y debería haber ocasión de repasarlos muchas veces durante la escolaridad. Y así, por ejemplo, si la comprensión de las instituciones democráticas es un objetivo principal de historia o de los estudios sociales, los currículos y las evaluaciones deberían dirigirse hacia la comprensión de ese concepto desde los primeros años de escuela. Por el mismo motivo, si la comprensión de los procesos y de los principios de la evolución constituye un objetivo fundamental para los estudios biológicos, entonces los niños de la escuela primaria deberían participar en actividades que les empezaran a familiarizar con los fenómenos de la evolución y les acostumbraran de una manera práctica para las actuaciones que después les serán requeridas. En resumen, la educación para la comprensión implica la necesidad de un «currículum en espiral», en el cual las ideas generativas se repasen una y otra vez a lo largo de la carrera escolar de un estudiante.

Inmediatamente puede verse que este tipo de proceso requiere un intercambio íntimo entre profesores y una continuidad considerable en el aprendizaje del alumno. Muchas veces me he sorprendido al comprobar que el profesor de un nivel desconoce absolutamente lo que hicieron sus alumnos el año anterior o lo que harán el año próximo; es como si cada curso fuera sacrosanto y se tuviera que empezar cada otoño «desde cero». Los alumnos y los padres también son culpables. Por lo general, no buscan continuidad a través de los años, los semestres o las clases. Lo que se hizo en matemáticas o inglés en el último curso no se considera que tenga relación con las tareas previstas para el año próximo; y las indicaciones sobre la redacción aprendidas en clase de historia, pongamos por caso, no suelen tenerse en cuenta a la hora de redactar en clase de inglés o de ciencias. Aquí, de nuevo, parece necesario algún tipo de coordinación curricular, en la escuela misma e incluso en el nivel nacional.

A partir de la discusión precedente, debería quedar claro que soy partidario de ciertas formas de «conocimientos nucleares», algunos materiales que todos los estudiantes tendrían que conocer. Nótese que esta preferencia no adopta la forma de una lista canónica de libros o de principios: tampoco creo que la obligatoriedad en este sentido fuera adecuada o bien fundada. En vez de esto intento dar con un consenso acerca de ciertos conceptos generativos muy complejos, como el de la evolución o el de la democracia, e intento que se preste atención a los tipos de actuación que revelen comprensión, como la aplicación de tales conceptos a fenómenos biológicos recién descubiertos o a nuevos acontecimientos políticos. Resulta razonable esperar que todos los universitarios comprendan el significado de un nuevo descubrimiento biológico o anticipen las implicaciones políticas de una crisis económica o de un importante proceso judicial.

Equilibrar el conocimiento especializado y el conocimiento global: un desafío educativo

Pero, ¿cómo hacer compatible el comprensible deseo de poseer formas comunes de conocimiento dentro de una sociedad, con la necesidad de reconocer los intereses y los dones individuales, lo cual constituye una pieza clave de la noción de las inteligencias múltiples? Creo que una parte de la respuesta descansa en una cierta sensibilidad hacia lo que es adecuado pedagógicamente en las diferentes etapas o niveles de desarrollo.

Seguramente, no es una coincidencia que los niños de todo el mundo empiecen la escolarización «en serio» hacia la edad de siete años. Según mi opinión, la mayoría de niños, a esta edad, ya han llegado a conocer todo lo que podían el mundo físico y social y el mundo de los símbolos a través de su proceso de aprendizaje natural. En algunos aspectos, esta absorción de modelos no tutelada puede ser suficiente. De hecho, en ciertas culturas no tecnológicas, tiene sentido considerar a estos niños como jóvenes adultos.

Sin embargo, en las culturas literarias y tecnológicas, los niños todavía están lejos de los intereses y de las capacidades de los adultos competentes. Tienen que aprender a leer y a dominar los distintos sistemas notacionales de la cultura: los matemáticos, los científicos, las técnicas gráficas (mapas y gráficos) y, tal vez, otras notaciones especializadas, como las utilizadas en la música, la danza, etc. Es la misión —y la responsabilidad— de la escolaridad transmitir este conocimiento notacional durante los diez años siguientes.

Los niños de esta edad difieren en otras cosas de sus compañeros más jóvenes. Los párvulos disfrutan con la exploración libre, la fantasía y poniendo a prueba los límites; su habla tiende a la metáfora, y están siempre dispuestos a realizar conexiones de tipo sinestésico. A la edad de ocho o nueve años, sin embargo, la mayoría de los niños se han convertido en criaturas bastante diferentes. Durante esta fase intermedia de la infancia, quieren dominar las reglas de sus culturas y de sus vocaciones y aficiones específicas. Desean utilizar el lenguaje con precisión, no de forma alusiva; quieren hacer dibujos fotográficamente realistas, no imaginativos o abstractos; y esperan una adhesión estricta a las reglas en el vestido, la conducta, los juegos, las situaciones morales y otras actividades culturales, permitiendo pocas desviaciones.

Estos cambios de estado de ánimo y de intereses ofrecen oportunidades pedagógicas. Ciertamente, durante los primeros años de la escolaridad tienen que llegar a dominar los sistemas notacionales de la cultura. Por lo general, los niños no pueden dominar estas notaciones por su cuenta; por eso las escuelas de todo el mundo empiezan hacia los siete años de edad. Ahora nos damos cuenta de que ésta es una tarea más difícil de lo que se pensaba antes, porque los sistemas notacionales no se dominan sobre un vacío de conocimientos. Más bien, deben construirse y relacionarse sobre una base de conocimientos de «sentido común» que ha ido forjándose durante la primera infancia. Así pues, el lenguaje escrito debe relacionarse con las capacidades del lenguaje oral; la notación musical con la percepción intuitiva o «figurada» que el niño tiene de la música; los conceptos científicos con la comprensión de sentido común del mundo físico. Efectuar esta conexión resulta un desafío crucial. De otra manera, el niño cargaría con dos sistemas de conocimiento separados, ninguno adecuado en sí mismo, en lugar de una única comprensión integrada.

Además, a esta edad, los niños están dispuestos a dominar ciertas habilidades en áreas específicas. Quieren ser capaces de dibujar con perspectiva, de componer con ritmo, de realizar experimentos de química, de elaborar un programa de ordenador. Sería deseable, en el mejor de los mundos posibles, que todos los niños pudieran acercarse a todas estas actividades. La finitud humana, sin embargo, garantiza que dicho objetivo sea utópico. El intento de entrenar a los niños en todas las formas artísticas, todas las formas atléticas y todas las actividades académicas, conseguiría, en el mejor de los casos, que alcanzaran un conocimiento superficial, y en circunstancias menos felices, una crisis nerviosa.

Por estas razones, recomiendo algún grado de especialización durante la etapa intermedia de la infancia, aproximadamente desde los ocho hasta los catorce. Mientras los niños están adquiriendo dominio sobre los rudimentos de la alfabetización, deberían también tener la oportunidad de alcanzar niveles significativos de habilidad en un pequeño número de especialidades: quizá más o menos, en una forma artística, un área de entrenamiento físico, y uno o dos temas escolares. Así pues, un escolar de diez años puede ir a clase de música o de pintura, participar en un deporte extraescolar o en una actividad gimnástica o de danza y recibir clases normales de un tema como historia, biología o matemáticas.

Soy partidario de esta especialización temprana por dos razones. En primer lugar, creo que es importante que los niños reciban pronto alguna demostración de lo que significa, en términos cotidianos, dominar una materia o un conjunto de habilidades: entrenarse, practicar, controlar el propio progreso, reflexionar sobre él, compararlo con el de los compañeros que trabajan la misma especialidad. Privados de esta oportunidad, los niños pueden mostrar severas desventajas más tarde, cuando resulta esencial dominar un área vocacional. En ningún sitio es tan dramática la necesidad de experimentar un dominio temprano como en la América actual, dónde hay tantos signos culturales que dan prioridad al arreglo rápido sobre el aprendizaje largo.

La segunda razón está más directamente relacionada con las carreras subsiguientes. Según mi opinión, es más probable que un individuo consiga una vida satisfactoria —de contribución a la sociedad y adquisición de autoestima— si encuentra actividades vocacionales o de afición que complementen sus propias aptitudes. Si un niño ha tenido muchas oportunidades de entrar en contacto con todas las especialidades e inteligencias en los primeros años de vida, parece razonable que empiece a estrechar su foco de interés, en cierta medida, durante la segunda etapa de la infancia. En el mejor de los casos habrá empezado a adquirir experiencia y habilidad para etapas posteriores de la vida, y en el peor habrá experimentado el proceso de adquisición de competencia y de control de esta adquisición.

¿Cómo hay que escoger estas áreas? En una sociedad pluralista y democrática, la elección pertenece al niño y a su familia, utilizando la información y los consejos que sean precisos a partir de otras fuentes. Creo que en esta etapa ya pueden hacerse evaluaciones razonables de las fuerzas de un niño, y que, por tanto, la elección de especialidad puede estar bien informada. A pesar de todo, aun dejando la elección al azar, los resultados no tienen por qué ser malos. Mis observaciones en China, donde estas especializaciones tempranas se hacen de manera relativamente no sistemática, es que los niños se aficionan a las áreas hacia las que se les ha dirigido y en las que se han cultivado sus habilidades de manera asidua.

Al hablar de la necesidad de encontrar algunas áreas de especialización y de la conveniencia de alcanzar habilidades definidas a través del aprendizaje de dichas áreas, se corre el riesgo de percibir esta necesidad como una experiencia seria e incluso dolorosa. Sin embargo, la especialización no tiene por qué parecerse en absoluto a una dieta a base de aceite de ricino. Un maestro inspirado, un currículum vital, un tutor comprensivo, un grupo de compañeros que congenien, pueden hacer de las primeras etapas del aprendizaje una experiencia agradable y maravillosa. De hecho, yo instaría a que al principio de cualquier especialización hubiera un período de exploración relativamente no estructurada, durante el cual se ilustraran las posibilidades del medio o del sistema simbólico. A partir de aquí, puede construirse un entrenamiento más condicionado que se una a este reconocimiento inicial a medida que el incipiente maestro empieza a manejar el medio de un modo más personal y más seguro.

Nunca existe la necesidad de proponer una única respuesta correcta o una manera prescrita de hacer las cosas. De hecho, justamente porque los niños de esta edad tienden a hacer estas asunciones erróneas, es importante que los adultos que están con ellos subrayen una pluralidad de enfoques y de respuestas.

En contraste con el niño de esta edad, el mundo de los adolescentes se abre bruscamente al menos en tres direcciones. Se hace *más amplio* (el terreno de juego del joven es ahora la sociedad en su conjunto, incluso el mundo entero, y no únicamente la familia o la comunidad local), se hace *más elevado* (el joven es capaz de formas más abstractas de razonamiento, de especulación y de tratar con lo hipotético y lo teórico) y también se hace *más profundo* (el joven investiga más insistentemente en su propia vida, enfrentándose a sentimientos personales, miedos y aspiraciones de forma mucho más completa que unos años antes).

Aunque la caracterización piagetiana del pensamiento «formal operacional» ya no se acepta en su forma original, todavía es útil pensar en el adolescente como en alguien que puede manejar cómodamente sistemas completos de pensamiento. El preadolescente está interesado en los hechos, las reglas y las habilidades «puras», mientras que el adolescente de nuestra cultura se implica en los valores, en los principios de amplio alcance, en las excepciones cargadas de significado y en la legitimidad de los usos que se les da a las habilidades. El adolescente se preocupa, por primera vez, de las relaciones entre los diferentes cuerpos de conocimiento, los diferentes puntos de vista y los diferentes campos en los que los individuos pueden ser productivos. Intenta relacionar todas estas cuestiones con sus preocupaciones personales, su incipiente sentido de la identidad o sus decisiones acerca de su carrera, sus estudios y relaciones personales, incluyendo las relaciones con el otro sexo y con personas de procedencias muy diversas.

En nuestra cultura, la adolescencia es una etapa de «enseñanza superior», escuela secundaria y primeros años de universidad. En muchos lugares del mundo, tanto desarrollados como subdesarrollados, se considera este período como un momento de especialización progresiva. Según mi opinión, no es éste el momento de tomar esta dirección, que resulta inadecuada desde el punto de vista del desarrollo cognitivo. Puesto que las personas, a esta edad, se están definiendo con referencia a un campo de actuación más amplio, creo que resulta particularmente importante que permanezcan (o empiecen a estar) abiertos a una amplia gama de temas, materias, áreas, sistemas de valores y similares, y que se les anime a una forma de pensamiento que abarque todos estos temas.

Así, en contraste con los años intermedios de la infancia y también en contra de las prácticas educativas de muchos lugares, debería desplazarse el énfasis hacia un conocimiento más exhaustivo entre los catorce y los veintiún años de edad. En términos pasados de moda, esto se podría considerar una demanda del tipo de las artes liberales, pero definida de manera que incluya temas científicos y tecnológicos, así como clásicos y humanísticos. También es una demanda de inclusión en el currículum de una consideración sobre las cuestiones éticas, los acontecimientos cotidianos y los problemas globales y locales. Es recomendable la implicación de los estudiantes en proyectos polifacéticos, que les estimulen a probar cosas diversas y a establecer conexiones entre ellas.

Por supuesto, ninguna de las limitaciones aplicadas a la segunda infancia desaparece misteriosamente con la adolescencia. Si desde los siete a los catorce años no es posible pasar revista a todo el universo, resulta igualmente imposible hacerlo en el período de siete años sucesivos. Sin embargo, para este período, sigo abogando por unas miras amplias, por tres razones: 1) esta ampliación de los currículos y de los intereses es coherente con las propias propensiones del joven hacia el procesamiento de información en esta etapa de la vida; 2) es deseable que todos los individuos en crecimiento del mundo tengan, como mínimo, un módico contacto con las principales disciplinas e intereses de nuestro planeta; y 3) los jóvenes, en esta fase, están mucho más dispuestos a trascender sus límites y arriesgarse a un pensamiento interdisciplinario.

Prácticamente todos los educadores se enfrentan al problema de cómo asegurar este contacto. Buscan atajos: programas básicos, temas principales y secundarios, cursos que transmiten conceptos o modos de pensar, en lugar de intentar proporcionar toda la información desde la base. Algunos van hasta el punto de recomendar una lista predefinida de hechos y términos que todo el que se considere instruido debe conocer.

Aun en el caso de que hubiera llegado a confeccionar esta lista, no habría espacio aquí para presentar el currículum universal para la adolescencia. Tampoco creo que todos los estudiantes tengan que estudiar cada tema o cada conjunto de temas como parte de un curso. Más bien lo que pretendo decir es que el tercer período de siete años de la vida debe considerarse, como los primeros años de vida, un tiempo en el que hay que estimular las exploraciones de gran alcance y, aunque se suspenda o se deje de lado la especialización estrecha, al menos para la mayoría de los estudiantes, potenciar las actividades que sinteticen, establezcan conexiones o relacionen el conocimiento escolar con los intereses extraescolares.

Hasta aquí, he presentado la comprensión como el objetivo adecuado que debe alcanzar la educación, he esbozado los tipos de actuaciones de la comprensión por los que hay que esforzarse, y he indicado ciertas opciones curriculares que deberían adoptarse. Debería quedar claro que la mayoría de las aulas de los Estados Unidos o de otros países no están organizadas actualmente de manera que estimulen, ni aún menos alcancen, este tipo de educación. Por el contrario, la insistencia en tener de veinte a cincuenta alumnos en una aula, sentados en un pupitre mientras el profesor da la clase, pasando arbitrariamente de un tema a otro a intervalos de tiempo previstos, hace que sea prácticamente imposible alcanzar una educación para la comprensión.

Desgraciadamente, no existe una fórmula para alcanzar la comprensión ¡aunque seguramente hay muchas para abortarla! Sin embargo, existen algunas claves importantes para una educación más eficaz en dos instituciones acerca de las cuales se sabe alguna cosa: una es la ancestral institución del aprendizaje, la otra es la modernísima institución de los museos infantiles.

Vamos a imaginar un entorno educativo en el cual los niños de siete u ocho años, además de —o tal vez, en lugar de— asistir a una escuela formal, tienen la oportunidad de inscribirse en un museo infantil, un museo de la ciencia o algún tipo de centro de descubrimientos o *exploratorium*. Formando parte de esta escena educativa, hay adultos que ponen en práctica las disciplinas o los oficios representados en las distintas exposiciones. Los programadores de ordenadores están trabajando en un centro tecnológico, los guardianes del zoo y los zoólogos están atendiendo a los animales, los trabajadores de una fábrica de bicicletas montan bicicletas ante los ojos de los niños, y una madre japonesa prepara la comida y conduce el ceremonial del té en una casa japonesa. Incluso los diseñadores y los encargados de montar las exposiciones ejercen su oficio directamente ante los niños que observan.

A lo largo de su escolaridad, los niños inician aprendizajes separados con una serie de adultos que ejercen de maestros. Cada grupo de aprendices consiste en estudiantes de diferentes edades y dotados de diversos grados de pericia en la especialidad o la disciplina. Como parte del aprendizaje, se incita al niño al uso de diversos sistemas simbólicos; el sistema numérico y los lenguajes de programación cuando trabaja con el programador, la lengua japonesa cuando interacciona con la familia japonesa, la lectura de manuales con los trabajadores de la fábrica de bicicletas, la preparación de carteles con los diseñadores de la exposición. Los aprendizajes del estudiante abarcan deliberadamente una serie de empresas, incluyendo actividades artísticas, actividades que requieren movimiento y destreza, y actividades de tipo más escolar. En conjunto, estas actividades incorporan la alfabetización mínima requerida por la cultura, lectura y escritura en la o las lenguas dominantes, operaciones matemáticas y computacionales, y dominio de las notaciones procedentes de las diferentes áreas vocacionales o de afición.

La mayor parte del aprendizaje y de la evaluación se lleva a cabo de forma cooperativa; es decir, los estudiantes trabajan juntos en proyectos que por lo general requieren un equipo de personas con tipos y grados de habilidades complementarias. Así el equipo que monta una bicicleta puede consistir en media docena de chavales cuyas tareas van desde localizar y encajar distintas partes hasta inspeccionar los sistemas recién ensamblados, pasando por revisar el manual o preparar un anuncio. La evaluación del aprendizaje también toma distintas formas: el estudiante puede controlar su propio aprendizaje mediante un diario personal, o se puede realizar un «test de mercado» (¿funciona realmente bien la bicicleta?, ¿encuentra compradores?). Puesto que los adultos del equipo, o «entrenadores», son profesionales expertos que se consideran a sí mismos formadores de futuros miembros de su oficio, las razones para las actividades son claras, los niveles son altos y se deriva satisfacción del trabajo bien hecho. Y puesto que desde el principio los estudiantes participan de una actividad estimulante y con significado, llegan a sentir una auténtica responsabilidad por el resultado de su esfuerzo (y del de sus compañeros).

La primera impresión del lector acerca de la posibilidad de que los niños acudan a un programa intensivo semejante en lugar de, o además de, asistir a la escuela pública puede que sea de incredulidad. Las connotaciones de los dos tipos de instituciones apenas pueden ser más diferentes. «Museo» significa una salida ocasional, casual, entretenida, agradable; como le gustaba decir a Frank Oppenheimer, fundador del Exploratorium de San Francisco, «Nadie saca malas notas en el museo». En cambio, «escuela» connota una institución seria, constante, formal, deliberadamente descontextualizada. ¿No estaríamos llevando a los alumnos a la ruina si los inscribiéramos en museos en lugar de en escuelas?

Creo que estaríamos haciendo exactamente lo contrario. La asistencia a muchas escuelas, actualmente, sí que amenaza con echar a perder a los niños. Cualquiera que sea la importancia que los estudios puedan haber llegado a tener alguna vez para los muchachos y muchachas en nuestra sociedad, para la mayoría ya no tienen sentido. La mayoría de los estudiantes (y para el caso, muchos padres y profesores) no pueden dar razones concluyentes de por qué asistir al colegio. Las razones no pueden discernirse a partir de la experiencia escolar, ni existe fe en que lo que se adquiere en la escuela sea utilizado realmente en el futuro. ¡Inténtese justificar la ecuación cuadrática o las guerras napoleónicas a un estudiante de bachillerato, o a sus padres! El mundo real aparece en otro sitio: en los medios de comunicación, en el mercado, y con demasiada frecuencia en los ambientes de la droga, la violencia y el crimen. Mucho o casi todo lo que sucede en las escuelas sucede porque así se hacía en las generaciones precedentes, no porque tengamos unos motivos convincentes para mantenerlo hoy en día. La afirmación tan frecuente de que la escuela tiene objetivos de custodia más que educativos alberga algo más que una pizca de verdad.

Es cierto que existen escuelas ejemplares, y es igualmente cierto que existen museos mal diseñados y mal llevados. Sin embargo, en tanto que instituciones, las escuelas se han convertido poco a poco en anacrónicas, mientras que los museos han conservado la capacidad de entusiasmar a los estudiantes, de enseñarles, de estimular su capacidad de comprensión y, lo más importante, de ayudarles a asumir la responsabilidad de su propio aprendizaje futuro.

Este cambio radical acerca de la importancia de las instituciones se ha producido por dos conjuntos complementarios de razones. Por un lado, los niños viven una época excitante como ninguna otra, en la que incluso los menos privilegiados están expuestos diariamente a atractivos medios de comunicación y tecnologías distintas, desde el videojuego hasta las exploraciones espaciales, desde el transporte de alta velocidad hasta los medios de comunicación directos o inmediatos. En muchos casos, dichos medios pueden utilizarse para crear productos atractivos. Ciertas actividades que una vez pudieron entusiasmar a los chicos —leer en clase o escuchar a los profesores hablar acerca de temas remotos— parecen hoy irremediablemente aburridas y poco interesantes a la mayoría. Por otro lado, los museos de la ciencia y los museos infantiles se han convertido en lugares de exposiciones, actividades y modelos de roles extraídos precisamente de los ámbitos que entusiasman a los niños; sus utensilios habituales representan los tipos de vocaciones, habilidades y aspiraciones que animan y motivan legítimamente a los estudiantes.

He documentado algunas de las dificultades mostradas por los niños a la hora de comprender los temas escolares. Por supuesto, aunque nadie pueda sacar malas notas de la asignatura-museo, puede que no lleguen a apreciar los significados y las implicaciones de las exposiciones que se hallan en él. Efectivamente, sospecho que dicha falta de comprensión a menudo se da en las visitas puntuales a los museos. En cambio, una participación activa y sostenida en un aprendizaje, ofrece una oportunidad mucho mayor para la comprensión. En estas relaciones a largo plazo, los novicios tienen la oportunidad de presenciar diariamente los diversos procedimientos, técnicas, conceptos y sistemas simbólicos y notacionales. Observan cómo los adultos competentes pasan, de forma rápida y natural, de una forma interna o externa de representación del conocimiento a otra. Experimentan de primera mano las consecuencias de un análisis desorientado o mal planteado, al tiempo que descubren el placer de diseñar una estrategia bien meditada que funciona correctamente. Atraviesan una transición, desde una situación en la cual mucho de lo que hacen se basa en modelos adultos, hasta otra en la que comprueban sus propios métodos, quizá con algún apoyo o crítica por parte del maestro. Pueden discutir alternativas con compañeros más adelantados, así como proporcionar ayuda a compañeros que se han incorporado recientemente al grupo. Pienso que todas estas opciones, que permiten mostrar la capacidad de usar habilidades y conceptos de forma adecuada, orientan al estudiante hacia ese estado de capacitación que constituye la señal de una comprensión incipiente.

Si tenemos que configurar una educación para la comprensión, adecuada para los estudiantes de hoy en día y para el mundo del mañana, hemos de tomarnos las lecciones del museo y la relación del aprendiz con el maestro extremadamente en serio. Quizá no convertir todas las escuelas en museos, ni todos los profesores en «maestros», pero sí pensar en las maneras en que el potencial del ambiente del museo, del aprendizaje tradicional, de los proyectos atractivos, puede invadir todos los entornos educativos, desde casa hasta la escuela pasando por el centro de trabajo. La capacidad de evocación y de abertura del museo infantil tiene que emparejarse con la estructura, el rigor y la disciplina de un aprendizaje. Los rasgos básicos que acabo de enumerar pueden asumir un lugar central en los entornos educativos que comprenden la gama de edades que va desde el parvulario hasta la jubilación, así como todas las disciplinas.

Hacerlo posible: profesores y estudiantes

El establecimiento de estándares, el diseño de currículos creíbles y la creación de entornos de apoyo son componentes importantes de una educación para la comprensión. Al final, sin embargo, la educación real depende de la calidad y del compromiso del personal que está implicado en ella de forma diaria.

Consentir en una educación dedicada a la comprensión es una cosa; ser capaz de alcanzarla es otra muy distinta. Una empresa de estas características constituiría un enorme desafío para los maestros y profesores que únicamente se han visto obligados a asegurar el «programa de cubrir», y cuyas actuaciones docentes han sido evaluadas o bien de modo puramente técnico (haber rellenado de forma adecuada las hojas de trabajo), o a partir de las puntuaciones alcanzadas por los estudiantes según medidas, de dudosa calidad, impuestas desde fuera.

Los maestros deben ser estimulados —he estado a punto de decir, «liberados»— para perseguir una educación que tienda a la capacidad de comprensión y para evaluar a los estudiantes en términos de actuaciones significativas. Pero el simple estímulo no es suficiente. La mayoría no serán capaces de poner en práctica estos currículos y evaluaciones por su cuenta, y, que yo sepa, actualmente sólo existen un puñado de modelos reales disponibles. El gran desafío en los Estados Unidos, en los años venideros, será crear escuelas y sistemas escolares en los que la educación para la comprensión se lleve a cabo de forma efectiva, y en los que se persigan y valoren las actuaciones significativas. Solamente en este ambiente transformado será posible que los profesores y otros miembros de la comunidad vean lo que una educación tan diferente puede significar.

Éste no es el lugar oportuno para enumerar los emplazamientos en los que se educa para la comprensión. Pero vale la pena hacer notar que diversas organizaciones norteamericanas se están dedicando actualmente al desarrollo de diferentes tipos de escuelas, parecidas al modelo esbozado aquí. Tal vez el principal esfuerzo corresponda a la Coalition of Essential Schools dirigida por Theodore Sizer, de la Universidad de Brown. También merecen mención el School Development Program de James Comer, las Accelerated Learning Schools de Henry Levin y las «escuelas clave» y los «profesores maestros» reconocidos por la National Education Association, la American Federation of Teachers, las escuelas modelo de la Nabisco RJR y los equipos de diseño que «rompen moldes» reconocidos por la New American Schools Development Corporation.

Para completar el desarrollo posterior de estas escuelas, tiene sentido constituir una National Faculty of Master Teachers: personas que han trabajado en estas escuelas, que incorporan en sí mismos las capacidades necesarias para educar para la comprensión y para evaluar las actitudes significativas de los alumnos de forma idónea, y que tienen además los deseos y la habilidad necesarios para ayudar a enseñar a candidatos que deseen familiarizarse con los nuevos enfoques educativos. Los profesores-maestros, entendidos en diferencias individuales y métodos personalizados de aprendizaje también tendrían que formar parte de esta facultad.

Los investigadores, como por ejemplo los miembros de nuestro grupo en el Proyecto Zero, pueden ser de gran ayuda en estos procesos de formación. Hemos identificado algunas de las fases a través de las que las escuelas suelen pasar cuando intentan adoptar un programa dirigido a la comprensión; también hemos controlado sus progresos cuando intentan instituir prácticas específicas, como la colección y evaluación de carpetas o «procesofolios» y el diseño de currículos dirigidos a estudiantes que precisan de distintos métodos de aprendizaje. Toda escuela tiene que pasar por alguna parte de dicho proceso evolutivo, pero no hay necesidad de que todas las escuelas tengan que empezar de cero. Una cierta familiaridad con el mapa del cambio —sus posibilidades, sus bifurcaciones, sus obstáculos— puede ser de gran ayuda.

En un libro dedicado a las implicaciones educativas de la teoría de las IM puede parecer extraño que hayamos prestado tan poca atención, en este capítulo, a las diferentes fuerzas intelectuales mostradas por los estudiantes. Esta omisión ha sido deliberada. Creo que al plantear los procesos y los objetivos educativos tenemos que tener que dar cuenta de los vínculos comunes a todos los estudiantes y de los tipos de expectativas que podemos mantener respecto a sus logros colectivos.

Pero ha llegado el momento de enmendar esta omisión. Los capítulos precedentes han proporcionado amplia evidencia del hecho de que los individuos aprenden de formas distintas y muestran distintas configuraciones e inclinaciones intelectuales. Desde luego, desmantelaríamos todo el edificio de la teoría de las IM si pasáramos por encima de estas diferencias e insistiéramos en enseñar a todos los estudiantes los mismos contenidos de la misma manera.

A primera vista, podría parecer que el hecho de las inteligencias múltiples convierte la formidable tarea de la educación en algo todavía más difícil. Después de todo, sería muy conveniente que todos los individuos mostrasen, más o menos, las mismas facultades y aprendieran, más o menos, de la misma manera. Y, efectivamente, para un profesor enfrentado a treinta alumnos por clase, y a cuatro o cinco clases por día, la perspectiva de una educación individualizada puede parecer desalentadora. Sin embargo, puesto que estas diferencias individuales existen y, puesto que la propia configuración particular de una persona necesariamente marcará su trayectoria y sus logros a lo largo de toda su vida, resultaría perjudicial para ella ignorar estas condiciones.

Mientras se siga intentando cubrir una cantidad ingente de material en la escuela, una educación matizada a la luz de las inteligencias múltiples se convertirá en algo virtualmente imposible. Pero una vez que se ha tomado la determinación de enseñar para la comprensión, de explorar los temas en profundidad durante un período significativo de tiempo, entonces la existencia de las diferencias individuales puede convertirse en un aliado.

Mis investigaciones sugieren que cualquier tema rico y complejo —cualquier concepto que valga la pena enseñar— puede abordarse al menos de cinco maneras distintas que, en términos generales, se proyectan en las múltiples inteligencias. Podemos pensar en el tema en cuestión como una habitación con cinco, o más, puertas o puntos de acceso. Los estudiantes difieren en la entrada que les resulta más adecuada y en los caminos más cómodos de seguir una vez que han accedido a la habitación. La conciencia de la existencia de estos puntos de entrada puede ayudar al profesor a presentar nuevos materiales de forma que puedan captarlos fácilmente un amplio número de estudiantes; entonces, mientras los estudiantes exploran otros puntos de acceso, tienen la oportunidad de desarrollar las múltiples perspectivas que son el mejor antídoto para el pensamiento estereotipado.

Vamos a observar estos cinco puntos de acceso, uno por uno, considerando cómo puede utilizarse cada uno de ellos a la hora de abordar temas o conceptos, uno en ciencias naturales (evolución) y otro en ciencias sociales (democracia).

Al usar el *punto de acceso narrativo*, se presenta una historia o una narración acerca del concepto en cuestión. En el caso de la evolución, puede trazarse el curso de una única rama del árbol evolutivo, o incluso las generaciones de un organismo específico. En el caso de la democracia, se explicaría la historia de sus orígenes en la antigua Grecia o, tal vez, de los orígenes del gobierno constitucional de los Estados Unidos.

Al usar el *punto de acceso lógico-cuantitativo*, se aborda el concepto haciendo referencia a consideraciones numéricas o a procesos de razonamiento deductivo. La evolución podría abordarse estudiando la incidencia de las diferentes especies en diferentes partes del mundo o en diferentes eras geofísicas; o podrían revisarse los argumentos a favor y en contra de alguna afirmación concreta respecto al proceso evolutivo. En el caso de la democracia norteamericana podrían observarse los esquemas de voto en el Congreso, a través del tiempo, o los argumentos utilizados, a favor y en contra de la democracia, por los Padres Fundadores.

El *punto de acceso fundamental* examina las facetas filosóficas y terminológicas del concepto. Este camino es el adecuado para las personas a las que les gusta plantear cuestiones fundamentales, del tipo de las que se asocian con niños pequeños o con filósofos más que con espíritus más prácticos. Un enfoque fundamental de la evolución puede considerar las diferencias entre evolución y revolución, las razones por las que buscamos los orígenes y los cambios, el *status* epistemológico de la teleología y la finalidad. Un enfoque fundamental de la democracia ponderaría el significado etimológico de la palabra, la relación de la democracia con otras formas de toma de decisiones y de gobierno, y las razones por las que adoptaríamos una visión democrática antes que una oligárquica. El filósofo Matthew Lipman ha desarrollado materiales muy interesantes para presentar este enfoque fundamental a los niños de la etapa intermedia de la escolaridad.

Cambiamos completamente de tercio cuando consideramos el *enfoque estético*. Aquí el énfasis recae en los rasgos sensoriales o superficiales que llamarán la atención de los estudiantes que prefieren una postura artística ante las experiencias de la vida. En el caso de la evolución, el examen de la estructura de distintos árboles evolutivos, o el estudio de la cambiante morfología de los organismos a través del tiempo, puede activar la sensibilidad estética. Respecto a la democracia, un enfoque curioso sería escuchar conjuntos musicales que se caractericen ya sea por tocar en grupo o por tocar bajo el control de un único individuo, por ejemplo un cuarteto de cuerda y una orquesta. Otro camino menos exótico, podría ser considerar las diversas formas de equilibrio o desequilibrio representadas en forma de votos.

El último punto de acceso es un *enfoque experimental*. Algunos estudiantes —mayores y pequeños— aprenden mejor con un enfoque de «manos en la masa», tratando directamente con los materiales que encarnan o transmiten el concepto. Los que pretenden dominar los conceptos evolutivos pueden criar numerosas generaciones de Drosophila y observar las mutaciones que tienen lugar. Los alumnos de la clase de ciencias sociales pueden constituirse en grupos obligados a tomar decisiones de acuerdo con diversos procesos gubernamentales, observando los pros y los contras de la democracia, comparada con otras formas de gobierno más jerárquicas.

En una definición, un profesor hábil es una persona que puede abrir muchas ventanas distintas al mismo concepto. En nuestro ejemplo, más que presentar la evolución y la democracia sólo por definición, o sólo con un ejemplo, o sólo en términos de consideraciones cuantitativas, ese profesor proporcionaría diversos puntos de acceso a lo largo del tiempo. Un profesor efectivo funciona como un «gestor estudiante-currículum», siempre alerta con los medios educativos disponibles —textos, películas, *software*— que puedan ayudar a transmitir los contenidos importantes, de una manera lo más atractiva y eficaz posible, a los estudiantes que muestran un modo de aprendizaje característico.

Es evidente que el uso de los múltiples puntos de acceso debería ser un medio poderoso de solventar los malentendidos, los sesgos y los estereotipos del estudiante. Desde el momento en que sólo se toma una única perspectiva o un solo camino hacia un concepto o problema, es prácticamente seguro que los estudiantes entenderán dicho concepto sólo en su forma más limitada y rígida. Por el contrario, el adoptar todo un abanico de posturas hacia un fenómeno estimula al estudiante a llegar a conocer ese fenómeno de más de una manera, a desarrollar múltiples representaciones y a intentar relacionar estas representaciones entre sí.

Este análisis sugiere que, incluso en los casos en los que se desea que todos los estudiantes lleguen a dominar un currículum base, es posible forjar un régimen educativo que explote la existencia de las múltiples inteligencias. La educación debe trascender los conocimientos comunes. Por muy importante que sea que los estudiantes conozcan la historia y la literatura de su país o los principios biológicos y físicos que rigen el mundo, tan importante o más es que identifiquen sus capacidades para encontrar las áreas en las que se sienten cómodos y en las que pueden esperar llegar lejos.

Mis propias observaciones sugieren que en la vida raramente se determinan los destinos de los individuos por lo que no son capaces de hacer. Sus trayectorias vitales suelen moldearse a través de los tipos de habilidades y capacidades que han desarrollado y, éstas, a su vez se determinan en gran medida por el perfil de inteligencias con el que han nacido o que se les ha potenciado en los primeros años. Muchos de los individuos más creativos de la historia humana han tenido problemas de aprendizaje significativos. Me vienen a la mente Thomas Edison, Winston Churchill, Pablo Picasso e incluso Albert Einstein. En lugar de empequeñecerse por estas dificultades, estos individuos fueron capaces de construir sobre sus capacidades y llegar a realizar contribuciones extraordinarias, y extraordinariamente distintivas, en su especialidad particular. Por lo tanto, las personas que se ocupan de la educación deben prestar especial atención a las capacidades y a las inclinaciones de los niños a su cargo.

Probablemente, no es casual que mi trabajo llamara pronto la atención de personas involucradas en lo que se conoce como «poblaciones especiales»: niños superdotados, niños con problemas de aprendizaje, niños excepcionales o retrasados (o ambas cosas). Lo que caracteriza a estos niños es justamente el hecho de que *no* adquieren las lecciones del colegio de forma normal. Así pues, los que enseñan a estos niños se enfrentan con la elección de desahuciarlos o de encontrar regímenes educativos y medios que sean eficaces. (Y, a propósito, este problema puede ser tan grave con los estudiantes superdotados como con los que se consideran incapacitados según los estándares educativos vigentes.)

La teoría de las IM puede ser de mucha ayuda aquí. No solamente suministra un esquema categórico y un conjunto de definiciones que resultan útiles para fines de diagnóstico y de formación, sino que puede suministrar unos pasos a seguir de forma real que resulten ser útiles para los estudiantes que muestran un patrón de aprendizaje inusual.

Tómese, por ejemplo, el caso de los niños con dislexia. En una proporción significativa de casos, estos niños muestran gran facilidad para las actividades visuales y/o espaciales. Estas ventajas pueden movilizarse para ayudar a estos estudiantes a sobresalir en vocaciones o aficiones que requieran capacidades visuales y espaciales; y, al menos, algunas veces, estas mismas ventajas pueden utilizarse como un medio de presentación de los materiales lingüísticos. Aunque, desde luego, no recomendaría a nadie la imposición de una incapacidad, la experiencia de enfrentarse y vencer esta incapacidad puede, en sí misma, convertirse en un gran aliado a la hora de enfrentarse con desafíos subsiguientes. Quizás ésta sea la razón por la que muchos individuos que alcanzaron logros excepcionales fueron disléxicos, desde el inventor Thomas Edison hasta el político Nelson Rockefeller.

O tómese el caso de un individuo cuya lengua materna no es el inglés. Aunque a menudo se piensa que la educación implica simplemente sustituir una lengua por otra, esta opinión resulta una simplificación. Diferentes culturas y subculturas no sólo usan la lengua de distinta manera (por ejemplo, un grupo destaca la narración de historias y la fantasía; otro la exposición de los hechos de forma verídica; un tercero es conciso e indirecto), sino que además hacen que su lenguaje interactúe de diferentes maneras con otros modos de comunicación, como la gesticulación, el canto o la demostración de lo que uno quiere decir. La sensibilidad hacia las múltiples inteligencias puede ayudar a un profesor no solamente a determinar qué modalidades son las más eficaces para la presentación de una nueva lengua, sino también cómo asegurarse de que la inteligencia lingüística está interactuando óptimamente con otras inteligencias que puedan participar en el proceso comunicativo.

Hablando de modo más general acerca de los estudiantes con problemas de aprendizaje, es posible utilizar la información de las IM de muchas maneras. La más sencilla es simplemente identificar un área de capacidad —por ejemplo, mediante un instrumento de evaluación tipo Spectrum— y dar al niño la oportunidad de desarrollar esa capacidad. El niño, por tanto, puede llegar a estar capacitado para tareas con las que tenga vínculos vocacionales o de afición. Además, el sentimiento de autoestima se acrecienta después de un trabajo bien hecho y puede animar al niño a abordar desafíos que hasta entonces le habían intimidado. La identificación de capacidades, sin embargo, puede tener un efecto más integral sobre los resultados educativos. En ocasiones es posible utilizar un área de fuerza como «punto de acceso» a otra área que plantea dificultades. Por ejemplo, como se proponía más arriba, un niño especialmente dotado para la narrativa puede ser conducido hasta conceptos difíciles de la matemática, la música o la ciencia a través del cuento, como vehículo más adecuado.

Aún más sugerentes son las afinidades estructurales que a veces se dan entre especialidades en las que el niño muestra talento y especialidades en las que el niño tiene dificultades. Por ejemplo, existen estructuras comunes a las matemáticas y a la música, y estructuras especiales comunes a la geometría y a las artes. Con tal de que la «transferencia» se haga de forma sensible, un niño dotado en arte o música puede llegar a conseguir mejores resultados en materias tradicionales explotando estas estructuras análogas que existen entre especialidades normalmente consideradas dispares. Incluso cuando se lleva a cabo de forma indiferente, la educación constituye un proceso muy complicado; y cuando se hace bien, resulta ser increíblemente compleja, intrincada y sutil. La simple enumeración de todos los grupos de intereses y todas las preocupaciones amenaza con colapsar nuestras capacidades de procesamiento de la información: los profesores, los estudiantes, los padres, los líderes sindicales, los miembros del consejo escolar, los funcionarios, los líderes de opinión y el público en general; los textos, los exámenes, los currículos, las orientaciones, los horarios, los procedimientos docentes, los programas de estudios, el edificio, el patio y los suministros. ¡Y las dos listas podrían ampliarse!

En la tercera parte de este libro, no me he esforzado por esconder esta complejidad. Comenzando por la evaluación como punto central, he ido ampliando gradualmente la red hasta incluir la mayoría de las consideraciones citadas más arriba, y aludir brevemente a alguna otra. He intentado centrarme en cuatro elementos, sobre los que he insistido especialmente: 1) el objetivo de la educación, que debe estar orientado hacia la comprensión; 2) el énfasis en el cultivo de las actuaciones significativas o de la comprensión, actuaciones que pueden evaluarse básicamente en su contexto; 3) el reconocimiento de la existencia de diferentes capacidades individuales; y 4) el compromiso para movilizar estas capacidades productivamente en la educación de cada niño. Orquestar estos diferentes elementos en dirección a un régimen educativo coherente no supone una tarea pequeña, pero existen signos prometedores de que se puede progresar y de que podemos asegurar una educación que celebre nuestra herencia común como seres humanos, los orígenes culturales de los que procedemos y las maneras en las que cada uno destaca como individuo.

Confío en que haya quedado claro que la teoría de las múltiples inteligencias no es una entidad estática, que ha evolucionado y que sigue evolucionando cada año. En la última parte de este libro, examino más directamente el lugar que ocupa la teoría en la historia de los esfuerzos para conceptualizar la inteligencia, y echo un vistazo también hacia dónde podría apuntar en el futuro.

Cuarta parte

EL FUTURO DEL TRABAJO ACERCA DE LAS INTELIGENCIAS MÚLTIPLES

Nota introductoria

La década posterior a la publicación de *Frames of Mind* ha resultado laboriosa y productiva para el grupo de investigadores con los que he estado trabajando. La mayor parte de nuestro trabajo, resumido en las páginas precedentes, ha consistido en la consideración de cuestiones educativas específicas y en el diseño de proyectos educativos específicos. Este trabajo prosigue con admirable energía y dedicación: esperamos que pueda realizar una contribución positiva a la reforma educativa en los años venideros.

Consciente del impulso general de este trabajo, me sentí momentáneamente desconcertado cuando un visitante recientemente me preguntó «¿Cómo ha variado la teoría de las inteligencias múltiples en la última década?». Mi primera idea fue decirle: «Hemos estado trabajando básicamente en las aplicaciones educativas de la teoría, así que la teoría en sí ha sufrido un relativo abandono». Pero un instante de reflexión reveló la insuficiencia —de hecho, la inexactitud— de esta pregunta. De hecho, se ha emprendido una gran cantidad de trabajo teórico a raíz de *Frames*, pero lo han llevado a cabo principalmente buenos estudiantes y colaboradores, entre los que destacan Nira Granott, Thomas Hatch, Mara Krechevsky y Mindy Kornhaber. Sospecho que el futuro de la teoría de las IM descansa más en sus manos, y en las de otros colegas más capacitados, que en las mías.

En esta última parte, presento dos ensayos que sugieren el curso futuro de la teoría de las IM. En el capítulo 12 (que podría servir también como introducción a este volumen), sitúo la teoría de las IM en el marco más amplio de las teorías acerca de la inteligencia humana. Y en el capítulo 13, y final, Mindy Kornhaber, Mara Krechevsky y yo mismo planteamos la visión de las inteligencias humanas como potenciales que emergen de los contextos dentro de los que deben desplegarse todas las actividades intelectuales humanas. El epílogo alberga algunos pensamientos finales acerca del camino recorrido hasta aquí y la distancia que aún queda por cubrir.

Inteligencias en siete fases

Algunos temas de estudio científico son los suficientemente esotéricos como para pasar desapercibidos a la atención del público. La inteligencia no es uno de estos temas. Prácticamente no pasa una semana sin algún tipo de debate en los medios de comunicación acerca de la naturaleza de la inteligencia, su origen, su medida, sus usos. Estos debates tampoco se apartan del terreno de la política. Considérense los dos ejemplos siguientes:

En el verano de 1988, el periódico británico *The Observer* publicó un artículo bajo el título «Se abre la caza para encontrar a los superniños del país: estalla la controversia sobre nuevos tests de inteligencia y sobre el "casco medidor de inteligencia" del profesor». El artículo describe nuevos esfuerzos para localizar a los niños más brillantes de Inglaterra —los que tienen la inteligencia más despierta— de forma que puedan recibir la educación más adecuada. En los años pasados, estos niños se identificaron mediante la administración de un test de inteligencia estándar. Actualmente, sin embargo, según el artículo, este tipo de ejercicio ya no es necesario. Gracias al trabajo de investigadores como Hans Eysenck, el psicólogo más importante de Inglaterra, es posible colocar un casco electrónico en la cabeza de una persona, activar diversos electrodos, medir los patrones de las ondas cerebrales, y así determinar «quién es el más listo de todos». Algunos estudiosos creen que esta determinación puede hacerse en el momento de nacer, o poco después; así pues, la «clasificación», en una sociedad industrial avanzada, no tiene que esperar hasta que un niño sepa hablar, leer o coger un lápiz del número dos.

En el otoño de 1989, el *Wall Street Journal* publicaba en primera página un artículo con el titular «Escándalo en las aulas: profesores fraudulentos». El artículo relataba una serie de acontecimientos extraordinarios ocurridos en Carolina del Sur. La sra. Nancy Yeargin, una profesora muy apreciada, daba a sus alumnos las respuestas del test estandarizado. Por supuesto, los alumnos obtuvieron resultados sobresalientes. Desgraciadamente para la señora Yeargin, su acción fue descubierta por un colega, que informó a las autoridades. Finalmente, la señora Yeargin fue despedida.

Hasta aquí, la historia resulta desconcertante, pero entra dentro del tipo de titulares «Hombre muerde a un perro». Lo que resultó fuera de lo corriente, sin embargo, fue la reacción de la comunidad ante este acontecimiento. Una gran mayoría de ciudadanos apoyó a la señora Yeargin. La opinión mayoritaria era que muchas decisiones importantes se tomaban según aquellas puntuaciones; la señora Yeargin no quería que sus estudiantes resultaran perjudicados si no salían bien librados; por lo tanto, actuó de forma ética —o, al menos, justificable— al darles las respuestas correctas. El hecho de que los estudiantes no conocieran realmente las materias —de que sus resultados fueran falsos— no parecía preocupar a muchos de los ciudadanos de la comunidad.

Dos historias bastante diferentes, de dos sociedades diversas, pero que transmiten un mensaje común: la evaluación de las fuerzas intelectuales se ha convertido en algo muy importante; existe controversia acerca de cómo puede llevarse a cabo esta misión; y la comunidad tiene mucho que decir acerca de cómo se están realizando estas medidas, cómo se están interpretando y utilizando con fines políticos y sociales.

Presumiblemente, los líderes sociales, así como los ciudadanos de a pie, han estado juzgando los rasgos intelectuales y cognitivos durante muchos siglos. En ocasiones, estas decisiones han tenido enormes consecuencias, como por ejemplo, a la hora de determinar la pertenencia a las escuelas filosóficas en la antigua Grecia, o en la selección de la burocracia imperial en la China de Confucio. En este siglo, se ha acelerado el interés por estas cuestiones, gracias a los esfuerzos científicos (o, quizás, pseudocientíficos) para estudiar y medir la inteligencia y la cognición y a la adopción de estos métodos como medio para escoger a las élites (Gould, 1981; Kligaard, 1985).

En este ensayo, reviso siete fases o etapas que han caracterizado el estudio de la inteligencia, ampliamente interpretada, en nuestra época. Aunque la secuencia es aproximadamente cronológica, el orden no es necesario; además, las últimas fases son prometedores anuncios para el futuro, más que hitos históricos establecidos. En cada fase, considero tanto las opiniones de la comunidad científica como las implicaciones y las aplicaciones dentro del mundo de la práctica educativa.

Las siete fases de la inteligencia

Concepciones profanas de la inteligencia

Hasta este siglo, las personas normales han utilizado la palabra *inteligencia* con el objeto de describir sus propios poderes mentales y los de las otras personas. De forma coherente con el uso habitual del lenguaje, la palabra «inteligencia» no se usaba de forma precisa. Si nos olvidamos de los significados relacionados con la recogida de información, los servicios secretos o similares, las personas pertenecientes a la cultura occidental eran consideradas «inteligentes» si eran ingeniosas o científicamente astutas o sabias. En muchas otras culturas, no existe un término fácilmente traducible a la noción occidental de inteligencia. Sin embargo, una parte del prestigio asociado al término honorífico *inteligente* se aplica al individuo que es obediente, o bien educado, o tranquilo, o adaptable, o dotado de poderes mágicos (LeVine y White, 1986; Shweder y LeVine, 1984; Stigler, Shweder y Herdt, 1990).

Principalmente, la palabra *inteligente* se ha utilizado de forma positiva aunque con un matiz valorativo. Su imprecisión salta rápidamente a la vista si pensamos que se ha aplicado prácticamente a todos los presidentes americanos de este siglo, aunque es dudoso que dos de ellos exhibieran un tipo similar de mente (Cannon, 1991). ¿Cómo comparar al silencioso Calvin Coolidge con el charlatán Theodore Roosevelt? ¿Al chistoso John Kennedy con el serio Woodrow Wilson? ¿Al taimado Lyndon Johnson con el directo Harry Truman? Tal vez irónicamente, Herbert Hoover y Jimmy Carter, dos de nuestros presidentes con menos éxito, ingenieros los dos, probablemente estaban más cerca de la idea de «inteligencia»: quizá valga la pena mencionar que se han distinguido muy positivamente por sus actividades como *ex* presidentes.

En ausencia de métodos formales para medir o evaluar la inteligencia, tanto la gente común como los líderes han tenido que emitir juicios acerca de la fuerza intelectual según criterios informales. Mientras la esfera en la que se efectuaban dichos juicios fue relativamente restringida, era fácil que hubiera acuerdo sobre quién era, o no, «brillante». Cuando los profesores de historia juzgaban a futuros historiadores, o los magnates industriales contrataban a un gerente, o los líderes religiosos escogían a los candidatos al ministerio, podía alcanzarse un consenso. Sin embargo, cuando los individuos destinados a estas distintas especialidades tenían que conseguir un juicio común, la cosa ya era más difícil.

El giro científico

En una sucesión de acontecimientos relatada en capítulos anteriores, Alfred Binet, un psicólogo de talento, respondía a la apremiante demanda de las autoridades educativas de su París natal. A finales del siglo pasado, algunos alumnos de las escuelas elementales tenían muchas dificultades con sus tareas escolares; las autoridades necesitaban ayuda para identificar tempranamente a estos niños problemáticos y decidir qué hacer con ellos.

Procediendo de manera empírica, Binet y sus colegas administraron cientos de diferentes cuestiones a los niños. Entre estas cuestiones se hallaban definiciones de palabras, problemas matemáticos, discriminaciones sensoriales, tests de memoria y similares (Binet y Simon, 1916; Boring, 1923). El equipo de investigación psicológica valoraba especialmente las cuestiones que resultaban *discrimi-*

nadoras: es decir, las cuestiones que tendían a superar los alumnos con buenos resultados escolares y a errar los alumnos con problemas. (Las cuestiones superadas o erradas por todos los estudiantes, o aquellas cuyos resultados no se correlacionaban con el éxito escolar, acababan abandonándose.) Necesariamente, el currículum escolar era el que se había diseñado en las escuelas parisinas a principios de siglo. Por lo general, Binet y sus asociados administraban estas cuestiones de una en una, y su interés residía en ayudar a los alumnos que experimentaban dificultades en los tests. Pero habían puesto en marcha un proceso que muy pronto tomaría un camino muy distinto (Block y Dworkin, 1976; Gould, 1981; Sternberg, 1985).

Tan pronto como en Estados Unidos se oyó hablar del primer test de inteligencia y del concepto de cociente de inteligencia, muchos psicólogos y educadores se dieron cuenta del enorme potencial de esta invención continental. Pronto, estas personas crearon instrumentos más perfeccionados, que podían administrarse en grupo y que situaban con precisión a los individuos en una distribución comparada con otros individuos de la misma edad. Henry Goddard (1919) trabajó con individuos retrasados internados en instituciones públicas; Lewis Terman (1916) examinó a estudiantes normales y «brillantes» en California; Robert Yerkes (1921) diseñó un test que acabó pasándose a un millón de reclutas durante la primera guerra mundial. Lo que había empezado siendo un índice aproximado de la preparación escolar se convirtió en un instrumento que, convenientemente administrado, podía proporcionar la capacidad intelectual en una hora y dar un valor numérico preciso a dicha capacidad (CI de 115, una desviación estándar por encima de la media).

En los años 20 y 30, los tests de inteligencia habían arraigado profundamente en la sociedad americana y también habían conseguido una notoriedad considerable en otros sitios, especialmente en el mundo de habla inglesa. (Las diferentes reacciones frente a los tests de inteligencia, en distintos países, desde la Alemania nazi hasta la Unión Soviética, constituyen un estudio fascinante.) Aunque muchos de estos usos estaban bien fundados y, algunos de ellos, eran auténticamente útiles, a menudo los tests se han usado de forma estigmatizadora, para etiquetar y admitir o rechazar individuos, y para hacer juicios acerca de sus limitaciones. Quizá de forma sorprendente en un país que se enorgullece de la igualdad de oportunidades para todas las personas, el uso de los tests de inteligencia se acompañó de la creencia en que las capacidades intelectuales eran, en su mayor parte, heredadas, y que el CI se refería a una característica del individuo casi tan inviolable como la altura relativa o el color del cabello. En consecuencia, hubo pocos intentos de cambiar la inteligencia psicométrica o de asumir la misión original de Binet de utilizar los datos procedentes de la medición de la inteligencia como medio para ayudar a los estudiantes.

El trabajo en el ámbito del desarrollo de los tests de inteligencia continuó durante medio siglo, y de hecho persiste hasta nuestros días. Existen docenas de tests que compiten en el mercado, algunos dirigidos a toda la población, otros mucho más especializados. Los tests también difieren en otras cosas: algunos se enorgullecen de una administración cuidadosa y profunda, mientras que otros «tests rápidos» se promocionan según una administración eficiente, en grupo. Prácticamente todos los tests se validan por su correlación con instrumentos preexistentes y, por tanto, en gran medida, son intercambiables. Muchos otros tests —quizá sobre todo el Scholastic Aptitude Test— no se llaman a sí mismos tests de inteligencia y, sin embargo, se parecen mucho a los tests estándar de inteligencia y se correlacionan con ellos. Aunque se sigue trabajando en la medición de la inteligencia y en la selección y en los términos de las cuestiones, hasta hace muy poco ha habido relativamente poco trabajo teórico nuevo sobre el concepto de inteligencia; las discusiones centradas en la teoría de los años 20 y 30 han reaparecido en coloquios de épocas mucho más recientes (*Educational Psychologist*, 1921; Sternberg y Detterman, 1986).

La pluralización de la inteligencia

Aunque Binet no asumió una posición firme acerca del *status* ontológico de la inteligencia, muchos de sus inmediatos sucesores decidieron creer que la inteligencia era un constructo unitario. De la misma manera en que los individuos difieren en peso y altura, o en introversión o integridad, también difieren en lo listos que son. Probablemente estas diferencias existen desde los primeros años de vida y probablemente no pueden cambiar mucho. Lewis Terman (1916), en California, y Charles Spearman (1927), en Inglaterra, dirigieron a la cohorte de investigadores que afirmaban que la inteligencia se conceptualizaba mejor como un «factor general», un factor que podría proceder de alguna propiedad elemental del sistema nervioso, como la velocidad, la flexibilidad o la sensibilidad. Esta perspectiva ha tenido partidarios leales hasta nuestros días, y, en diversas formas, las avalan autoridades como Lloyd Humphreys (1986), Sandra Scarr (1985), Arthur Jensen (1980) y el anteriormente mencionado Hans Eysenck (1967).

Arquíloco, el poeta de la antigua Grecia, dividió a los individuos en dos grupos básicos: los zorros, que creían muchas cosas pequeñas, y los erizos, que creían una única cosa grande (Berlin, 1953). Los ecos de esta dicotomía aún resuenan en los estudios de la inteligencia. Como reacción a las afirmaciones globales de los unitaristas, y como resultado de su propia investigación empírica, muchos estudiosos de las inteligencias han planteado puntos de vista alternativos, en los que se considera el intelecto como compuesto de numerosas facetas o factores distintos, o incluso de inteligencias cualitativamente diferentes.

Probablemente, las controversias más estridentes se han producido a raíz de la aplicación de una técnica de medida conocida como *análisis factorial*. A los individuos se les proporcionan diversas cuestiones de test, y, mediante un proceso de correlación, resulta posible determinar si algunas de esas cuestiones «se corresponden», reflejando así el mismo factor subyacente. En un extremo, se considera que todas las cuestiones reflejan el mismo factor general, por ejemplo, rapidez de respuesta; si éste fuera el caso, entonces los unitaristas tendrían toda la razón. En el extremo opuesto del espectro, cada cuestión o, quizá, cada pequeño conjunto de cuestiones, refleja un factor subyacente distinto, y, en tal caso, la noción de un intelecto unitario surge como enteramente espuria. La mayor parte de los estudios de análisis factorial concluyen adhiriéndose a alguna posición intermedia: que existe un cierto número de factores relativamente independientes (Thurstone, 1938); que existe un factor general y también factores específicos (Vernon, 1971); que existe una jerarquía de factores (Thomson, 1939).

Los estudios de análisis factorial han contribuido a descubrir la complejidad de la inteligencia, pero adolecen de dos problemas recurrentes. En primer lugar, no pueden ser mejores que las cuestiones utilizadas en los tests, y, a menudo, dichas cuestiones están sujetas a crítica. Como un erudito de los análisis factoriales dijo hace mucho tiempo: «Si entra basura, sale basura». En segundo lugar, los tipos de resultados obtenidos de un análisis factorial son un reflejo directo de las hipótesis matemáticas asumidas al definir y aislar (más técnicamente, «alternar») los factores. Como Stephen Jay Gould (1981) ha explicado, se puede tomar exactamente el mismo conjunto de puntuaciones y utilizarlo como prueba de una visión unitaria o de una pluralista de la inteligencia, simplemente según las hipótesis que subyacen a una investigación de análisis factorial concreta. Por estas razones, los estudios de análisis factorial no pueden, por sí mismos, resolver las discusiones acerca de la «auténtica naturaleza» de la inteligencia.

Aunque muchos estudios de la pluralidad intelectual surgen a partir de la tradición de los tests y del análisis factorial, puede procederse de un modo científicamente muy diferente. En mi propio trabajo, he pasado totalmente por alto los tests formales. En cambio, he intentado documentar la existencia de diferentes inteligencias humanas examinando una gran variedad de fuentes empíricas, e intentando sintetizar el panorama de la cognición que surge de ellas (véase la primera parte).

Una vez que se hubo enunciado la teoría de las IM, demostrándose su interés educativo, mis colegas y yo nos vimos abocados a cuestiones de evaluación. La atracción y la urgencia de la evaluación partían de dos fuentes distintas. Por un lado, era evidente para nosotros que la teoría no merecía tomarse en serio, a menos que dispusiéramos de métodos mediante los cuales pudieran evaluarse las inteligencias. Sin embargo, estaba igualmente claro que los tests de papel y lápiz no podían usarse legítimamente para todas las inteligencias; efectivamente, si utilizáramos tests de papel y lápiz para investigar, por ejemplo, la inteligencia personal o la cinético-corporal, estaríamos convirtiendo estas esferas de nuevo al pensamiento lógico y lingüístico. Así pues, como se ha dicho antes, era necesario desarrollar medios de evaluación que fueran imparciales respecto a la inteligencia, medios que observaran directamente una inteligencia en lugar de hacerlo indirectamente, mediante los conocidos prismas del pensamiento lingüístico y/o lógico (Gardner, 1991a).

Existía otro impulso para el desarrollo de medios de evaluación de toda la gama de inteligencias. Como otros educadores americanos, me sentía cada vez más preocupado por los problemas que acosan a tantas aulas americanas. Aunque admiro otros sistemas educativos (como el japonés), también me daba cuenta de que tenían una forma limitada de enseñar, y aún más limitada a la hora de evaluar los conocimientos de sus estudiantes. Confiaba en que, al diseñar medios para evaluar distintas inteligencias, me encontraría en una posición mejor para influir sobre lo que se enseña en las aulas, cómo se enseña y cómo se evalúa. De hecho, estaba convencido —y todavía lo estoy— de que la evaluación proporciona una de las palancas más potentes para la educación. Si podemos cambiar los medios de evaluación, podremos influir sobre los contenidos del aula; sin embargo, con demasiada frecuencia «la cola evaluadora mueve al perro curricular» de forma completamente improductiva. Mi ejemplo del principio acerca de la profesora que proporcionó enseñanzas para el test y luego suministró las respuestas, proporciona una ilustración punzante de esta inclinación humana.

Desde la perspectiva de la comunidad psicométrica estándar, especialmente en su faceta comercial, la teoría de las múltiples inteligencias tenía un rasgo interesante. En lugar de disponer de un único test de inteligencia, ahora sería posible desarrollar un puñado de ellos. Muchas empresas dedicadas a la elaboración de tests se pusieron en contacto conmigo exactamente con esta propuesta. Sin embargo, como ya he indicado, toda la fuerza de la teoría de las inteligencias múltiples procede de la oposición a la noción de que las inteligencias múltiples pueden medirse con los mismos métodos que han sido utilizados en los tests de CI estándar. Hasta qué punto pueden llegar a ser diferentes estos modos de evaluación es algo que ha ido quedando progresivamente claro en estos últimos años. Al mismo tiempo, otros cambios en la manera en que se ha conceptualizado la inteligencia han tenido unas implicaciones aún más radicales para toda la cuestión relacionada con la docencia y la evaluación.

La contextualización de la inteligencia

Prácticamente todos los teóricos de la inteligencia la han considerado situada en la cabeza de un individuo. Dicha práctica no sólo ha sido sancionada por el uso lingüístico («¿Es muy listo este chico?» «Esta niña nació lista»), sino también por las constricciones de la evaluación. Toda la argumentación referida a la evaluación se refiere a la hipótesis de que se puede, y se debe, observar a los individuos aislados mientras resuelven problemas o elaboran productos que se consideran importantes en su contexto social particular.

Tal y como se enunció en su forma original, la teoría de las inteligencias múltiples no cuestiona este punto de vista, aunque se adapta con más sensibilidad a los distintos contextos sociales que otras formulaciones rivales. Se han combinado corrientes recientes dentro de las ciencias del comportamiento para cuestionar la visión aislada del intelecto. De hecho, según mi opinión, las dos fases más importantes desde la pluralización del intelecto han sido su contextualización y su distribución.

Vamos a considerar, en primer lugar, qué significa adoptar una visión contextualizada de la inteligencia. Los seres humanos son criaturas biológicas pero también son criaturas culturales. Incluso antes de nacer, el organismo inmaduro se encuentra en el vientre de una mujer que tiene unos hábitos, unos estilos y unas prácticas que reflejan su cultura y su subcultura. Y aunque se puede llegar a exagerar la influencia de estas influencias prenatales, no hay duda de que la vida de un bebé después del nacimiento está inextricablemente ligada a las prácticas y a las creencias de su cultura.

Voy a plantear dos ejemplos sencillos, cada uno de los cuales puede interpretarse de muchas maneras. Muchas culturas valoran de forma diferente a los chicos y a las chicas. Si se desea un chico y nace una niña, los padres pueden expresar sus sentimientos de diversas maneras, desde el infanticidio en los casos más extremos, hasta intentos de compensar el sexo no deseado (por ejemplo, tratando a la niña como un chico o dándole un nombre masculino). Los objetivos que los padres se plantean para sus hijos también entran en juego desde el primer momento: el padre que quiere que su hijo sea médico o universitario se comportará de manera diferente al que desea un atleta, o al que valora más un alto grado de posibilidades de empleo. Los tipos de inteligencia favorecidos, y los modelos de inteligencia de que se dispone, difieren desde temprana edad y es muy improbable que estas diferencias no tengan ningún efecto en el niño (Cole y Cole, 1989; Rogoff y Lave, 1984; Vygotsky, 1978).

Consideremos, como un ejemplo opuesto, las formas en que se trata el lenguaje en las diferentes culturas y subculturas. Shirley Brice Heath (1983) ha documentado prácticas contradictorias en nuestra sociedad: algunos padres leen y hablan a sus hijos todo el tiempo, algunos estimulan el uso de la imaginación y la fantasía, otros utilizan el lenguaje únicamente con fines autoritarios, otros piden veracidad literal y desalientan activamente el uso de la fantasía. Ya antes de la escuela, estos distintos estilos dan como resultado capacidades y actitudes muy diferentes hacia el lenguaje. Estas fuertes diferencias, presentes en los Estados Unidos, son pequeñas si las comparamos con diferencias aún mayores respecto a prácticas exhibidas por los kaluli de Papúa Nueva Guinea. Esta gente nunca habla directamente con sus hijos. En lugar de eso, los cogen en brazos y hablan como si estuvieran hablando en el lugar del niño. Como ocurre en todas partes del mundo, los niños kaluli acaban hablando de forma perfectamente normal, pero sus suposiciones y prácticas lingüísticas reflejan los valores y las prioridades de su cultura (Ochs y Schieffelin, 1984).

¿Qué implica esta visión contextualizada del desarrollo para nuestra noción de inteligencia? Muy sencillo, no tiene sentido hablar de inteligencia, o inteligencias, en abstracto, como entidades biológicas, como el estómago, ni siquiera como entidades psicológicas, como la emoción o el temperamento. Como máximo, las inteligencias son potenciales o tendencias que se realizan o no se realizan, dependiendo del contexto cultural en el que se hallan. Bobby Fischer podría haber tenido, en algún sentido, el potencial para ser un gran jugador de ajedrez, pero si hubiera nacido en una cultura sin ajedrez, dicho potencial podía no haber llegado a manifestarse nunca. Tal vez podía haber empleado su inteligencia lógica o espacial para convertirse en un científico o en un navegante, pero también es posible que nunca se hubiera distinguido de ningún modo. La inteligencia o las inteligencias son siempre una interacción entre las tendencias biológicas y las oportunidades de aprendizaje que existen en una cultura (Kornhaber, Krechevsky y Gardner, 1990).

Esta formulación aparentemente inocente tiene profundas implicaciones para la evaluación. Ya no tiene sentido hablar de la inteligencia como de una entidad, o un conjunto de entidades, que pueden evaluarse en su forma pura. En concreto, la noción de que se puede evaluar la inteligencia poniendo electrodos en el cráneo aparece como grotesca. En cambio, dando la vuelta al concepto, hay que proporcionar primero las oportunidades para activar las inteligencias, o los conjuntos de inteligencias (a Bobby Fischer podría habérsele introducido a las damas o al ajedrez; o regalarle un equipo de química o un velero en miniatura). Solamente después de haber proporcionado amplias oportunidades para la experimentación o la inmersión, tiene sentido empezar a evaluar las capacidades intelectuales. Y, por supuesto, para entonces no se está evaluando el intelecto en un sentido estricto. Más bien se está evaluando un compuesto complejo de tendencias iniciales y de oportunidades sociales.

En el Proyecto Spectrum hemos intentado partir de este nuevo concepto (véase capítulo 6; y Malkus, Feldman y Gardner, 1988; Krechevsky y Gardner, 1990). El Proyecto Spectrum se diseñó, originalmente, en colaboración con David Feldman, como medio de determinar si, ya a los tres o cuatro años, los niños mostraban perfiles distintivos de inteligencia. Cuando empezamos el proyecto, después de haber recorrido nuestro camino hasta la tercera fase «pluralista» del concepto de inteligencia, teníamos en mente siete instrumentos separados, cada uno engranado en una inteligencia diferente. Pronto nos dimos cuenta, sin embargo, de que no resultaba posible medir una inteligencia en abstracto; en efecto, cualquier intento destinado a alcanzar este objetivo estaría de hecho evaluando experiencias previas. Así, si pedimos a un alumno que cante una canción o que cree una nueva melodía, no estaremos midiendo la inteligencia musical «pura», sino que estaremos averiguando las características y el grado de sus experiencias previas en el campo de la música.

Progresivamente, fuimos desarrollando un enfoque completamente diferente de la evaluación, un enfoque tan cercano al currículum como a las nociones clásicas de medición. Diseñamos un entorno de clase muy rico, lleno de materiales atractivos diseñados para estimular diversas inteligencias y combinaciones de inteligencias. La aportación de estos materiales a lo largo de todo el año es intrínseca a nuestro método de evaluación. Los alumnos tienen muchas oportunidades

234 | El futuro del trabajo acerca de las inteligencias múltiples

para jugar con todos estos materiales, para familiarizarse con ellos, para explorar sus implicaciones y sus aplicaciones. Los maestros y los investigadores observan a los alumnos a lo largo del año para ver su perfil de inteligencias en el trabajo y en el juego; también hay otros instrumentos más puntuales, que permiten, si es necesario, una medida más precisa de las tendencias intelectuales. Después de un año en un aula Spectrum, los padres reciben un estudio en el que se describe el perfil intelectual de su hijo, junto a propuestas informales acerca de lo que puede hacerse con el niño, dadas sus particulares capacidades y desventajas en ese punto de su desarrollo.

Es obvio que esta evaluación es radicalmente distinta de las medidas convencionales de la inteligencia. Revisa un conjunto mucho más amplio de competencias; proporciona muchas oportunidades para que los niños trabajen con los materiales con los que serán evaluados; y los evalúa en un contexto natural, cómodo, alegre, en lugar de hacerlo en un sistema de examen descontextualizado asociado con la mayoría de tests estándar. De hecho, puede decirse que el aula en la que Spectrum se pone en práctica y se evalúa se parece más a un museo infantil que a una sala de examen. No es sorprendente que en el proceso de evaluación de Spectrum descubriéramos que producía perfiles de inteligencia que eran muy diferentes de los documentados por el Stanford-Binet, un instrumento ampliamente utilizado para la evaluación de la «inteligencia» preescolar (véase capítulo 6; Gardner y Hatch, 1989).

La distribución de la inteligencia

Junto a la creciente constatación de que la inteligencia no puede conceptualizarse fuera del contexto en el que viven los individuos, existe la constatación paralela de que la inteligencia existe en un grado significativo fuera del cuerpo físico del individuo. Concretamente, en una noción distribuida de la inteligencia, se reconoce que raramente, o nunca, los humanos productivos trabajan solos, simplemente usando su cabeza. En cambio, lo habitual es que los individuos trabajen con todo tipo de objetos humanos e inanimados o prostéticos; estas entidades llegan a formar parte tan integral de sus actividades que parece lógico considerarlas parte del armamento intelectual del individuo (Hatch y Gardner, 1992; Pea, en prensa; Salomon, 1979).

La inteligencia distribuida resulta tan aparente en el entorno humano más simple como en el más complejo (Fischer y Bullock, 1984; Fischer, Kenny y Pipp, 1990). Las actividades del bebé recién nacido están íntegramente relacionadas con los objetos que usa y con los individuos mayores que él con los que interacciona; parte de la inteligencia del niño pequeño reside en el andamiaje proporcionado por la madre, el padre o los hermanos; otra parte reside en las herramientas sencillas que usa para atraer un objeto hacia él, para obtener una sensación agradable o para recordar dónde ha puesto un objeto. Un tipo de afirmaciones similares puede hacerse a propósito de las operaciones de un individuo en un entorno profesional complejo; parte de la inteligencia reside en muchos otros individuos, a quienes puede recurrir para pensar acerca de un problema, tomar decisiones o recordar hechos, conceptos o procedimientos importantes; parte de la inteligencia reside en una gran diversidad de herramientas, desde la agenda personal donde se anotan las cuestiones de interés para el trabajo actual, hasta el microordenador personal o el miniordenador que tiene acceso a información procedente de todo el mundo.

Obviamente, el hecho de hablar de la inteligencia como distribuida en otras personas, herramientas, técnicas y sistemas simbólicos es una decisión de tipo estratégico. Usando la terminología clásica, podríamos simplemente restringir la inteligencia a contenidos de la mente individual, independientemente de estos accesorios humanos o no humanos. Sin embargo, los que abogan por una visión distribuida, como Lave (1988), afirman que este uso tradicional confunde en lugar de aclarar, porque crea la falsa impresión de que el trabajo intelectual tiene lugar generalmente de forma aislada. La demostración más convincente de la debilidad de esta perspectiva procede del experimento inventado en el que se aparta a un niño pequeño de cualquier tipo de apoyo social o físico, o se separa al profesional del entorno de la oficina con los colegas, los ordenadores y los archivos. Sin estos apoyos, el organismo se vuelve «estúpido». Además, incluso en los casos en los que el individuo *parece* estar trabajando básicamente solo, de hecho está recurriendo a lecciones y habilidades adquiridas en un entorno distribuido pero que, con el tiempo, ha interiorizado y automatizado (Vygotsky, 1978).

En nuestro propio trabajo en las escuelas, cada vez hemos tenido más en cuenta la visión distribuida de la inteligencia. Nuestros vehículos escogidos para hacer esto han sido los proyectos y las carpetas de los estudiantes (Gardner, 1991a; Wolf y otros, 1991). Según nuestra opinión, la mayor parte del trabajo productivo humano se realiza cuando los individuos participan de proyectos significativos y relativamente complejos, que se realizan durante un cierto período de tiempo, que son interesantes y motivadores y que conducen al desarrollo de la capacidad de comprensión y de la habilidad. Estos proyectos pueden realizarse dentro de disciplinas específicas o pueden participar de muchas de ellas. Resulta paradójico que la mayoría de estudiantes realice cientos de exámenes en la escuela pero que, una vez finalizada ésta, prácticamente ya no se examine nunca más. Por el contrario, la mayor parte de la vida activa consiste en proyectos, proyectos que son encargados por otros, proyectos iniciados por la misma persona o, lo más corriente, proyectos que representan una mezcla de deseo personal y necesidad común.

Desde nuestro punto de vista, los proyectos son un ejemplo excelente de inteligencia distribuida. En prácticamente todos los casos, el trabajo en un proyecto implica la interacción con otras personas: tutores o profesores que ayudan a concebir y empezar el proyecto; compañeros o expertos que contribuyen a la marcha del mismo; equipos de colaboradores, cada uno de los cuales realiza una contribución distintiva al proyecto; y un público (desde unos padres o un profesor hasta toda la escuela) que, en último término, revisa el proyecto y, posiblemente, lo evalúa de manera formal o informal.

Cuando un proyecto es un ejercicio completamente derivativo, es posible llevarlo a cabo simplemente imitando modelos ya realizados. Estos proyectos raramente son muy valorados en nuestra sociedad. Lo más frecuente, y lo más apropiado, es que los proyectos proporcionen ocasiones para que un individuo pueda realizar una cierta planificación, elaborar borradores o ensayos, recibir cooperación provisional y reacciones, y por último reflexionar sobre los modos en los que el proyecto ha tenido éxito, así como en la manera en que podría modificarse o mejorarse. En este tipo de actividades, los estudiantes se benefician de la ayuda de una forma de inteligencia distribuida que denominamos *procesofolio*.

En una carpeta normal, un individuo recoge sus mejores trabajos, antes de presentarlos a algún tipo de competición o exposición. Por el contrario, en un «procesofolio», el estudiante intenta deliberadamente documentar, para él y para los demás, el difícil camino de su implicación en un proyecto: los planes iniciales, los borradores provisionales, los falsos comienzos, los puntos de inflexión, los objetos de la especialidad que son significativos y que le agradan o le desagradan especialmente, diversas formas de evaluaciones provisionales y finales, y los planes para nuevos proyectos subsiguientes (Wolf y otros, 1991). Un ejercicio de estas características resulta útil en el momento de la ejecución del proyecto; además, el estudiante puede usarlo como mecanismo de reflexión, en el mismo momento o más tarde, para ver dónde se encuentra y hacia dónde va. La colección de los materiales amplía la conciencia del estudiante acerca de sus opciones, complementando una memoria imperfecta y contrarrestando la tendencia a reconsiderar el trabajo pasando en términos de los conocimientos presentes. La combinación del apoyo y de la documentación personales en una carpeta física o conceptual es una vívida ilustración del grado en que una inteligencia puede estar distribuida en el entorno escolar.

Es evidente que, como el método Spectrum, esta forma de concebir el aprendizaje y la evaluación es radicalmente diferente de la que se asocia a los exámenes estandarizados. En lugar de aislarlo para examinarle, se estimula al individuo para que trabaje con los demás, expertos o compañeros, y se beneficie de sus aportaciones. En lugar de reaccionar ante un instrumento creado por un tercero, el individuo se implica profundamente en un proyecto que él mismo ha diseñado. Y en lugar de ser evaluado por una persona o una máquina en un lugar alejado, la evaluación tiene lugar, básicamente, en el contexto conocido y puede utilizarse como realimentación para mejorar los propios resultados y la propia comprensión.

Aunque el uso de estas evaluaciones contextualizadas puede no parecer problemático dentro de los confines del aula, presenta claramente nuevos problemas si hay que utilizarlo a efectos de rendir cuentas. Algunos críticos afirman que las actividades del tipo de los proyectos, y los instrumentos del tipo de los «procesofolios», son intrínsecamente inadecuados a efectos de rendir cuentas; otros los respetan, en principio, pero piensan que son demasiado costosos, inmanejables o subjetivos para utilizarlos en un contexto amplio; y aún hay quien cree que sí pueden utilizarse de esta manera, pero que sufrirían el mismo proceso de degradación por los mismos factores que han convertido los exámenes «a gran escala» en un tema tan problemático.

En el Proyecto Zero de Harvard, hemos tomado en serio todas estas reservas pero hemos intentado desarrollar los proyectos y los «procesofolios» de manera que puedan usarse más allá del aula. Nuestros esfuerzos se han llevado a cabo alrededor de tres colaboraciones principales: el Arts PROPEL, un intento de evaluación en los niveles medio y secundario, en colaboración con el Educational Testing Service y las escuelas públicas de Pittsburgh (Gardner, 1990a; Gardner 1989a; Zessoules, Wolf y Gardner, 1988); los proyectos de la Key School, un trabajo en el nivel de la escuela primaria, junto a una escuela pública de Indianápolis que ha intentado construir un currículum sobre la teoría de las IM (Olson, 1988; Winn, 1990); y el Proyecto Catalyst, un intento basado en los ordenadores para la escuela primaria y secundaria, en el que los niños crean proyectos ayudados por un *software* sencillo (Scrill y Meyaard, 1991). Hay que añadir que nuestro trabajo original se centraba en las artes, pero que los proyectos y los procesofolios pueden utilizarse de forma provechosa en todo el currículum (Wiggins, 1989). Estos proyectos difieren significativamente en el detalle, por supuesto, y cada uno tiene que describirse y evaluarse en términos de sus propios objetivos, como se ha subrayado en las referencias mencionadas previamente (véanse también capítulos 7 a 9). A riesgo de alguna distorsión, sin embargo, puedo indicar unas cuantas propiedades de la evaluación que pueden aplicarse en distintos emplazamientos y que pueden servir a efectos de rendir cuentas.

En primer lugar, estos proyectos o procesofolios deberían concebirse en términos de una cantidad de dimensiones manejable. Por ejemplo, los proyectos de la escuela primaria pueden enfocarse en términos de si están bien concebidos, si están bien presentados, si son precisos, si son originales, si son apropiados tanto a la tarea planteada como al género que ilustran. También resulta adecuado evaluar los proyectos en ciertas dimensiones que no son evaluadoras en sí mismas, como si es revelador de la persona que lo ha realizado, hasta qué punto se ha hecho de forma cooperativa, y qué grado de entusiasmo ha puesto el alumno en el proyecto en cuestión.

De forma similar, los procesofolios pueden evaluarse en términos de una cantidad manejable de dimensiones. Aquí resulta fundamental observar hasta qué punto el estudiante ha concebido bien su proyecto; cómo lo aprovecha y lo relaciona con proyectos anteriores, representando un progreso respecto de aquellos; si ha integrado conceptos y habilidades procedentes de la clase; hasta qué punto ha solicitado evaluación, de uno mismo y de los demás; y cómo ha utilizado estas evaluaciones.

Mi opinión es que es más provechoso conceptualizar el progreso del estudiante en términos evolutivos. Es decir, que en las diversas dimensiones consideradas, debería ser posible delinear los rasgos de un novicio, de un experto y una serie de niveles intermedios (de 3 a 6). Cuanto más detalladamente se delineen las características de estas etapas, y cuanto mejor sea la serie de instancias ejemplificadoras suministradas al evaluador, más rápidamente se alcanzará un acuerdo acerca de cómo evaluar el proyecto o el «procesofolio» de un estudiante.

Está claro que las consideraciones locales y los juicios de valor afectarán a las evaluaciones del trabajo de un estudiante, pero que esto no constituye en sí mismo un rasgo negativo. Los problemas surgen cuando estas evaluaciones son idiosincráticas y erróneas desde el punto de vista de una comunidad mayor (Gardner, 1990b). La mejor manera de mediar estas desviaciones es la *moderación*, una técnica utilizada durante muchos años en los círculos de evaluación escolar de Gran Bretaña. En las evaluaciones moderadas, profesores o examinadores de distintas procedencias se reúnen, evalúan los trabajos de los alumnos de los otros, identifican las áreas significativas de desacuerdo y, a continuación, determinan las causas de estas discrepancias en la evaluación. Estas actividades moderadoras revelan si las diferentes evaluaciones reflejan esquemas de valores diferentes, pero igualmente válidos (por ejemplo, a un profesor le gusta la redacción expositiva, pragmática y sin adornos, mientras que otro valora la redacción expositiva de tipo más literario e imaginativo), o si la evaluación de un profesor (o de un grupo de profesores) es incoherente, contradictoria o refleja capacidades discriminativas inadecuadas.

Debe subrayarse que una visión distribuida de la inteligencia no dicta un determinado currículum, un estilo docente o un modo de evaluar; más bien se trata de una manera de pensar acerca de lo que destila cualquier actividad intelectual. A pesar de todo, los presentes ejemplos deberían mostrar que se pueden construir un entorno educativo que tome en serio la visión distribuida de la inteligencia y que avance hacia una evaluación sensata y fiable del trabajo de los estudiantes.

Hasta este punto, he descrito fases de conceptualización de la inteligencia que han tenido lugar, en aproximado orden cronológico, en el curso de este siglo, y, donde ha sido posible, he descrito procedimientos educativos y técnicas de evaluación que reflejan las visiones dispares del intelecto. Sería erróneo pensar que alguna de las cinco perspectivas esquematizadas aquí ya no tiene nada más que decir; también sería equivocado pretender que la conceptualización de la inteligencia ya no puede avanzar más en el futuro. Al acabar este ensayo, voy a describir brevemente dos fases posteriores de la evolución del concepto de inteligencia que creo que acabarán por ocurrir.

La individualización del concepto de inteligencia

Cuanto más nos alejamos de una visión unitaria del concepto de inteligencia, en el que todas las personas pueden calibrarse usando el mismo termómetro cognitivo, se hace más evidente que la mente de cada persona es diferente de la de las demás. La pluralización de las inteligencias sugiere que la cantidad de dimensiones mentales puede variar mucho, entre siete y varios cientos (véase Guilford, 1967); naturalmente, las combinaciones y recombinaciones de estas dimensiones pronto generan un número infinitamente grande de mentes. Si se añade a eso que cada mente tiene su contexto sociocultural peculiar y que cada mente participa de varias extensiones humanas y no humanas, resulta evidente que cada ser humano posee una mente claramente distintiva. Todos tenemos un aspecto distinto, tenemos personalidades diferentes y tenemos mentes únicas.

La educación puede que haya alabado aparentemente estas configuraciones distintivas, pero en general han sido completamente ignoradas en aulas y talleres. Si acaso, la educación ha obrado según la hipótesis opuesta: existe una manera de enseñar, una manera de aprender, y los individuos pueden clasificarse en términos de su capacidad. Sólo recientemente se han hecho intentos para describir diferentes estilos de enseñanza y de aprendizaje, y se han empezado a construir los entornos o los medios educativos propicios a estas diferencias. Esfuerzos del tipo de Spectrum representan intentos incipientes de desarrollar un entorno educativo que considere seriamente estas diferencias; pero está claro que sólo hemos empezado a definir la envergadura y el alcance de una educación realmente centrada en el individuo (Gardner, 1987, 1989c). En última instancia, en algún futuro distante, pero todavía imaginable, debería ser posible desarrollar el entorno educativo óptimo para cada estudiante en un momento histórico concreto; en este proceso nos ayudaremos de mecanismos medidores mejores, más sensibles al papel del medio cultural y al de los accesorios; contaremos con una actitud más comprensiva por parte de los profesores y de los padres, y, lo cual no es menos importante, con una conciencia cada vez mayor por parte del estudiante de sus propias capacidades y estilo intelectual.

La educación de las inteligencias

La descripción exacta y fielmente evolutiva de la inteligencia de cada persona está íntimamente relacionada con la necesidad de un régimen educativo que ayude a cada persona a alcanzar su máximo potencial en todas las disciplinas y oficios. No hay que decir que un régimen educativo así representa una empresa titánica, difícil de concebir y más aún de llevar a cabo. En un extremo se halla organizada toda la información acerca de las capacidades, estilos característicos y deseos del individuo, en un momento histórico concreto y un contexto cultural dado; en el otro extremo, existe la gran cantidad de especialidades académicas, oficios artísticos, prácticas culturales y especialidades idiosincráticas, en las que el individuo puede desear aprender, desarrollar, llegar a dominar lo que ya conoce, y, tal vez, continuar creando nuevas formas de conocimiento o técnica.

Desde mi punto de vista, incluso nuestros mejores emplazamientos educativos realizan un trabajo indiferente en la educación de los individuos hasta su máximo potencial (Gardner, 1990c). Aunque estas razones ya se han documentado ampliamente, deseo proponer una de ellas que se ha considerado muy pocas veces: la mayoría de escuelas se contentan con las actuaciones mecánicas, ritualizadas o convencionales; es decir, actuaciones que, de alguna manera, sólo repiten o devuelven lo que el profesor ha modelado. Sin embargo, por lo menos en nuestro contexto cultural actual, y con nuestro sistema de valores actual, los educadores tendrían que incorporar un objetivo más ambicioso: la producción de una educación para la comprensión, una educación significativa. En este tipo de educación, los individuos no vomitan simplemente lo que les han enseñado, sino que usan los conceptos y las habilidades adquiridas en la escuela para iluminar problemas nuevos o desconocidos, o para llevar a cabo nuevos proyectos, revelando en este proceso que han *comprendido*, y no simplemente imitado, los conocimientos que se les han suministrado (véase capítulo 11, Gardner, 1991b).

La naturaleza de la comprensión diferirá significativamente de una especialidad a otra; la comprensión del físico difiere de la del historiador, y ambas difieren significativamente de la del pintor o de la del músico. Esta comprensión se producirá solamente si los profesores la incorporan y saben cómo transmitirla a sus alumnos de forma personalmente eficaz.

Al insistir en que las especialidades son distintivas, y en el desafío de la educación para la comprensión, puede parecer que he convertido una tarea ya difícil en una cosa imposible. Sin embargo, paradójicamente, creo que una perspectiva de múltiples inteligencias, basada en el individuo, puede en realidad hacer factible la tarea de la educación para la comprensión. Una clave importante se deriva de la idea de que prácticamente todos los conceptos que vale la pena comprender pueden conceptualizarse de muchas maneras, así como representarse y enseñarse de muchas maneras también. Así, los conceptos importantes en cada especialidad permiten una serie de «puntos de acceso», desde el estético y el narrativo, en un extremo, hasta el lógico, el filosófico y el experimental, en el otro. Dada una diversidad de puntos de acceso, debería poderse encontrar al menos uno adecuado para cada estudiante. Además, puesto que la comprensión misma implica la habilidad para enfocar un concepto o una habilidad desde diferentes ángulos, al ofrecerse varios puntos de introducción y diversos caminos de trabajo de un tema, debería aumentar la probabilidad de que cada individuo pueda alcanzar, al menos, algún grado de comprensión en toda una amplia gama de especialidades humanas (véase capítulo 11; Gardner, 1983, 1991b).

Este conciso tratado sobre la inteligencia ha cubierto una amplia extensión, desde concepciones profanas hasta disputas científicas, desde hallazgos de investigaciones hasta los intentos aplicados al aula, desde una crítica de las prácticas actuales hasta la ojeada a un futuro posiblemente utópico. Para bien o para mal, esto es lo que caracteriza el trabajo más actual en investigación educativa, y quizás se halla decepcionantemente lejos de las condiciones de un laboratorio de física, o del clarísimo mensaje del estado de cuentas anual de una compañía.

Hace muchos años, se decía que la inteligencia era lo que examinaban los exámenes. He apuntado aquí que la inteligencia es un asunto demasiado importante como para dejarlo en manos de los que elaboran los tests; habría que sustentar visiones de la inteligencia que estuvieran mejor justificadas por la investigación científica, por un lado, y que mostraran una mayor utilidad educativa, por el otro. Queda bastante claro que los conceptos y los intentos esbozados aquí tienen un carácter tentativo y preliminar. Las historias del principio sirven para recordar crudamente los malos usos que se pueden hacer de muchos esfuerzos de investigación y desarrollo, supuestamente bien intencionados. Sólo el tiempo y la investigación cuidadosa revelarán si los conceptos y las prácticas a que se insta aquí resultan ser más eficaces, y menos dañinos, que intentos previos de averiguar la naturaleza del intelecto humano.

13   Abordar el concepto de inteligencia

COAUTORAS: MINDY KORNHABER Y MARA KRECHEVSKY

Todas las definiciones de inteligencia llevan la marca de la época, del lugar y de la cultura en las que se han desarrollado. Aunque dichas definiciones puedan inferir en las distintas sociedades, creemos que la dinámica subyacente está influida por la misma matriz de fuerzas: a) los campos del conocimiento necesarios para la supervivencia de la cultura, como la agricultura, la escritura o las artes; b) los valores propios de la cultura, como el respeto por los mayores, las tradiciones académicas o las tendencias pragmáticas; y c) el sistema educativo que instruye y nutre las diversas competencias de los individuos. En este capítulo, construimos una nueva teoría de la inteligencia, que considera no sólo el territorio conocido de la mente humana, sino también las sociedades en las que las mentes deben operar.

A diferencia de otros teóricos de la inteligencia, no intentamos reducir el concepto de inteligencia a una forma menos compleja con la intención de fabricar un test que «la» mida. En lugar de eso, queremos explicar las diversas manifestaciones de la inteligencia dentro de cada cultura y a través de ellas. Confiamos en que la teoría nos ayudará a ver cuándo y dónde podemos esperar manifestaciones de la inteligencia, y cómo pueden aumentarse dichas manifestaciones. Somos partidarios de las evaluaciones que apuntan a valorar toda la gama de las competencias o potenciales cognitivos humanos. Dichas competencias, a su vez, permiten a los individuos participar de toda la variedad de estados finales que los seres humanos han desarrollado. Confiamos también en que estas evaluaciones ayuden a crear entornos que alimenten los potenciales individuales y de todo el grupo.

Intentamos establecer una teoría de la inteligencia que abarque todas las culturas. Para hacerlo, primero observaremos este alcance referido a dos tipos de sociedades —una tradicional y otra industrial— en términos de los campos de conocimiento que cada una precisa para sobrevivir y prosperar, así como las motivaciones de los individuos, dentro de cada tipo de sociedad, para la aplicación de sus competencias a diversos campos del conocimiento o especialidades.

Después de definir con más precisión el contenido de nuestra teoría actual, examinaremos desde esta perspectiva la trayectoria reciente de dos sociedades posindustriales contemporáneas, Japón y los Estados Unidos. Por último acabaremos con una discusión acerca de los nuevos tipos de evaluación que creemos deberían desarrollarse de acuerdo con nuestro concepto ampliado de inteligencia.

Dos esbozos de la inteligencia humana desde una perspectiva social

La sociedad tradicional/agrícola

Por definición, una sociedad tradicional es aquella en la que la mayoría de la población está ocupada asegurando un suministro adecuado de alimento (LeVine y White, 1986). La obtención de alimentos, en estas sociedades, precisa de mucho trabajo. Así, muchos se dedican a especialidades como la pesca, la ganadería, la caza o el cultivo de la tierra. Pero, incluso en estas sociedades, la comida no es la única fuente de sustento. Aunque no existen escuelas formales, existe, sin embargo, una especie de currículum. Las especialidades del conocimiento se han desarrollado alrededor de la religión, el mito, la danza, las formas de arte visual. Los niños también deben socializarse dentro del sistema de valores de la sociedad, de su religión y su ética, y de su orden social; éste último suele venir determinado por la edad y por el sexo (LeVine y White, 1986).

¿Cómo se adquieren los elementos de este importante currículum? Principalmente, los niños aprenden los valores y las habilidades de su cultura observando a los adultos e imitándolos. El entorno de los niños es rico en oportunidades para aplicar en la vida real las habilidades que aprenden, y por tanto dichas habilidades se practican con regularidad. De hecho, la práctica de estas habilidades suele tomar la forma de un trabajo del cual depende la comunidad. Cualquier tipo de instrucción que los adultos proporcionen a los niños será de carácter básicamente informal. Tanto la instrucción como la evaluación tienen lugar en el contexto de la propia realización del trabajo, en cada una de las especialidades de la sociedad, y se presenta en forma de estímulo, consejo, crítica o ayuda (Gardner, 1990).

En algunas sociedades tradicionales, el desarrollo de ciertas ocupaciones especializadas y de oficios valorados precisa de unas formas de aprendizaje más estructuradas. Estos oficios se transmiten a los niños básicamente mediante un sistema de aprendizaje. Con frecuencia, estos aprendizajes están ligados a la ocupación habitual de la familia y se transmiten de padres a hijos. En otras ocasiones, se asigna un aprendiz a un maestro que actúa *in loco parentis* (Bailyn, 1960). En cualquier caso, gran parte de la instrucción y de la evaluación es informal (aunque no necesariamente benigna). El niño lleva a cabo tareas menores relacionadas con el trabajo del maestro y observa lo que éste hace. Progresivamente, mediante la práctica, el aprendiz llega a dominar algunas etapas bien definidas que comprenden la elaboración del producto final (Lave, 1977). Por último, el individuo se convierte en oficial, capaz de elaborar el producto final bajo la supervisión del maestro. Tras algunos años de experiencia, el individuo puede llegar a crear la «obra maestra», que es requisito indispensable para llegar a ser considerado maestro (Gardner, 1989a).

En sociedades tradicionales más complejas, las organizaciones políticas y religiosas evolucionan, y se desarrollan rutas de comercio (LeVine y White, 1986). La memoria humana deja de ser adecuada para retener los conocimientos y las habilidades de las que dependen estas sociedades. Las marcas o los dibujos utilizados en sociedades menos complejas, tienen que organizarse en sistemas (Csikszentmihalyi, 1990). Los primeros sistemas de escritura fueron utilizados para conservar registros financieros, y los primeros textos constituían relatos históricos. Más tarde, los textos establecieron las virtudes sociales predominantes en las sociedades tradicionales, especialmente «la fertilidad y el respeto hacia los padres» (LeVine y White, 1986, pág. 32).

Puesto que los textos aseguran la supervivencia de las sociedades tradicionales complejas y puesto que sirven a las instituciones poderosas, los letrados, por lo general, gozan de una posición elevada dentro de la jerarquía social. Sin embargo, solamente un pequeño grupo de personas de estas sociedades posee algo más que una alfabetización rudimentaria. Cualquier sociedad tiene muchas funciones que cubrir que no requieren la alfabetización. De hecho, una sociedad puede llegar a no poder cubrir la escasez de trabajos agrícolas debido a una población que emplea demasiado tiempo adquiriendo y utilizando una instrucción avanzada. Por lo tanto, con pocas excepciones (por ejemplo, Kobayashi, 1976), la educación formal en estas habilidades se reserva a los hijos de la élite o a los chicos que demuestran grandes dotes. Las academias o escuelas evolucionan básicamente para preparar a los jóvenes para los papeles dirigentes de la vida política y religiosa (que en muchas sociedades se solapan).

Definir la inteligencia de las culturas remotas no es una cuestión fácil ni inmediata. Aunque la gente de las sociedades tradicionales pueda admirar la capacidad para leer y escribir, la inteligencia no se define especialmente por las habilidades asociadas a esta capacidad. Más bien, como apuntan LeVine y White (1986):

> Si eres inteligente, te comportas de acuerdo con las normas morales de la comunidad, porque haciendo lo contrario te pondrías en contra de aquellos con los que estás permanentemente en contacto, lo que ningún adulto inteligente querría hacer... A los que se comportan de acuerdo con las convenciones sociales se les considera inteligentes en el aspecto que más cuenta, es decir, en el mantenimiento de las relaciones sociales, que significan seguridad a largo plazo, aunque esto implica inteligencia normal más que excepcional. Aquellos que son más respetados en la comunidad por su virtud moral, son considerados como los más sabios y los más inteligentes... (págs. 39-40).

Así vemos que en las sociedades tradicionales, la inteligencia implica habilidad para mantener los vínculos sociales de la comunidad. En una sociedad que depende probablemente de la cooperación de muchos individuos para cubrir necesidades tan básicas como la comida y el abrigo, tiene un significado eminente que los que pueden garantizar esta cooperación sean considerados inteligentes.

La sociedad industrial

En contraste con las sociedades tradicionales, los avances de las sociedades industriales en ciencia y en tecnología liberan —y, en realidad, obligan— a grandes porciones de la población para que se ocupen en una labor no relacionada con la producción de comida. Estas sociedades desarrollan una amplia serie de ocupaciones que tienen su origen en los conocimientos tecnológicos y aumentan el uso de los mismos. Así, los mineros del carbón y los trabajadores del acero contribuyen a sostener la infraestructura de la nueva industria; los empleados de las fábricas son necesarios para producir en masa una gran variedad de artículos; y se forma a los científicos y a los ingenieros para que desarrollen nuevos equipamientos y procesos, así como nuevas formas de información y de conocimiento. La demanda de nuevos intentos, así como la progresiva complejidad económica del comercio, de la banca y de la distribución, requiere la alfabetización de una proporción mucho mayor de gente. La alfabetización es necesaria para aprovechar los recursos de la ciencia, las matemáticas y otros grandes almacenes de conocimiento generados en estas sociedades.

A pesar de que los niños siguen aprendiendo mucho de sus mayores, los padres, en las sociedades industriales, rara vez proporcionan a sus hijos la instrucción necesaria para sus ocupaciones futuras. En las sociedades tradicionales, las ocupaciones se pasaban fundamentalmente de una generación a otra; en las sociedades industriales, los padres suelen trabajar fuera del hogar, o pueden no querer que sus hijos sigan sus pasos. Además, estos pasos pueden borrarse por los avances de la técnica. Por estos y otros motivos, los jóvenes de las sociedades industriales se alfabetizan y aprenden las especialidades básicamente a través de la escolarización. Los gobiernos refuerzan este cambio en la responsabilidad de los padres legislando la escolaridad obligatoria, puesto que la alfabetización universal se considera un beneficio social (véase Kobayashi, 1976).

Como en las sociedades tradicionales, las actividades propias de la escolaridad en las sociedades industriales no se parecen a las rutinas cotidianas de la comunidad adulta que las rodea. En las escuelas, las habilidades y los conocimientos se evalúan con escaso concurso de otras personas, y la evaluación es más formal y menos frecuente. Además, el trabajo escolar no suele incluir las experiencias que el niño ha tenido fuera del contexto escolar (Brembeck, 1978; Brown, Collins y Duguid, 1989; Gardner, 1991; Resnick, 1987; Sarason, 1983).

La escolaridad en las sociedades industrializadas difiere en un aspecto fundamental de la escolaridad en las sociedades tradicionales. En éstas, se da importancia a los textos que contienen los valores básicos y, a menudo, las orientaciones políticas de la comunidad. Por lo tanto, todos los jóvenes que estudian en las escuelas adquieren un *status* frente a la comunidad en su conjunto, aunque su actividad esté alejada de la rutina cotidiana de la comunidad relacionada con la agricultura y el comercio (Gardner, 1991). Al contrario que en las escuelas de las sociedades tradicionales, las tareas descontextualizadas de la escolaridad en las sociedades industrializadas pueden mantener, o no, una conexión significativa con los valores de la comunidad en su conjunto. Esto depende, en parte, de las relaciones de una población escolar con el resto de la sociedad y también de los valores de dicha sociedad.

La mayor demanda de alfabetización y la escolaridad obligatoria implican un cambio en el concepto de inteligencia. Mientras que, en un principio, títulos honoríficos como «inteligente» o «sabio» se aplicaban a los individuos virtuosos o morales —independientemente del nivel de educación de esta persona—, en las sociedades industrializadas no es probable que un analfabeto llegue a alcanzar posiciones de influencia o poder social. Y dado que los vínculos de la comunidad se debilitan, lo mismo ocurre con la importancia de la inteligencia asociada al mantenimiento de la cohesión social, por lo menos en algunas sociedades. Por ejemplo, entre los nativos de la tribu gusii de Kenya, después de la introducción de la escolarización occidental, la etiqueta de inteligente pasó de identificarse con la moralidad y la virtud a describir los buenos resultados en la escuela (LeVine, 1989).

Una nueva teoría de la inteligencia

Los contextos sociales descritos previamente sugieren dos formas distintas de definir la inteligencia. En las sociedades tradicionales, la inteligencia está relacionada con la habilidad en las relaciones interpersonales, mientras que en muchas sociedades industriales la inteligencia se centra más en habilidades avanzadas de tipo lógico-matemático y lingüístico. Sin embargo, a pesar de las diferencias, las dos definiciones funcionan de forma similar. Ambas definiciones están inextricablemente ligadas a cuestiones de supervivencia cultural: en las sociedades tradicionales mantener la necesaria cohesión social, y en las sociedades industriales proporcionar los medios para avanzar en la tecnología y en la industria.

Creemos que estas definiciones dispares tienen sentido en sus sociedades de origen. Como Keating (1984) plantea, nuestra noción de inteligencia se ha distorsionado profundamente a causa de nuestra persistente negativa a considerar los contextos sociales, históricos y políticos de los que surge tal noción. Si se conceptualiza la inteligencia como algo que representa una dinámica entre las tendencias individuales y las necesidades y valores de una sociedad (como algo opuesto a las características de un individuo), entonces resulta que la realización de los potenciales individuales y las necesidades de esta cultura están organizados de manera eficaz de cara a las estructuras sociales y económicas propias de la sociedad en cuestión. Afirmamos que la capacidad de los individuos para adquirir y hacer progresar el conocimiento en una especialidad cultural, así como para aplicarlo de forma determinada dirigida hacia un objetivo —rasgos clave en algunas de las definiciones de inteligencia—, tiene tanto que ver con las competencias residentes en la cabeza del individuo como con los valores y las oportunidades proporcionados por la sociedad para aplicar estas competencias.

A partir de aquí, podemos definir la inteligencia, fundamentalmente, como la manifestación de un compromiso entre dos componentes: a) los individuos, que son capaces de usar su vector de competencias en varios campos del conocimiento; y b) las sociedades, que alimentan el desarrollo individual a través de las oportunidades que proporcionan, las instituciones que apoyan y los sistemas de valores que promueven. Las competencias individuales representan solamente un aspecto de la inteligencia; la inteligencia también requiere estructuras sociales e instituciones que permitan el desarrollo de dichas competencias. En este marco, la inteligencia se convierte en un constructo flexible, culturalmente dependiente. Tanto el individuo como el agente social pueden desempeñar un papel dominante, pero ambos deben participar, si se quiere alcanzar la inteligencia. En las denominadas «sociedades de ámbito», como el Japón, predomina la parte social; en nuestra sociedad «de partículas», el agente humano desempeña un papel más significativo.

Durante aproximadamente un siglo, las sociedades industrializadas occidentales y sus escuelas podían permitirse movilizar las competencias de una minoría de su población. Sin embargo, con el surgimiento de las economías posindustriales, ya no resulta factible capacitar solamente a los adeptos al aprendizaje descontextualizado para que desarrollen sus competencias. Tenemos que ampliar nuestra idea de lo que puede considerarse inteligencia, tanto en términos de los componentes individuales como de los culturales. Junto a las nuevas actitudes acerca de la inteligencia, se necesitan nuevas formas de escolaridad y de evaluación para potenciar las competencias de la mayoría.

Los individuos: razones para las inteligencias múltiples

En las sociedades posindustriales, la noción de que la inteligencia es un rasgo propio de los individuos puede estar ligada a las innovaciones en los exámenes psicológicos que tuvieron lugar a principios de este siglo. Las escalas de inteligencia de Binet (1905) se desarrollaron para identificar a los niños que obtenían malos resultados en la escuela y que podían beneficiarse de una educación especial. A pesar de que Binet nunca tuvo la intención de deificar la inteligencia, ni tampoco mantenía que fuera un rasgo unitario (Gould, 1981), el hecho de que los resultados de sus tests pudieran resumirse en una única puntuación potenció las visiones de la inteligencia como un atributo unitario situado en la cabeza de los individuos.

Sin embargo, diversas visiones contemporáneas (Ceci, 1990; Feldman, 1980; Gardner, 1983) sugieren una noción más pluralista de la inteligencia, con objeto de tomar en consideración las diversas habilidades de los individuos tanto para aplicarlas a las especialidades existentes como para crear nuevas especialidades. Gardner (1983) propuso una teoría de las inteligencias múltiples, que sugiere que los individuos son capaces de funcionar cognitivamente al menos en siete áreas relativamente autónomas (véase la primera parte de este volumen). Los diferentes perfiles, trayectorias y etapas de desarrollo que emergen de las inteligencias permiten a una persona adquirir, de forma más o menos inmediata, los sistemas simbólicos en los que se transmiten las especialidades de su cultura (Gardner, 1983).

Aunque los individuos son capaces de desarrollar una serie de competencias orientadas a diversos estados finales, nunca lo hacen de forma aislada. Incluso el caso de una competencia desarrollada de forma universal como es el lenguaje, únicamente se desarrolla en la interacción del adulto con el niño. No solamente el aprendizaje tiene lugar, normalmente, en el contexto de la interacción social, sino que además gran parte de lo que se aprende después de los dos años de edad se construye de forma social (Snow y Ferguson, 1977). Las sociedades enseñan a sus hijos los conjuntos de hechos, teorías, habilidades y métodos que comprenden sus diversas especialidades, desde la pesca hasta la física (Csikszentmihalyi y Robinson, 1986). Afirmamos que la cognición humana se desarrolla y se nutre mejor mediante tareas pertenecientes a las *especialidades auténticas*, es decir, disciplinas socialmente valoradas, en las que un individuo puede adquirir habilidades y conocimiento mediante el esfuerzo a lo largo del tiempo, contando normalmente con realimentación procedente de personas expertas en la disciplina.

La teoría de las inteligencias múltiples, aparentemente, proporciona un marco útil en el que considerar la amplia gama de competencias individuales, que constituyen el primer componente de la teoría que proponemos. Sin embargo, para diseccionar nuestra teoría de forma más completa, tenemos que considerar la dinámica entre los individuos y las sociedades en las que éstos operan, y presentar una discusión acerca de dos sociedades contemporáneas desde la perspectiva del componente cultural de la teoría. La primera sociedad ilustra un caso en que la inteligencia parece manifestarse de forma abundante, mientras que tales manifestaciones son mucho menos conspicuas en la otra.

La sociedad posindustrial contemporánea: dos ejemplos

El caso de Japón

Dada nuestra definición de inteligencia como algo que representa un compromiso efectivo entre los individuos y las sociedades en que éstos viven, un país como Japón puede servir como ejemplo particularmente instructivo. En Japón, el desarrollo de la inteligencia se ve potenciado por un conjunto de valores amplia-mente compartidos, que a su vez están apoyados por las instituciones de la socie-dad. Entre estos valores se hallan los triunfos escolares y el estudio diligente. Los padres exigen escuelas de alta calidad y tienen grandes expectativas para sus hijos. Creen que los hijos pueden satisfacer estas expectativas mediante el trabajo duro y la dedicación en lugar de confiar en las capacidades innatas. Así pues, las madres instruyen activamente a sus hijos y los profesores son muy respetados. Maximizar el potencial del niño japonés se considera una responsabilidad social, no sólo en el nivel retórico sino también en la práctica real (White, 1987).

La preocupación por desarrollar el potencial de los niños se refuerza en parte gracias a la estructura del sistema educativo japonés y a sus conexiones con la se-guridad de obtener un trabajo y el éxito en el mismo. En los Estados Unidos, exis-te una «clasificación» entre las universidades, cuyas reputaciones podrían, en úl-timo término, asegurar a sus alumnos su carrera profesional. Sin embargo, existen muy pocas instituciones así en Japón, y sólo se tienen en cuenta en casos de posi-ciones muy elevadas. La competencia para asistir a estas universidades requiere una seriedad en los objetivos (y un nivel de estrés) reconocida en el nivel mundial.

En Japón, obtener el máximo rendimiento de uno mismo no se promueve simplemente como un modo de conseguir atravesar el estrecho conducto del éxi-to profesional. La motivación para realizar las competencias individuales radica en el hecho de que esta realización contribuye a asegurarse el propio lugar en una sociedad que destaca y valora los vínculos interpersonales. No conseguir estudiar duro y no contribuir a la sociedad amenaza estos vínculos (Shimizu, 1988).

El estímulo de la conexión social sobre el éxito también resulta evidente en el mundo laboral japonés. Los empleados se identifican fuertemente con sus empre-sas, en parte porque esperan hacer carrera en ellas durante toda la vida. Además, los empleados no se sienten especialmente competitivos con sus compañeros de trabajo, y no se valora especialmente que un único individuo posea en sí mismo todas las competencias requeridas. Efectivamente, cualquier compañía japonesa parece reconocer el perfil de las competencias humanas y acepta la idea de que in-dividuos con diferentes perfiles puedan aportar sus propias contribuciones dis-tintivas al éxito de la empresa (Gardner, 1983).

Así pues, Japón parece ejemplificar algunos de los elementos de nuestra teo-ría normativa (que no descriptiva). Los compromisos entre los individuos y la so-ciedad son evidentes en muchos niveles: entre el individuo y la familia, la familia y la escuela, la escuela y el trabajo, y el empleado y su jefe. Además, los valores so-ciales apoyan tanto la escolaridad como la importancia del esfuerzo y la motiva-ción, más que la habilidad innata. Las competencias individuales son potenciadas desde las instituciones, que estimulan su desarrollo en un contexto de apoyo. Cuando se alían todas estas fuerzas, según nuestra teoría, la inteligencia tiene mu-chas probabilidades de manifestarse.

El caso de los Estados Unidos

Estados Unidos proporciona un útil contraejemplo al caso de Japón. Actualmente, todos conocemos los informes que muestran que los escolares americanos obtienen puntuaciones más bajas que los de cualquier otra nación occidental o industrializada (Stevenson, 1987; Stevenson y otros, 1985). Vemos estudios que indican que grandes proporciones de jóvenes americanos no dominan las materias escolares básicas. A los diecisiete años, el 80 por ciento de los estudiantes se muestra incapaz de escribir una carta convincente (Applebee, Langer y Mullis, 1986). La mitad de ellos no proporcionan estimaciones razonables, aún menos respuestas correctas, a problemas básicos de tipo numérico (Dossey, Mullis, Lindquist y Chambers, 1988). Aunque es cierto que existen algunas incapacidades de aprendizaje de origen neurológico, no es probable que estos datos estadísticos reflejen este tipo de problemas. No existe ninguna razón para creer que esa opulenta nación contiene una cantidad desproporcionada de personas intrínsecamente limitadas. Para determinar cómo esa sociedad puede obtener más manifestaciones de inteligencia, puede resultar edificante examinar el camino que ha llevado hasta este punto.

Las conexiones sociales proporcionadas por unos valores ampliamente compartidos entre padres e hijos estuvieron amenazadas desde los primeros días de la colonia. A pesar de que los puritanos tenían la intención de educar a sus hijos manteniendo los aprendizajes tradicionales, y escolarizando a algunos chicos para que se convirtieran en pastores de la iglesia, el entorno modificó estos planes. A diferencia de otras sociedades industriales, los vínculos de las sociedades tradicionales —respeto por los mayores y dependencia respecto a ellos— se desintegraron en América mucho antes de que prevaleciera la industrialización. Los líderes puritanos, creyendo que los miembros de la generación que les sucedía se estaban convirtiendo en unos bárbaros, decidieron construir escuelas para perpetuar su esclarecedora cultura (Bailyn, 1960). Sin embargo, resultaba evidente para los jóvenes puritanos que el conocimiento ligado a la tradición que poseían sus mayores no era especialmente útil para sobrevivir en aquel entorno salvaje. El trabajo era un bien abundante y apreciado, la tierra no escaseaba y las familias se dispersaron (Bailyn, 1960).

Hace más de un siglo, mientras los Estados Unidos se convertían en una sociedad industrial, los prejuicios hacia los conocimientos de origen escolar se mantenían. Se aceptaba hasta cierto punto la importancia de saber leer, escribir, contar y tener un cierto conocimiento de los textos depositarios del legado cultural, pero, en general, se valoraba más una relación directa y competente con los asuntos prácticos. Como decía Andrew Carnegie: «Según mi propia experiencia, puedo decir que he conocido a pocos jóvenes destinados a los negocios que no hubieran sido perjudicados por una educación universitaria» (citado por Callahan, 1962, pág. 6). La opinión popular era que las personas inteligentes se hacían a sí mismas en el terreno práctico, y que un currículum escolar tradicional no servía para gran cosa (Bailyn, 1960; véase también Hofstadter, 1963). Así pues, las estrechas relaciones existentes en Japón entre el individuo y su familia, la familia y la escuela, y la escuela y el trabajo, nunca arraigaron en los Estados Unidos.

La ruptura de América con la enseñanza ligada a la tradición (Bailyn, 1960), en coincidencia con su amor hacia las nuevas tecnologías, puede haberla hecho especialmente vulnerable a las explicaciones autodenominadas científicas de la inteligencia. En cualquier caso, muchas perspectivas innatistas y movimientos eugénicos arraigaron aquí con facilidad, especialmente bajo la influencia de la obra de Darwin *Sobre el origen de las especies* y del darwinismo social que se derivó (Gould, 1981). La adaptación de los tests de inteligencia en América para su administración masiva a los reclutas de la primera guerra mundial aceleró el paso de las designaciones sociales a las científicas. La ciencia, con sus tests de papel y lápiz, sus fórmulas y sus análisis factoriales —en lugar de los juicios sociales acerca de las actuaciones en los distintos campos del conocimiento—, impulsaba la opinión de que los individuos blancos, cristianos y procedentes del norte de Europa eran los que poseían mayor grado de inteligencia. Según la opinión de muchos, esta gente procedía de la mejor reserva genética. Así pues, en América se llegó a creer que la inteligencia nace y no se hace. Como Gould (1981) apunta, la transformación del concepto de inteligencia en un rasgo heredado fue una «invención americana» (pág. 147).

Al mismo tiempo que se desarrollaban los tests de CI, las escuelas americanas estaban sometidas a la influencia de otra tendencia relacionada con la ciencia, el movimiento en pro de la eficiencia. En los negocios y en el comercio, la gente pedía a la ciencia y a la tecnología que resolvieran problemas relacionados con la fabricación de los productos. Los oficios se descompusieron en una serie de tareas discretas que podían realizarse en líneas de montaje. En educación, se presionaba cada vez más a las escuelas públicas para que funcionaran de forma eficiente, que minimizaran el tiempo de escolarización y que proporcionaran una fuerza de trabajo disciplinada (Callahan, 1962). La introducción de los principios de la gestión científica y de la producción en masa en las escuelas bloqueó los intentos de los educadores de proporcionar ayuda a los que presentaban dificultades escolares. Se hicieron intentos para determinar las competencias de los niños de forma temprana y para proporcionarles la educación adecuada a su presumible estado final adulto. Aunque el desarrollo de las capacidades intelectuales estaba especialmente amenazado entre los grupos de inmigrantes, la adopción por parte de la escuela de los valores y las prácticas procedentes del mundo de los negocios afectó a todos los niños (Oakes, 1986a, 1986b; Powell, Farrar y Cohen, 1985).

La excesiva dependencia de los instrumentos psicométricos tendía no solamente a divorciar a los individuos de los profesores o de los que evaluaban sus actuaciones en un contexto social, sino también a divorciar a la gente de los campos del conocimiento valorados por la sociedad. La determinación de la inteligencia mediante los tests de inteligencia se realiza fuera de lo que consideramos los límites legítimos de la cognición humana. Una razón para ello es que los tests de inteligencia no operan dentro de los límites de una auténtica especialidad humana. Al crear el contenido del *Mental measurements yearbook* (Buros, 1941) los psicómetras y psicólogos establecen una especialidad de clasificaciones. Sin embargo, aunque esta especialidad también está sujeta a la interpretación de los expertos del ámbito, está desprovista de las características que determinan las especialidades auténticas. Las oportunidades de practicar tareas significativas para la especialidad y utilizarlas en contextos con significado están ausentes en el terreno de los exámenes mentales. Como también está ausente la posibilidad de progresar a través de una serie de etapas —recibiendo las reacciones de los que dominan mejor la especialidad— hasta alcanzar un nivel de aprovechamiento en un estado final socialmente valorado. Excepto, tal vez, en la especialidad de los concursos televisivos (otra invención americana), no se suele esperar que nadie repita series de números, resuelva analogías o identifique figuras conocidas en algunos segundos para alcanzar el reconocimiento social.

La ausencia de una auténtica especialidad debilita las bases sobre las que los expertos en inteligencia emiten sus juicios. Su situación es similar a la de otros expertos que tienen que emitir juicios en especialidades en las que no hay acuerdo sobre los criterios a seguir. El caso de la creatividad ofrece un modelo útil para comparar. Según Csikszentmihalyi (1988b), a la hora de determinar la creatividad entran en juego tres sistemas dinámicos: a) los individuos que crean las obras; b) las especialidades en las que trabajan; y c) el ámbito de los expertos en la especialidad que juzgan el trabajo de los individuos. En este marco, las atribuciones de creatividad se basan en el reconocimiento de los esfuerzos individuales por parte de los jueces. En las disciplinas en las que los criterios están bien establecidos y acordados (como las matemáticas), tales atribuciones están ampliamente aceptadas. En otras disciplinas, en las que los criterios no son universalmente compartidos (como en la pintura moderna), la atribución de creatividad depende menos del trabajo de un individuo en una especialidad que de la medida en que este individuo posee rasgos sociales que sincronizan con los de los miembros del ámbito (Getzels y Csikszentmihalyi, 1976).

Las atribuciones de inteligencia comparten estas características. Pensamos que, por no existir una auténtica especialidad, la atribución de inteligencia aún es más dependiente del grado en que los expertos y el sometido a juicio comparten las mismas características sociales. La historia de los tests de inteligencia, antes de la legislación política sobre sus usos, testimonia la importancia de la sincronía social en la atribución de inteligencia (Gould, 1981; Heubert, 1982).

Dado el análisis precedente, resulta insostenible la importancia otorgada a los tests en nombre de una supuesta habilidad general. En cambio, debemos observar actuaciones significativas dentro de la cultura. Mientras que un test de inteligencia observa únicamente al individuo, la inteligencia tiene que considerar tanto a los individuos como a las sociedades. Incluso cuando los tests de inteligencia han intentado medir lo que llamamos competencias individuales, han tenido un alcance demasiado estrecho. En lugar de examinar todo el espectro de la cognición humana, se han centrado en una banda limitada de competencias cognitivas, en términos de *Frames of Mind* (1983), en ciertos aspectos de la inteligencia lógica y lingüística. Los tests de inteligencia son limitados, no sólo en las competencias que examinan, sino en la forma en que las examinan. Exigen que el individuo se enfrente con tareas atípicas, descontextualizadas, en lugar de comprobar cómo funciona este individuo cuando tiene la oportunidad de recurrir a su experiencia, a la reacción de los demás y a sus conocimientos en la forma en que suele hacerlo. Y pueden hacer destacar a la persona dotada para responder tests de respuestas cortas pero que, sin embargo, no funciona bien en organizaciones que exigen otras habilidades.

Ni siquiera está claro que el tipo de pensamiento utilizado en estos tests esté significativamente relacionado con el tipo de razonamiento empleado habitualmente en el aprendizaje (Keating, 1984). Como apuntan Resnick y Neches:

> La atención extensiva prestada a los componentes cognitivos de la resolución de tests está basada en la hipótesis implícita de que los procesos requeridos en la resolución de los tests están también directamente relacionados con el aprendizaje. Creemos que esta hipótesis es arriesgada... (1984, pág. 276).

Las cuestiones de los tests del tipo de las analogías abstractas nos pueden decir algo acerca de cómo las personas intentan resolver problemas extremadamente descontextualizados —y qué tipo de personas tiene más práctica en resolver este tipo de cuestiones— pero no nos dicen gran cosa acerca de la inteligencia en nuestra visión extendida (Johnson-Laird, 1983). A menos que la evaluación se sitúe en el contexto de las especialidades auténticas y de los entornos sociales, dudamos que pueda representar adecuadamente la actuación del intelecto humano.

Algunos enfoques contemporáneos de la evaluación recomiendan el uso de los tests estandarizados sólo como un componente para la evaluación de base más amplia. Aunque evaluaciones más exhaustivas —incluyendo las observaciones del propio niño en su entorno y entrevistas con sus padres— proporcionan una mejora necesaria, el mundo es un lugar imperfecto, y las medidas científicas gozan de un prestigio desproporcionado. Cuando se reducen las subvenciones y el personal, las puntuaciones de los tests sirven como puntos de corte. Se utilizan datos implacables para hundir las esperanzas de unos padres de inscribir a su hijo en un programa para niños dotados; las medidas de un test a menudo deciden a quién hay que suministrar ayuda. En una sociedad tan avanzada en tecnología y datos científicos, los números son la base principal para la discriminación (Neill y Medina, 1989).

La necesidad de un marco social

Al mismo tiempo que América subrayaba los aspectos tecnocráticos de la educación —con el consiguiente énfasis en los tests y en las medidas— también descuidaba los vínculos sociales, que siempre habían sido parte importante de la educación, ya sea en las escuelas (como en Japón) o en la comunidad en su conjunto (como en los aprendizajes tradicionales). Sin embargo, como se ha dicho antes, las competencias individuales deben estimularse dentro de un marco social. La motivación no es simplemente función de la competencia, también depende de la interacción con el mundo social (Fordham y Ogbu, 1986; Ogbu, 1978; véase también Scarr, 1981). Tales interacciones pueden llegar a interiorizarse con el tiempo y servir de guía para la conducta individual (Vygotsky, 1978). Nuestra sociedad ha tendido a ignorar el impacto de las experiencias interpersonales, en parte porque cuando se analizan las diferencias en las competencias y los resultados, no puede hacerse abstracción ni medirlas de forma inmediata. Por eso los desaventajados en el campo de la educación se han definido generalmente en términos de variables demográficas y educativas (Bereiter, 1985).

Sin embargo, la creación de entornos cooperativos y solidarios en los hogares, las escuelas y las comunidades ha demostrado un efecto positivo en el bienestar social y psicológico de los estudiantes, que en último término puede conducir a un mayor aprovechamiento académico (Cochran, 1987; Comer, 1980, 1988a; Damon, 1990; Henderson, 1987; Leler, 1983; Zigler y Weiss, 1985). Los proyectos de intervención diseñados por Comer (1980) y sus colegas para ayudar a los niños de familias de escasos recursos subrayan la importancia de las relaciones: «Cuando se mejoran las relaciones en las escuelas, los mismos niños se hacen portadores de valores deseables» (Comer, 1988a, pág. 29). Las escuelas eficaces parecen estar determinadas no tanto por sus alumnos o por sus aptitudes como por el apoyo por parte de padres y profesores, por su implicación y porque les transmiten expectativas altas (Ascher, 1988; Brookover, 1985; Chubb, 1988; Comer, 1980; Edmonds, sin fecha).

En América ha existido siempre una falta de continuidad entre a) el espectro de las competencias individuales; b) lo que se aprende en la escuela; y c) lo que la sociedad valora. En nuestra sociedad posindustrial, en la que perduran estas discontinuidades, la derivación de la inteligencia mediante instrumentos científicos descontextualizados ya no sirve: la educación que surge de ellos ya no sostiene los estados finales adultos que han evolucionado en nuestra cultura. Los avances en la comunicación, en los transportes, en la automatización, y en la exportación de productos a otros países, implican que mucha gente escogida y educada bajo el viejo sistema no puede asumir papeles con significado. Tenemos que desarrollar evaluaciones alternativas que tengan en cuenta nuestro concepto ampliado de inteligencia. En el caso ideal, este desarrollo llevaría a la creación de entornos evaluadores en los que la participación de los individuos en tareas significativas pudiera observarse de forma más directa.

Capacitar las inteligencias mediante la evaluación contextualizada

Los tests de inteligencia son una trampa no sólo para los teóricos sino también para los educadores y los estudiantes. En vez de construir tests que no midan la inteligencia, sino que clasifiquen a los individuos y potencialmente limiten su crecimiento, preferimos diseñar vehículos que simultáneamente ayuden a descubrir y a estimular las competencias de los individuos. El modelo que proponemos considera la evaluación en términos de estados finales adultos significativos y valorados en la comunidad. El concepto de estados finales adultos es útil para centrar la evaluación sobre las habilidades implicadas en la consecución de papeles adultos significativos y bien considerados en nuestra sociedad. Así, si otorgamos valor al papel del novelista y al del abogado, una evaluación más válida de las capacidades lingüísticas podría examinar la habilidad de un niño para narrar una historia o hacer un relato descriptivo de una experiencia, en lugar de examinar su habilidad para repetir series de frases, definir palabras o resolver tareas antonímicas o silogísticas. Estas tareas no están directamente relacionadas con una especialidad o con un estado final adulto. Las implicaciones de unas evaluaciones altamente contextualizadas para la enseñanza son más inmediatas y directas que las cuestiones descontextualizadas. Por ejemplo, las experiencias tuteladas en una especialidad, como las artes visuales o la ciencia mecánica, pueden ser una manera de trabajar más cerca de las cuestiones y los materiales centrales de un ámbito.

Los aprendizajes de tipo tradicional también implican aprender en un contexto social, con unos fines determinados. Son valiosos no sólo porque construyen sobre los propios intereses y capacidades del estudiante, sino porque potencian el pensamiento crítico mediante la evaluación regular e informal en el contexto de una auténtica especialidad. En este aspecto, son mucho más parecidos a la robusta adquisición de conocimientos que tiene lugar fuera de la escuela (Browin, Collins y Duguid, 1989; Resnick, 1987). Los aprendizajes también sirven como medio de implicar más a la comunidad en la escuela. Como se ha dicho antes, la implicación cooperativa de los padres y otros miembros de la comunidad refuerza los resultados cognitivos de los escolares de esta comunidad (Chubb, 1988; Comer, 1988b; Heath, 1983; Henderson, 1987). Todos los niños deberían tener la oportunidad de trabajar junto a un adulto que sirva de «modelo de estudio, reflexión y aplicación seria en el mundo que es significativo para él...» (Gardner, 1990, pág. 106). Aunque las especialidades han ido variando con el tiempo, es en las relaciones humanas donde las sociedades han conseguido desarrollar las competencias individuales desde el principio (véase Comer, 1984).

Además de abogar por entornos del tipo «aprendiz» donde sea posible, creemos que la educación debería basarse firmemente en las instituciones y las prácticas de la sociedad, museos de arte y de la ciencia, talleres, excursionismo, etc. Los museos de la ciencia, de los descubrimientos y los museos infantiles ofrecen oportunidades poderosas y ricas para que los niños recurran a distintas formas de conocimiento que generalmente no suelen estar integradas, sino que en la escuela se tratan de forma aislada o incluso son completamente ignoradas. Los materiales de los museos, en cierto modo, se eligen por el atractivo que tienen para los niños. Muchos de estos materiales son muy educativos y pueden usarse de muchas maneras durante períodos de tiempo significativos. Una serie de tecnologías interactivas actuales, como los videodiscos y el HyperCard, permiten a los niños combinar conocimiento intuitivo y escolar en distintas tareas, que van desde comprender los principios de la física hasta apreciar una cultura extranjera (Bransford, Franks, Vye y Sherwood, 1989; Wilson, 1988).

Los entornos evaluadores deberían cumplir una serie de requisitos. Deberían integrar evaluación y currículum, así como invitar a los individuos a desplegar sus diversas competencias al tiempo que llevan a cabo proyectos o actividades significativas. Estas evaluaciones deberían poner al alcance de los estudiantes una gama de materiales intrínsecamente interesantes y motivadores, que se utilizarían durante un cierto tiempo y serían sensibles a las diferencias individuales. También tendrían que ser neutros respecto a la inteligencia, es decir, capaces de activar distintas competencias sin necesidad de utilizar las habilidades lingüísticas o lógicas como intermediarias. Teóricamente, estas evaluaciones también satisfarían los criterios de Fredericksen y Collins para los «tests sistemáticamente válidos: tests que inducen, en el sistema educativo, cambios curriculares y docentes que potencian el desarrollo de los rasgos cognitivos que estos tests pretenden medir» (1989, pág. 1).

En los capítulos que van del 6 al 9 examinamos intervenciones educativas enmarcadas en este espíritu. Tanto Spectrum como Arts PROPEL representan intentos de identificar una gama más amplia de competencias en un contexto que, por un lado, esté integrado en la cultura y, por otro, sea significativo para el niño. Partiendo del interés y de la motivación del niño, las escuelas pueden tener más éxito a la hora de llevar a cabo su labor más importante: capacitar a los niños para participar activamente de su propio proceso de aprendizaje. Como hemos visto, una manera de desarrollar una participación significativa es mediante los aprendizajes de tipo tradicional. Éstos pueden organizarse a través de especialistas de la propia escuela, profesores u otros miembros de la comunidad. Aunque descubrir las recompensas de aprender una especialidad es un fin importante (Amabile, 1983; Csikszentmihalyi, 1990), las obras de Comer (1980, 1984), entre otros, muestran que una relación interpersonal resulta crítica para motivar a los estudiantes a aprender.

La Key School refleja un entorno en el que escuela, niños y comunidad interactúan de forma productiva. La escuela anima a los niños a que desarrollen su competencia en diversas especialidades a través de un currículum interdisciplinario. Se dedica la misma cantidad de tiempo al inglés, las matemáticas, la música, el arte, los ordenadores, el movimiento y otros temas. Además, se permite que los niños desarrollen sus áreas más capacitadas en una situación de aprendizaje, denominada *pod* (vaina). Estos *pods* son clases pequeñas dirigidas por profesores según sus especiales líneas de interés y a las que se pueden apuntar libremente los niños de cualquier edad. Los niños también pueden desarrollar sus intereses en un programa extraescolar, organizado por el director y algunos profesores.

En tanto que escuela «imán», esta institución atrae a los niños de todos los barrios de la ciudad. Una junta consultiva, compuesta por representantes de las empresas locales, instituciones culturales y universidades, ayuda a la escuela a sacar partido de los recursos locales. Los padres también se implican en la escuela, a través de conferencias de los profesores, comités consultivos de padres, y presentaciones ocasionales de sus áreas de experiencia. Así, la Key School intenta poner en contacto al individuo, a la escuela y a la comunidad. De esta manera, la Key School puede considerarse como un intento contemporáneo americano de desarrollar al máximo las inteligencias.

Propulsar el desarrollo de las competencias del individuo es un esfuerzo que debe proceder de muchas partes. Tenemos esperanzas en las nuevas formas de evaluación, como el Arts PROPEL y el Spectrum, en las estrechas relaciones de trabajo entre los jóvenes y los tutores, y en la creciente cooperación entre escuelas y comunidades. También creemos que unas ideas significativamente diferentes acerca de la inteligencia desempeñarían un gran papel.

La mayor parte de las teorías acerca de la inteligencia han intentado responder a la pregunta «¿Qué?». En la medida en que los tests se han basado en estas teorías, han servido más para etiquetar a los individuos que para promover su desarrollo. En cambio, nosotros hemos centrado nuestra búsqueda de una nueva teoría en torno a preguntas del tipo «¿Cuándo?», «¿Dónde?» y «¿Cómo?». Creemos que la teoría generada por estos interrogantes proporciona un marco constructivo para avanzar tanto en el análisis como en las intervenciones prácticas.

Confiamos en que nuestra teoría impulsará un cambio de centro de interés en los estudios de la inteligencia, que irá del individuo a la interacción entre individuos y sociedades. En la mayor medida posible, los factores psicológicos y cognitivos deben considerarse en conjunción con los contextos sociales en los que operan.

Por lo tanto, el estudio de la inteligencia requiere una reunión de mentes. La investigación basada en la cognición individual —estudios relacionados con los métodos de procesamiento de la información, modelos medios-fines, análisis factorial, etc.— continuará siendo útil. Pero aunque estas especialidades puedan proporcionar información acerca de los tipos de estrategias que las personas usan para resolver clases específicas de problemas, estos problemas peculiarmente descontextualizados no constituyen lo esencial de la inteligencia humana (Neisser, 1983). En la vida, la mayor parte de los problemas no se presentan «prefabricados» a quien los tiene que resolver, sino que los conforman los acontecimientos y la información procedente del entorno (Csikszentmihalyi, 1988a). Necesitamos una comprensión más profunda de cómo los contextos sociales incitan a los individuos a investigar este tipo de problemas, de las actitudes que hacen lo contrario, de la influencia de los padres y de los grupos de compañeros, y de cómo esta influencia puede potenciarse, y de la influencia de la organización escolar y del currículum en la diversidad de profesores y alumnos. En resumen, porque creemos que la gran mayoría de la gente es capaz de usar sus competencias de forma positiva, tenemos que explorar la manera en que este uso puede estimularse dentro del marco social. Una vez que reconozcamos que la inteligencia evoluciona a través de una dinámica entre las competencias individuales y los valores e instituciones de la sociedad, seremos más capaces de diseñar estrategias y apoyar iniciativas que hagan participar de forma más real las capacidades intelectuales de las personas.

Epílogo
La teoría de las inteligencias múltiples en el año 2013

Habiendo comenzado este libro con un viaje imaginario al año 1900, me gustaría concluirlo realizando un viaje especulativo al año 2013. Ese año se conmemorará el treinta aniversario de la publicación de *Frames of Mind*, y, casualmente, habrá llegado el momento previsto para mi jubilación. Si continúa el trabajo acerca de la teoría y las prácticas de las inteligencias múltiples, ¿qué podemos esperar observar en ese momento?

Sin duda, los neurólogos habrán establecido unas nociones más firmes acerca de la organización y el desarrollo del sistema nervioso. Después de años observando los procesos mentales tal y como tienen lugar en el cerebro vivo, serán capaces de describir las estructuras neuronales que están implicadas en la realización de las diversas actividades intelectuales; serán capaces de mostrar hasta qué punto estas actividades son realmente independientes unas de otras; y sabrán hasta qué punto los individuos que destacan excepcionalmente en un área intelectual u otra muestran realmente procesos neuronales distintos de los que muestran los individuos normales. Los estudios genéticos probablemente revelarán si algunas capacidades intelectuales específicas (como la inteligencia espacial o la musical) están bajo control de genes individuales o de genes complejos; y los estudios de los gemelos idénticos o no, criados juntos o separados, aumentarán nuestro conocimiento del grado en que son hereditarios los diferentes perfiles intelectuales.

Resulta más difícil predecir el progreso de las ciencias cognitivas, y no sabemos hasta qué punto diversas formas de inteligencia artificial demostrarán ser réplicas cercanas de la inteligencia humana. Sin duda, existirán modelos más detallados y convincentes de los diversos tipos de actividad intelectual humana; y debería estar más claro en qué medida funcionan los «mismos» procesos en las diferentes actividades, y en qué medida podemos postular la existencia de diferentes capacidades de procesamiento de la información en las distintas competencias intelectuales humanas.

Dentro de veinte años, seguramente será un ejercicio saludable realizar el tipo de revisión y síntesis que mis colegas y yo emprendimos hacia 1980 cuando preparamos *Frames of Mind*. Una revisión de estas características indicará la sensatez de la lista original de siete inteligencias, así como la forma en que el panorama mental se ha reconfigurado a la luz de los conocimientos acumulados. Tengo muchas razones para pensar que este mapa tendrá un aspecto algo distinto; espero que la idea de las inteligencias múltiples parezca aún más razonable en el 2013 que ahora mismo.

De la misma manera en que es probable que las bases científicas de la teoría de las inteligencias múltiples varíen en los próximos años, también las prácticas educativas emprendidas con este espíritu cambiarán. Hasta ahora, nos hemos centrado básicamente en el diseño de medios alternativos de evaluación. Espero que esta tónica se mantendrá. Espero que tanto los educadores como los diseñadores de estos medios asumirán el desafío de crear entornos en los que las inteligencias puedan evaluarse de la manera más naturalista e imparcial posible. Cuanta más información fiable podamos recoger en estos contextos realistas, menor necesidad habrá de construir instrumentos estandarizados y descontextualizados que den razón de una proporción tan escasa de talentos humanos.

Actualmente, la idea de las escuelas destinadas a las inteligencias múltiples está todavía en pañales, y existen tantas recetas plausibles como autoridades educativas. Espero que en los próximos veinte años, se llevarán a cabo una serie de esfuerzos encaminados a forjar una educación que se tome en serio las inteligencias múltiples; si esto es así, seremos capaces de saber cuáles de estos «experimentos de acción» y «de pensamiento» tienen sentido y cuáles demuestran ser impracticables o mal orientados. Quizá si se realizan estudios cuidadosos, llegaremos incluso a saber *por qué* algunos enfoques educativos funcionan y otros no.

Un área en condiciones de progresar implica el desarrollo de los enfoques curriculares que demuestren ser eficaces para individuos con diferentes perfiles intelectuales. Con cada año que pasa disponemos de un surtido mayor de prometedoras tecnologías educativas de bajo coste, desde los archivos de imágenes artísticas en videodiscos hasta las simulaciones interactivas de los procesos políticos o la transmisión de nuevos datos científicos por medio del correo electrónico. Estas tecnologías pueden moldearse con objeto de aumentar las oportunidades que un estudiante tiene para aprender —y mostrar lo que ha aprendido— de un modo que le resulte adecuado. Por supuesto, también existen muchas opciones curriculares potentes que no dependen de ninguna nueva tecnología. Estaré muy decepcionado si en el 2013, la educación no se ha vuelto más matizada desde el punto de vista del individuo de lo que es ahora.

Espero que la idea de las inteligencias múltiples formará parte de la formación de los profesores. Aunque se valora teóricamente la existencia de diferencias entre los alumnos (¡y entre los profesores!), se han producido pocos intentos sistemáticos de elaborar las implicaciones educativas de dichas diferencias. Si una cierta sensibilidad hacia las diferentes inteligencias y estilos de aprendizaje empieza a formar parte de los «modelos mentales» construidos por los nuevos profesores, la siguiente generación de educadores será probablemente más capaz de llegar a cada uno de sus alumnos de la manera más efectiva y directa.

He mencionado la posibilidad de un trabajo adicional sobre los fundamentos científicos de la teoría de las IM, así como la investigación de una serie de senderos educativos. Para mí, el área más interesante dentro del trabajo sobre las inteligencias múltiples, hoy en día, es una que atraviesa directamente la dicotomía ciencia/práctica. Esto implica una investigación de los diferentes contextos en los que las inteligencias se nutren y se desarrollan.

Como he argumentado profusamente en este libro, prácticamente todo el trabajo previo acerca de la inteligencia ha presupuesto un contexto concreto (y, en mi opinión, especialmente estrecho): la escuela de nuestros días. Sabemos muchísimo acerca de lo que se necesita para triunfar en las escuelas actuales, especialmente cuando dichas escuelas valoran los instrumentos estandarizados de respuestas cortas como medio para evaluar la aptitud y el aprovechamiento.

La teoría de las IM destaca el hecho de que los seres humanos existen en una multitud de contextos, y que dichos contextos reclaman y nutren distintos vectores y conjuntos de inteligencias. Del estudio detallado de estos contextos opuestos se deriva un reto y una oportunidad formidables. Existen diferentes contextos en diferentes niveles de análisis: en el nivel del país (véase capítulo 13); en el nivel de la comunidad (véase interludio I); en el nivel del aula individual (véase el trabajo de Tom Hatch, citado en Hatch y Gardner, 1992); e incluso en la familia individual. Tenemos que comprender más cosas acerca de estos contextos, qué tipo de valores incorporan, qué tipo de señales envían, cómo interactúan con los jóvenes individuos criados en su medio, y cómo conforman sus inclinaciones.

Para mí resultan de particular interés, los contextos que existen en algún nivel intermedio entre la unidad superior del país o de la cultura y la unidad íntima de la familia o del aula. Los numerosos puestos de trabajo de cualquier país industrializado muestran tipos característicos de necesidades, demandas, opciones y oportunidades; y existen algunos rasgos que abarcan una variedad de puestos de trabajo del futuro próximo (Zuboff, 1988). Necesitamos estudios rigurosos acerca de cómo trabajan las inteligencias en los puestos de trabajo de hoy y del mañana. También será imprescindible el estudio de otros tipos de organizaciones e instituciones contemporáneas, desde corporaciones y hospitales hasta museos y universidades. Por último, las hipótesis acerca de las inteligencias que son importantes (o están en peligro) en una sociedad inmersa en el consumismo, los *mass media* y la cultura de masas, requieren también un estudio sensible.

En esta «escapada» al año 2013, he mencionado una serie de posibles secuelas científicas, educativas e institucionales de la teoría de las IM. Quizá estoy atribuyendo a una teoría basada en la psicología una importancia que no merece. Personalmente creo que las ciencias sociales no pueden aspirar a lo mismos tipos de «verdades permanentes» que son la piedra angular de las ciencias físicas y biológicas. Las ciencias sociales o del comportamiento son un asunto de carácter más tentativo, que pueden aportar comprensión e intuiciones potentes, pero que no pueden constituir un edificio de conocimiento permanente. A pesar de todo, la sociedad humana es más rica porque los científicos sociales nos han ayudado a comprender una serie de fenómenos, desde el complejo de Edipo hasta la crisis de identidad, desde la cultura de la pobreza hasta la sociedad opulenta. Hasta este momento, el concepto de inteligencia como CI ha constituido la contribución psicológica más importante a la transformación de nuestra sociedad. Si, en el 2013, existe una aceptación más amplia de la idea de que la inteligencia merece pluralizarse, me sentiré satisfecho.

APÉNDICES

Apéndice A: Agradecimientos, referencias bibliográficas, colaboradores y patrocinadores

Capítulo 1

Artículo reimpreso en su totalidad: Gardner, H. (1987, mayo). «Developing the spectrum of human intelligences». *Harvard Educational Review*, 57 (2), págs. 187-193. Copyright © 1987 by the President and Fellows of Harvard College. Todos los derechos reservados.

Agradecimientos

Este capítulo está basado en una conversación informal celebrada durante el 350 aniversario de la Universidad de Harvard, el 5 de septiembre de 1986. La obra reseñada en este artículo fue posible gracias a la Rockefeller Foundation, la Spencer Foundation y la Bernard Van Leer Foundation.

Capítulo 2

Artículo reimpreso en su totalidad: Walters, J. y Gardner, H. (1985). «The development and education of intelligences». En F. Link (comp.), *Essays on the intellect* (págs. 1-21). Washington, D.C.; Curriculum Development Associates. Copyright © 1985 by the Association for Supervision and Curriculum Development. Todos los derechos reservados.

Agradecimientos

La investigación reseñada en este capítulo fue posible gracias a becas de la Bernard Van Leer Foundation de La Haya, la Spencer Foundation de Chicago y la Carnegie Corporation de Nueva York. Damos las gracias a Mara Krechevsky por sus útiles comentarios sobre los primeros borradores.

Referencias bibliográficas

Connor, A. (1982). *Voices from Cooperstown*. Nueva York: Collier. (Basado en una cita extraída de *The Babe Ruth story*, Babe Ruth & Bob Considine. Nueva York: Dutton, 1948.)

Gallwey, T. (1976). *Inner tennis*. Nueva York: Random House.

Gardner, H. (1983). *Frames of mind: The theory of multiple intelligences*. Nueva York: Basic Books.

Jencks, C. (1972). *Inequality*. Nueva York: Basic Books.

Keller, E. (1983). *A feeling for the organism*. Salt Lake City: W. H. Freeman.

Lash, J. (1980). *Helen and teacher: The story of Helen Keller and Anne Sullivan Macy*. Nueva York: Delacorte.

Menuhin, Y. (1977). *Unfinished journey*. Nueva York: Knopf.

Selfe, L. (1977). *Nadia: A case of extraordinary drawing ability in an autistic child*. Nueva York: Academic Press.

Soldo, J. (1982). «Jovial juvenilia: T. S. Eliot's first magazine». *Biography*, 5, págs. 25-37.

Walters, J. y Gardner, H. (1986). «The crystallizing experience: Discovering an intellectual gift». En R. Sternberg y J. Davidson (comps.), *Conceptions of giftedness* (págs. 306-331). Nueva York: Cambridge University Press.

Woolf, V. (1976). *Moments of being*. Sussex: The University Press, (trad. cast.: *Momentos de vida*, Barcelona, Lumen, 1982).

Capítulo 3

Artículo reimpreso en parte: Walters, J. y Gardner H. (1986). «The theory of multiple intelligences: Some issues and answers». En R. Sternberg y R. Wagner (comps.), *Practical intelligences* (págs. 163-181). Nueva York: Cambridge University Press.

Referencias bibliográficas

Bloom, B. (1985). *Developing talent in young people*. Nueva York: Ballantine Books.

Connor, A. (1982). *Voices from Cooperstown*. Nueva York: Collier. (Basado en una cita extraída de *The Babe Ruth story*, Babe Ruth & Bob Considine. Nueva York: Dutton, 1948.)

Eimas, P., Siqueland, E., Jusczyk, P. y Vigorito, J. (1971). «Speech perception in infants». *Science*, 171, págs. 303-306.

Ericsson, K. (1984, diciembre). Presentado en el Workshop on Expertise y financiado por el Social Science Research Council, Nueva York.

Fodor, J. (1983). *Modularity of mind*. Cambridge, Mass.: MIT Bradford Press, (trad. cast.: *La modularidad de la mente*, Madrid, Morata, 1986).

Gallwey, T. (1976). *Inner tennis*. Nueva York: Random House.

Gardner, H. (1975). *The shattered mind*. Nueva York: Vintage.

Gardner, H. (1983). *Frames of mind: The theory of multiple intelligences*. Nueva York: Basic Books.

Gardner, H. (1984, junio). «Assessing intelligences: A comment on "Testing intelligence without IQ tests" by R. J. Sternberg». *Phi Delta Kappan*, 65 (10), págs. 699-700.

Gardner, H. y Feldman, H. (1985). *First annual report on Project Spectrum.*

Keller, E. (1983). *A feeling for the organism.* San Francisco: Freeman.

Lash, J. (1980). *Helen and teacher: The story of Helen Keller and Anne Sullivan Macy.* Nueva York: Delacorte.

Menuhin, Y. (1977). *Unfinished journey.* Nueva York: Knopf.

Selfe, L. (1977). *Nadia: A case of extraordinary drawing ability in an autistic child.* Nueva York: Academic Press.

Soldo, J. (1982). «Jovial juvenilia: T. S. Eliot's first magazine». *Biography,* 5, págs. 25-37.

Sternberg, R. (1983). «How much gall is too much gall?». Una reseña de *Frames of mind: The theory of multiple intelligences. Contemporary Education Review,* 2, págs. 215-224.

Sternberg, R. (1984). «Toward a triarchic theory of human intelligence». *Behavioral and Brain Sciences,* 7, págs. 269-315.

Thehub, S., Bull, D. y Thorpe, L. (1984). «Infants' perception of melodies: The role of melodic contour». *Child Development,* 55, págs. 821-830.

Walter, J. y Gardner, H. (1986). «The crystallizing experience: Discovering an intellectual gift». En R. Sternberg y J. Davidson (comps.), *Conceptions of giftedness.* Nueva York: Cambridge University Press.

Weinreich-Haste, H. (1985). «The varieties of intelligences: An interview with Howard Gardner». *New Ideas in Psychology,* 3, págs. 47-65.

Woolf, V. (1976). *Moments of being.* Sussex: The University Press, (trad. cast.: *Momentos de vida,* Barcelona, Lumen, 1982).

Capítulo 4

Artículo reimpreso en parte: Gardner, H. (en prensa). «The "giftedness matrix" from a multiple intelligences perspective». *Developmental approaches to identifying exceptional ability.*

Referencias bibliográficas

Albert, R. y Runco, M. (1986). «The achievement of eminence: A model based on a longitudinal study of exceptionally gifted boys and their families». En R. Sternberg y J. Davidson (comps.), *Conceptions of giftedness* (págs. 332-357). Nueva York: Cambridge University Press.

Bamberger, J. (1982). «Growing up prodigies: The midlife crisis». En D. Feldman (comp.), *Developmental approaches to giftedness and creativity. New Directions for Child Development* (vol. 17, págs. 61-78). San Francisco: Jossey-Bass.

Barron, F. (1969). *Creative person and creative process.* Nueva York: Holt, Rinehart and Winston.

Bloom, B. (1985). *Developing talent in young people.* Nueva York: Ballantine.

Csikszentmihalyi, M. (1988). «Society, culture, and person: A systems view of creativity». En R. J. Sternberg (comp.), *The nature of creativity* (págs. 325-339). Nueva York: Cambridge University Press.

Csikszentmihalyi, M. (en prensa). *Talented teens.*

Feldman, D. H. (con L. Goldsmith), (1986). *Nature's gambit.* Nueva York: Basic Books.

Gardner, H. (1982). *Art, mind, and brain*. Nueva York: Basic Books, (trad. cast.: *Arte, mente y cerebro*, Barcelona, Paidós, 1993).

Gardner, H. (1983). *Frames of mind: The theory of multiple intelligences*. Nueva York: Basic Books.

Gardner, H. (1988a). «Creative lives, creative works». En R. Sternberg (comp.), *The nature of creativity* (págs. 298-321). Nueva York: Cambridge University Press.

Gardner, H. (1988b). «Creativity: An interdisciplinary perspective». *Creativity Research Journal*, 1, págs. 8-26.

Gardner, H. (1989). *To open minds: Chinese clues to the dilemma of contemporary education*. Nueva York: Basic Books.

Gardner, H. (1991). «Intelligence in seven phases». Texto presentado en el centenario de la Harvard Graduate School of Education, septiembre de 1991. Reimpreso en parte como capítulo 12 de este libro.

Gardner, H. (en prensa). *The creators of the modern era*.

MacKinnon, D. (1961). «Creativity in architects». En D. W. MacKinnon (comp.), *The creative person* (págs. 291-320). Berkeley: Institute of Personality Assessment Research.

Perkins, D. N. (1981). *The mind's best work*. Cambridge, Mass.: Harvard University Press.

Sternberg, R. (1988). «A three-facet model of creativity». En R. J. Sternberg (comp.), *The nature of creativity* (págs. 125-147). Nueva York: Cambridge University Press.

Walters, J. y Gardner, H. (1986). «The crystallizing experience: Discovering an intellectual gift». En R. Sternberg y J. Davidson (comps.), *Conceptions of giftedness* (págs. 306-331). Nueva York: Cambridge University Press.

Otros materiales utilizados en la primera parte

Gardner, H. (1983, marzo). «Artistic intelligences». *Art Education*, págs. 47-49.

Gardner, H. (1990). «Multiple intelligences: Implications for art and creativity». En W. J. Moody (comp.), *Artistic intelligences: Implications for education* (págs. 11-27). Nueva York: Teachers College Press.

Kornhaber, M. y Gardner, H. (1991). «Critical thinking across multiple intelligences». En S. Maclure y P. Davies (comps.), *Learning to think: Thinking to learn* (págs. 147-168). Oxford: Pergamon Press.

«Symposium on the theory of multiple intelligences» (1987). En D. N. Perkins y J. C. Bishop (comps.), *Thinking: The second international conference* (págs. 77-101). Hillsdale, N.J.: Lawrence Erlbaum.

Walters, J. y Gardner, H. (1986). «The crystallizing experience: Discovering an intellectual gift». En R. Sternberg y J. Davidson (comps.), *Conceptions of giftedness* (págs. 306-331). Nueva York: Cambridge University Press.

Weinreich-Haste, H. (1985). «The varieties of intelligence: An interview with Howard Gardner». *New Ideas in Psychology*, 3 (1), págs. 47-65.

Capítulo 5

Artículos reimpresos en parte: Blythe, T. y Gardner, H. (1990, abril). «A school for all intelligences». *Educational Leadership*, págs. 33-36. Copyright © 1990 by the Association for Supervision and Curriculum Development. Todos los derechos reservados; y Gardner, H. (1991). «The school of the future». En John Brockman (comp.), *Ways of knowing: The reality club #3* (págs. 199-218). Englewood Cliffs, N.J.: Prentice Hall. Copyright © 1988 by John Brockman Associates, Inc. Todos los derechos reservados.

Agradecimientos

La investigación descrita en este artículo ha sido generosamente financiada por la Grant Foundation, la Lilly Endowment, la McDonnell Foundation, la Rockefeller Brothers Fund., la Rockefeller Foundation, la Spencer Foundation y la Bernard Van Leer Foundation.

Referencias bibliográficas

Gardner, H. (1983). *Frames of mind: The theory of multiple intelligences.* Nueva York: Basic Books.

Gardner, H. (1987a). «An individual-centered curriculum». En *The schools we've got, the schools we need.* Washington, D.C.: Council of Chief State School Officers and the American Association of Teacher Education.

Gardner, H. (1987b). «Developing the spectrum of human intelligences». *Harvard Educational Review,* 57, págs. 187-193.

Gardner, H. (1989a). «Zero-based arts education: An introduction to Arts PROPEL». *Studies in Art Education: A Journal of Issues and Research,* 30 (2), págs. 71-83.

Gardner, H. (1989b, 8 de noviembre). «The academic community must not shun the debate on how to set national educational goals». *The Chronicle of Higher Education,* A52.

Gardner, H. (1990). «Four factors in educational reform». En *In Context,* 27, pág. 15.

Gardner, H. (1991a). «Assessment in context: The alternative to standardized testing». En B. R. Gifford y M. C. O'Connor (comps.), *Changing assessments: Alternative views of aptitude achievement, and instruction.* Boston: Kluwer.

Gardner, H. (1991b). «The school of the future». En John Brockman (comp.), *Ways of knowing: The reality club #3* (págs. 199-218). Englewood Cliffs, N.J.: Prentice Hall.

Krechevsky, M. y Gardner., H. (1990a). «Approaching school intelligently: An infusion approach». En D. Kuhn (comp.), *Developmental perspectives on teaching and learning thinking skills* (págs. 79-94). Basilea : S. Karger.

Krechevsky, M. y Gardner., H. (1990b). «The emergence and nurturance of multiple intelligences: The Project Spectrum approach». En M. J. A. Howe (comp.), *Encouraging the development of exceptional skills and talents* (págs. 221-244). Leicester: The British Psychological Society.

Olson, L. (1988, 27 de enero). «Children flourish here: Eight teachers and a theory changed a school world». *Education Week,* 7 (18), 1, págs. 18-19.

Interludio

Artículo reimpreso en su totalidad: Gardner, H. (1992, 6 de mayo). «The two rhetorics of school reform: Complex theories vs. the quick fix». *Chronicle of Higher Education,* 38 (35), B1-2.

Capítulo 6

Artículo reimpreso en gran parte: Krechevsky, M. y Gardner, H. (1990). «The emergence and nurturance of multiple intelligences: The Project Spectrum approach». En M. J. A. Howe (comp.), *Encouraging the development of exceptional skills and talents* (págs. 221-244). Leicester: The British Psychological Society.

Agradecimientos

El trabajo descrito en este capítulo fue financiado en parte gracias a becas de la Spencer Foundation, la William T. Grant Foundation y la Rockefeller Brothers Fund.

Referencias bibliográficas

Ceci, S. J. (1990). *On intelligence... more or less: A bio-ecological treatise on intellectual development*. Englewood Cliffs, N.J.: Prentice Hall.

Csikszentmihalyi, M. y Robinson, R. (1986). «Culture, time and the development of talent». En R. Sternberg y J. Davidson (comps.), *Conceptions of giftedness*. Nueva York: Cambridge University Press.

Feldman, D. H. (1980). *Beyond universals in cognitive development*. Norwood, N.J.: Ablex.

Feldman, D. H. (con Goldsmith, L.), (1986). *Nature's gambit*. Nueva York: Basic Books.

Feldman, D. H. y Gardner, H. (1989). *Project Spectrum: July 1987-June 1989* (Informe anual de la Spencer Foundation).

Fodor, J. (1983). *Modularity of mind*. Cambridge, Mass.: MIT Bradford Press, (trad. cast.: *La modularidad de la mente*, Madrid, Morata, 1986).

Gardner, H. (1983). *Frames of mind: The theory of multiple intelligences*. Nueva York: Basic Books.

Gardner, H. (1991). «Assessment in context: The alternative to standardized testing». En B. R. Gifford, y M. C. O'Connor (comps.), *Changing assessments: Alternative views of aptitude, achievement, and instruction*. Boston: Kluwer.

Gardner, H. y Hatch, T. (1989). «Multiple intelligences go to school: The educational implications of the theory of multiple intelligences». *Educational Researcher*, 18, págs. 4-10.

Jencks, C. (1972). *Inequality*. Nueva York: Basic Books.

Jenkins, J. J. y Patterson, D. G. (comps.), (1961). *Studies in individual differences*. Nueva York: Appleton-Century-Crofts.

Keil, F. C. (1984). «Mechanics in cognitive development and the structure of knowledge». En R. Sternberg (comp.), *Mechanics of cognitive development*. San Francisco: W. H. Freeman.

Keil, F. C. (1986). «On the structure-dependent nature of stages in cognitive development». En I. Levin (comp.), *Stage and structure*. Norwood, N.J.: Ablex.

Lewis, M. (comp.), (1976). *Origins of intelligence*. Nueva York: Plenum Press.

Malkus, U., Feldman, D. H. y Gardner, H. (1988). «Dimensions of mind in early childhood». En A. Pelligrini (comp.), *The psychological bases of early education*. Chichester: Wiley.

Olson, D. (1977). «From utterance to text: The basis of language in speech and writing». *Harvard Educational Review*, 47, págs. 257-282.

Ramos-Ford, V., Feldman, D. H. y Gardner, H. (1988). «A new look at intelligence through Project Spectrum». *New Horizons for Learning*, 8 (3), págs. 6-7, 15.

Renninger, A. K. (1988). «Do individual interest make a difference?». En *Essays by the Spencer Fellows 1987-1988*. Cambridge, Mass.: National Academy of Education.

Sattler, J. M. (1988). *Assessment of children* (3.ª ed.). San Diego: Sattler.

Sternberg, R. J. y Davidson, J. E. (1985). «Cognitive development of the gifted and talented». En F. D. Horowitz y M. O'Brien (comps.), *The gifted and talented: Developmental perspectives*. Washington, D.C.: American Psychological Association.

Capítulo 7

Fragmento reimpreso en parte: Gardner, H. (1991). *The unschooled mind: How children learn, and how schools should teach* (págs. 214-219). Nueva York: Basic Books, (trad. cast.: *La mente no escolarizada*, Barcelona, Paidós, 1993).

Referencias bibliográficas

Csikszentmihalyi, M. (1990). *Flow*. Nueva York: HarperCollins.

Olson, L. (1988, 27 de enero). «Children flourish here: Eight teachers and a theory changed a school world». *Education Week*, 7 (18), 1, págs. 18-19.

Seidel, S. y Walters, J. (1991). *Five dimensions of portfolio assessment*. Cambridge, Mass.: Project Zero.

Winn, M. (1990, 29 de abril). «New views of human intelligence». En «The Good Health Magazine», *New York Times*.

Capítulo 8

Artículo reimpreso en gran parte: Krechevsky, M. y Gardner, H. (1990). «Approaching school intelligently: An infusion approach». En D. Kuhn (comp.), *Developmental perspectives of teaching and learning thinking skills. Series of Contributions to Human Development* (vol. 21, págs. 79-94). Basilea: Karger.

Agradecimientos

El trabajo descrito en este capítulo fue financiado gracias a la beca de la James S. McDonnell Foundation. Nuestro agradecimiento a Tina Blythe y Noel White, por sus útiles comentarios a los primeros borradores.

Referencias bibliográficas

Boole, G. (1984/1952). *The laws of thought*. Lasalle: Open Court, (trad. cast.: *Una investigación sobre las leyes del pensamiento*, Madrid, Paraninfo, 1982).

Brown, A. L. y Campione, J. C. (1984). «Three faces of transfer: Implications for early competence, individual differences, and instruction». En M. Lamb, A. Brown, y B. Rogoff (comps.), *Advances in developmental psychology* (vol. 3). Hillsdale, N.J.: Lawrence Erlbaum.

Bruner, J., Olver, R. y Greenfield, P. (1966). *Studies in cognitive growth*. Nueva York: Wiley.

Csikszentmihalyi, M. y Robinson, R. (1986). «Culture, time and the development of talent». En R. Sternberg y J. Davidson (comps.), *Conceptions of giftedness*. Nueva York: Cambridge University Press.

Dweck, C. S. y Elliott, E. S. (1983). «Achievement motivation». En P. H. Mussen (comp.), *Handbook of child psychology* (págs. 643-691). Nueva York: Wiley.

Edwards, B. (1979). *Drawing on the right side of the brain: A course in enhancing creativity and artistic confidence*. Los Ángeles: J. P. Tarcher, Boston: Houghton Mifflin, (trad. cast.: *Aprender a dibujar con el lado derecho del cerebro*, Barcelona, Blume, 1985).

Feldman, D. H. (1980). *Beyond universals in cognitive development*. Norwood, N.J.: Ablex.

Feldman, D. H. (1986). *Nature's gambit*. Nueva York: Basic Books.

Fodor, J. (1983). *The modularity of mind*. Cambridge, Mass.: MIT Press, (trad. cast.: *La modularidad de la mente*, Madrid, Morata, 1986).

Gardner, H. (1983). *Frames of mind: The theory of multiple intelligences*. Nueva York: Basic Books.

Gardner, H. (1990). «The difficulties of school: Probable causes, possible cures». *Daedalus*, 199, págs. 85-113.

Gardner, H. (1991). «Assessment in context: The alternative to standardized testing». En B. R. Gifford, y M. C. O'Connor (comps.), *Changing assessments: Alternative views of aptitude, achievement, and instruction*. Boston: Kluwer.

Gardner, H., Krechevsky, M., Sternberg, R. J. y Okagaki, L. (en prensa). «Intelligence in context: Enhancing students' practical intelligence for school». En K. McGilly (comp.), *Classroom lessons*. Cambridge, Mass.: Bradford Books/MIT Press.

Goldman, J., Krechevsky, M., Meyaard, J. y Gardner, H. (1988). «A developmental study of children's practical intelligence for school». Harvard Project Zero Technical Report.

Hyde, A. y Bizar, M. (1989). *Thinking in context: Teaching cognitive processes across the elementary school curriculum*. Nueva York: Longman.

Nisbet, J. (1989). «The curriculum redefined: Learning to think—Thinking to learn». Texto presentado en la International Conference of the Centre for Educational Research and Innovation, París, Francia.

Palincsar, A. S. y Brown, A. L. (1984). «Reciprocal teaching of comprehension-fostering and monitoring activities». *Cognition and Instruction*, 1, págs. 117-175.

Perkins, D. N. y Salomon, G. (1989). «Are cognitive skills context-bound?». *Educational Researcher*, 18, págs. 16-25.

Resnick, L. (1987). «Learning in school and out». *Educational Researcher*, 16, págs. 13-20.

Rogoff, B. y Lave, J. (comps.), (1984). *Everyday cognition: Its development in social context*. Cambridge: Harvard University Press.

Schoenfeld, A. H. (1988). «Problem solving in context(s)». En R. I. Charles y E. A. Silver (comps.), *The teaching and assessing of mathematical problem solving*. Reston, Va.: National Council of Teachers of Mathematics.

Scribner, S. y Cole, M. (1973). «Cognitive consequences of formal and informal education». *Science*, 182, págs. 553-559.

Sternberg, R. J. (1985). *Beyond IQ: A triarchic theory of human intelligence.* Nueva York: Cambridge University Press, (trad. cast.: *Más allá del cociente intelectual,* Bilbao, Desclee de Brouwer, 1990).

Sternberg, R. J. (1988). *The triarchic mind.* Nueva York: Viking.

Strauss, C. (1988). «Culture, discourse, and cognition: Forms of beliefs in some Rhode Island working men's talk about success». Tesis doctoral inédita, Harvard University.

Strauss, S. (comp.) (1982). *U-Shaped behavioral growth.* Nueva York: Academic Press.

Wagner, D. A. y Stevenson, H. W. (comps.), (1982). *Cultural perspectives on child development.* San Francisco: Freeman.

Wiggins, G. (1989). «A true test: Toward more authentic and equitable assessment». *Phi Delta Kappan,* 70, págs. 703-713.

Capítulo 9

Artículos reimpresos en parte: Gardner, H. (en prensa). «The assessment of student learning in the arts». En D. Boughton, E. Eisner, y J. Ligtvoet (comps.), *International perspectives on assessment and evaluation in art education;* y Gardner, H. (1989). «Zero-based arts education: An introduction to Arts PROPEL». *Studies in Art Education,* 30 (2), págs. 71-83.

Agradecimientos

La preparación de este texto fue financiada por la Rockefeller Foundation. Las primeras versiones se presentaron en la Canadian Art Education Association, Halifax, Nueva Escocia (noviembre de 1987) y en el Philosophy of Education Research Center, Harvard University (diciembre de 1987). Por su ayuda en la ejecución de este complejo proyecto quiero dar las gracias a numerosos colegas del Educational Testing Service, la Pittsburgh Public School System, Harvard Project Zero y la Rockefeller Foundation. Por sus comentarios a las primeras versiones de este ensayo, estoy en deuda con Drew Gitomer, Jonathan Levy, Kenneth Marantz, y Dennie Wolf.

Referencias bibliográficas

Arnheim, R. (1969). *Visual thinking.* Berkeley: University of California Press, (trad. cast.: *El pensamiento visual,* Barcelona, Paidós, 1986).

Arts, Education and the Americans (1977). *Coming to our senses.* Nueva York: McGraw-Hill.

Bamberger, J. (1982). «Revisiting children's drawings of simple rhythms: A function reflection-in-action». En S. Strauss (comp.), *U-shaped behavioral growth.* Nueva York: Academic Press.

Berger, R. (1991). «Building a school culture of high standards: A teacher's perspective». En V. Perrone (comp.), *Expanding student assessment* (págs. 32-39). Alexandria, Va.: Association for Supervision and Curriculum Development.

Brown, N. (1987, agosto). «Pivotal points in artistic growth». Presentado en el taller de verano de 1987 de Arts PROPEL, Pittsburgh, Pa.

Burton, J., Lederman, A. y London, P. (comps.), (1988). *Beyond dbae: The case for multiple visions of art education.* University Council on Art Education.

Cassirer, E. (1953/1957). *The philosophy of symbolic forms*. New Haven: Yale University Press.

Chideya, F. (1991, 2 de diciembre). «Surely for the spirit, but also for the mind». *Newsweek*, pág. 61.

Collins, A. y Brown, J. S. (1988, abril). *Cognitive apprenticeship and social interaction*. Texto presentado en la American Educational Research Association, Nueva Orleans.

Dewey, J. (1959). *Art as experience*. Nueva York: Capricorn.

Dobbs, S. (comp.), (1983). *Art and the mind* [número especial]. *Art Education*, 36 (2).

Dobbs, S. (comp.), (1988). *Research reading for discipline-based art education: A journey beyond creating*. Reston, Va.: National Art Education Association.

Eisner, E. (1987). *The role of discipline-based art education in America's schools*. Los Ángeles: The Getty Center for Education in the Arts.

Ewens, T. (1988). «Flawed understandings: On Getty, Eisner, and DBAE». En J. Burton, A. Lederman y P. London (comps.), *Beyond dbae: The case for multiple visions of art education* (págs. 5-25). North Dartmouth, Mass.: University Council on Art Education.

Gardner, H. (1973). *The arts and human development*. Nueva York: Wiley.

Gardner, H. (1975). *The shattered mind*. Nueva York: Knopf.

Gardner, H. (1980). *Artful scribbles*. Nueva York: Basic Books.

Gardner, H. (1982). *Art, mind, and brain*. Nueva York: Basic Books, (trad. cast.: *Arte, mente y cerebro*, Barcelona, Paidós, 1993).

Gardner, H. (1983a). *Frames of mind: The theory of multiple intelligences*. Nueva York: Basic Books.

Gardner, H. (1983b). «Artistic intelligences». En S. Dobbs (comp.), *Art and the mind* [número especial]. *Art Education*, 36 (2), págs. 47-49.

Gardner, H. (1985). *The mind's new science*. Nueva York: Basic Books, (trad. cast.: *La nueva ciencia de la mente*, Barcelona, Paidós, 1988).

Gardner, H. (1986). «Notes on cognitive development: Recent trends, future prospects». En S. Friedman, K. Klivington y R. Peterson (comps.), *The brain, cognition and education*. Nueva York: Academic Press.

Gardner, H. (1989). «Balancing specialized and comprehensive knowledge: The growing education challenge». En Thomas Sergiovanni (comp.), *Schooling for tomorrow: Directing reforms to issues that count*. Boston: Allyn & Bacon.

Gardner, H. (1991a). «Assessment in context: The alternative to standardized testing». En B. R. Gifford y M. C. O'Connor (comps.), *Changing assessments: Alternative views of aptitude, achievement, and instruction* (págs. 77-120). Boston: Kluwer.

Gardner, H. (1991b). «The school of the future». En J. Brockman (comp.), *Ways of knowing: The reality club #3* (págs. 199-218). Englewood Cliffs, N.J.: Prentice Hall.

Gardner, H. y Perkins, D. (comps.), (1988). *Art, mind, and education. Journal of Aesthetic Education* [número especial sobre el Harvard Project Zero], 22 (1).

Gardner, H. y Winner, E. (1982). «First intimations of artistry». En S. Strauss (comp.), *U-shaped behavioral growth*, Nueva York: Wiley.

Getty Center for Education in the Arts, The (1986). *Beyond creating: The place for art in American schools*.

Goodman, N. (1976). *Languages of art*. Indianápolis: Hackett, (trad. cast.: *Los lenguajes del arte*, Barcelona, Seix Barral, 1974).

Goodman, N. (1978). *Ways of worldmaking*. Indianápolis: Hackett, (trad. cast.: *Maneras de hacer mundos*, Madrid, Visor, 1990).

Goodman, N., Perkins, D. y Gardner, H. (1972). *Summary report, Harvard Project Zero.* Disponible como informe técnico del Harvard Project Zero.

Jackson, P. (1987). «Mainstreaming art: An essay on discipline based arts education». *Educational Researcher*, 16, págs. 39-43.

Kaplan, J. A. y Gardner, H. (1989). «Artistry after unilateral brain disease». En F. Boller y J. Graffman (comps.), *Handbook of neuropsychology* (vol. 2). Elsevier Science Publishers B.V.

Langer, S. K. (1942). *Philosophy in a new key.* Cambridge, Mass.: Harvard University Press.

Lowenfeld, V. (1947). *Creative and mental growth.* Nueva York: Macmillan.

National Endowment for the Arts (1988). *Towards civilization.*

Peirce, C. S. (1940). *Philosophical writings of Peirce.* (J. Buchler, comp.) Londres: Routledge and Kegan Paul.

Perkins, D. y Leondar, B. (comps.), (1977). *The arts and cognition.* Baltimore: Johns Hopkins University Press.

Piaget, J. (1970). «Piaget's theory». En P. Mussen (comp.), *Carmichael's manual of child psychology.* Nueva York: Wiley.

Resnick, L. (1987, diciembre). «Learning in school and out». *Educational Researcher*, 16, págs. 13-19.

Schön, D. (1984). *The reflective practitioner.* Nueva York: Basic Books.

Sizer, T. (1984). *Horace's compromise.* Boston: Houghton Mifflin.

Winner, E. (1982). *Invented worlds.* Cambridge, Mass.: Harvard University Press.

Winner, E., Blank, P., Massey, C. y Gardner, H. (1983). «Children's sensitivity to aesthetic properties of line drawings». En D. R. Rogers y J. A. Sloboda (comps.), *The acquisition of symbolic skills.* Londres: Plenum Press.

Winner, E., Rosenblatt, E., Windmueller, G., Davidson, L. y Gardner, H. (1986). «Children's perceptions of "aesthetic" properties of the arts: Domain specific or pan artistic?». *British Journal of Developmental Psychology*, 4, págs. 149-160.

Wolf, D. (1988a). «Opening up assessment». *Educational Leadership*, 45 (4), págs. 24-29.

Wolf, D. (1988b). «Artistic learning: What and where is it?». *Journal of Aesthetic Education*, 22 (1), págs. 144-155.

Wolf, D. (1989). «Artistic learning as conversation». En D. Hargreaves (comp.), *Children and the arts.* Filadelfia: Open University Press.

Wolf, D., Davidson, L., Davis, M., Walters, J., Hodges, M. y Scripp, L. (1988). «Beyond A, B y C: A broader and deeper view of literacy». En A. Pelligrini (comp.), *Psychological bases of early education.* Chichester: Wiley.

Wolf, D. y Gardner, H. (1980). «Beyond playing or polishing: The development of artistry». En J. Hausman (comp.), *The arts and the schools.* Nueva York: McGraw-Hill.

Wolf, D. y Gardner, H. (1981). «On the structure of early symbolization». En R. Schiefelbusch y D. Bricker (comps.), *Early language: Acquisition and intervention.* Baltimore: University Park Press.

Wolf, D. y Gardner, H. (comps.), (1988). *The making of meanings.* Disponible como informe técnico del Harvard Project Zero.

Zessoules, R., Wolf, D. P. y Gardner, H. (1988). «A better balance». En J. Burton, A. Lederman y P. London (comps.), *Beyond dbae: The case for multiple visions of art education.* North Dartmouth, Mass.: University Council on Art Education.

Otros materiales utilizados en la segunda parte

Gardner, H. (1991, invierno). «Four factors in educational reform». En *Context*, 15.
Gardner, H. (1991). *The unschooled mind: How children think and how schools should teach.*
Nueva York: Basic Books, (trad. cast.: *La mente no escolarizada*, Barcelona, Paidós, 1993).

Capítulo 10

Artículo reimpreso en parte: Gardner, H. (1991). «Assessment in context: The alternative to standardized testing». En B. R. Gifford y M. C. O'Connor (comps.), *Changing assessments: Alternative views of aptitude, achievement, and instruction* (págs. 77-120). Boston: Kluwer.

Referencias bibliográficas

Aiken, W. (1942). *The story of the eight year study*. Nueva York: Harper and Brothers.
Anderson, M. (1987). «Inspection time and the development of intelligence». Texto leído en la British Psychological Society Conference, Sussex University.
Bamberger, J. (1982). «Revisiting children's drawings of simple rhythms: A function for reflection-in-action». En S. Strauss (comp.), *U-shaped behavioral growth*. Nueva York: Academic Press.
Bijou, S. y Baer, D. (1965). *Child development*. Nueva York: Appleton-Century-Crofts.
Binet, A. y Simon, T. (1905). «Méthodes nouvelles pour le diagnostique du niveau intellectuel des anormaux». *L'année psychologique*, 11, págs. 236-245.
Block, N. y Dworkin, G. (1976). *The IQ controversy*. Nueva York: Pantheon.
Bloom, A. (1987). *The closing of the American mind*. Nueva York: Simon & Schuster, (trad. cast.: *El cierre de la mente humana*, Barcelona, Plaza y Janés, 1989).
Brainerd, C. (1978). «The stage question in cognitive-developmental theory». *The Behavioral and Brain Sciences*, 2, págs. 173-213.
Brown, R. y Herrnstein, R. (1975). *Psychology*. Boston: Little, Brown.
Buros, O. (1978). *The eighth mental measurements yearbook*. Highland Park, N.J.: Gryphon Press.
Carini, P. (1987, octubre). «Another way of looking». Texto presentado en la Cambridge School Conference, Weston, Massachusetts.
Case, R. (1985). *Intellectual development: Birth to adolescence*. Nueva York: Academic Press, (trad. cast.: *El desarrollo intelectual: del nacimiento a la edad madura*, Barcelona, Paidós, 1989).
Collins, A., Brown, J. S. y Newman, S. E. (1989). «Cognitive apprenticeship: Teaching the craft of reading, writing, and mathematics». En L. Resnick (comp.), *Cognition and instruction: Issues and agendas*. Hillsdale, N.J.: Lawrence Erlbaum.
Cronbach, L. (1984). *Essentials of psychological testing*. Nueva York: Harper and Row, (trad. cast.: *Fundamentos de la exploración psicológica*, Madrid, Biblioteca Nueva, 1985).
Cronbach, L. y Snow, R. (1977). *Aptitudes and instructional methods*. Nueva York: Irvington.

Cross, K. P. y Angelo, T. (1988). *Classroom assessment techniques: A handbook for faculty.* Ann Arbor: National Center for Research to Improve Postsecondary Teaching and Learning (NCRIPTL).

Csikszentmihalyi, M. (1988). «Society, culture, and persons: A systems view of creativity». En R. Sternberg (comp.), *The nature of creativity.* Nueva York: Cambridge University Press.

Csikszentmihalyi, M. y Robinson, R. (1986). «Culture, time and the development of talent». En R. Sternberg y J. Davidson (comps.), *Conceptions of giftedness.* Nueva York: Cambridge University Press.

Dewey, J. (1938). *Experience and education.* Nueva York: Collier.

Eisner, E. (1987). «Structure and magic in discipline-based arts education». En *Proceedings of a National Invitational Conference.* Los Ángeles: The Getty Center for Education in the Arts.

Eysenck, H. J. (1967). «Intelligence assessment: A theoretical and experimental approach». *British Journal of Educational Psychology,* 37, págs. 81-98.

Eysenck, H. J. (1979). *The nature and measurement of intelligence.* Nueva York: Springer-Verlag, (trad. cast.: *Estructura y medición de la inteligencia,* Barcelona, Herder, 1982).

Feldman, D. (1980). *Beyond universals in cognitive development.* Norwood, N.J.: Ablex.

Fischer, K. W. (1980). «A theory of cognitive development». *Psychological Review,* 87, págs. 477-531.

Fodor, J. (1983). *The modularity of mind.* Cambridge, Mass.: MIT Press, (trad. cast.: *La modularidad de la mente,* Madrid, Morata, 1986).

Gardner, H. (1975). *The shattered mind.* Nueva York: Knopf.

Gardner, H. (1982). *Art, mind, and brain.* Nueva York: Basic Books, (trad. cast.: *Arte, mente y cerebro,* Barcelona, Paidós, 1993).

Gardner, H. (1983). *Frames of mind: The theory of multiple intelligences.* Nueva York: Basic Books.

Gardner, H. (1985). *The mind's new science.* Nueva York: Basic Books, (trad. cast.: *La nueva ciencia de la mente,* Barcelona, Paidós, 1988).

Gardner, H. (1986). «The development of symbolic literacy». En M. Wrolstad y D. Fisher (comps.), *Toward a greater understanding of literacy.* Nueva York: Praeger.

Gardner, H. (1987a). «Developing the spectrum of human intelligence». *Harvard Education Review,* 57, págs. 187-193.

Gardner, H. (1987b). «A individual-centered curriculum». En *The schools we've got, the schools we need.* Washington, D.C.: Council of Chief State School Officers and the American Association of Colleges of Teacher Education.

Gardner, H. (1988a). «Creative lives and creative works: A synthetic scientific approach». En R. J. Sternberg (comp.), *The nature of creativity.* Nueva York: Cambridge University Press.

Gardner, H. (1988b). «Mobilizing resources for individual-centered education». En R. Nickerson (comp.), *Technology in education: Looking toward 2020.* Hillsdale, N.J.: Lawrence Erlbaum.

Gardner, H. (1989a). «Balancing specialized and comprehensive knowledge». En T. Sergiovanni (comp.), *Schooling for tomorrow: Directing reforms to issues that count.* Boston: Allyn & Bacon.

Gardner, H. (1989b). «The school of the future». En J. Brockman (comp.), *Ways of knowing: The reality club #3.* Englewood Cliffs, N.J.: Prentice Hall.

Gardner, H. (1989c). «Zero-based arts education: An introduction to Arts PROPEL». *Studies in Art Education*, 30 (2), págs. 71-83.

Gardner, H. y Wolf, C. (1988). «The fruits of asynchrony: Creativity from a psychological point of view». *Adolescent Psychiatry*, 15, págs. 106-123.

Gardner, H., Howard, V. y Perkins, D. (1974). «Symbol systems: A philosophical, psychological and educational investigation». En D. Olson (comp.), *Media and symbols*. Chicago: University of Chicago Press.

Gelman, R. (1978). «Cognitive development». *Annual Review of Psychology*, 29, págs. 297-332.

Getty Center for Education in the Arts (1985). *Beyond creating: The Place for art in American schools*. Los Ángeles: J. Paul Getty Trust.

Goodman, N. (1976). *Languages of art*. Indianápolis: Hackett, (trad. cast.: *Los lenguajes del arte*, Barcelona, Seix Barral, 1976).

Gould, S. J. (1981). *The mismeasure of man*. Nueva York: Norton, (trad. cast.: *La falsa medida del hombre*, Barcelona, Bosch, 1984).

Grant, G. (comp.), (1978). *On competence*. San Francisco: Jossey-Bass.

Grant, G. (1988). *The world we created at Hamilton High*. Cambridge, Mass.: Harvard University Press.

Gruber, H. (1981). *Darwin on man*. 2.ª ed. Chicago: University of Chicago Press, (trad. càst.: *Darwin sobre el hombre*, Madrid, Alianza, 1984).

Gruber, H. (1985). «Giftedness and moral responsibility: Creative thinking and human survival». En F. Horowitz y M. O'Brien (comps.), *The gifted and talented: developmental perspectives*. Washington: American Psychological Association.

Guilford, J. P. (1950). «Creativity». *American Psychologist*, 5, págs. 444-454.

Guilford, J. P. (1967). *The nature of human intelligence*. Nueva York: McGraw-Hill, (trad. cast.: *La naturaleza de la inteligencia humana*, Barcelona, Paidós, 1986).

Hatch, T. y Gardner, H. (1986). «From testing intelligence to assessing competences: A pluralistic view of intellect». *The Roeper Review*, 8, págs. 147-150.

Hirsch, E. D. (1987). *Cultural literacy*. Boston: Houghton Mifflin.

Hoffmann, B. (1962). *The tyranny of testing*. Nueva York: Crowel-Collier Press.

Jencks, C. (1972). *Inequality*. Nueva York: Basic Books.

Jensen, A. R. (1980). *Bias in mental testing*. Nueva York: Free Press.

Jensen, A. R. (1987). «Individual differences in the Hick paradigm». En P. Vernon (comp.), *Speed of information processing and intelligence*. Norwood, N.J.: Ablex.

Kagan, J. y Kogan, N. (1970). «Individual variation in cognitive processing». En P. Mussen (comp.), *Handbook of child psychology*. Nueva York: Wiley.

Kaplan, E. (1983). «Process and achievement revisited». En S. Wapner y B. Kaplan (comps.), *Toward a holistic developmental psychology*. Hillsdale, N.J.: Lawrence Erlbaum.

Laboratory of Comparative Human Cognition. (1982). «Culture and intelligence». En R. J. Sternberg (comp.), *Handbook of human intelligence*. Nueva York: Cambridge University Press.

Langer, S. K. (1942). *Philosophy in a new key*. Cambridge, Mass.: Harvard University Press.

Lave, J. (1980). «What's special about experiments as contexts for thinking?». *Quarterly Newsletter of the Laboratory of Comparative Human Cognition*, 2, págs. 86-91.

Malkus, U., Feldman, D. y Gardner, H. (1988). «Dimensions of mind in early chilhood». En A. D. Pelligrini (comp.), *The psychological bases of early childhood*. Chichester: Wiley.

Messick, S. (1988). «Validity». En R. Linn (comp.), *Educational measurement*. 3.ª ed. Nueva York: Macmillan.

Newell, A. y Simon, H. A. (1972). *Human problem-solving*. Englewood Cliffs, N.J.: Prentice Hall.

Olson, L. (1988, 27 de enero). «Children flourish here: Eight teachers and a theory changed a school world». *Education Week*, 7 (18), 1, págs. 18-19.

Perkins, D. (1981). *The mind's best work*. Cambridge, Mass.: Harvard University Press.

Piaget, J. (1983). «Piaget's theory». En P. Mussen (comp.), *Manual of child psychology*. Nueva York: Wiley.

Polanyi, M. (1958). *Personal knowledge*. Chicago: University of Chicago Press.

Ravitch, D. y Finn, C. (1987). *What do our seventeen-year-olds know?* Nueva York: Harper and Row.

Resnick, L. (1987). «The 1987 presidential address: Learning in school and out». *Educational Researcher*, 16 (9), págs. 13-20

Rogoff, B. (1982). «Integrating context and cognitive development». En M. Lamb y A. Brown (comps.), *Advances in developmental psychology* (vol. 2). Hillsdale, N.J.: Lawrence Erlbaum.

Scribner, S. (1986). «Thinking in action: Some characteristics of practical thought». En R. Sternberg y R. K. Wagner (comps.), *Practical intelligence: Nature and origins of competence in the everyday world*. Nueva York: Cambridge University Press.

Sizer, T. (1984). *Horace's compromise*. Boston: Houghton Mifflin.

Squire, L. (1986). «Mechanisms of memory». *Science*, 232, págs. 1612-1619.

Sternberg, R. (1977). *Intelligence, information processing, and analogical reasoning*. Hillsdale, N.J.: Lawrence Erlbaum.

Sternberg, R. (1985). *Beyond IQ*. Nueva York: Cambridge University Press, (trad. cast.: *Más allá del cociente intelectual*, Bilbao, Desclee de Brouwer, 1990).

Sternberg, R. (comp.), (1988). *The nature of creativity*. Nueva York: Cambridge University Press.

Strauss, S. (1982). *U-shaped behavioral growth*. Nueva York: Academic Press.

Thurstone, L. (1938). *Primary mental abilities*. Chicago: University of Chicago Press.

Uzgiris, I. y Hunt, J. McV. (1966). *An instrument for assessing infant intellectual development*. Urbana, Ill.: University of Illinois Press.

Wallach, M. (1971). *The intelligence/creativity distinction*. Morristown, N.J.: General Learning Press.

Wallach, M. (1985). «Creativity testing and giftedness». En F. Horowitz y M. O'Brien (comps.), *The gifted and talented: Developmental perspectives*. Washington, D.C.: American Psychological Association.

Walters, J. y Gardner, H. (1986). «The crystallizing experience: Discovering an intellectual gift». En R. Sternberg y J. Davidson (comps.), *Conceptions of giftedness* (págs. 306-331). Nueva York: Cambridge University Press.

Wexler-Sherman, C., Gardner, H. y Feldman, D. H. (1988). «A pluralistic view of early assessment: The Project Spectrum approach». *Theory into Practice*, 27 (1), págs. 77-83.

Willingham, W. (1985). *Success in college*. Nueva York: College Entrance Examination Board (CEEB).

Zessoules, R., Wolf, D. y Gardner, H. (1988). «A better balance: Arts PROPEL as an alternative to discipline-based art education». En J. Burton, A. Lederman y P. London (comps.), *Beyond discipline-based art education*. North Dartmouth, Mass.: University Council on Art Education.

Capítulo 11

La mayor parte de este material ha sido preparado especialmente para este libro.

Referencias bibliográficas

Gardner, H. (1989). *To open minds: Chinese clues to the dilemma of contemporary education*. Nueva York: Basic Books.

Gardner, H. (1991). *The unschooled mind: How children learn, and how schools should teach*. Nueva York: Basic Books, (trad. cast.: *La mente no escolarizada*, Barcelona, Paidós, 1993).

Lipman, M., Sharp, A. M. y Oscanyan, F. (1990). *Philosophy in the classroom*. Filadelfia: Temple University Press, (trad. cast.: *Filosofía en el aula*, Madrid, Ediciones de la Torre).

Otros materiales utilizados en la tercera parte

Gardner, H. (1986). «The waning of intelligence tests». En R. Sternberg y D. Detterman (comps.), *What is intelligence?* (págs. 73-76). Hillsdale, N.J.: Lawrence Erlbaum.

Gardner, H. (1986). «Notes on the educational implications of the theory of multiple intelligences». En *College Board Colloquium on Measures in the College Admissions Process*.

Gardner, H. (1989). «Balancing specialized and comprehensive knowledge: The growing educational challenge». En T. J. Sergiovanni y J. H. Moore (comps.), *Schooling for tomorrow: Directing reforms to issues that count* (págs. 148-165). Boston: Allyn & Bacon.

Capítulo 12

La mayor parte de este material ha sido preparado especialmente para este libro.

Agradecimientos

Algunas partes de este ensayo se presentaron en la convocatoria de los premios Grawemeyer de la Universidad de Louisville, en 1990, y, un año después, en el simposio conmemorativo de los 100 Años de Educación en Harvard. La investigación que se describe aquí fue financiada a través de generosas becas de la Grant Foundation, la Lilly Endowment, la Markle Foundation, la McDonnell Foundation, la Rockefeller Brothers Fund., la Rockefeller Foundation, y la Spencer Foundation. También quisiera dar las gracias a Patricia Graham, Tom Hatch, Mindy Kornhaber y Joseph Walters por sus valiosos comentarios sobre el primer borrador de este texto.

Referencias bibliográficas

Berlin, I. (1953). *The hedgehog and the fox: An essay on Tolstoy's view of history*. Londres: Weidenfeld & Nicholson, (trad. cast.: *El erizo y la zorra*, Madrid, Muchnick, 1981).

Binet, A. y Simon, T. (1916). *The development of intelligence in children*. Baltimore: Williams & Wilkins.

Block, N. y Dworkin, G. (1976). *The IQ controversy*. Nueva York: Pantheon.

Boring, E. G. (1923, 6 de junio). «Intelligence as the tests test it». *New Republic*, (págs. 35-37).

Cannon, L. (1991). *President Reagan: The role of a life-time*. Nueva York: Simon & Schuster.

Cole, M. y Cole, S. (1989). *The development of children*. Nueva York: Freeman.

Educational Psychologist (1921). *Intelligence and its measurement: A symposium*.

Eysenck, H. (1967). «Intelligence assessment: A theoretical and experimental approach». *British Journal of Educational Psychology*, 37, págs. 81-98.

Fischer, K. y Bullock, D. (1984). «Cognitive development in school age children: Conclusions and new directions». En W. A. Collins (comp.), *The years from six to twelve: Cognitive development during middle childhood* (págs. 70-146). Washington, D.C.: National Academy Press.

Fischer, K., Kenny, S. y Pipp, S. (1990). «How cognitive processes and environmental conditions organize discontinuities in the development of abstractions». En C. Alexander y E. Langer (comps.), *Higher stages of human development* (págs. 162-187). Nueva York: Oxford University Press.

Gardner, H. (1983). *Frames of mind: The theory of multiple intelligences*. Nueva York: Basic Books.

Gardner, H. (1987). «A Individual-centered curriculum». En *The schools we've got, the schools we need*. Washington D.C.: Council of Chief State School Officers and the American Association of Colleges of Teacher Education.

Gardner, H. (1989a). «Zero-based arts education: An introduction to Arts PROPEL». *Studies in Art Education*, 30 (2), págs. 71-83.

Gardner, H. (1989b). *To open minds: Chinese clues to the dilemma of contemporary education*. Nueva York: Basic Books.

Gardner, H. (1989c). «Balancing specialized and comprehensive knowledge: The growing educational challenge». En T. Sergiovanni (comp.), *Schooling for tomorrow: Directing reforms to issues that count*. Boston: Allyn & Bacon.

Gardner, H. (1990a). *Arts education and human development*. Los Ángeles: Getty Center for Education in the Arts, (trad. cast.: *Educación artística y desarrollo humano*, Barcelona, Paidós, 1994).

Gardner, H. (1990b). «The assessment of student learning in the arts». Texto presentado en la conferencia sobre la valoración en las artes educativas, Holanda, diciembre de 1990. En preparación.

Gardner, H. (1990c). «The difficulties of school: Probable causes, possible cures». *Daedalus*, 119 (2), págs. 85-113.

Gardner, H. (1991a). «Assessment in context: The alternative to standardized testing». En B. R. Gifford, y M. C. O'Connor (comps.), *Future assessments: Changing views of aptitude, achievement, and instruction*. Boston: Kluwer.

Gardner, H. (1991b). *The unschooled mind: How children learn, and how schools should teach*. Nueva York: Basic Books, (trad. cast.: *La mente no escolarizada*, Barcelona, Paidós, 1993).

Gardner, H. y Hatch, T. (1989). «Multiple intelligences go to school». *Educational Researcher*, 18, págs. 4-10.

Goddard, H. H. (1919). *Psychology of the normal and subnormal*. Nueva York: Dodd, Mead.

Gould, S. J. (1981). *The mismeasure of man*. Nueva York: Norton, (trad. cast.: *La falsa medida del hombre*, Barcelona, Bosch, 1984).

Guilford, J. P. (1967). *The nature of human intelligence*. Nueva York: McGraw-Hill, (trad. cast.: *La naturaleza de la inteligencia humana*, Barcelona, Paidós, 1986).

Hatch, T. y Gardner, H. (1992). «Finding cognition in the classroom: An expanded view of human intelligence». En G. Salomon (comp.), *Distributed cognitions*. Nueva York: Cambridge University Press.

Heath, S. B. (1983). *Ways with words*. Nueva York: Cambridge University Press.

Humphreys, L. G. (1986). «Describing the elephant». En R. J. Sternberg y D. K. Detterman (comps.), *What is intelligence?* Norwood, N.J.: Ablex.

Jensen, A. (1980). *Bias in mental testing*. Nueva York: Free Press.

Klitgaard, R. (1985). *Choosing elites*. Nueva York: Basic Books.

Kornhaber, M., Krechevsky, M. y Gardner, H. (1990). «Engaging intelligences». *Educational Psychologist*, 25 (384), págs. 177-199.

Krechevsky, M. y Gardner, H. (1990). «The emergence and nurturance of multiple intelligences». En M. J. A. Howe (comp.), *Encouraging the development of exceptional abilities and talents* (págs. 221-244). Leicester: British Psychological Society.

Lave, J. (1988). *Cognition in practice: Mind, mathematics, and culture in everyday life*. Nueva York: Cambridge University Press, (trad. cast.: *La cognición en la práctica*, Barcelona, Paidós, 1991).

LeVine, R. A. y White, M. I. (1986). *Human conditions*. Nueva York: Routledge & Kegan Paul.

Malkus, U., Feldman, D. y Gardner, H. (1988). «Dimensions of mind in early childhood». En A. D. Pelligrini (comp.), *The psychological bases of early childhood* (págs. 25-38). Chichester: Wiley.

Ochs, E. y Schieffelin, B. (1984). «Language acquisition and socialization: Three developmental stories». En R. Shweder y R. LeVine (comps.), *Culture theory: Essays in mind, self, and emotion* (págs. 276-320). Nueva York: Cambridge University Press.

Olson, L. (1988, 27 de enero). «Children flourish here: Eight teachers and a theory changed a school world». *Education Week*, 7 (18), 1, págs. 18-19.

Pea, R. (en prensa). «Distributed cognitions and education». En G. Salomon (comp.), *Distributed cognitions*. Nueva York: Cambridge University Press.

Perkins, D. N., Lochhead, J. y Bishop, J. (1987). *Thinking: The second international conference* (págs. 77-101). Hillsdale, N.J.: Lawrence Erlbaum.

Piaget, J. (1983). «Piaget's theory». En P. Mussen (comp.), *Manual of child psychology* (vol. 1). Nueva York: Wiley.

Rogoff, B. y Lave, J. (1984). *Everyday cognition: Its development in social context*. Cambridge, Mass.: Harvard University Press.

Salomon, G. (1979). *Interaction of media, cognition, and learning*. San Francisco: Jossey-Bass.

Scarr, S. (1985). Reseña de *Frames of mind*. *New Ideas in Psychology*, 3 (1), págs. 95-100.

Scarr, S. (1986). «Intelligence revisited». En R. J. Sternberg y D. K. Detterman (comps.), *What is intelligence?* Norwood, N.J.: Ablex.

Scripp, L. y Meyaard, J. (1991, noviembre). «Encouraging musical risks for learning success». *Music Educators Journal*.

Shweder, R. y LeVine, R. A. (1984). *Culture theory*. Nueva York: Cambridge University Press.

Spearman, C. (1927). *The abilities of man: Their nature and measurement*. Nueva York: Macmillan.

Sternberg, R. J. (1985). *Beyond IQ*. Nueva York: Cambridge University Press, (trad. cast.: *Más allá del cociente intelectual*, Bilbao, Desclee de Brouwer, 1991).

Sternberg, R. J. (1988). *The triarchic mind*. Nueva York: Viking.

Sternberg, R. J. y Detterman, D. K. (comps.), (1986). *What is intelligence?* Norwood, N.J.: Ablex.

Stigler, J., Shweder, R. y Herdt, G. (1990). *Cultural psychology*. Nueva York: Cambridge University Press.

Terman, L. (1916). *The measurement of intelligence*. Boston: Houghton Mifflin, (trad. cast.: *Medida de la inteligencia*, Madrid, Espasa-Calpe, 1986).

Thomson, G. (1939). *The factorial analysis of human ability*. Londres: University of London Press.

Thurstone, L. L. (1938). *Primary mental abilities*. Chicago: University of Chicago Press.

Vernon, P. E. (1971). *The structure of human abilities*. Londres: Methuen.

Vygotsky, L. S. (1978). *Mind in society*. Cambridge, Mass.: Harvard University Press.

Wiggins, G. (1989). «A true test: Toward more authentic and equitable assessment». *Phi Delta Kappan*, 70, (9), págs. 703-713.

Winn, M. (1990, 29 de abril). «New views of human intelligence. The Good Health Magazine», *New York Times*.

Wolf, D. (1989, abril). «What's in it? Portfolio assessment». *Educational Leadership*.

Wolf, D. P., Bixby, J., Glenn, J. y Gardner, H. (1991). «To use their minds well: Investigating new forms of student assessment». En G. Grant, (comp.), *Review of Research in Education* (vol. 17, págs. 31-74). Washington, D.C.: American Educational Research Association.

Yerkes, R. M. (1921). *Psychological examining in the United States Army* (vol. 15) *Memoirs of the National Academy of Sciences*. Washington, D.C.

Zessoules, R., Wolf, D. P. y Gardner, H. (1988). «A better balance: Arts PROPEL as an alternative to discipline-based art education». En J. Burton, A. Lederman y P. London (comps.), *Beyond dbae: The case for multiple visions of art education*. North Dartmouth, Mass.: University Council on Art Education.

Capítulo 13

Artículo reimpreso en parte: Kornhaber, M., Krechevsky, M. y Gardner, H. (1990). «Engaging Intelligence». *Educational Psychologist*, 25 (3-4), págs. 177-199.

Agradecimientos

La investigación descrita en este artículo fue financiada en parte por la William T. Grant Foundation, Lilly Endowment, James S. McDonnell Foundation, Rockefeller Foundation, Rockefeller Brothers Fund., Spencer Foundation, y Bernard Van Leer Foundation.

Referencias bibliográficas

Amabile, T. (1983). *The social psychology of creativity*. Nueva York: Springer-Verlag.

Applebee, A. N., Langer, J. A. y Mullis, I. V. S. (1986). *The writing report card: Writing achievement in American schools*. Princeton, N.J.: Educational Testing Service.

Ascher, C. (1988). «Improving the school-home connection for poor and minority urban students». *The Urban Review*, 20, págs. 109-123.

Bailyn, B. (1960). *Education in the forming of American society*. Chapel Hill: University of North Carolina Press.

Bereiter, C. (1985). «The changing face of educational disadvantagement». *Phi Delta Kappan*, 66, págs. 538-541.

Binet, A. y Simon, T. (1905). «Méthodes nouvelles pour le diagnostique du niveaux intellectuel des anormaux». *L'année psychologique*, 11, págs. 236-245.

Bransford, J. D., Franks, J. J., Vye, N. J. y Sherwood, R. D. (1989). «New approaches to instruction: Because wisdom can't be told». En S. Vosniadou y A. Ortony (comps.), *Similarity and analogical reasoning* (págs. 470-497). Nueva York: Cambridge University Press.

Brembeck, C. (1978). *Formal education, non-formal education, and expanded conceptions of development: Occasional paper #1*. East Lansing, Mich.: Non-formal Education Information Center, Institute for International Studies in Education, Michigan State University.

Brookover, W. B. (1985). «Can we make schools effective for minority students?». *Journal of Negro Education*, 54, págs. 257-268.

Brown, J. S., Collins, A. y Duguid, P. (1989). «Situated cognition and the culture of learning». *Educational Researcher*, 18 (1), págs. 32-42.

Buros, O. K. (comp.), (1941). *The nineteen forty mental measurements yearbook*. Highland Park, N.J.: The Mental Measurements Yearbook.

Callahan, R. (1962). *Educational and the cult of efficiency*. Chicago: University of Chicago Press.

Ceci, S. J. (1990). *On intelligence... more or less: A bio-ecological theory of intellectual development*. Englewood Cliffs, N.J.: Prentice Hall.

Chubb, J. E. (1988). «Why the current wave of school reform will fail». *Public Interest*, 90, págs. 29-49.

Cochran, M. (1987). «The parental empowerment process: Building on family strengths». *Equity and Choice*, 4 (1), págs. 9-23.

Comer, J. (1980). *School power*. Nueva York: Free Press.

Comer, J. (1984). «Home-school relationships as they affect the academic success of children». *Education and Urban Society*, 16, págs. 323-337.

Comer, J. (1988a, agosto). «The social factor». *New York Times*, Education Life, págs. 27-31.

Comer, J. (1988b). «Educating poor minority children». *Scientific American*, 259 (5), págs. 42-48.

Csikszentmihalyi, M. (1988a). «Motivation and creativity: Towards a synthesis of structural and energistic approaches to cognition». *New Ideas in Psychology*, 6 (2), págs. 159-176.

Csikszentmihalyi, M. (1988b). «Society, culture and person: A systems view of creativity». En R. Sternberg (comp.), *The nature of creativity* (págs. 325-339). Nueva York: Cambridge University Press.

Csikszentmihalyi, M. (1990). «Literacy and intrinsic motivation». *Daedalus*, 119 (2), págs. 115-140.

Csikszentmihalyi, M. y Robinson, R. (1986). «Culture, time and the development of talent». En R. Sternberg (comp.), *Conceptions of giftedness* (págs. 264-284). Cambridge, Inglaterra: Cambridge University Press.

Damon, W. (1990). «Reconciling the literacies of generations». *Daedalus*, 119 (2), págs. 33-53.

Darwin, C. (1859). *On the origin of species*. Londres: John Murray, (trad. cast.: *El origen de las especies*, Madrid, Espasa-Calpe, 1987).

Dossey, J. A., Mullis, I. V. S., Lindquist, M. M. y Chambers, D. L. (1988). *The mathematics report card*. Princeton, N.J.: Educational Testing Service.

Edmonds, R. (s.f.). *A discussion of the literature and issues related to effective schooling*. Harvard University, manuscrito inédito.

Feldman, D. H. (1980). *Beyond universals in cognitive development*. Norwood, N.J.: Ablex.

Feldman, D. (1986). *Nature's gambit*. Nueva York: Basic Books.

Fordham, S. y Ogbu, J. (1986). «Black student's school success: Coping with the "burden of acting white"». *The Urban Review*, 18, págs. 176-206.

Fredericksen, J. R. y Collins, A. (1989). «A systems theory of educational testing». *Educational Researcher*, 18 (9), págs. 27-32.

Gardner, H. (1983). *Frames of mind: The theory of multiple intelligences*. Nueva York: Basic Books.

Gardner, H. (1989a). *To open minds: Chinese clues to the dilemma of contemporary education*. Nueva York: Basic Books.

Gardner, H. (1989b). «Zero-based arts education: An introduction to Arts PROPEL». *Studies in Art Education*, 30, págs. 71-83.

Gardner, H. (1990). «The difficulties of school: Probable causes, possible cures». *Daedalus*, 199 (2), págs. 85-113.

Gardner, H. (1991). «Assessment in context: The alternative to standardized testing». En B. R. Gifford y M. C. O'Connor (comps.), *Future assessments: Changing views of aptitude, achievement, and instruction*. Boston: Kluwer.

Getzels, J. y Csikszentmihalyi, M. (1976). *The creative vision*. Nueva York: Wiley.

Gould, S. J. (1981). *The mismeasure of man*. Nueva York: Norton, (trad. cast.: *La falsa medida del hombre*, Barcelona, Bosch, 1984).

Heath, S. B. (1983). *Ways with words*. Nueva York: Cambridge University Press.

Henderson, A. (1987). *The evidence continues to grow: Parent involvement improves student achievement*. Columbia, Md.: National Committee for Citizens in Education.

Heubert, J. (1982). *Minimum competency testing and racial discrimination: A legal analysis, policy summary and program review for education lawyers*. Harvard Graduate School of Education, manuscrito inédito.

Hofstadter, R. (1963). *Anti-intellectualism in American life*. Nueva York: Knopf.

Johnson-Laird, P. N. (1983). *Mental models*. Cambridge: Harvard University Press.

Keating, D. (1984). «The emperor's new clothes: The "new look" in intelligence research». En R. Sternberg (comp.), *Advances in the psychology of human intelligence* (vol. 2, págs. 1-45). Hillsdale, N.J.: Lawrence Erlbaum.

Kobayashi, T. (1976). *Society, schools, and progress in Japan*. Oxford: Pergamon.

Krechevsky, M. y Gardner, H. (1990). «The emergence and nurturance of multiple intelligences: The Project Spectrum approach». En M. J. A. Howe (comp.), *Encouraging the development of exceptional skills and talents* (págs. 222-245). Leicester: The British Psychological Society.

Laboratory of Comparative Human Cognition. (1982). «Culture and intelligence». En R.

Sternberg (comp.), *Handbook of human intelligence* (págs. 642-719). Cambridge, Inglaterra: Cambridge University Press

Lave, J. (1977). «Tailor-made experiments and evaluating the intellectual consequences o apprenticeship training». *Quarterly Newsletter of the Institute for Comparative Human Development*, 1, págs. 1-3.

Leler, H. (1983). «Parent education and involvement in relation to the schools and to parents of school-aged children». En R. Haskins y D. Adams (comps.), *Parent education and public policy* (págs. 141-180). Norwood, N.J.: Ablex.

LeVine, R. A. y White, M. I. (1986). *Human conditions: The cultural basis of educational development*. Nueva York y Londres: Routledge & Kegan Paul.

LeVine, R. A. (1989, 7 de diciembre). Comunicación personal.

Malkus, U., Gardner, H. y Feldman, D. (1988). «Dimensions fo mind in early childhood». En A. D. Pelligrini (comp.), *The psychological bases of early childhood* (págs. 25-38). Chichester: Wiley.

Neill, D. M. y Medina, N. J. (1989). «Standardized testing: Harmful to educational health». *Phi Delta Kappan*, 70, págs. 688-697.

Neisser, U. (1983). «Components of intelligence or steps in routine procedures?». *Cognition*, 15, págs. 189-197.

Oakes, J. (1986a). «Keeping track, part 1: The policy and practice of curriculum inequality». *Phi Delta Kappan*, 68, págs. 12-17.

Oakes, J. (1986b). «Keeping track, part 2: Curriculum inequality and school reform». *Phi Delta Kappan*, 68, págs. 148-154.

Ogbu, J. (1978). *Minority education and caste: The American system in crosscultural perspective*. Nueva York: Academic Press.

Olson, D. y Bruner, J. (1974). «Learning through experience and learning through media». En D. Olson (comp.), *Media and symbols: The forms of expression, communication and education* (págs. 125-150). Chicago: University of Chicago Press.

Powell, A. G., Farrar, E. y Cohen, D. K. (1985). *The shopping mall high school: Winners and losers in the educational marketplace*. Boston: Houghton Mifflin.

Resnick, L. (1987). «Learning in school and out». *Educational Researcher*, 16 (9), págs. 13-20.

Resnick, L. y Neches, R. (1984). «Factors affecting individual differences in learning ability». En R. Sternberg (comp.), *Advances in the psychology of human intelligence* (vol. 2, págs. 275-323). Hillsdale, N.J.: Lawrence Erlbaum.

Sarason, S. (1983). *Schooling in America: Scapegoat or salvation*. Nueva York: Free Press.

Scarr, S. (1981). «Testing for children». *American Psychologist*, 36, págs. 1159-1166.

Shimizu, H. (1988). *Hito no tsunagari [«Interpersonal continuity»] as a Japanese children's cultural context for learning and achievement motivation: A literature review*. Harvard Graduate School of Education, manuscrito inédito.

Snow, C. E. y Ferguson, C. A. (1977). *Talking to children: Language input and acquisition*. Cambridge, Inglaterra: Cambridge University Press.

Sternberg, R. J. (1985): *Beyond IQ*. Cambridge, Inglaterra: Cambridge University Press, (trad. cast.: *Más allá del cociente intelectual*, Bilbao, Desclée de Brouwer, 1990).

Stevenson, H. W. (1987). «The Asian advantage: The case of mathematics». *American Educator*, 11 (2), págs. 26-31, 47.

Stevenson, H. W., Stigler, J. W., Lee, S., Lucker, G. W., Kitamura, S. y Chenchin, H. (1985). «Cognitive performance and academic achievement of Japanese, Chinese and American children». *Child Development*, 56, págs. 718-734

Vygotsky, L. S. (1978). *Mind in society: The development of higher psychological processes.* Cambridge, Mass.: Harvard University Press.

White, M. (1987). *The Japanese educational challenge: A commitment to children.* Nueva York: Free Press.

Wilson, K. S. (1988). *The Palenque Design: Children's discovery learning experiences in an interactive multimedia environment.* Tesis doctoral inédita, Harvard Graduate School of Education, Cambridge, Mass.

Zessoules, R., Wolf, D. P. y Gardner, H. (1988). «A better balance: Arts PROPEL as an alternative to discipline-based arts education». En J. Burton, A. Lederman y P. London (comps.), *Beyond dbae: The case for multiple visions of art education* (págs. 117-129). North Dartmouth, Mass.: University Council on Art Education.

Zigler, E. y Weiss, H. (1985). «Family support systems: An ecological approach to child development». En R. Rapoport (comp.), *Children, youth, and families* (págs. 166-205). Cambridge, Inglaterra: Cambridge University Press.

Epílogo

Referencias bibliográficas

Hatch, T. y Gardner, H. (1992). «Finding cognition in the classroom: An expanded view of human intelligence». En G. Salomon (comp.), *Distributed cognitions.* Nueva York: Cambridge University Press.

Zuboff, S. (1988). *In the age of the smart machine.* Nueva York: Basic Books.

COLABORADORES

Tina Blythe
Mindy Kornhaber
Mara Krechevsky
Joseph Walters

PATROCINADORES

Carnegie Corporation
J. Paul Getty Trust
William T. Grant Foundation
Lilly Endowment
John D. and Catherine T. MacArthur Foundation
Markle Foundation
James S. McDonnell Foundation
Pew Charitable Trusts
Rockefeller Brothers Fund.
Rockefeller Foundation
Bernard Van Leer Foundation
Veterans Administration

Apéndice B: Relación de artículos escritos o coescritos por Howard Gardner

Gardner, H. (1984, junio). «Assessing intelligences. A comment on "Testing intelligence without IQ tests"» de R. J. Sternberg. *Phi Delta Kappan*, 65 (10), págs. 699-700.

Gardner, H. (1984). «The development of competence in culturally defined domains». En R. Shweder y R. LeVine (comps.), *Culture theory: Essays of mind, self and emotion*. Nueva York: Cambridge University Press.

Gardner, H. (1985). «On discerning new ideas in psychology». *New Ideas in Psychology*, 3, págs. 101-104.

Gardner, H. (1985). «Towards a theory of dramatic intelligence». En J. Kase-Polisini (comp.), *Creative drama in a developmental context*. University Press of America.

Gardner, H. (1986). «An individual-centered curriculum». En *The schools we've got, the schools we need* (págs. 93-115). Washington, D.C.: Council of Chief State School Officers and the American Association of Colleges of Teacher Education.

Gardner, H. (1987). «The assessment of intelligences: A neuropsychological perspective». En M. Meier, A. Benton, y L. Diller (comps.), *Neuropsychological rehabilitation* (págs. 59-69). Londres: Churchill.

Gardner, H. (1987, diciembre, 1988, enero). «On assessment in the arts: A conversation with Ron Brandt». *Educational Leadership*, 45 (4), págs. 30-34.

Gardner, H. (1987). «The theory of multiple intelligences». *Annals of Dyslexia*, 37, págs. 19-35.

Gardner, H. (1988). «Beyond a modular view of mind». En W. Damon (comp.), *Child development today and tomorrow* (págs. 222-239). San Francisco: Jossey-Bass.

Gardner, H. (1988, otoño). «Challenges for museums: Howard Gardner's theory of multiple intelligences». *Hand to hand: Children's museum network*.

Gardner, H. (1988). «Intelligences». En K. Jervis y A. Tobier (comps.), *Education for democracy: Proceedings from the Cambridge School on progressive education* (págs. 86-102). Weston, Mass.: The Cambridge School.

Gardner, H. (1988). «Mobilizing resources of individual centered education». En R. Nickerson y P. Zhodiates (comps.), *Technology in education: Looking toward 2020*. Hillsdale, N.J.: L. Erlbaum.

Gardner, H. (1988, verano). «Multiple intelligences in today's schools». *Human Intelligence Newsletter*, 9 (2), págs. 1-2.

Gardner, H. (1988). «The theory of multiple intelligences: Educational implications». En *Language and the world of work in the 21st century*. Massachusetts Bureau of Transitional Bilingual Education.

Gardner, H. (1990, primavera). «Building on the range of human strengths». *The Churchill Forum*, 12 (1), págs. 1-2, 7.

Gardner, H. (1990). «The difficulties of school: Probable causes, possible cures». *Daedalus*, 119 (2), págs. 85-113.

Gardner, H. (1991). «Concepts of mind and intelligence». En D. Goleman y R. A. F. Thurman (comps.), *MindScience: An East-West dialogue* (págs. 75-87). Boston: Wisdom Publications.

Gardner, H. (1991) «Intelligence in seven steps». *New Horizons for Learning*, (hoja informativa). También en *Intelligence Connections*, 1 (1), págs. 1, 3, 7, 8.

Gardner, H. (1991). «The nature of intelligence». En A. Lewin (comp.), *How we think and learn: A lecture series* (págs. 41-46). Washington, D.C.: The National Learning Center.

Gardner, H. (1992, enero). «The "intelligence-giftedness" complex». Texto presentado en el Edythe Bush Symposium on Giftedness, Tampa, Florida. De próxima publicación en *Proceedings*, comp. por Hilde Rosselli.

Gardner, H. (1992, marzo). «The unschooled mind». Presentación en el Cambridge Forum.

Gardner, H. (en prensa).«Entry on multiple intelligences». En R. Sternberg (comp.), *Encyclopedia of intelligence*. Nueva York: Macmillan.

Gardner, H. (en prensa). «Perennial antinomies and perpetual redrawings: Is there progress in the study of mind?». En R. Solso y D. Massaro (comps.), *Science of mind: 2001 and beyond*. Nueva York: Oxford University Press.

Trabajos coescritos por Howard Gardner

Goldman, J. y Gardner, H. (1988). «Multiple paths to educational effectiveness». En D. K. Lipsky y A. Gartner (comps.), *Beyond separate education: Quality education for all children*, (págs. 121-140). Baltimore: Brookes.

Goldman, J., Krechevsky, M., Meyaard, J. y Gardner, H. (1988). «A developmental study of children's practical intelligence for school». (Informe técnico). Cambridge, Mass.: Harvard University, Project Zero.

Granott, N. y Gardner, H. (en prensa). «When minds meet: Interactions, coincidence, and development in domains of ability». En R. J. Sternberg y R. K. Wagner (comps.), *Mind in context: Interactionist perspectives on human intelligence*. Nueva York: Cambridge University Press.

Hatch, T. y Gardner, H. (1986). «From testing intelligence to assessing competences: A pluralistic view of intellect». *The Roeper Review*, 8, págs. 147-150.

Hatch, T. y Gardner, H. (1988, diciembre). «New research on intelligence». *Learning*, 17 (4), págs. 36-39.

Hatch, T. y Gardner, H. (1989). «Multiple intelligences go to school». *Educational Researcher*, 9, págs. 4-10.

Hatch, T. y Gardner, H. (1990). «If Binet had looked beyond the classroom: The assessment of multiple intelligences». *International Journal of Educational Research*, 14 (5), págs. 415-429.

Hatch, T. y Gardner, H. (en prensa). «Finding cognition in the classroom: An expanded view of human intelligence». En G. Salomon (comp.), *Distributed cognitions*. Nueva York: Cambridge University Press.

Kornhaber, M. y Gardner, H. (1991). «Varieties of excellence and conditions for their achievement». En S. Maclure y P. Davies (comps.), *Learning to think: Thinking to learn* (págs. 147-168). The Proceedings of the 1989 OECD Conference. Oxford: Pergamon Press.

Krechevsky, M. y Gardner, H. (1990). «Multiple intelligences, multiple chances». En D. Inbar (comp.), *Second chance in education: An interdisciplinary and international perspective* (págs. 69-88). Londres: The Falmer Press.

Krechevsky, M. y Gardner, H. (en prensa). «Multiple intelligences in multiple contexts». En D. Detterman (comp.), *Current topics in human intelligence. Vol. 4. Theories of Intelligence.*

Malkus, U., Feldman, D. H. y Gardner, H. (1988). «Dimensions of mind in early childhood». En A. D. Pelligrini (comp.), *The psychological bases of early education* (págs. 25-38). Chichester: Wiley.

Ramos-Ford, V., Feldman, D. H. y Gardner, H. (1988, primavera). «A new look at intelligence through Project Spectrum». *New Horizons in Learning*, 6, págs. 7, 15.

Ramos-Ford, V. y Gardner, H. (1991). «Giftedness from a multiple intelligences perspective». En N. Colangelo y G. Davis (comps.), *The handbook of gifted education* (págs. 55-64). Boston: Allyn & Bacon.

Viens, J. y Gardner, H. (1990, invierno). «Multiple intelligence and styles: Partners in effective education». *The Clearinghouse Bulletin*, 4 (2), págs. 4-5.

Walters, J. y Gardner, H. (1988, abril). «Managing intelligences» (Informe técnico n.° 33). Cambridge, Mass.: Harvard University, Project Zero.

Walters, J., Krechevsky, M. y Gardner, H. (1987). «Development of musical, mathematical, and scientific talents in normal and gifted children» (Informe técnico n.° 31). Cambridge, Mass.: Harvard University, Project Zero.

Wexler-Sherman, C., Gardner, H. y Feldman, D. (1988). «A pluralistic view of early assessment: The Project Spectrum approach». *Theory into Practice*, 27, págs. 77-83.

White, N., Blythe, T. y Gardner, H. (en prensa). «Multiple intelligences theory: Creating the thoughtful classroom». En A. Costa, J. Bellanca y R. Fogarty (comps.), *If mind matters: A foreword to the future* (vol. 2, págs. 124-134). Palatine, Ill.: Skylight Publishers.

Wolf, D., Bixby, J., Glenn, J. y Gardner, H. (1991). «To use their minds well: Investigating new forms of student assessment». En G. Grant (comp.), *Review of research in education* (vol. 17, págs. 31-74). Washington, D. C.: American Educational Research Association.

Zessoules, R. y Gardner, H. (1991). «Authentic assessment: Beyond the buzzword and into the classroom». En V. Perrone (comp.), *Expanding student assessment* (págs. 47-71). Washington, D.C.: Association for Supervision and Curriculum Development.

Zessoules, R., Wolf, D. y Gardner, H. (1988). «A better balance. Arts PROPEL as an alternative to discipline-based art education». En J. Burton, A. Lederman y P. London (comps.), *Beyond dbae: The case for multiple visions of art education* (págs. 117-129). North Dartmouth, Mass.: University Council on Art Education.

Apéndice C: Otras obras sobre la teoría de las inteligencias múltiples*

Libros y monografías

Armstrong, T. (1987). *In their own way: Discovering and encouraging your child's personal learning style*. Los Ángeles: J. P. Tarcher; Nueva York: St. Martin's Press.
Campbell, B., Campbell, L. y Dickinson, D. (1992). *Teaching and learning multiple intelligences*. Seattle: New Horizons for Learning.

Dee Dickinson
New Horizons for Learning
4649 Sunnyside North
Seattle, WA 98103

Haggerty, B. (en prensa). *Introduction to the theory of multiple intelligences*.
Haggerty, B. (en prensa). *Multiple intelligence theory and instructional design: Creating literature units for teaching across the curriculum*.

Brian Haggerty
Editor Instructional Materials Development
San Diego Public Schools
4100 Normal Street.
San Diego, CA 92103-2682

Healy, J. (1987). *Your child's growing mind: A parent's guide to learning from birth*. Garden City, N.Y.: Doubleday.
Lazear, D. G. (1991). *Seven ways of knowing: Teaching for multiple intelligence: Handbook of tecniques for expanding intelligence*. Con un prólogo de Howard Gardner, doctor en Filosofía, Palantine, Ill.: Skylight Publishers.

* Se proporcionan nombres y direcciones cuando las obras aún no se han publicado o es fácil conseguirlas a través del autor.

Lazear, D. G. (1991). *Seven ways of teaching*. Palantine, Ill.: Skylight Publishers.
Lazear, D. G. (en prensa). *Seven pathways of learning*. Palantine, Ill.: Skylight Publishers.
Marks, T. (en prensa). *Creativity inside out: Multiple intelligences across the curriculum*. Con un prefacio de Howard Gardner. Reading, Mass.: Addison-Wesley.
Miller, L. (en prensa). *The smart profile: A qualitative approach for describing learners and designing instruction*.
Miller, L. (en prensa). *Your personal smart profile*.

Lynda Miller
Smart Alternatives, Inc.
P.O. Box 5849
Austin, TX 78763

Mollan-Masters, R. *You are smarter than you think*.

Renee Mollan-Masters
Reality Productions
6245 Old Highway 99 South
P.O. Box 943
Ashland, OR 97520

Moody, W. (comp.), (1990). *Artistic intelligences: Implications for education*. Nueva York: Teacher's College Press.
Peterson, D. (en prensa). *Seven ways to success — Aptitude and interest measure for high school students*.

David Peterson
Watchung Hills Regional High School
108 Stirling Road
Warren, NJ 07060

Rainey, F. (1991). *Multiple intelligences: Seven ways of knowing*. Denver, Colo: Colorado Dept. of Education Gifted and Talented Education.
Robinson, E. W. (en prensa). *Care givers's annual 1991 — A guide to multiple intelligences for the elderly*.

Ellen W. Robinson
Life Enhancement Research
P.O. Box 3756
Salem, OR 97302

Shearer B. (en prensa). *Hillside assessment of pro-trauma intelligence (HAPI)*.

Dr. Branton Shearer
Comprehensive Physical and Substance Dependency Rehabilitation
Hillside Hospital
8747 Squires Lane, NE
Warren, OH 44484

Shelton, L. (1991). *Honoring diversity*. California State Library.

Leslie Shelton, Director
Project Read
South San Francisco Public Library
840 W. Orange Avenue
South San Francisco, CA 94080

Smagorinsky, P. (1991). *Expressions: Multiple intelligences in the English class*. Theory and Research in Practice, NCTE.

Dr. Peter Smagorinsky
College of Education
820 Van Vleet Oval-Room 114
University of Oklahoma
Norman, OK 73019

Tubb, L. G. *Gifted deaf students: Case studies describing profiles of domains of intelligence*.

Dr. Linda G. Tubb
Teacher Education
Louisiana Tech University
P.O. Box 3161
Ruston, LA 71272-0001

Vail, P. L. (1987). *Smart kids with school problems: Things to know and ways to help*. Nueva York: Dutton.
Wass, L. L. (1991). *Imagine that: Getting smarter through imagery practice*. Rolling Hills Estate, Calif.: Jalmar Press.

Lane Longino Wass
P.O. Box 443
Glenville, NC 28736

Artículos y reseñas

Altman, L. K. (1991, 24 de septiembre). «Can the brain provide clues to intelligence?». Medical Science, *New York Times*.
Aschettino, E. M. (1986, marzo). «Children aren't always traditionally smart». *Massachusetts Elementary Educator*.
Atchity, K. (1984, 26 de febrero). «Profound thoughts on the thinking process». *Los Angeles Times*.
Barko, N. (1989, septiembre). «Discover your child's hidden IQ». *Working Mother*.
Bornstein, M. H. (1986). Reseña de *Frames of mind. Journal of Aesthetic Education*, 20 (1).
Bouchard, T. J., Jr. (1984, 20 de julio). Reseña de *Frames of mind. American Journal of Orthopsychiatry*.
Bruner, J. (1983, 27 de octubre). «State of the child». Reseña de *Frames of mind. New York Review of Books*.

Bryant, P. E. (1984, 8 de junio). «A battery of tests». Reseña de *Frames of mind. The Times Higher Education Supplement.*

Buescher, T. M. (1985). «Seeking the roots of talent: An interview with Howard Gardner», *Journal for the Education of the Gifted,* 8 (3), págs. 179-187.

Campbell, B. «Multiple intelligences in the classroom». *Cooperative Learning,* 12 (1), págs. 24-25 (reimpreso de *In Context,* 27 [invierno de 1991]).

Carroll, J. B. (1984). «An artful perspective on talents». Reseña de *Frames of mind. Contemporary Psychology,* 29 (11).

Carroll, J. B. (1985). «Like minds, like sympathies: Comments on the interview with Howard Gardner». *New Ideas in Psychology,* 3 (1).

Chideya, F. (1991, 2 de diciembre). «Surely for the spirit but also for the mind: Arts PROPEL as one of the outstanding educational programs in the world». *Newsweek.*

Clinchy, B. M. (1984). Review of *Frames of mind. Boston University Journal of Education,* 166 (2).

Cohen, M. (1990, 12 de diciembre). «Test questions: A subject for the '90s. Learning Section», *Boston Globe.*

Deitel, B. (1990, 20 de mayo). «The key to education». *Courier Journal* (Louisville, Ky.).

Eisenman, L. (1984, julio). «Neuropsychology sheds new light on intelligence». Reseña de *Frames of mind. American School Board Journal.*

Fanelli, L. (en prensa). «Theater in motion — Educational Theater — Participatory educational theater (Creative Drama) and the Seven Intelligences — A set of exercises for teachers and artists/Multicultural Education».

Leslie Fanelli
Theater in Motion
121-125 6th Avenue
Queens, NY 11356

Gold, D. L. (1988, 30 de marzo). «Early testing said to have "long-term negative effects"». *Education Week.*

Goleman, D. (1986, 18 de febrero). «Influencing others: Skills are identified». *New York Times.*

Goleman, D. (1986, 11 de marzo). «Psychologists study sources of influence and power». *New York Times.*

Goleman, D. (1986, 9 de noviembre). «Rethinking the value of intelligence tests». *New York Times.*

Goleman, D. (1988, 5 de abril). «New scales of intelligence rank talent for living». Science Times, *New York Times.*

Goleman, D. (1990, 2 de octubre). «The study of play yields clues to success». Science Times, *New York Times.*

Grimm, M. (1986, octubre). «Mind benders». *Creativity.*

Grow, G. (en prensa). «Writing and the seven intelligences».

Gerald Grow, Ph. D.
Division of Journalism
Florida A&M University
Tallahassee, FL 32307

Gursky, D. (1991, noviembre-diciembre) «The unschooled mind». *Teacher Magazine*, págs. 40-44.

Hall, B. (1986, agosto). «"Portfolio" proposed as adjunct to SAT score». *Christian Science Monitor.*

Hammer, S. «Stalking intelligence: I.Q. isn't the end of the line; you can be smarter», *Science Digest.*

Hoerr, T. R. (en prensa). «Implementing the theory of multiple intelligences: One school's experience (MID)».

Thomas R. Hoerr
The New City School
5209 Waterman Avenue
St. Louis, MO 63108

Jacobson, R. L. (1986, julio). «As SAT endures, new testing methods are sought». *Chronicle of Higher Education.*

Johnson-Laird, P. (1984, 11 de mayo). «More faculties than one». Reseña de *Frames of mind. Times Literary Supplement.*

Kendel, R. (en prensa). «Intelligence — Dr. Howard Gardner's multiple intelligences». *Effective Classrooms: The In-Service Newsletter.*

Ruth Kendel
1810 Park Avenue
Richmond, Virginia 23220

Kolata, G. (1989, 9 de abril). «Project Spectrum explores many sided minds». *New York Times.*

Leonard, L. S. (1990, agosto). «Storytelling as experiential education». *Journal of Experiential Education*, 13 (2), págs. 12-17.

Levenson, T. (1984, enero). Reseña de *Frames of mind. Discover*, pág. 79.

Marshall, M. (1981, 26 de julio). «Musical wunderkinds». *Boston Globe Magazine.*

McKean, K. (1985, octubre). «Intelligence: New ways to measure the wisdom of man». *Discover.*

Miller, G. A. (1983, 25 de diciembre). «Varieties of intelligence». Reseña de *Frames of mind*. Book Review, *New York Times.*

Miller, L. (1988, verano-otoño). «Multiple intelligences offer multiple ways to become literate». *Update.*

Miller, N. (1986, 18 de marzo). «Changing your mind». *Boston Phoenix.*

Moorman, M. (1989, verano). «The great art education debate». *AR Tnews.*

Mumme, R. (en prensa). «Figurative frames and tacit tropes: from Giambattista Vico to Howard Gardner: Toward the possibility of a tropological-logical intelligence».

Roy Mumme
University of Southern Florida at Fort Myers
8111 College Parkway SW
Fort Myers, FL 33919

Obler, L. (1984, mayo). «Plus ça change». Reseña de *Frames of mind*. *Women's Review of Books*, 1 (8).

Olson, L. (1988, 27 enero). «Children flourish here: Eight teachers and a theory changed a school world». *Education Week*, 7 (18), 1, págs. 18-19.

Olson, L. (1988, 16 de noviembre). «In Pittsburgh: New approaches to testing track arts "footprints"». *Education Week*, 8 (11).

Olson, L. (1989, septiembre-octubre). «A revolution of rising expectations». *Teacher Magazine*.

Page, J. (1986, diciembre). «From bright to dull: The different kinds of intelligence». *Minneapolis Star and Tribune*.

Page, J. (1987, 22 de enero). «Your brain is not a computer». *San Francisco Chronicle*.

Price, S. (1985, octubre). «An I.Q. to live by: Developing personal intelligence». *Human Potential*.

Rawson, D. (1990, primavera). «A lot to learn». *Life*.

Roberts, F. (1985, marzo). «The trouble with back to basics». *Parents*.

Rothman, S. y Snyderman, M. (1987, febrero). «Survey of expert opinion on intelligence and aptitude testing». *American Psychologist*.

Rubin, J. (1992, febrero). «Multiple intelligence: From theory to practice: The Javits 7 plus gifted and talented program». Texto presentado en el Esther Katz Rosen Symposium on the Psychological Development of Gifted Children, Lawrence, Kansas.

Joyce Rubin
Director, Gifted Program
Javits 7 + Gifted and Talented Program
Community School District 18
755 E. 100th Street
Brooklyn, NY 11236

Scarr, S. (1985). «An author's frame of mind». Reseña de *Frames of mind*. *New Ideas in Psychology*, 3 (1).

Scialabba, G. (1984, marzo-abril). «Mindplay». Reseña de *Frames of mind*. *Harvard Magazine*.

Scherer, M. (1985, enero). «How many ways is a child intelligent?». *Instructor and Teacher*.

Schwager, I. (1986, verano). «Different children, different gifts». *Sesame Street Parent's Guide*.

Seven styles of learning—based on Howard Gardner's theory of multiple intelligences (1990, septiembre). *Instructor*, 52 (tabla).

Shaughnessy, M. F. (1985). «What's new in IQ: Contemporary analysis with implications for gifted/talented/creative». *Creative Child and Adult Quarterly*, 10 (2).

Simon, N. (1985, agosto). «Your child's imagination». *Parents*.

Sloane, B. (1990, 7 de enero). «Flouting tradition, some educators begin to change A-to-F grading system». *Chicago Tribune School Guide*.

Snow, R. E. (1985, noviembre). Reseña de *Frames of mind*. *American Journal of Psychiatry*.

Starnes, W. T., Barton, J. y Leibowitz, D. G. (1992, febrero). «Using multiple intelligences to identify and nurture young potentially giften children». Texto presentado en el Esther Katz Rosen Symposium on the Psychological Development of Gifted Children, Lawrence, Kansas.

Dr. Waveline Starnes
Program Director
Early Childhood Gifted Model Program
850 Hungerford Drive
Rockville, MD 20850

Sternberg, R. J. (1993, invierno). «How much gall is too much gall?». Reseña de *Frames of mind: The theory of multiple intelligences. Contemporary Education Review*, 2 (3), págs. 215-224.

Strong, M. (1985, enero). «The seven kinds of smart: How does your child score?». *Redbook*.

Sutherland, S. (1984, 26 de abril). «Grand organization in mind». Reseña de *Frames of mind. Nature*, 308.

Thompson, K. «Cognitive and analytical psychology». Reseña de *Frames of mind. San Francisco Jung Institute Library Journal*, 5 (4).

Turnbull, C. M. (1984, 1 de enero). «The seven "intelligences"». *Philadelphia Inquirer*.

Voices against the testing «explosion». (1985, 16 de diciembre). *Education USA*.

Weinreich-Haste, H. (1985). «The varieties of intelligence: An interview with Howard Gardner». *New Ideas in Psychology*, 3 (1).

Williams, G., III. (1990, abril). «Radical class acts». *Omni*, 12 (7).

Winn, M. (1990, 29 de abril). «New views of human intelligence». Good Health Magazine, *New York Times*.

Wohlwill, J. (1985). «The Gardner-Winner view of children's visual-artistic development: Overview, assessment, and critique». *Visual Arts Research*, 11.

Revistas y hojas informativas

Intelligence Connections: hoja informativa de la red ASCD para la enseñanza de las inteligencias múltiples.

David Lazear
New Dimensions of Learning
4880 Marine Drive
Suite 515
Chicago, IL 60640
(312) 907-9588

New City News: edición sobre las inteligencias múltiples.

Thomas Hoerr, Director
New City School
5209 Waterman Avenue
St. Louis, MO 63108

On the Beam: hoja informativa.

> Dee Dickinson
> New Horizons for Learning
> 4649 Sunnyside North
> Seattle, WA 98103

Provoking Thoughts: revista bimensual dedicada a la exploración de las siete inteligencias a través de artículos y actividades para adultos, niños y aulas.

> Knowles Dougherty
> Publisher and Editor
> Institute for the Development of Educational Alternatives (I.D.E.A.)
> 404 NW 1st Street
> P.O. Box 1004
> Austin, MN 55912

Misceláneas

Lift Off. Programa para niños de 3 a 8 años producido por la Australian Children's Television Foundation. El tema organizador es el de las inteligencias múltiples.

Provoking Thoughts Game. Juego de cartas de ejercicios de pensamiento crítico en cada una de las siete inteligencias.

> Institute for the Development of Educational Alternatives (I.D.E.A.)
> 404 NW 1st Street
> P.O. Box 1004
> Austin, MN 55912

Teele Inventory for Multiple Intelligences. Con un Manual para el profesor.

> Sue Teele
> P.O. Box 7302
> Redlands, CA 92373

Apéndice D: Cursos

Las siguientes personas dan cursillos sobre la teoría de las inteligencias múltiples o proyectos basados en la teoría de las inteligencias múltiples.

Thomas Armstrong
Mindstyles Consulting Services
P.O. Box 5435
Santa Rosa, CA 98402

Bruce Campbell
19614 Sound View Drive
Stanwood, WA 98292

Linda Campbell
Director, Teacher Certification
Antioch University Graduate Education Programs
2607 2nd Avenue
Seattle, WA 98121

Lyle Davidson
Harvard Project Zero
Harvard Graduate School of Education
Longfellow Hall
Appian Way
Cambridge, MA 02138
Curso sobre Evaluación y Arts PROPEL.

Dee Dickinson
New Horizons for Learning
4649 Sunnyside North
Seattle, WA 98103

Leslie Fanelli
Executive Artistic Director
Theatre in Motion
121-125 6th Avenue
Queens, NY 11356
(718) 961-5481
Curso sobre inteligencias múltiples en teatro que se sirve de dramatizaciones creativas y
ejercicios de música basados en un currículum.

Kathleen Gaffrey
Founder & Artistic Director
Artsgenesis Inc.
310 E. 46th Street
Suite 26J
New York, NY 10017
Curso sobre desarrollo de personal y teoría de las inteligencias múltiples.

Mara Krechevsky
Harvard Project Zero
Harvard Graduate School of Education
Longfellow Hall
Appian Way
Cambridge, MA 02138
Curso sobre teoría de las inteligencias múltiples y tareas del Spectrum.

James D. Kriley
Dean, School of Fine Arts
Summer Arts/Education Institute and Graduate Program
University of Montana
Missoula, MT 59812

David Lazear
New Dimensions of Learning
4880 Marine Drive-Apt 515
Chicago, IL 60640

Linda MacRae-Campbell
19614 Sound View Drive
Stanwood, WA 98292

Lynda Miller
Smart Alternatives, Inc.
P.O. Box 5849
Austin, TX 78763

Judy Pace
Harvard Project Zero
Harvard Graduate School of Education
Longfellow Hall
Appian Way
Cambridge, MA 02138
Curso sobre proyectos de inteligencias múltiples y evaluación por carpetas; enseñar para comprender.

Joyce Rubin
Director, Gifted Programs
Javits 7+Gifted and Talented Program
Community School District 18
755 E. 100th Street
Brooklyn, NY 11236

Larry Scripp
Harvard Project Zero
Harvard Graduate School of Education
Longfellow Hall
Appian Way
Cambridge, MA 02138
Curso sobre evaluación alternativa en artes que emplea los modelos de Arts PROPEL.

Sue Teele
Institute for the Study of Multiple Intelligences
Education Extension
University of California
Riverside, CA 92521-0112

David Thornburg
The Thornburg Center
1561 Laurel, Suite A
San Carlos, CA 94070

Bruce Torff
Harvard Project Zero
Harvard Graduate School of Education
Longfellow Hall
Appian Way
Cambridge, MA 02138
Curso sobre Arts PROPEL.

David and Jan Ulrey
Developmental Primary Consultants
377 13th Street
Del Mar, CA 92014

Julie Viens
Harvard Project Zero
Harvard Graduate School of Education
Longfellow Hall
Appian Way
Cambridge, MA 02138
Curso sobre todas las fases de la teoría de las inteligencias múltiples.

El Proyecto Zero de Harvard mantiene una lista actualizada de escuelas y profesores que realizan experimentos con inteligencias múltiples. Los investigadores del Proyecto Zero de Harvard han compilado manuales de Arts PROPEL y del Proyecto Spectrum. Para más información diríjase a:

Harvard Project Zero Development Group
Longfellow Hall
Appian Way
Cambridge, MA 02138

Índice de nombres

Índice analítico

También publicado por Paidós

MENTES CREATIVAS
*Una anatomía de la creatividad vista
a través de las vidas de: Sigmund Freud,
Albert Einstein, Pablo Picasso, Igor Stravinsky,
T. S. Eliot, Martha Graham y Mahatma Gandhi*
HOWARD GARDNER

Ya hace mucho tiempo que Howard Gardner cambió nuestro modo de pensar sobre la inteligencia. En su obra clásica *Frames of mind* destruyó el tópico de que se trataba de una simple habilidad que cada ser humano poseía en mayor o menor medida. Y ahora, apoyándose en el propio sistema que él mismo desarrolló para comprender la inteligencia, nos ofrece una revolucionaria visión de la creatividad, así como siete fascinantes retratos de algunos de los personajes que más han contribuido a reinventar el conjunto del saber humano.

Tomando como punto de partida su noción de las «siete inteligencias» —que van desde la inteligencia musical a la que supone el conocimiento de uno mismo—, Gardner pasa revista a siete figuras absolutamente extraordinarias: Sigmund Freud, Albert Einstein, Pablo Picasso, Igor Stravinsky, cada uno de ellos destacado ejemplo de un tipo específico de inteligencia. De este modo, comprender la naturaleza de sus distintos hitos creativos no sólo arroja una nueva luz sobre sus proezas, sino que además nos ayuda a entender lo que se llama «modernidad»: los tiempos que vieron crecer a estos creadores y que ellos, a su vez, contribuyeron a definir.

Gardner, así, aporta pruebas de que las personas creativas de nuestro tiempo se caracterizan por determinadas configuraciones y necesidades de su personalidad, y de que los modos en que sus ideas se conciben, se articulan y difunden ofrecen numerosas coincidencias. Los individuos creativos se caracterizan por combinaciones poco habituales de inteligencia y personalidad y, en este sentido, resultan esenciales las circunstancias en que trabajan y las reacciones del grupo de colegas que les rodean. La conclusión es que un elemento fundamental del proceso creativo es el apoyo por parte de los individuos que se interesan y creen en las ideas revolucionarias de los creadores. Pero también que una creatividad extraordinaria casi siempre conlleva un alto precio desde el punto de vista humano.

Howard Gardner es profesor y codirector del Proyecto Cero en el Departamento de Pedagogía de la Universidad de Harvard, así como profesor adjunto de Medicina en la Facultad de Medicina de Boston. En 1981 fue galardonado con el Premio MacArthur y en 1990 se convirtió en el primer americano que recibía el Premio Grawemeyer de Pedagogía de la Universidad de Louisville. Es autor de varios libros, entre los que destacan *Arte, mente y cerebro, La mente no escolarizada, Educación artística y desarrollo humano, La nueva ciencia de la mente* e *Inteligencias múltiples*, todos ellos publicados también por Paidós.

También publicado por Paidós

MENTES LÍDERES
Una anatomía del liderazgo
Howard Gardner

Aunque ya se ha escrito mucho sobre el tema del liderazgo, en buena parte se ha ignorado uno de sus componentes decisivos: el fuerte vínculo existente entre los creadores tradicionales, artistas y científicos, y los líderes del mundo de los negocios, la política y el ejército. Según Howard Gardner, todos ellos basan su éxito en la creación y materialización de relatos e historias eficaces, es decir, en el hecho de crear mitos a partir de su propia personalidad para conquistar con ello la imaginación del resto de las personas. Pues bien, mediante impresionantes retratos de una amplia gama de líderes —de J. Robert Oppenheimer a Margaret Thatcher, de Margaret Mead al papa Juan XXIII, de Eleanor Roosevelt a Martin Luther King—, Gardner recrea en este volumen todos esos relatos posibles, explica a partir de ellos las características principales del liderazgo y describe las paradojas que han de resolverse para que éste resulte verdaderamente eficaz. Lo que en principio parece únicamente un mosaico de semblanzas, pues, se convierte también en un texto de naturaleza casi práctica, pues explica y caracteriza el irresistible atractivo de los relatos más simplistas, aquellos que «lavan» el cerebro de los ciudadanos a través de mensajes a veces peligrosos en su poder de fascinación, y enumera los pasos necesarios para contrarrestar dicha influencia. Si *Mentes creativas* abordaba la creatividad tomando como base precisamente las figuras de los creadores, *Mentes líderes* hace lo propio con el liderazgo y los líderes, aunque ahora el terreno de juego sea mucho más complejo e inquietante.

«*Mentes líderes* realiza una importante y original contribución a nuestro modo de entender las difíciles tareas que deben afrontar los líderes de las organizaciones de hoy en día. El libro debería ser de lectura obligada, no sólo para los líderes y quienes aspiran a serlo, sino para todo aquel que persiga una definición más clara de sus distintos roles.»
Sir Douglas Hague
Templeton College, Oxford